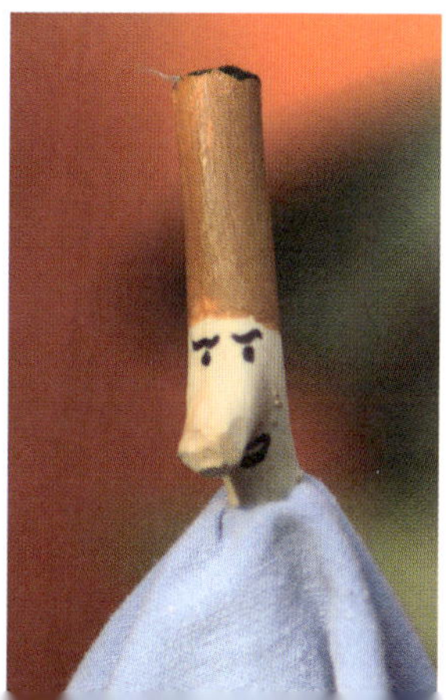

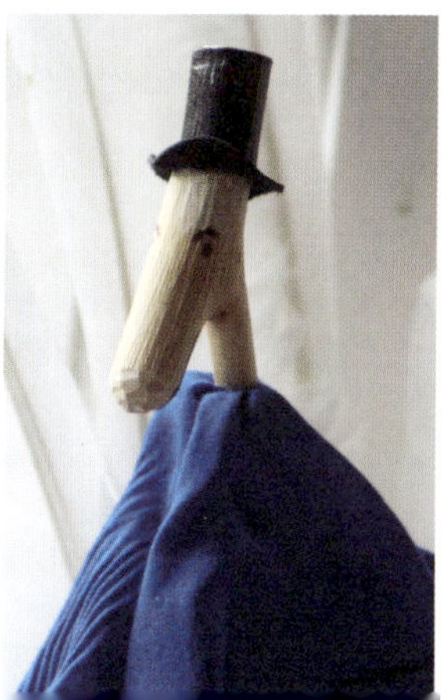

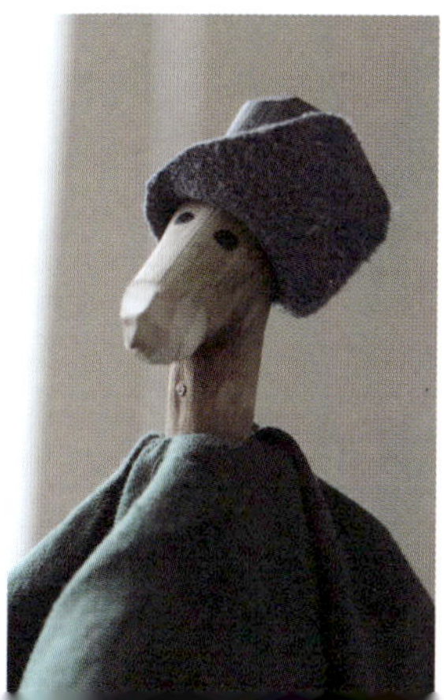

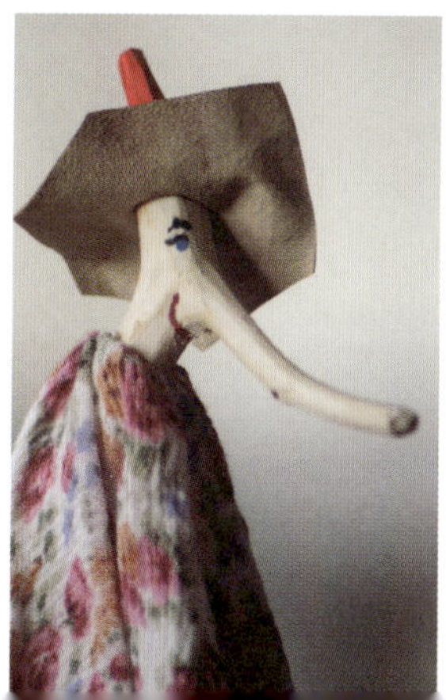

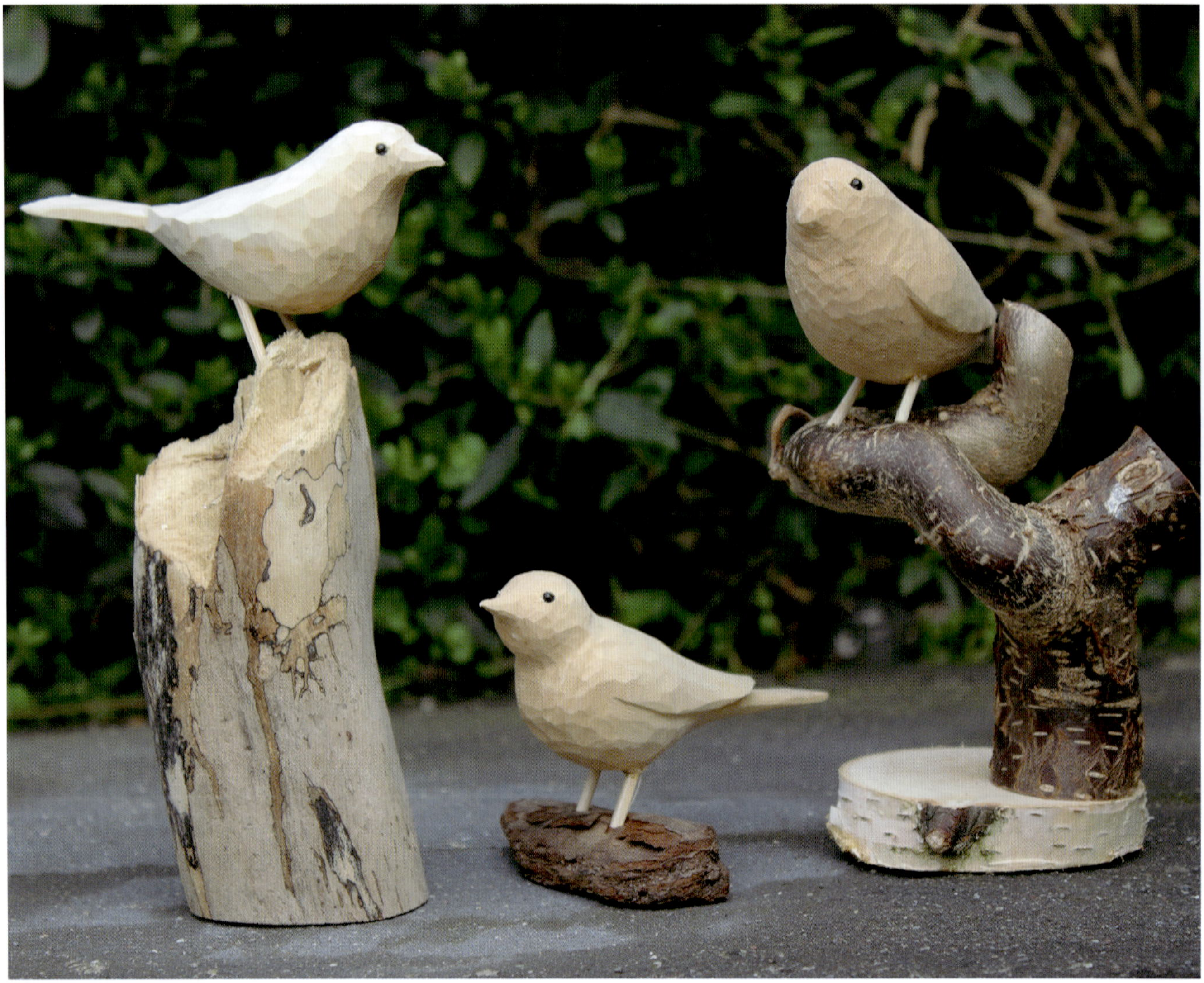

Frank Egholm

Das große Buch vom Schnitzen

Verlag Freies Geistesleben

Aus dem Dänischen von Patrick Zöller

6. Auflage 2025

Verlag Freies Geistesleben
Landhausstraße 82, 70190 Stuttgart
www.geistesleben.com

ISBN 978-3-7725-2645-9

Bei Fragen zur Produktsicherheit wenden Sie sich bitte an info@geistesleben.com
Fotos: Per Rasmussen und Lillian Egholm
Zeichnungen: Lillian Egholm
Gestaltung & Satz: Thomas Neuerer
Druck: PrintBest, Viljandi
Printed in Estonia

FSC www.fsc.org MIX Papier | Fördert gute Waldnutzung FSC® C129413

ClimateCalc™ Der CO2-Ausstoß dieses Druckproduktes wurde mit ClimateCalc berechnet und kompensiert: GoClimate
www.climatecalc.eu CC-000113/EE

Inhalt

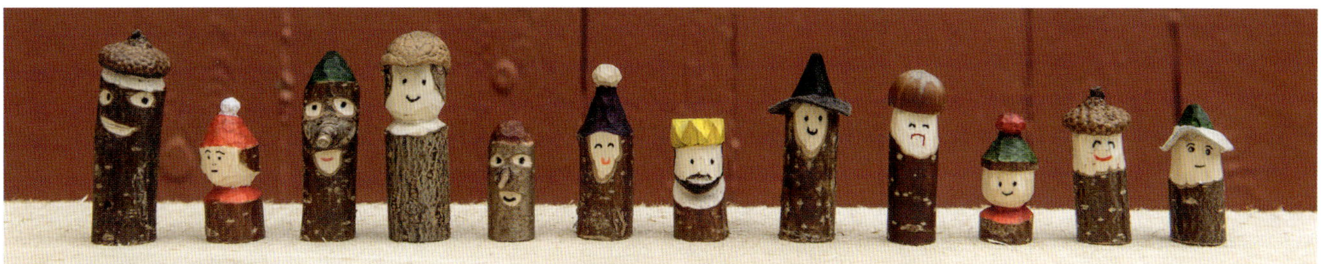

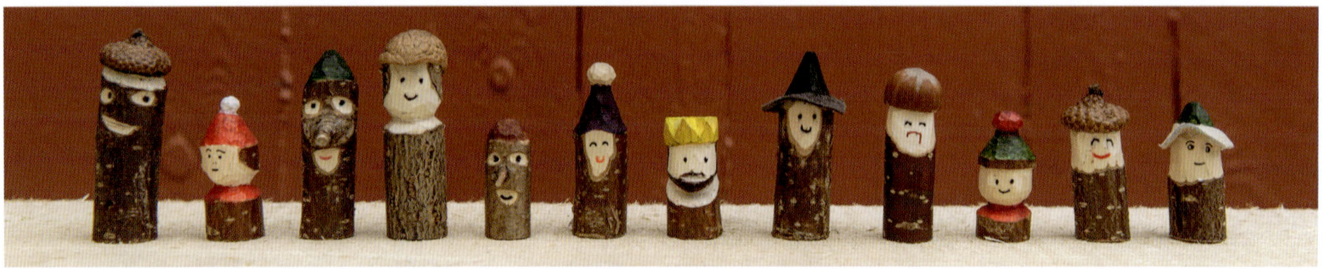

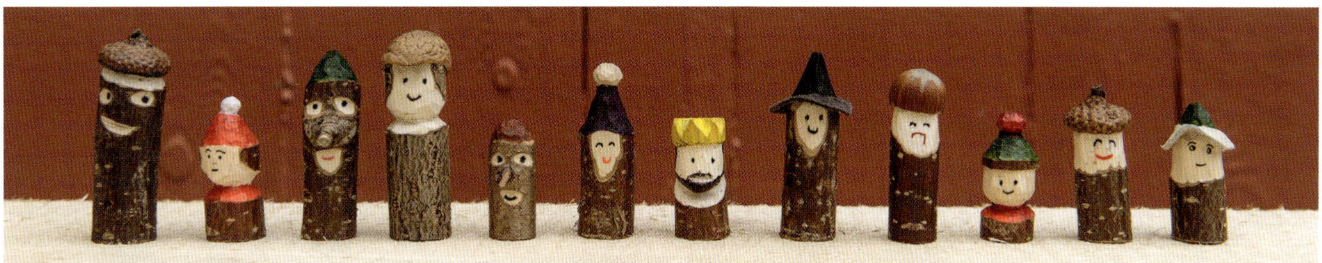

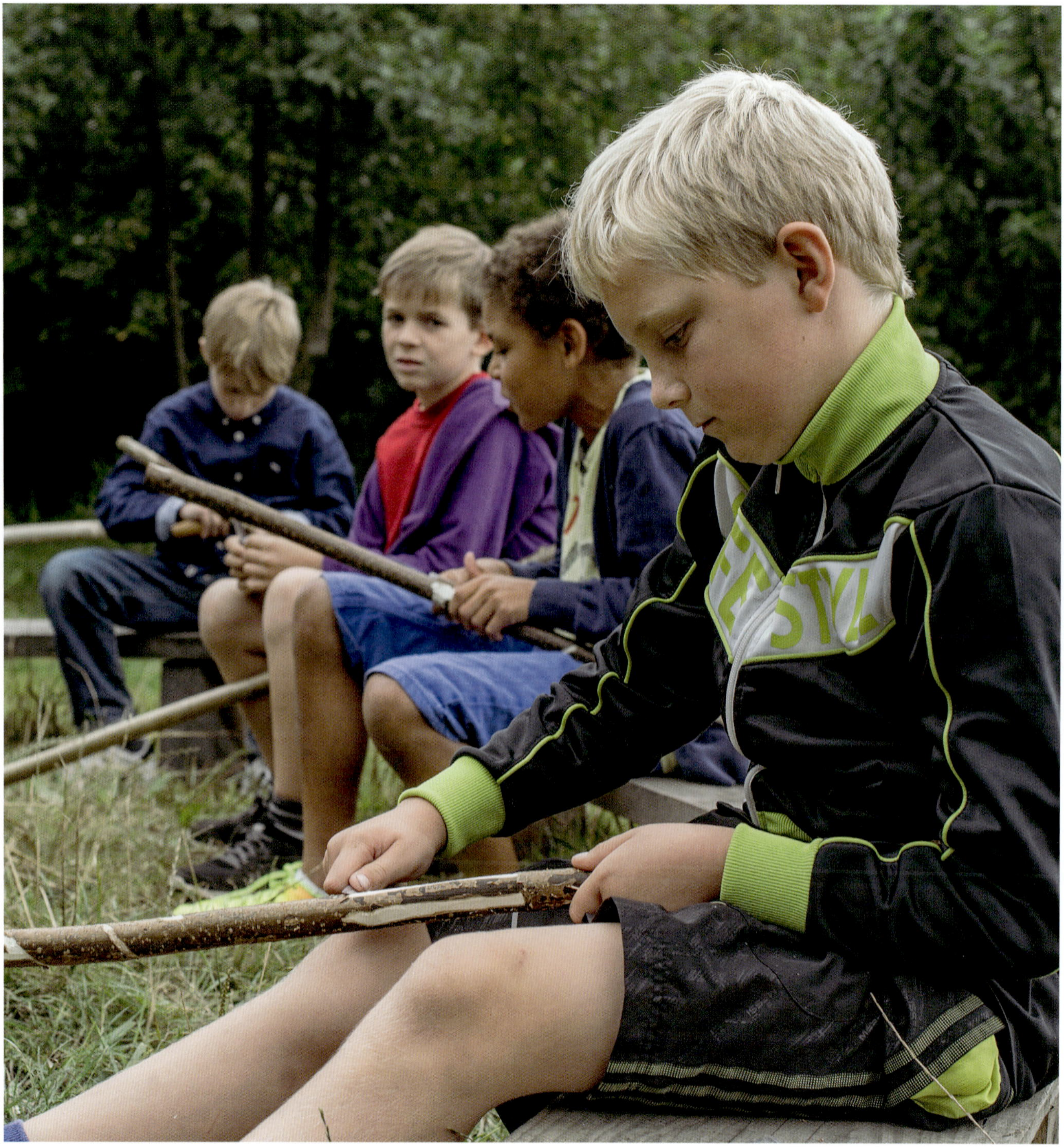

Schnitzen – ein Hobby für alle

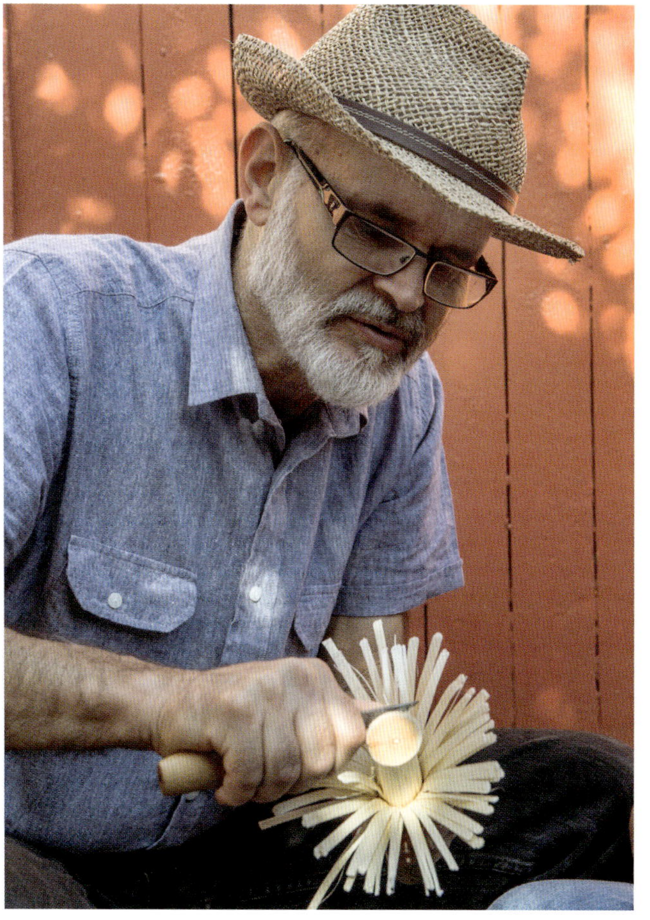

Es gibt kaum jemanden, der sich nicht von der Ruhe, der Konzentration und der entspannten Stimmung gefangen nehmen lässt, die sich verbreitet, wenn geschnitzt wird.

Dieses Buch soll ein «Appetitanreger» für alle sein, die zum ersten Mal zum Messer greifen, aber auch Fortgeschrittene werden sicher einige neue Anregungen finden.

Schnitzen ist ein Teil unserer Kultur. Früher war Schnitzen Männer- bzw. Jungensache. So wurden beispielsweise Löffel und Schmiermesser für die Küche oder andere Dinge wie Spielzeug hergestellt. Auf dem Land konnte praktisch jeder Junge ohne Probleme aus einem Weidenast z.B. eine Pfeife schnitzen.

Heutzutage ist Schnitzen ein Hobby für alle, gleich ob sie Mädchen oder Jungen, alt oder jung sind. Und dieses Hobby hat viele Vorteile:

- Man braucht nur wenig Werkzeug.
- Viele dekorative und nützliche Dinge sind leicht herzustellen.
- Das Material findet sich in der Natur, und so gesehen ist Schnitzen ein «grünes Hobby».

Schwierigkeitsgrade

Normalerweise lernt man Schnitzen mit etwa sechs bis acht Jahren, manche sind etwas früher dran, andere etwas später. Mit einem Messer zu schnitzen vermittelt eine grundlegende Erfahrung, wie man Werkzeug anwendet und wie man mit Holz als Werkmaterial arbeitet. Für die meisten Arbeiten in diesem Buch ist ein Messer mit einer sechs bis sieben Zentimeter langen Klinge gut geeignet.

Die Vorschläge sind je nach Schwierigkeitsgrad mit Sternchen gekennzeichnet:

* für Anfänger
** für Fortgeschrittene
*** für erfahrene Schnitzkünstler bzw. etwas komplexere Vorschläge

Mit * oder ** gekennzeichnete Vorschläge können natürlich weiter verfeinert werden und damit im Schwierigkeitsgrad steigen.

Die angegebenen **Größen** der Werkstücke sind Richtwerte, denn natürlich ist jedem selbst überlassen, ob z.B. ein Vogel etwas größer oder kleiner werden und wie das Ergebnis der eigenen Schnitzkunst letztendlich genau aussehen soll.

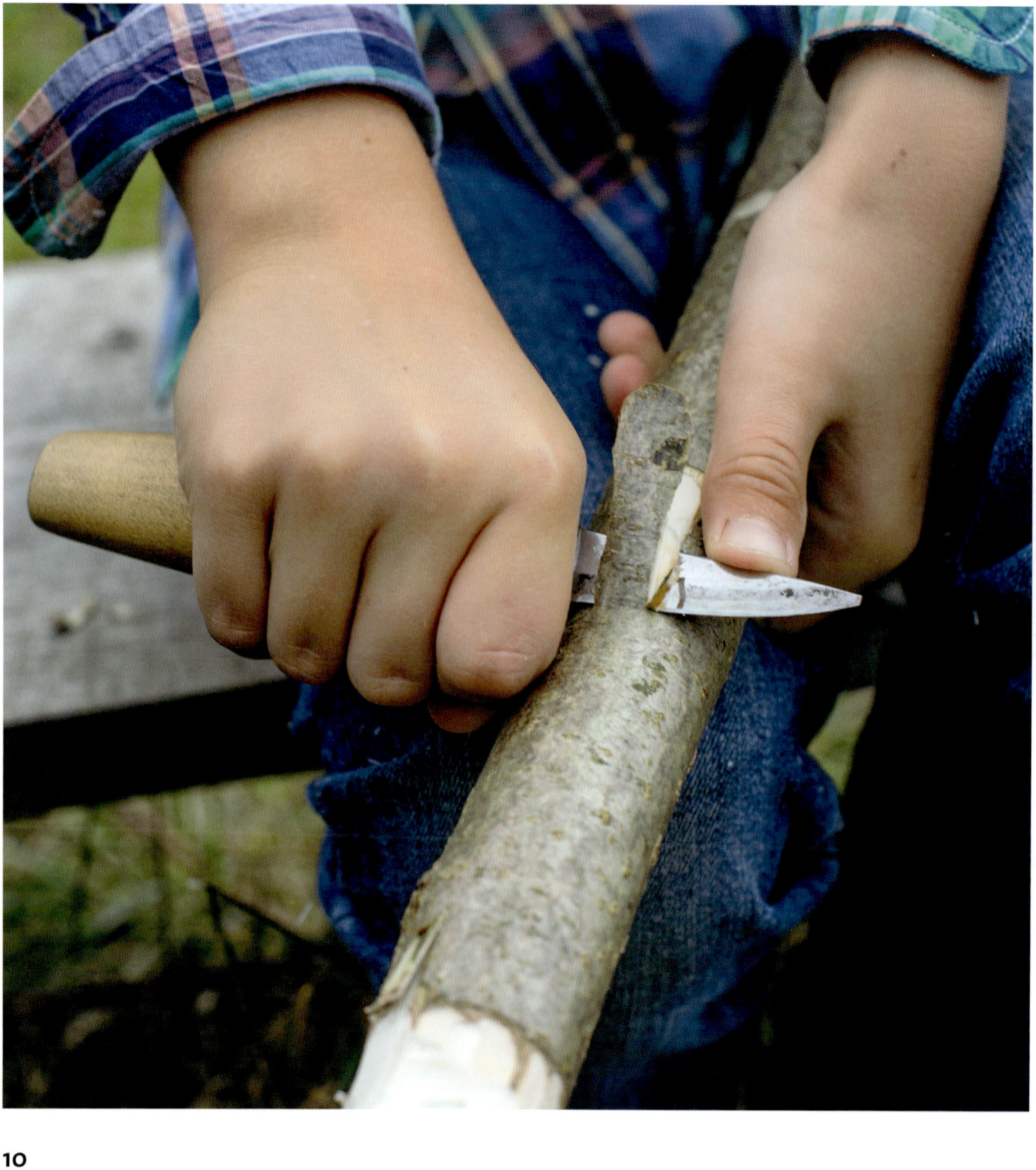

Das Einmaleins des Schnitzens

1. Die Erwachsenen tragen die Verantwortung.
2. Beim Schnitzen immer hinsetzen, Ausnahmen bestätigen die Regel.
3. Ausreichend Abstand zu anderen halten.
4. Nur vom eigenen Körper weg schnitzen (es sei denn, man hat sich bereits andere Techniken angeeignet); auch immer auf die Beine achten.
5. Das Messer stets am Werkstück halten und ins Futteral stecken, wenn nicht geschnitzt wird.
6. Nicht mit der Spitze des Messers ins Holz stechen.
7. Die Hand, die das Werkstück hält, eventuell mit einem Handschuh schützen.
8. Ein scharfes Messer ist gefährlich, ein stumpfes Messer kann noch gefährlicher sein.
9. Die Messer immer an einem für Kinder unzugänglichen Ort aufbewahren. Mehrere Messer können in einem Messerkasten aufbewahrt werden (siehe Zeichnung unten).
10. Immer einen vollständig bestückten Erste-Hilfe-Kasten parat haben.

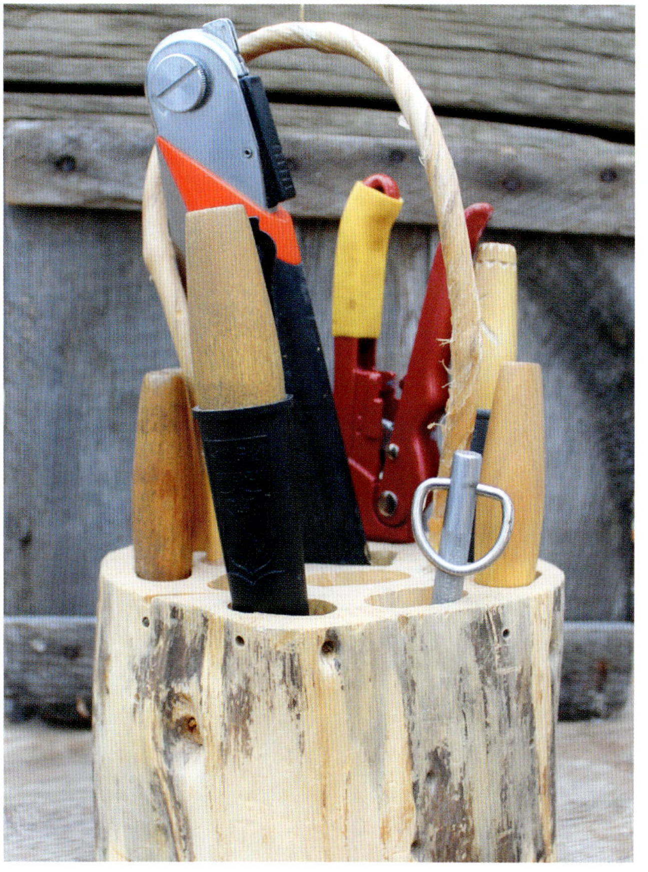

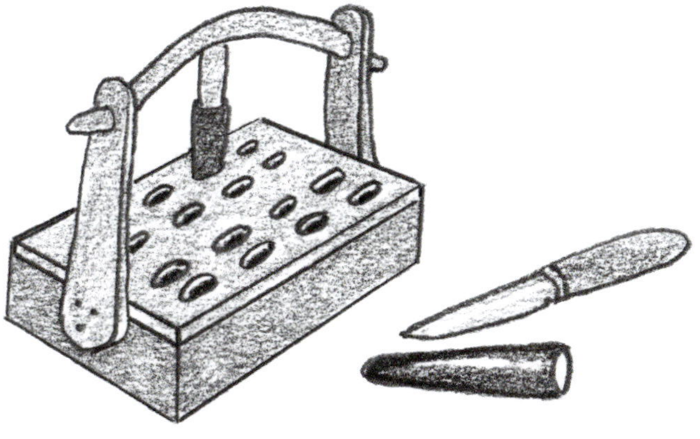

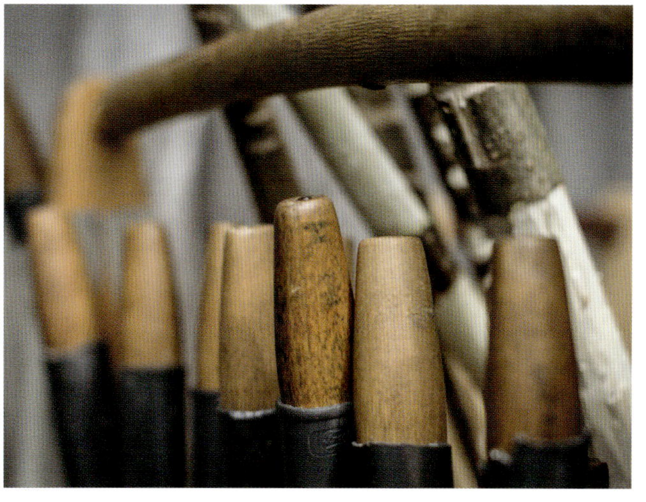

Sicherheit geht vor

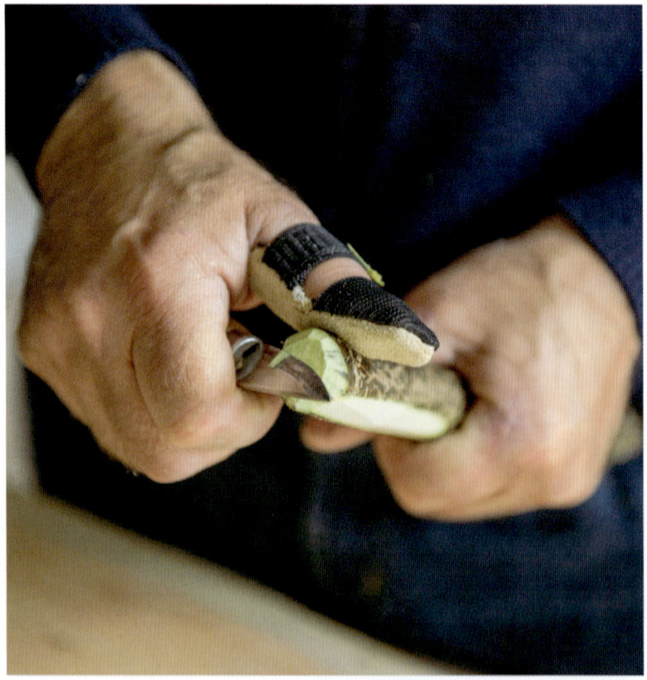

Es ist Sache eines Erwachsenen, zu entscheiden, ob das Kind über die Hand, die das Werkstück hält, besser einen Handschuh ziehen sollte.

Gewöhnliche Arbeitshandschuhe in Kindergröße bieten einen gewissen Schutz. Es gibt aber auch spezielle Schutzhandschuhe aus Kevlar oder anderem Spezialmaterial (siehe auch die Anbieterliste auf S. 197).

Einzelne Finger (Daumen und Zeigefinger) können mithilfe von Fingerlingen, z.B. aus Leder (siehe Foto rechts), geschützt werden.

Ein Handschuh kann niemals vollständigen Schutz bieten. Deshalb muss man immer vorsichtig arbeiten und darf auf keinen Fall die Spitze des Messers als Stichwerkzeug benutzen.

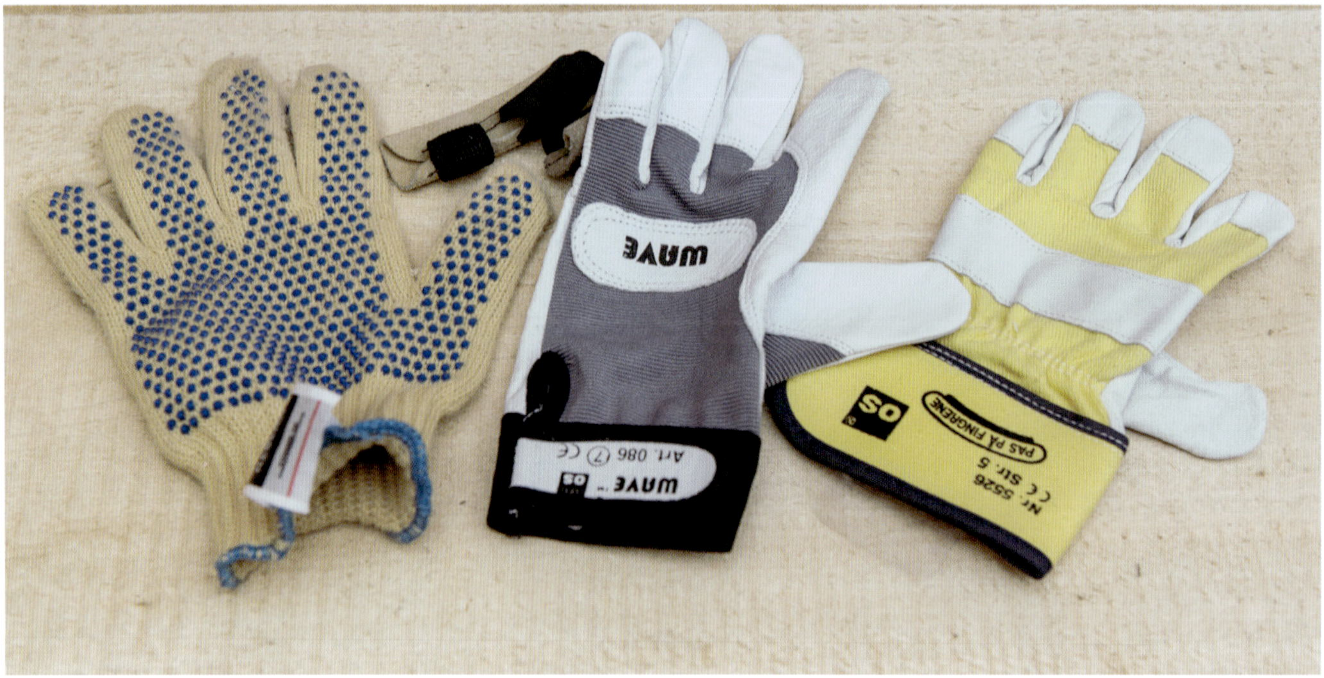

Das Schnitzmesser

Ich bevorzuge Messer mit einer feststehenden Klinge. Bei Klappmessern besteht immer das Risiko, dass die Klinge wackelt oder gar abbricht. Ein Messer mit einer sechs bis sieben Zentimeter langen Klinge ist für Schnitzarbeiten besonders geeignet, aber man kann auch etwas kleinere oder etwas größere Messer benutzen.

Kinder sollten ein Messer ohne Spitze verwenden, dann ist diese Gefahrenquelle schon einmal gebannt. Solche Messer kann man natürlich kaufen, aber man kann auch ein herkömmliches Schnitzmesser nehmen und die Spitze abschleifen (Messer 2 auf dem Foto unten) oder sie mit einem starken «Tapeverband» ausstatten (Messer 3 und 4).

Es gibt auch Messer, die zum Schutz vor Verletzungen mit einem Parierstück ausgestattet sind (siehe Foto S. 22). Kleine Kinder, die erst mit dem Schnitzen anfangen, sollten zunächst mit einem Kartoffelschäler Rinde von einem Astholz schälen, um zu üben. Dabei kann man sich fast nicht schneiden.

Es gibt viele sehr gute Schnitzmesser. Die Messer auf den Fotos wurden von der schwedischen Firma Mora hergestellt. Wo kann man gute Schnitzmesser kaufen? Die Anbieterliste auf S. 197 gibt einige Hinweise.

1: Schnitzmesser mit knapp sechs Zentimeter langer Klinge
2: Messer, bei dem die Spitze entfernt wurde
3: Messer mit starkem «Tapeverband» an der Spitze
4: Messer mit «Tapeverband» an der Klinge; man kann nur mit der Spitze schnitzen, falls mal ein Messer mit besonders kurzer Klinge gebraucht wird.
5: Kartoffelschäler

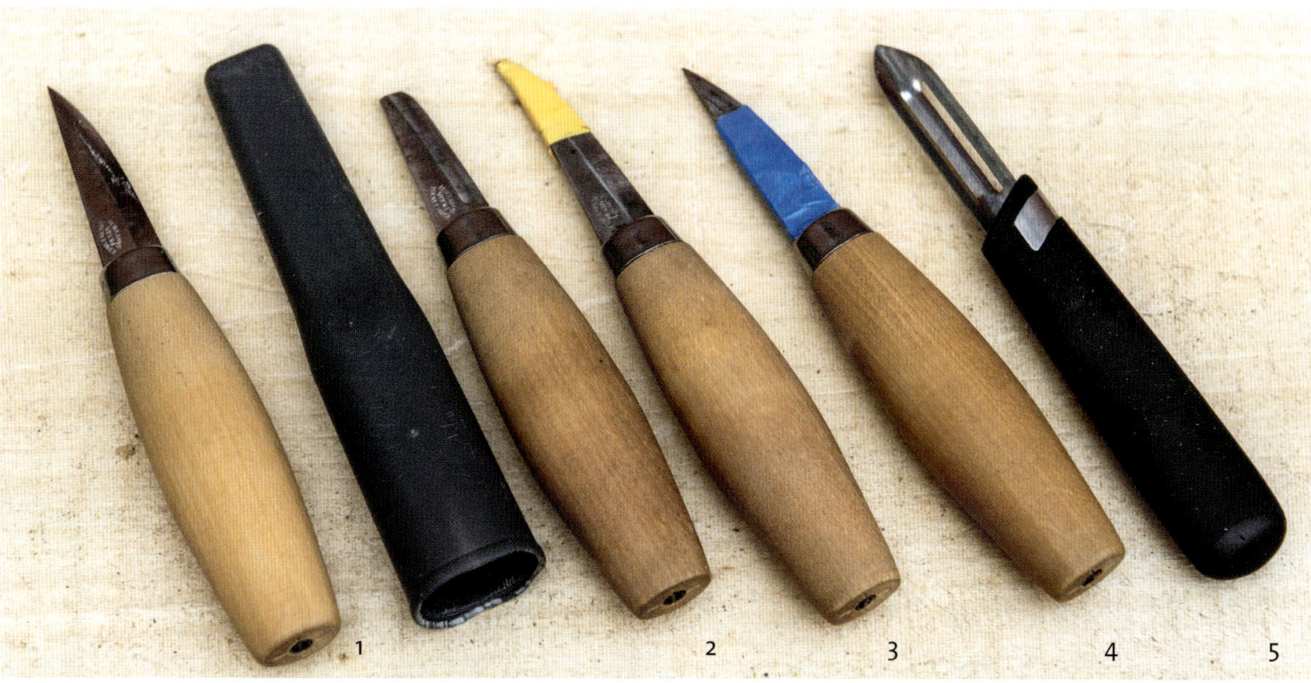

Das Holz

Für die meisten Ideen in diesem Buch ist **junges Astholz** am besten geeignet. Generell ist es einfacher zu bearbeiten als getrocknetes Holz. Laubhölzer sind vorzuziehen: Hasel, Birke, Erle, Pappel, Weide oder Linde und einige andere eignen sich besonders gut.

Auch das Wachstum der Hölzer ist von Bedeutung. Äste oder Stämme, die sich durch ein schnelles Wachstum auszeichnen, sind leichter mit dem Schnitzmesser zu bearbeiten. Hölzer, die langsamer gewachsen sind oder Astgabeln und Seitenäste aufweisen, stellen oft eine Herausforderung für den Schnitzkünstler dar.

Was die Formen angeht, so bieten die Äste vielfältige Möglichkeiten an. Will man Muster oder Zeichen in die Rinde schnitzen, ist es am besten, wenn die Rinde dünn und fest ist, wie z.B. bei der Hasel. Hasel hat meistens dunkle Rinde, die einen schönen Kontrast zu ihrem hellen Holz bildet.

Legt man eine längere Pause ein, will sein Werkstück aber später noch weiter bearbeiten, sollte man es an einem kühlen Ort aufbewahren und eventuell in Plastik einpacken. Doch auch in eine Plastiktüte verpackt, kann insbesondere leichtes Holz wie Erle oder Weide Schimmel ansetzen.

Fertiggestellte Werkstücke sollten an einem kühlen Ort langsam getrocknet werden, um Risse zu vermeiden. Das gilt vor allem für große Stücke.

Junges Astholz kann zum späteren Gebrauch durchaus in der Tiefkühltruhe aufbewahrt werden. Dennoch besteht das Risiko, dass das Holz Schimmel ansetzt. Zum Trocknen sollte Holz immer im Freien gelagert werden.

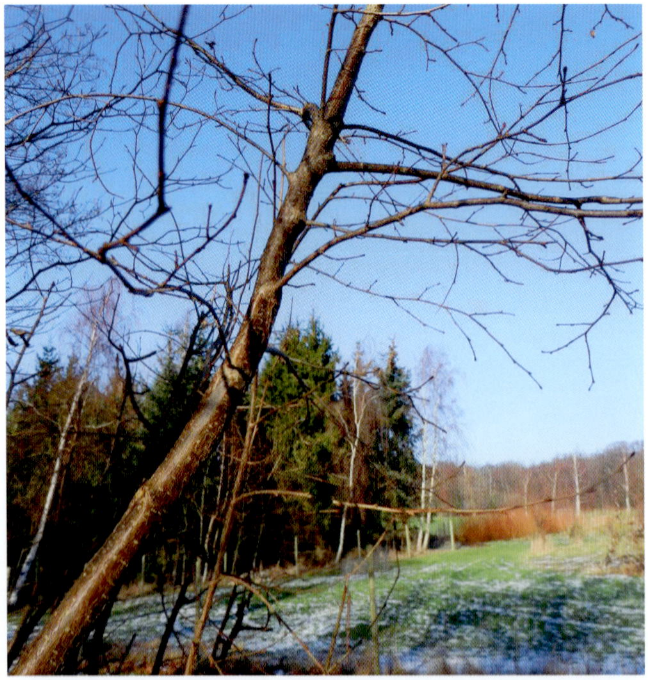

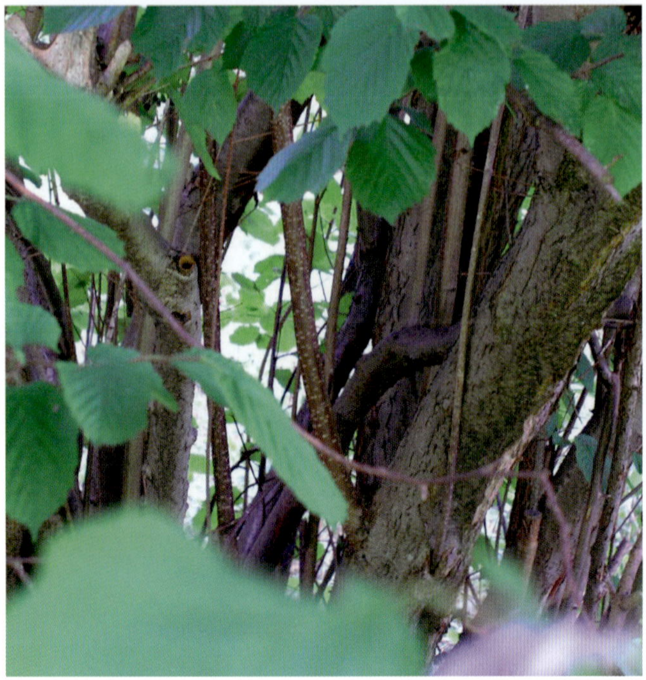

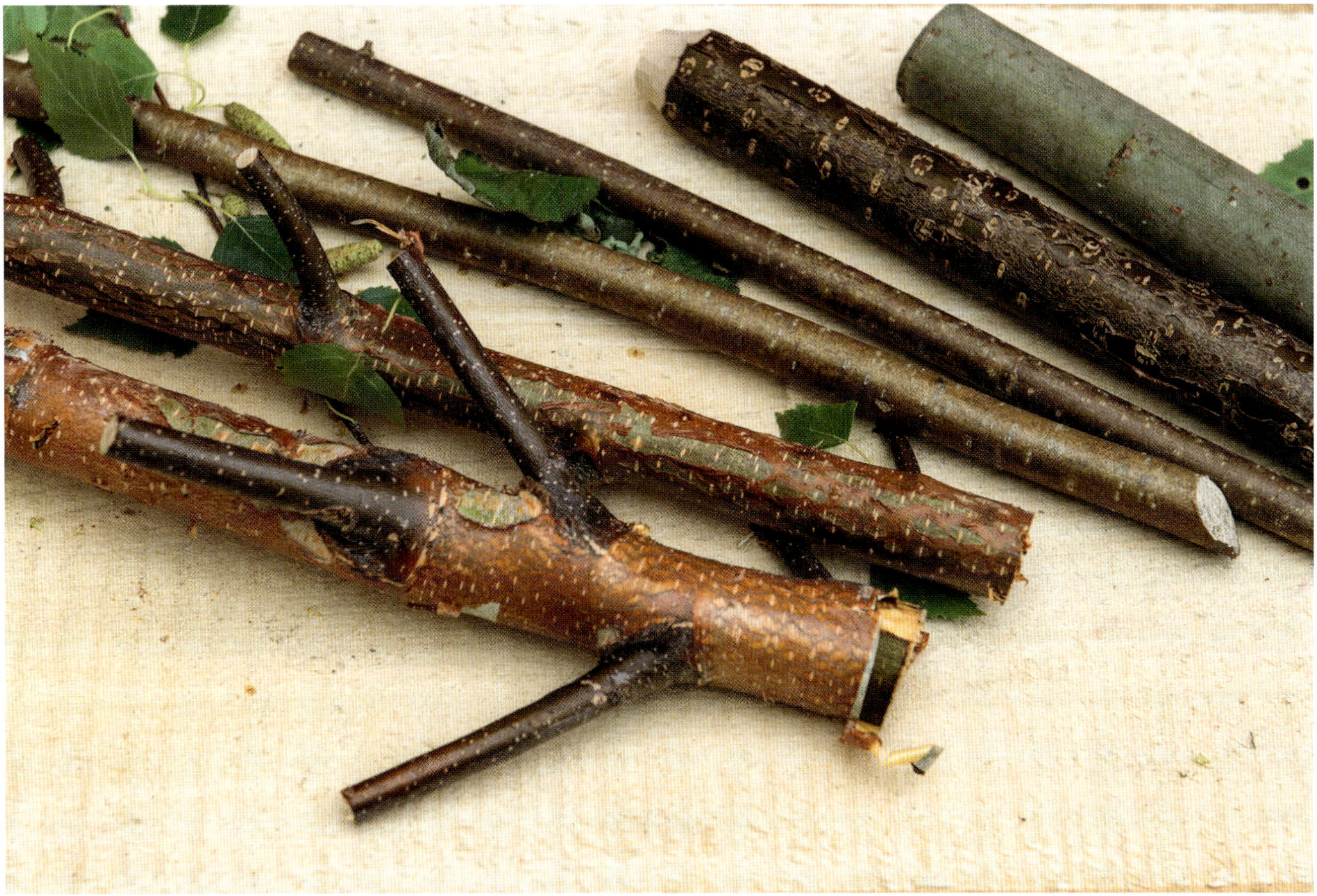

Wie kommt man an junges Astholz?

Hat man einen eigenen Garten oder vielleicht sogar ein kleines Wäldchen, ist es ja keine große Sache, sich etwas «von der Natur zu borgen». Meiner Erfahrung nach sind die meisten Leute gerne bereit, zum Schnitzen geeignetes Astholz abzugeben, wenn ein Baum gefällt oder Sträucher gestutzt werden. So mancher ist sicher auch froh und glücklich, wenn er seine Hecke kostenlos geschnitten bekommt und sogar der «Abfall» nutzbringend entsorgt wird ...

Auch auf Recyclinghöfen finden sich unter den Grünabfällen oft gut geeignete Äste. Und nach Weihnachten hat man erst recht sehr gute Chancen, sich geeignetes Schnitzholz zu besorgen. So sind beispielsweise die Figur auf S. 129 f., der Hängehaken auf S. 162 ff. und der Kerzenständer auf S. 168 f. aus den Spitzen abgeschmückter Weihnachtsbäume gemacht worden.

Manchmal ist es gut, wenn man beim Waldspaziergang eine Klappsäge dabeihat, denn hin und wieder taucht der ideale Ast gerade dann auf, wenn man es am wenigsten erwartet.

Trockenes Holz

Für einige Anregungen in diesem Buch ist trockenes Holz besser geeignet als junges Astholz. Besonders bereits zu Kanthölzern geformtes **Lindenholz** ist zu empfehlen, da es auch getrocknet noch sehr weich und damit gut zu bearbeiten ist. In der Regel ist es im Gartencenter oder in der Holzhandlung aber nicht erhältlich. Bei einigen Anbietern kann man es immerhin bestellen (siehe S. 197).

Werden z.B. Pappeln oder Linden gefällt, kann man eine größere Menge Holz bekommen und hat für später etwas auf Lager. Ein Nachteil ist die kantige Form; das Stück ist oft nicht so gut in der Hand zu halten und bietet weniger Möglichkeiten, was die Form angeht. Von Vorteil ist jedoch, dass man nicht auf junges Astholz angewiesen ist und über längere Zeit an seinem Werkstück arbeiten kann.

Getrocknetes Holz hat genauso wie junges Astholz oft Knorren oder ist an manchen Stellen krumm gewachsen, was das Schnitzen erschwert.

Auch **trockenes Astholz** kann verwendet werden, ist aber besser für kleinere Arbeiten geeignet, weil trockenes Holz härter und es deshalb schwieriger ist, ihm mit dem Schnitzmesser beizukommen.

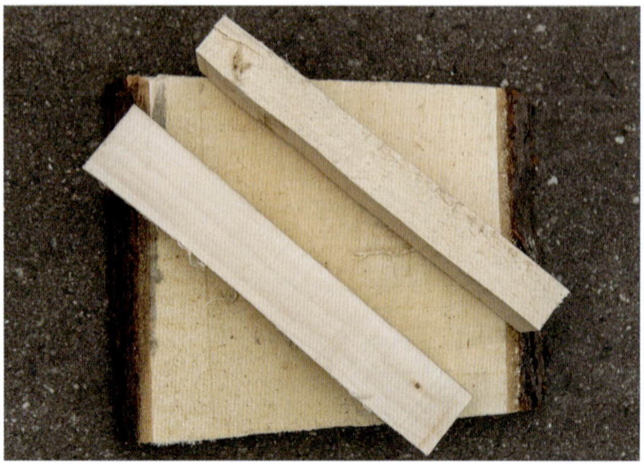

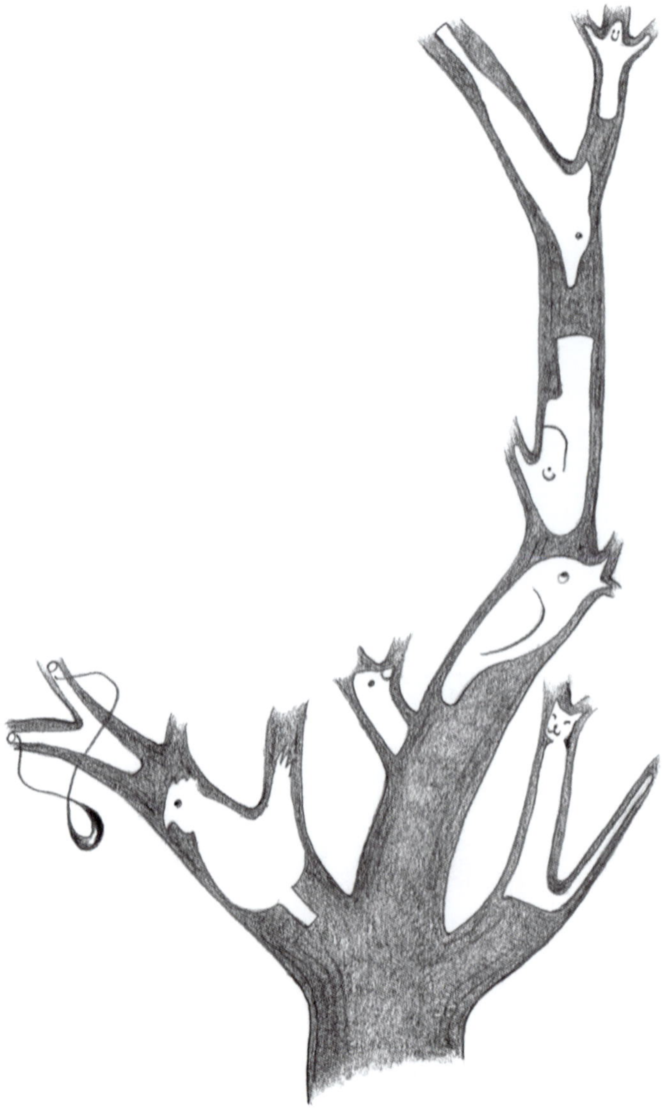

Verschiedene Figuren und Gegenstände aus Asthölzern

Die Schnitztechniken

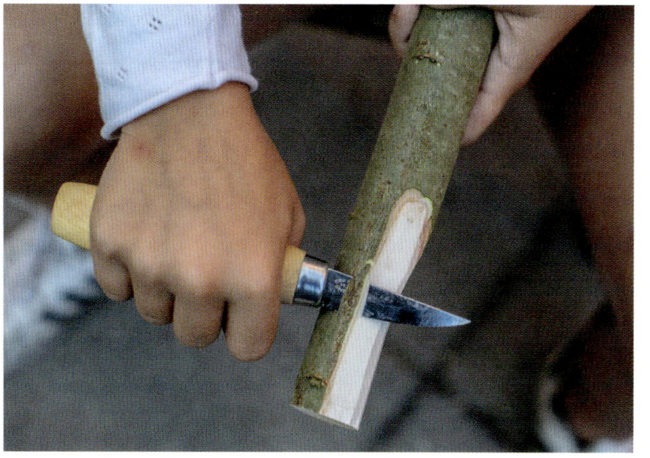

Will man sich eine neue Schnitztechnik aneignen, ist in der Lernphase besondere Aufmerksamkeit erforderlich, damit man es von Anfang an richtig macht und nichts schiefgeht. Auf meiner Internetseite www.snittesiden.dk kann man sich Videos zu den verschiedenen Schnitztechniken ansehen.

Die Schnitztechniken 1 bis 4: Vom Körper weg schnitzen

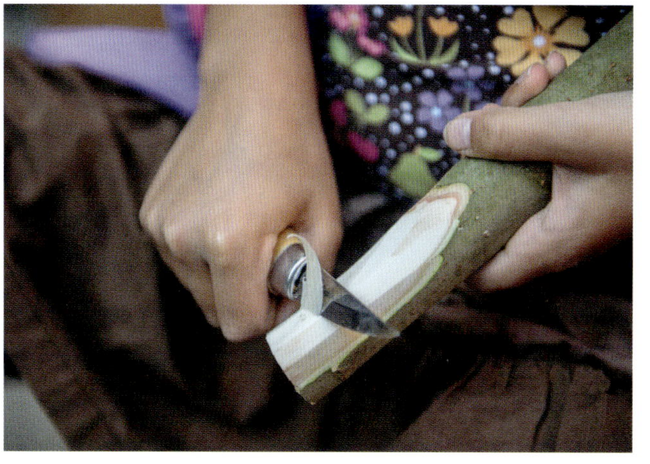

1. Die einfache Schnitztechnik

Eine Hand hält das Werkstück, die andere das Messer. Geschnitzt wird, indem man das Messer vorwärtsschiebt – eine gute Technik für längere Schnitte.

Ein Nachteil ist, dass man das Messer nicht immer voll unter Kontrolle hat. Deshalb sollte man beim Schnitzen die Beine spreizen oder zur Seite abwinkeln, dann ist es nicht gefährlich.

Das Messer wird einen kleinen Tick seitwärts geführt, dann schneidet die Klinge optimal.

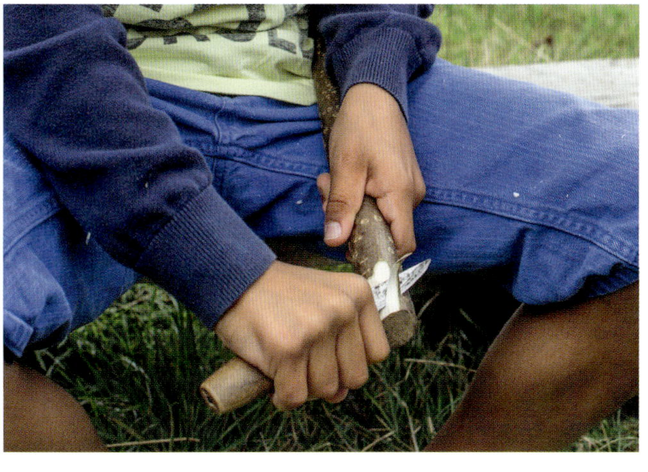

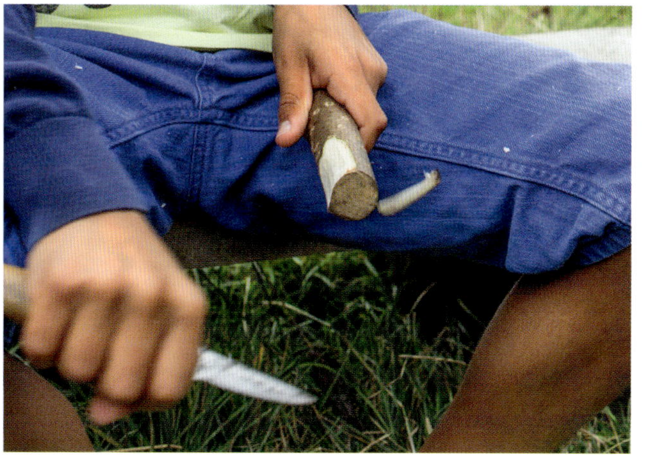

2. Die Daumentechnik

Diese Technik ist für feineres und kontrolliertes Schnitzen geeignet. Der Daumen der Hand, die das Werkstück hält, drückt auf den stumpfen Rücken der Klinge und schiebt das Messer so vorwärts. Gleichzeitig wird das Messer ein klein wenig auf und ab bewegt. Anfangs kann der Daumen schnell wehtun, also vielleicht vorher ein Pflaster aufkleben!

Diese Technik wird z.B. angewendet, wenn in das Holz eingeschnitten oder eine Rille gezogen wird. Nicht vergessen, das Werkstück umzudrehen, damit man immer vom eigenen Körper weg schnitzt.

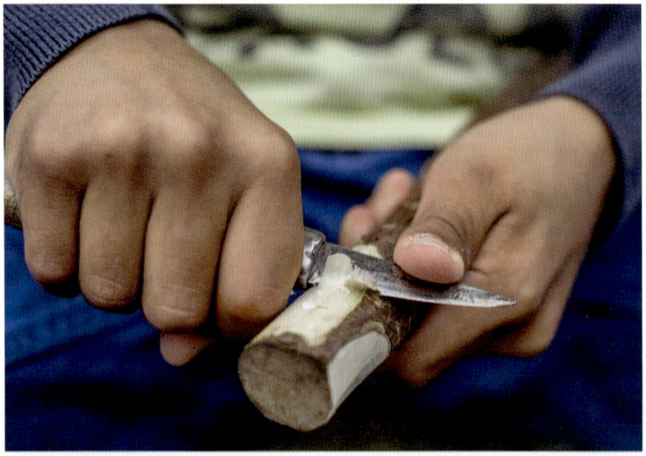

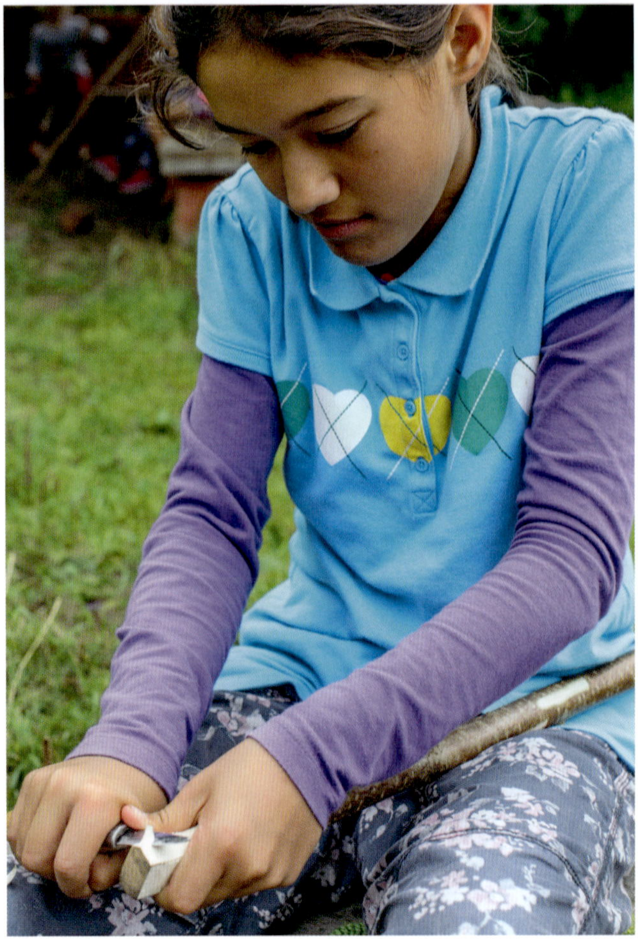

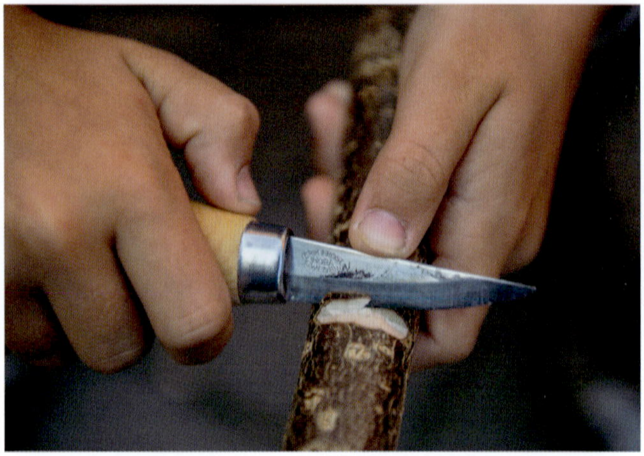

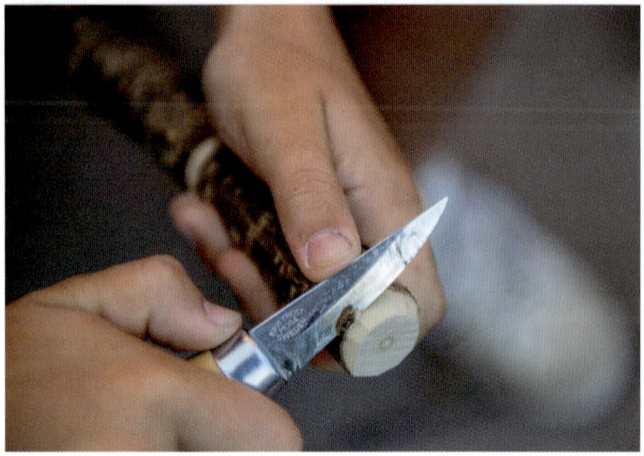

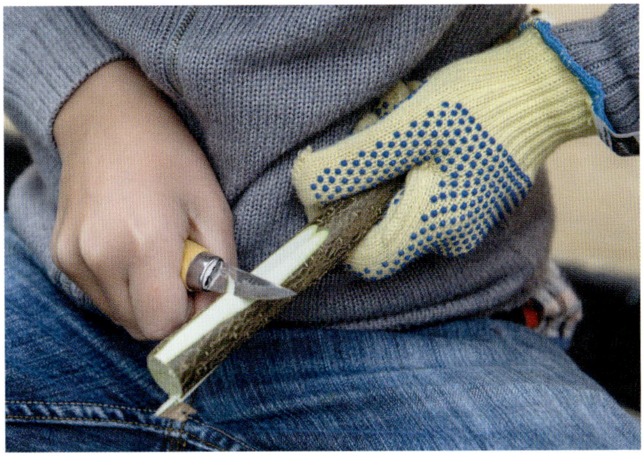

3. Die Scherentechnik

Diese Technik (siehe Foto oben) ist unter anderem für gröberes Schnitzen gut geeignet.

Die Hände werden eng am Körper gehalten. Das Messer wird wippend nach vorne gedrückt und das Werkstück zurückgezogen. Das Messer kann auch «verkehrt herum» gehalten werden, wenn man die Hand entsprechend dreht.

Diese Art, Messer und Werkstück zu halten, kann man auch bei der Daumentechnik anwenden.

4. Gegen das Holz schnitzen

Hierbei (siehe Foto rechts) muss man sich ausnahmsweise einmal hinstellen. Das Messer nach unten gegen das Werkstück drücken.

Der Vorteil dieser Technik besteht darin, dass man mehr Kraft einsetzen kann, was besonders bei langen Schnitten hilfreich ist, wenn z.B. die Rinde von einem Astholz geschält werden soll.

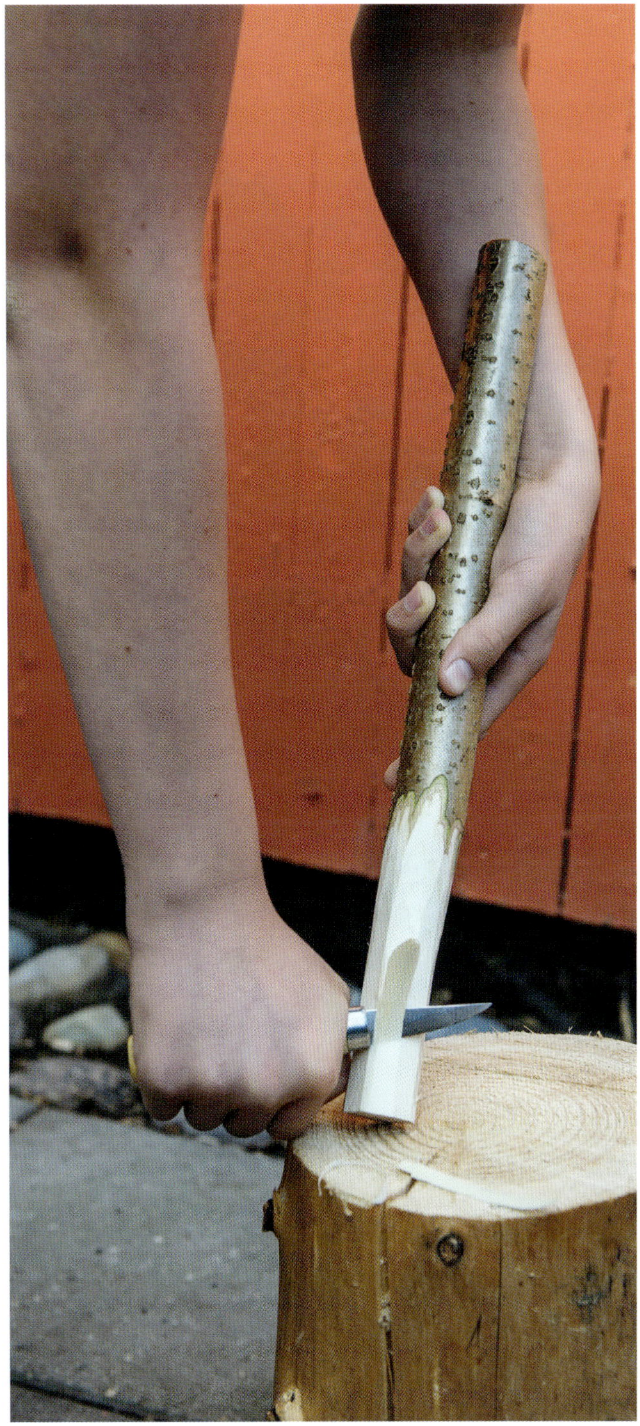

Die Schnitztechniken 5 bis 8: Zum Körper hin schnitzen. Eventuell einen Handschuh anziehen!

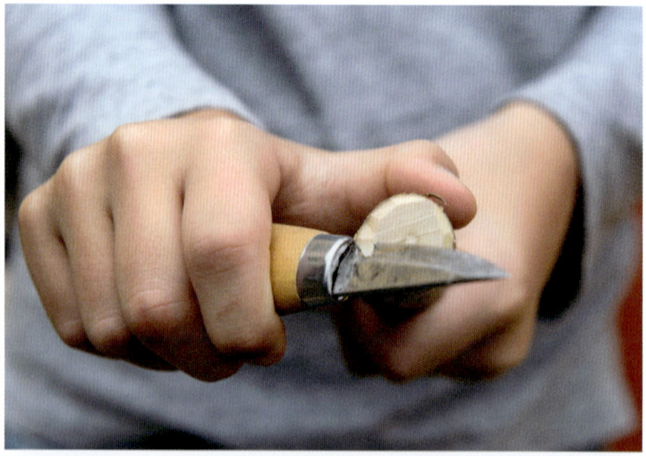

5. Ein Endstück bearbeiten

Diese Technik (Foto oben und Mitte) ist eine gute Ergänzung zu Schnitztechnik 2, wenn ein Endstück bearbeitet werden soll.

Das Messer wird gehalten, wie es auf dem Foto gezeigt wird, und beim Schnitzen leicht auf und ab bewegt, während der Daumen von der anderen Seite gegen das Werkstück drückt und dabei geschützt ist.

Ein Tipp: Diese Technik erst einmal ohne Werkstück ausprobieren – das Messer zwischen den Fingern halten und einüben, wie es auf und ab bewegt wird, ohne dabei den Daumen zu berühren.

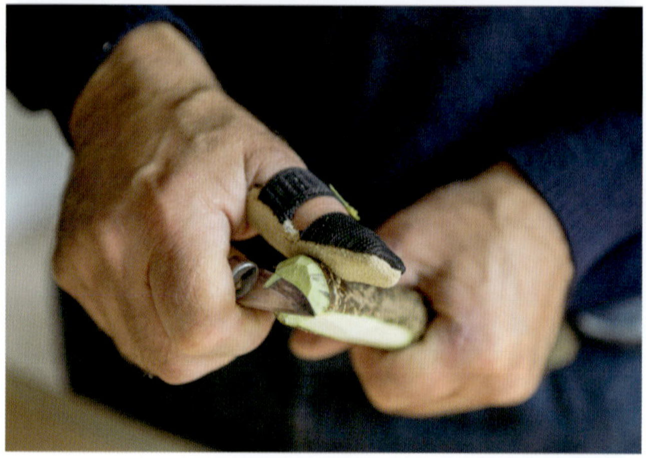

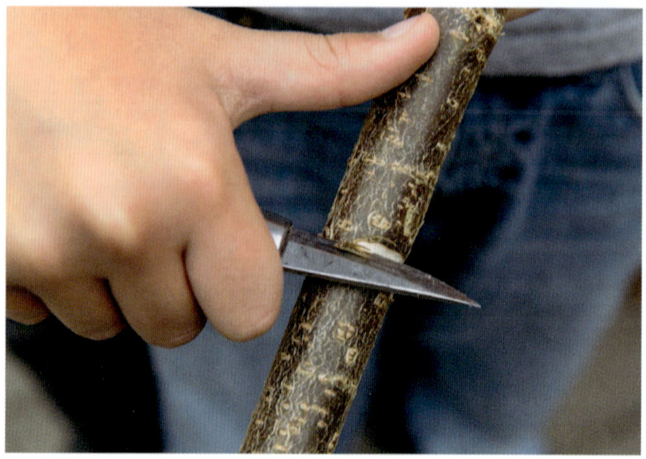

6. Die «Daumenstütze»

Der Daumen der Hand, die das Messer hält, stützt sich auf dem Werkstück ab und stabilisiert es so zusätzlich. Geschnitzt wird, indem man das Messer mit den anderen Fingern in einer kleinen kreisförmigen Bewegung führt oder vorsichtig vorwärtsschiebt.

Es ist sehr wichtig, dass der Daumen das Werkstück stabilisiert, sonst kann es leicht passieren, dass das Messer abrutscht und die Hand verletzt, die das Werkstück hält.

7. Die doppelte Daumentechnik

Das Messer wird so gehalten, wie unter Punkt 6 beschrieben, also mit der zusätzlichen «Daumenstütze».

Der Daumen der anderen Hand, die das Werkstück hält, drückt auf den stumpfen Rücken der Klinge, was eine sehr gute Kontrolle über die kleinen Schnitte ermöglicht, die in Richtung des Körpers ausgeführt werden. Entweder schnitzt man mit kleinen rotierenden Bewegungen oder schiebt das Messer mit gleichmäßigem Druck ins Holz. Dabei immer vorsichtig sein! Die Messerhand führt nur kleine, behutsame Bewegungen aus.

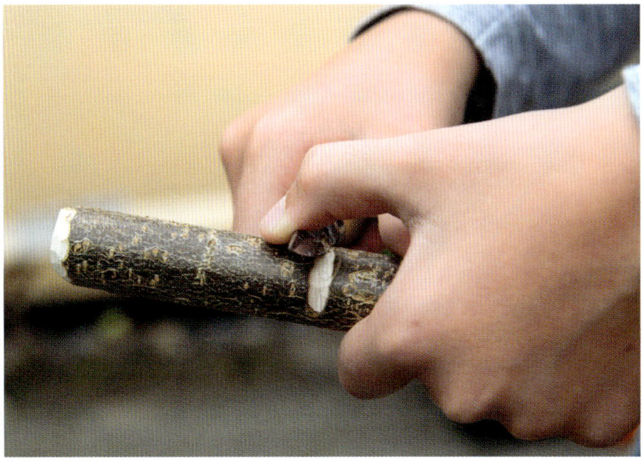

8. Schnitzen mit Schutzplatte

Die Platte kann aus einem einfachen Stück Sperrholz angefertigt und eventuell mit einem Stück Fell oder Leder beklebt werden, dann ist sie nicht so glatt.

Das Ende des Werkstücks kann nun mit der Platte als Schutz gegen die Brust gedrückt werden. Dann schnitzt man mit behutsamen Bewegungen in Richtung des eigenen Körpers; hierbei soll das Messer nicht mit der Platte in Berührung kommen.

Soll derjenige Teil des Werkstücks bearbeitet werden, der auf die Platte stößt, wird eine andere Schnitztechnik angewendet.

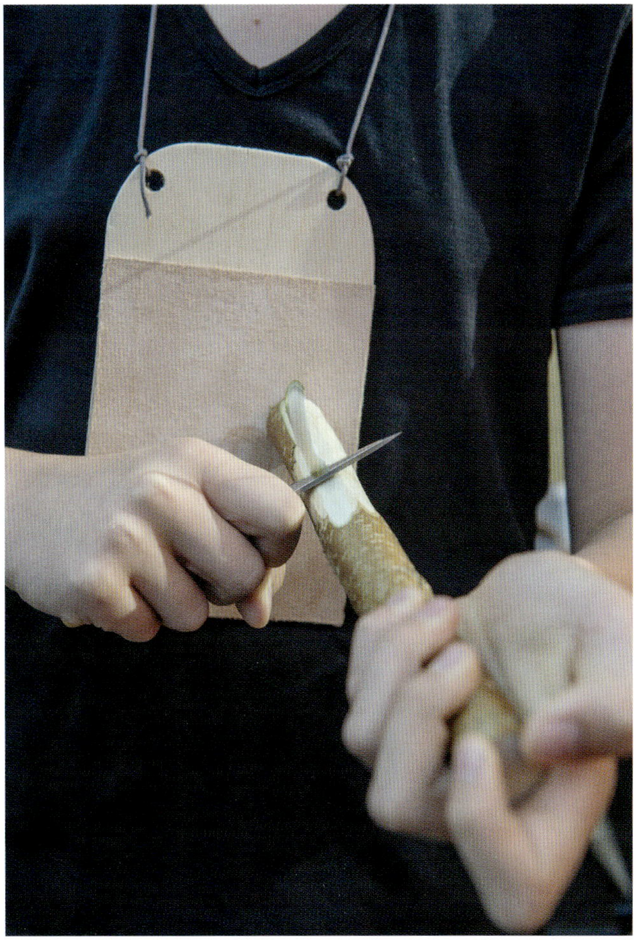

Praktische Tipps

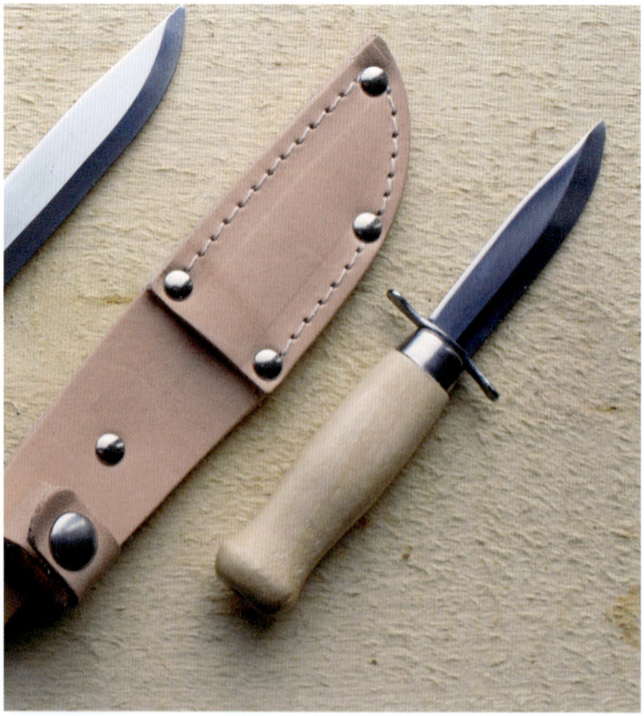

Messer schleifen

Es gibt verschiedene Typen von Schleifsteinen mit unterschiedlicher Körnung. Ist das Messer schon sehr stumpf, muss zunächst ein gröberer, danach ein feinerer Schleifstein benutzt werden. Gewöhnliche Schleifsteine werden während des Schleifens mit Wasser, Petroleum oder Schleiföl befeuchtet. Diamant- und Keramikschleifsteine sind Trockenschleifsteine und werden nicht befeuchtet.

Das Messer wird in dem Winkel an den Schleifstein angelegt, den die Schneide der Klinge haben soll, zumeist 20 – 25 Grad. Das Messer wird nun in kreisförmigen Bewegungen oder in einer wiederholten Vorwärtsbewegung über den Schleifstein gestrichen. Eine elektrische Nassschleifmaschine ist natürlich sehr praktisch, besonders wenn viele Messer geschliffen werden müssen.

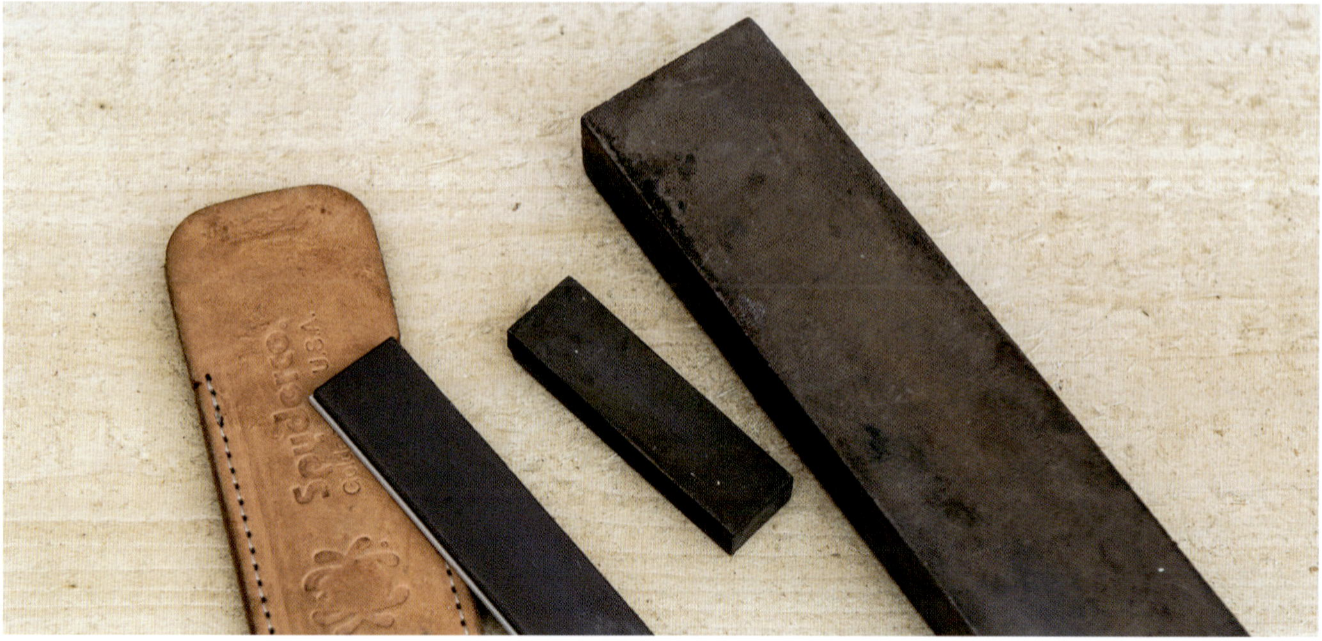

Säge und Gartenschere

Natürlich kann man eine gewöhnliche Säge benutzen, aber eine klappbare Astsäge ist effektiver, allerdings nicht gerade kindertauglich!

Kleinere Äste können oftmals mit einer Gartenschere geschnitten werden.

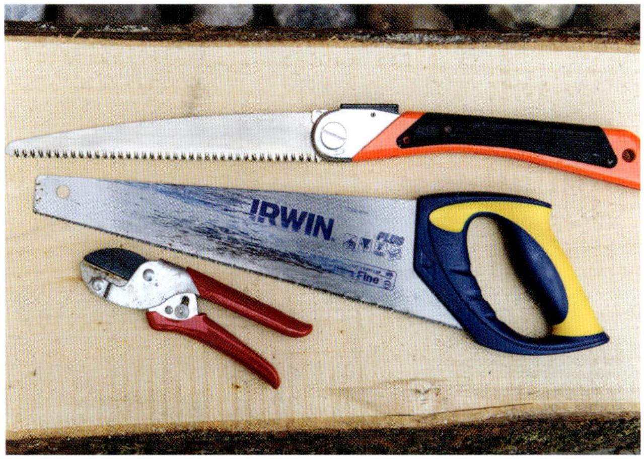

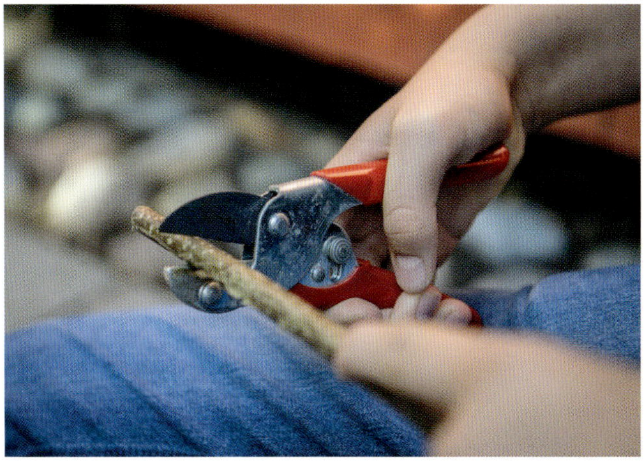

Holz spalten

Ein Stück Holz lässt sich gut und effektiv der Länge nach spalten. Das Stück möglichst mittig spalten. Die Hälften oder zumindest das breitere Stück kann dann noch einmal zu Viertelstücken gespalten werden (siehe Zeichnung, Ziffer 2).

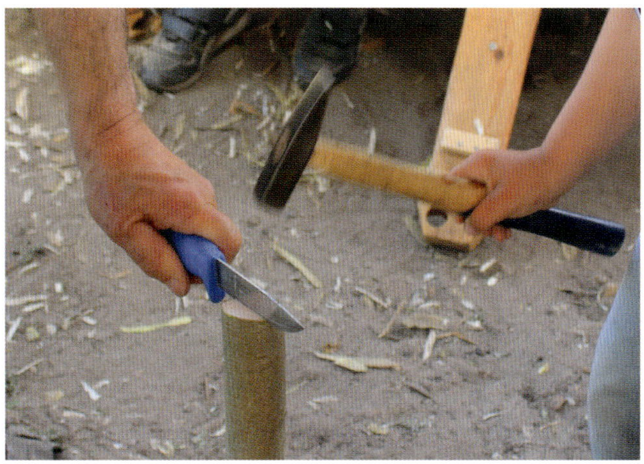

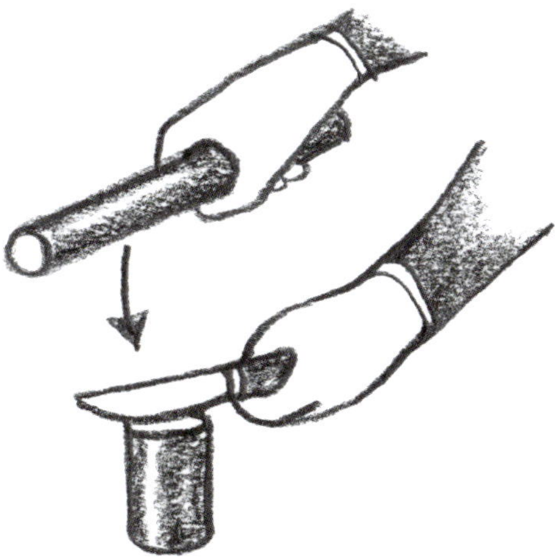

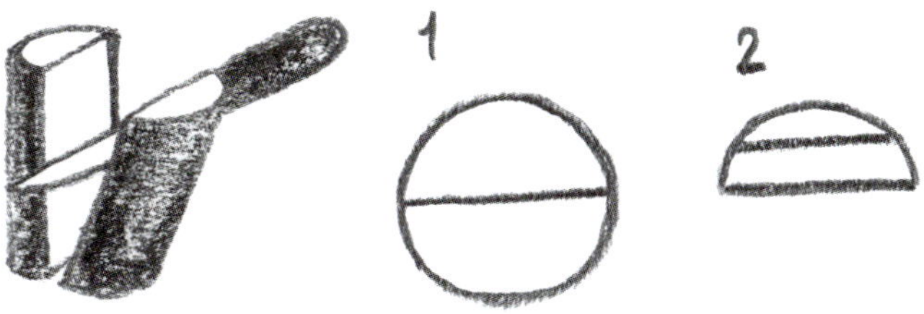

Holz färben und imprägnieren

Das Holz muss trocken sein, bevor Farbe aufgetragen bzw. es bemalt wird.

Acrylfarbe kann sowohl halbdeckend als auch volldeckend aufgetragen werden. Sie trocknet schnell, wirkt aber manchmal ein wenig plastikartig, besonders dann, wenn sie zu dick aufgetragen wird.

Wasserbasierte Ölfarbe arbeitet gut mit dem Holz zusammen, darf aber nur dünn aufgetragen werden, da sie sonst nur sehr langsam trocknet und rissig werden kann.

Wasserbeize erzeugt ebenso wie wasserbasierte Farbe eine durchscheinende Oberfläche und ist gut für größere Flächen geeignet, allerdings nicht für feine Details.

Auch **Wachsmalfarbe** oder **Buntstifte** können verwendet werden.

Zur Imprägnierung der Oberfläche eignet sich Öl, z.B. rohes **Leinöl**.

Holz richtig schmirgeln

Richtig geschmirgelt, kann die Oberfläche des Werkstücks unglaublich glatt und fein werden, ein fast schon sinnliches Erlebnis, wenn man anschließend mit der Hand darüberstreicht. Einige Dinge in diesem Buch eignen sich besonders dazu, gut geschmirgelt zu werden, z.B. die kleinen Rasseln auf S. 115 oder das magische Holz auf S. 117 ff.

Zunächst fertig schnitzen, bevor man anfängt zu schmirgeln. Wenn geschnitzt wird, nachdem bereits geschmirgelt wurde, lassen die Körner des Schmirgelpapiers, die im Holz sitzen, das Messer stumpf werden.

Die Oberfläche des Werkstücks muss trocken sein, wenn man schmirgelt. Eine feuchte Oberfläche kann man nicht ordentlich schmirgeln.

Anfangs mit grobem (Körnung 80 – 100) und danach mit feinerem Papier schmirgeln (Körnung 120 – 180).

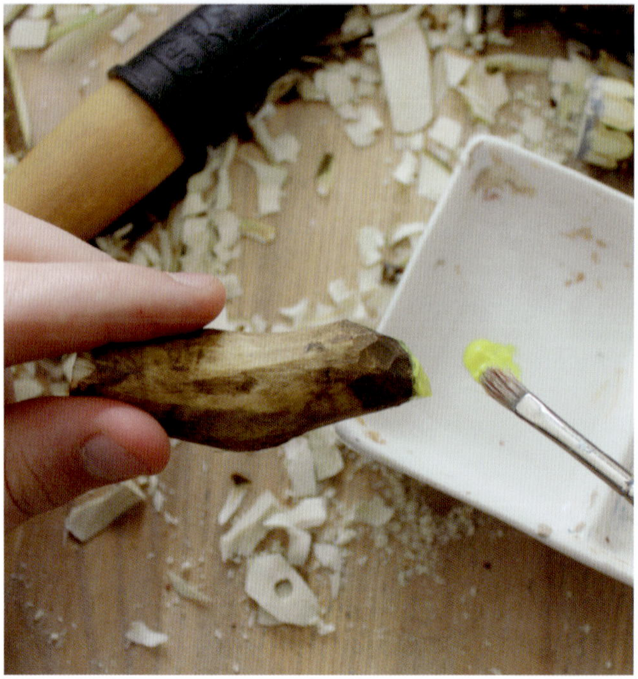

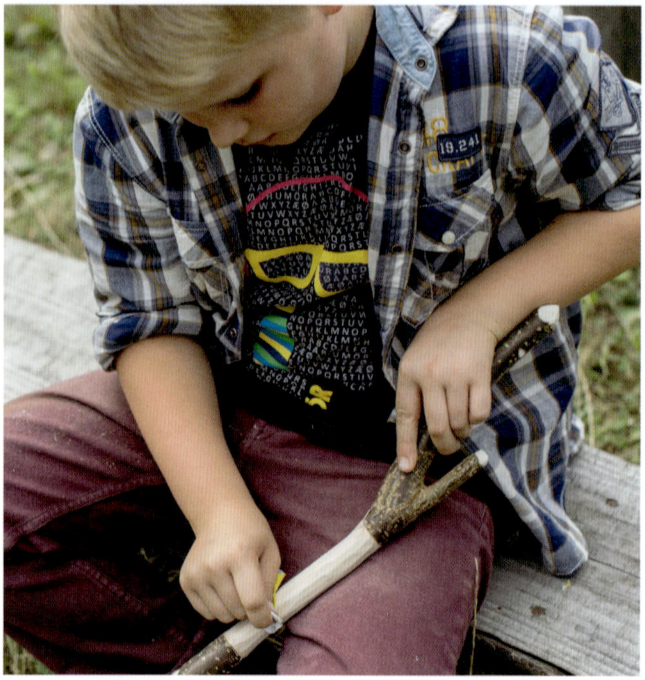

Schnitzstuhl

Sehr nützlich ist für kleinere Kinder ein Schnitzstuhl – ein Sitz mit Abstützholz –, den man sich selbst bauen kann (siehe Zeichnung). Er hilft, dass die Kinder in guter Sitzposition bleiben. Am vorderen Ende befindet sich ein Keil, an dem sie das Werkstück abstützen und es dadurch leichter bearbeiten können.

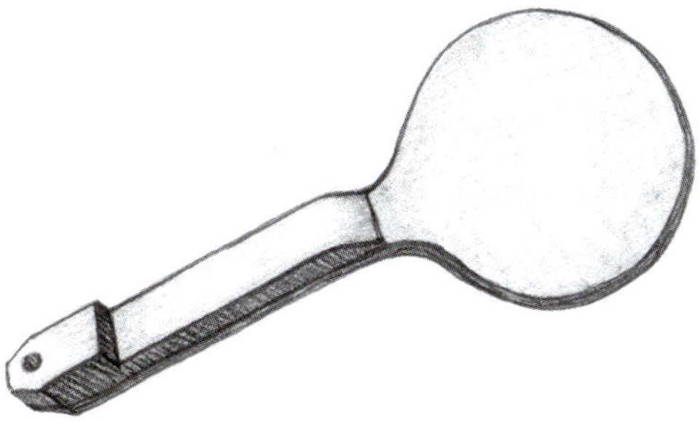

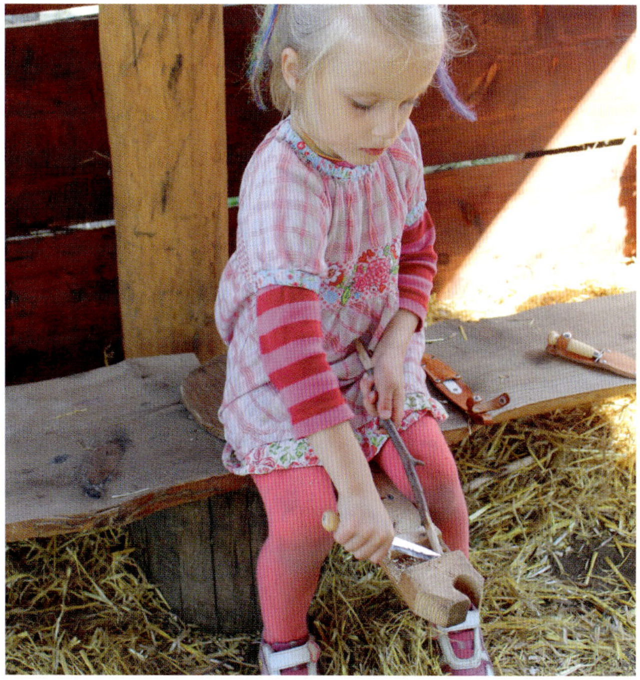

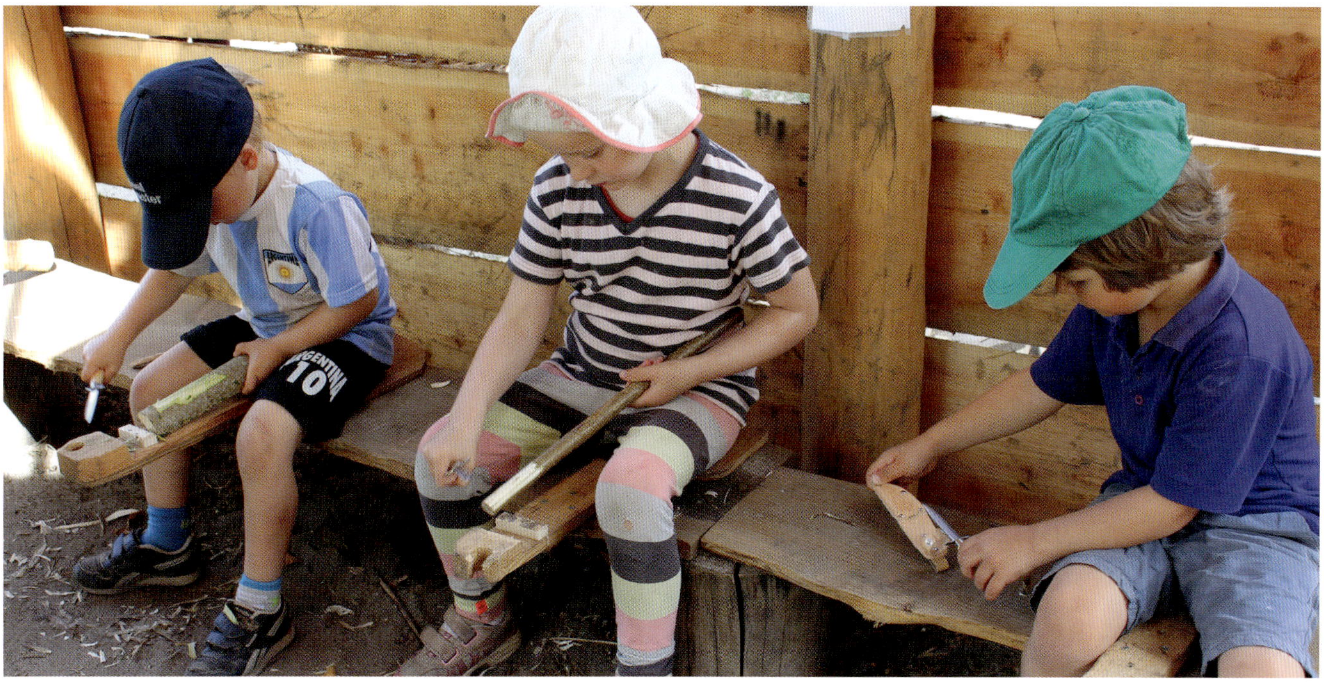

Schnitzen und lesen

Beim Schnitzen kann man sehr gut miteinander plaudern, sich gegenseitig Geschichten erzählen oder sich eine Geschichte vorlesen lassen.

Der Titel dieses Märchens, das der dänische Schriftsteller Hans Christian Andersen (1802 – 1875) verfasst hat, passt ausgezeichnet zum Schnitzen mit ein paar guten Freunden in geselliger Runde, denn es kann tatsächlich ein Glück sein, aus einem Stück Holz etwas Schönes zu fertigen.

Die Übersetzung des folgenden Märchens habe ich im Internet gefunden (www.andersenstories.com/de/andersen_maerchen/das_gluck_kann_in_einem_holzstokchen_liegen), aber wenn ich das Märchen erzähle, tausche ich doch schon mal einzelne Wörter oder Wendungen aus, damit es besser verständlich ist.

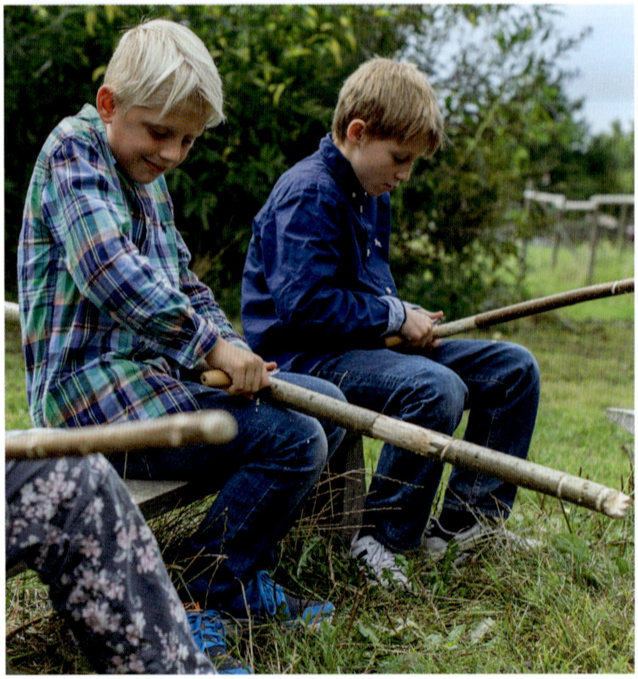

Das Glück kann in einem Holzstöckchen liegen

Jetzt will ich eine Geschichte vom Glück erzählen. Wir alle kennen das Glück: einige sehen es jahraus, jahrein, andere nur in gewissen Jahren, an einem einzelnen Tage, ja, es gibt sogar Menschen, welche es nur ein einziges Mal im Leben sehen; aber sehen tun wir es alle. Nun brauche ich nicht zu erzählen, denn jeder weiß es, dass unser Herrgott das kleine Kind bringt und es einer Mutter in den Schoß legt; das kann in dem reichen Schlosse und in der Wohnung des Wohlhabenden geschehen, aber auch auf freiem Felde, wo der kalte Wind weht – aber nicht jeder weiß, und dennoch ist es gewiss, dass unser Herrgott, wenn er das Kind bringt, auch eine Glücksgabe für dasselbe mitbringt; aber diese liegt nicht in die Augen fallend neben ihm, sie liegt irgendwo auf der Erde, wo man sie am wenigsten zu finden erwartet, und doch findet sie sich immer; das ist das Erfreuliche. Sie kann in einen Apfel gelegt sein, und sie war es für einen Gelehrten, welcher Newton hieß. Der Apfel fiel, und da fand er sein Glück. Kennst du die Geschichte nicht, so bitte den, der sie kennt, sie dir zu erzählen; ich habe eine andere Geschichte zu erzählen, und das ist eine Geschichte von einer Birne. Es war einmal ein armer Mann, welcher in Armut geboren, in Armut groß geworden war und in Armut sich verheiratet hatte. Er war übrigens seines Handwerks ein Drechsler und drechselte vorzugsweise Stöcke und Ringe für Regenschirme, aber er lebte nur von der Hand in den Mund. «Ich finde nimmer das Glück!», sagte er. Dies ist eine wirklich wahre Geschichte, und man könnte das Land und die Stadt nennen, wo der Mann wohnte; aber das kann ja gleichgültig sein. Die roten sauren Vogelbeeren wuchsen als schönster Schmuck rings um Haus und Garten. In letzterem stand auch ein Birnbaum, aber er trug nicht eine einzige Birne, und dennoch war das Glück in diesen Birnbaum gelegt, es lag in den unsichtbaren Birnen. Einstmals stürmte nachts der Wind ganz fürchterlich. Die Zeitungen erzählten, dass eine große Diligence, vom Sturm erfasst, vom Wege in die Höhe gehoben und wie ein Lappen zu Boden geworfen worden sei. Da konnte denn wohl auch leicht ein starker Ast von dem Birnbaum gebrochen werden. Der Ast wurde in die Werkstatt gelegt, und der Mann drechselte zum Scherz aus demselben eine große Birne und noch eine große, dann eine kleinere und endlich einige ganz kleine. Der Baum musste doch einmal Birnen tragen, sagte der Mann und gab sie seinen Kindern, um damit zu spielen.

Zu den notwendigsten Bedürfnissen in einem Lande, wo es oft regnet, gehört allerdings ein Regenschirm. Das ganze Haus hatte zu gemeinschaftlichem Gebrauch nur einen einzigen. Wehte der Wind zu stark, so schlug der Regenschirm um; ja, er brach sogar ein paar Mal ab, aber der Mann setzte ihn gleich wieder gehörig instand; aber verdrießlich war es doch, dass der Knopf, welcher ihn zusammenhalten sollte, wenn er nicht aufgespannt war, gar zu oft absprang oder der Ring, welcher um ihn gelegt war, zerbrach. Eines Tages sprang der Knopf. Der Mann suchte nach ihm auf dem Fußboden und fasste da eine der allerkleinsten gedrechselten Birnen, welche die Kinder bekommen hatten, um damit zu spielen,

«Der Knopf ist nicht zu finden», sagte der Mann, «aber dieses kleine Ding kann es wohl auch tun!» Er bohrte also ein Loch hinein, zog eine Schnur hindurch, und die kleine Birne schloss gut in den zerbrochenen Ring. Das war in der Tat der beste Halter, welchen der Regenschirm je gehabt hatte. Als der Mann nun im nächsten Jahre Regenschirmstücke nach der Hauptstadt schicken sollte, wohin er dergleichen lieferte, legte er auch ein paar der gedrechselten kleinen Birnen mit einem halben Ringe bei und bat, sie zu probieren, und so kamen dieselben nach Amerika. Dort merkte man bald, dass die kleine Birne viel besser als irgendein Knopf hielt; und nun verlangte man von dem Kaufmann, dass alle nachfolgenden Regenschirme mit einer kleinen Birne geschlossen sein sollten. Nun, da gab es Arbeit! Tausende von Birnen! Holzbirnen für alle Regenschirme! Der Mann musste an die Arbeit. Er drechselte und drechselte. Der ganze Birnbaum ging in kleinen Birnen auf. Das gab Schillinge, das gab Taler! «In diesem Birnbaum war mein Glück gelegt», sagte der Mann. Er bekam jetzt eine große Werkstatt und Gesellen und Lehrjungen. Stets war er fröhlichen Sinnes und sagte: «Das Glück kann in einem Holzstückchen liegen.» Das sage auch ich, der diese Geschichte erzählt. Man sagt: «Nimm ein Holzstöckchen in den Mund, dann wirst du unsichtbar!» Aber das richtige Holzstöckchen muss es sein, das, welches unser Herrgott uns als Glücksgabe beschert hat. Ich bekam es, und wie jener Mann kann auch ich klingendes Gold, blinkendes Gold gewinnen, das allerbeste, das, welches aus Kinderaugen blinkt, welches von Kinderlippen klingt und auch von Vater und Mutter mit. Sie lesen da Geschichten, und ich stehe, mitten in der Stube, unter ihnen, aber unsichtbar, denn ich habe ja das weiße Holzstöckchen im Munde, höre ich nun, dass sie sich an dem, was ich erzähle, erfreuen, ja, dann sage auch ich: «Das Glück kann in einem Holzstöckchen liegen.»

Glück kann darin bestehen, in guter Gesellschaft aus einem Holzstöckchen etwas zu schnitzen, und das Glück kann in einem Stöckchen verborgen liegen und hervorkommen, wenn man daraus etwas macht, worüber man sich zusammen mit seinen Freunden freuen kann.

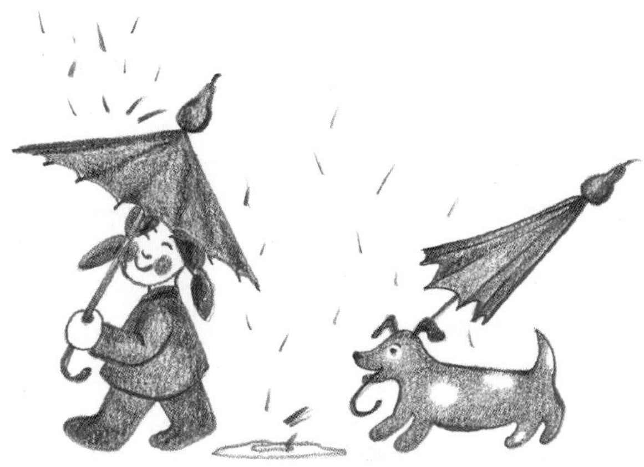

Tierfiguren

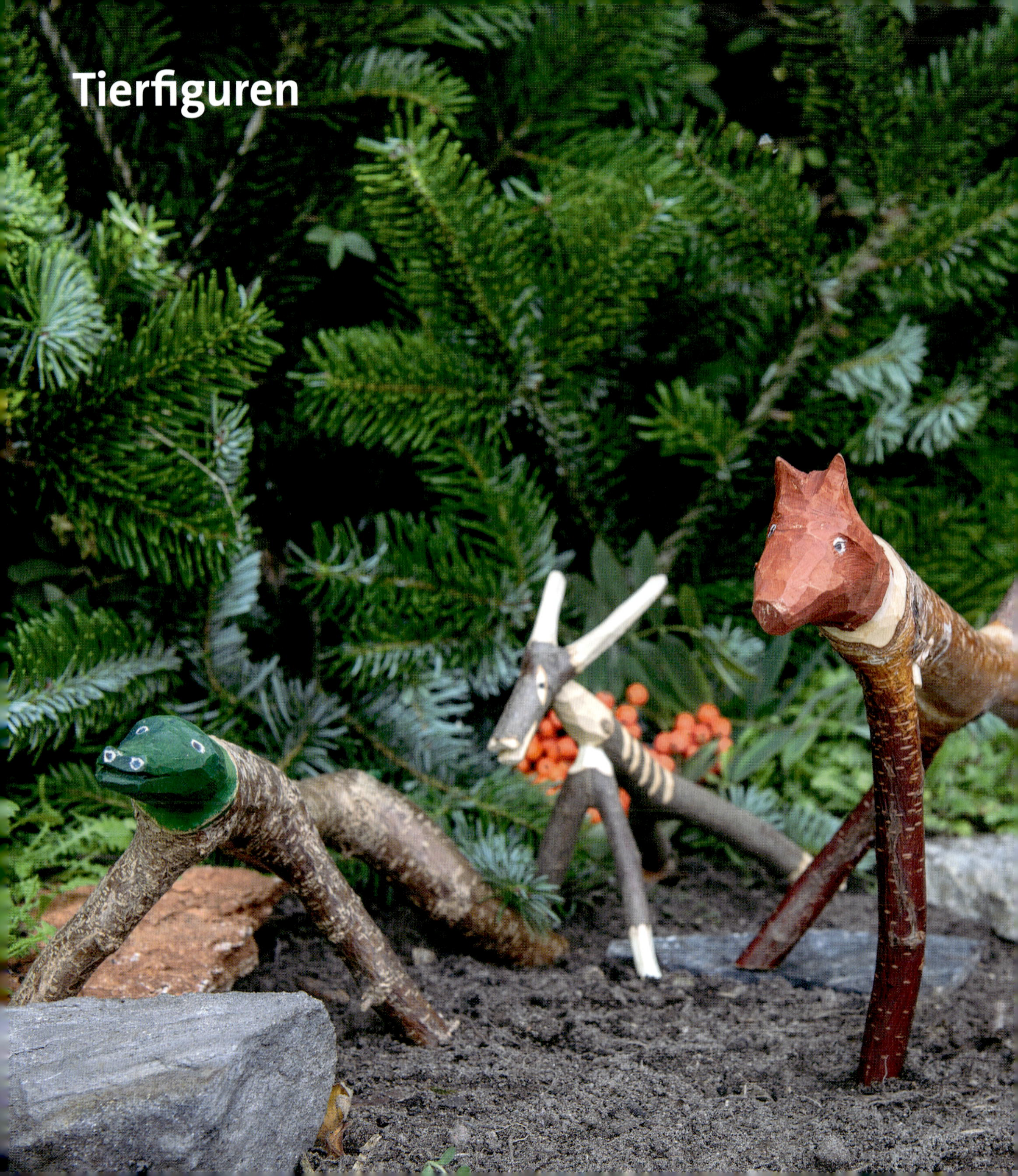

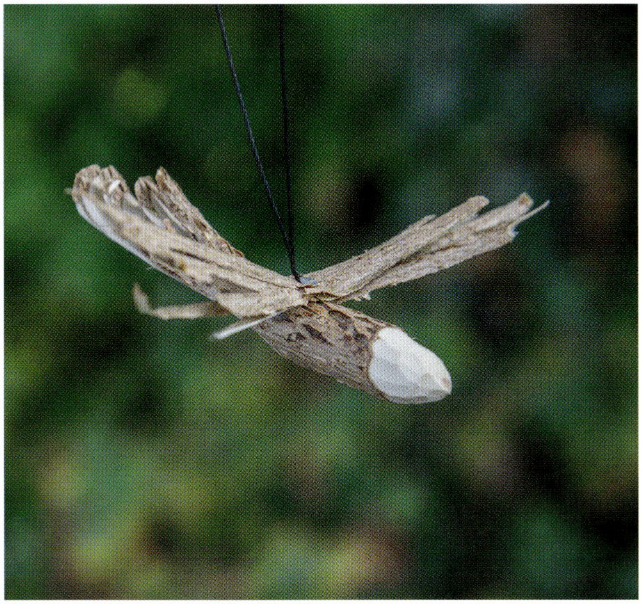

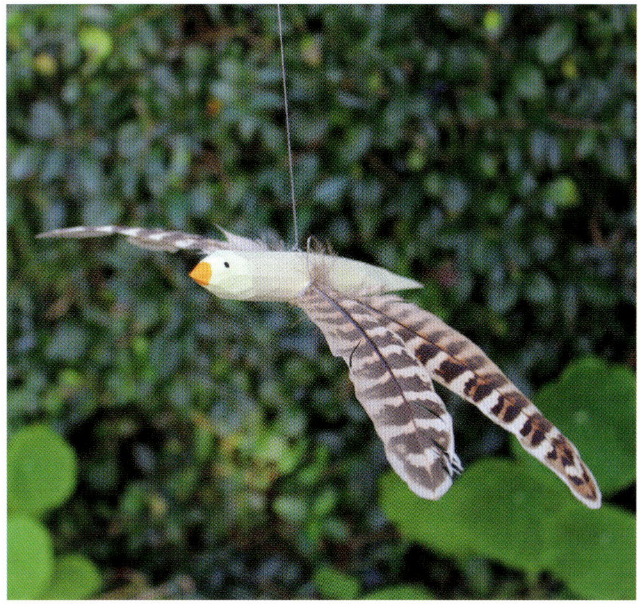

Vogel mit Flügeln aus Rindenspänen oder Federn*

Die Vögel können einzeln oder als Mobile aufgehängt werden.

Material

- Astholz, Durchmesser z.B. 2 cm, Länge 10 cm
- Federn oder Asthölzer für die Rindenspäne
- dünne Schnur
- kleine Nägel oder Bohrer und Leim

So wird's gemacht

Die Enden des Astholzes zuspitzen, die Form kann etwas gröber, aber auch etwas feiner ausgearbeitet werden.

Vogel mit Flügeln aus Spänen:
Dünne Rindenspäne schnitzen und zu einem Bündel zusammenbinden. Den Schwerpunkt des Vogels bestimmen und das Bündel dort mit einem kleinen Nagel befestigen.

Vogel mit Flügeln aus Federn:
Ein oder eventuell zwei Löcher in jede Seite bohren und ausreichend Leim hineingeben. Die Federn in die Löcher stecken. Ein Stück Schnur in beliebiger Länge am Vogel anbringen.

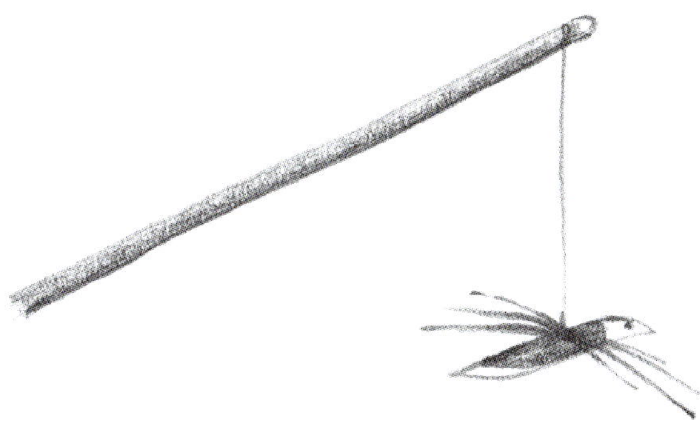

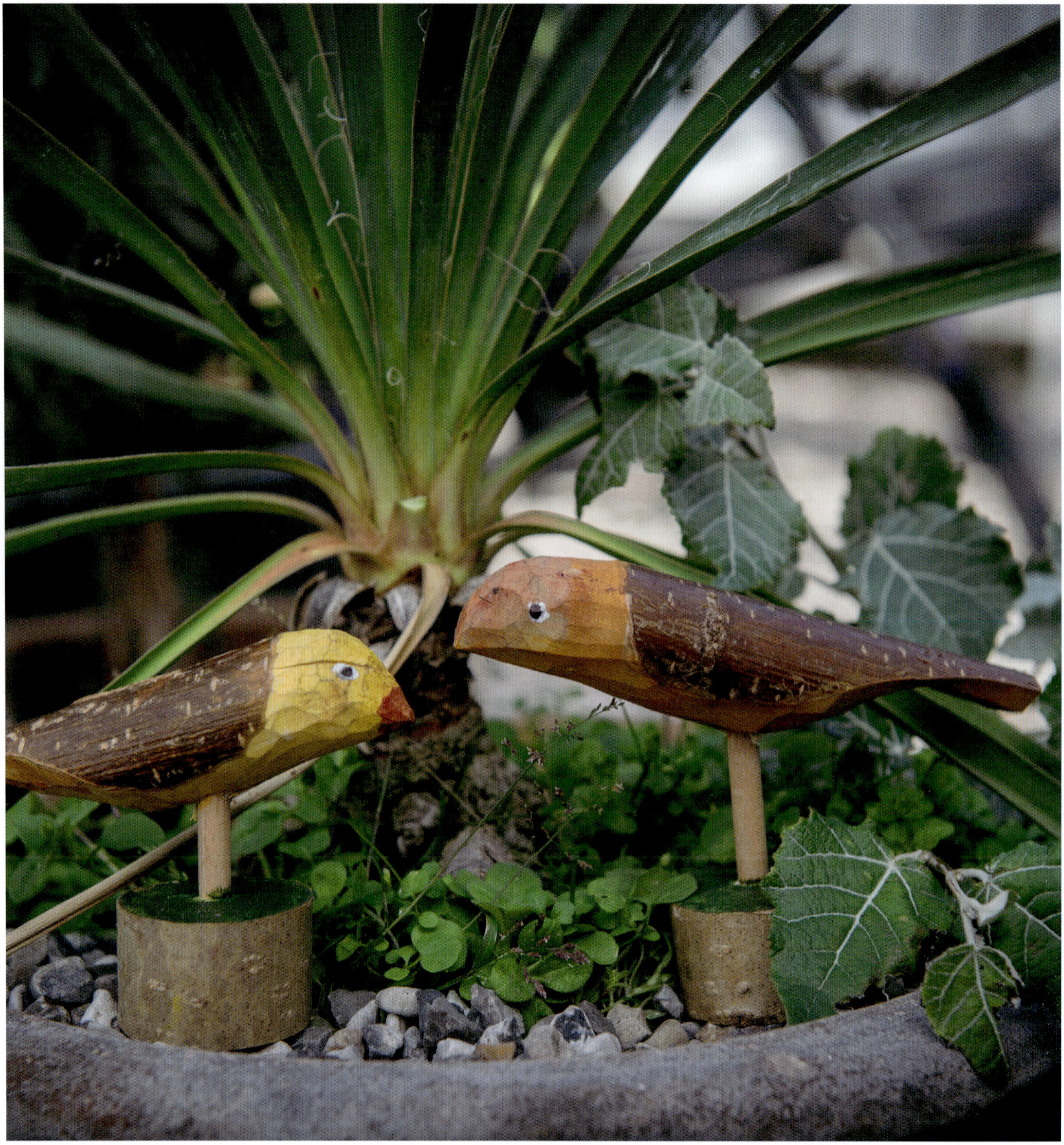

Vogel aus einem einzelnen Astholz*

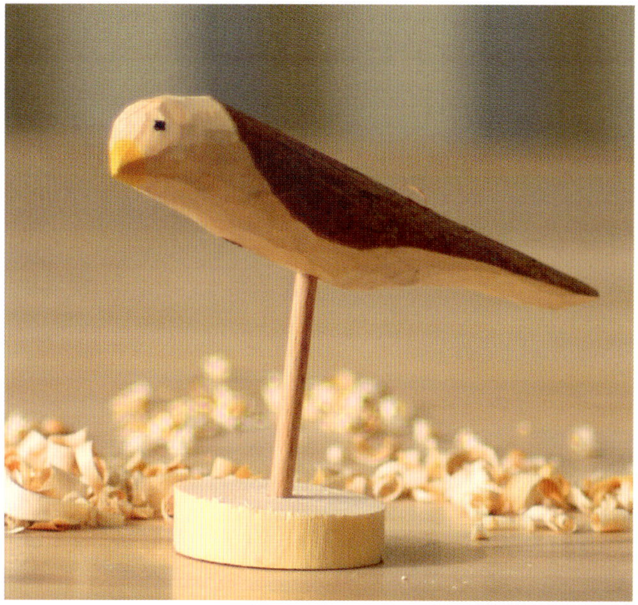

Dieser Vogel kann auch mit Wippeffekt angefertigt werden (siehe S. 102 ff.).

Material

- Astholz, Durchmesser z.B. 2,5 cm, Länge 12 cm
- Scheibe von einem Astholz, Durchmesser 3 cm und 2 – 3 cm dick
- Rundstab, Durchmesser 5 – 6 mm
- Bohrer mit Durchmesser entsprechend dem des Rundstabs

So wird's gemacht

Zeichnung unten: Kopf und Schnabel schnitzen.

Schwanz und Körper formen, indem man in die Unterseite des Vogels einschnitzt. Der Schwanz kann etwas verschmälert werden.

Eine scharfe Trennlinie zwischen Rinde und Holz ziehen und so die Flügel schnitzen.

Jeweils ein Loch in die Scheibe und in den Vogel bohren. Zeichnungen rechts: Der Winkel des Lochs bestimmt, ob der Vogel nach oben oder nach unten schaut.

Vogel und Scheibe mit einem Rundstab verbinden. Mit Tusche, Buntstiften oder Farbe die Augen und den Schnabel malen.

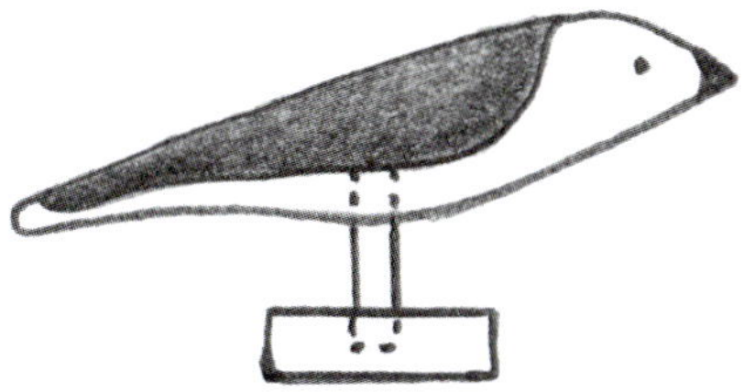

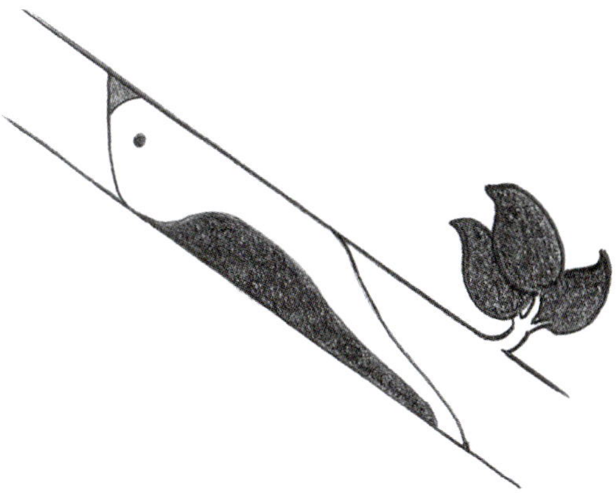

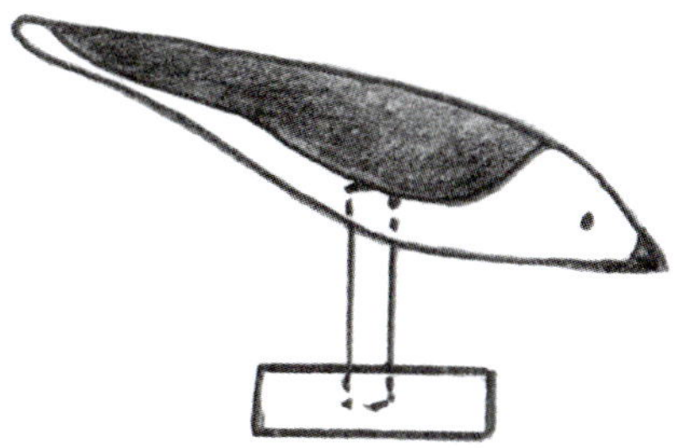

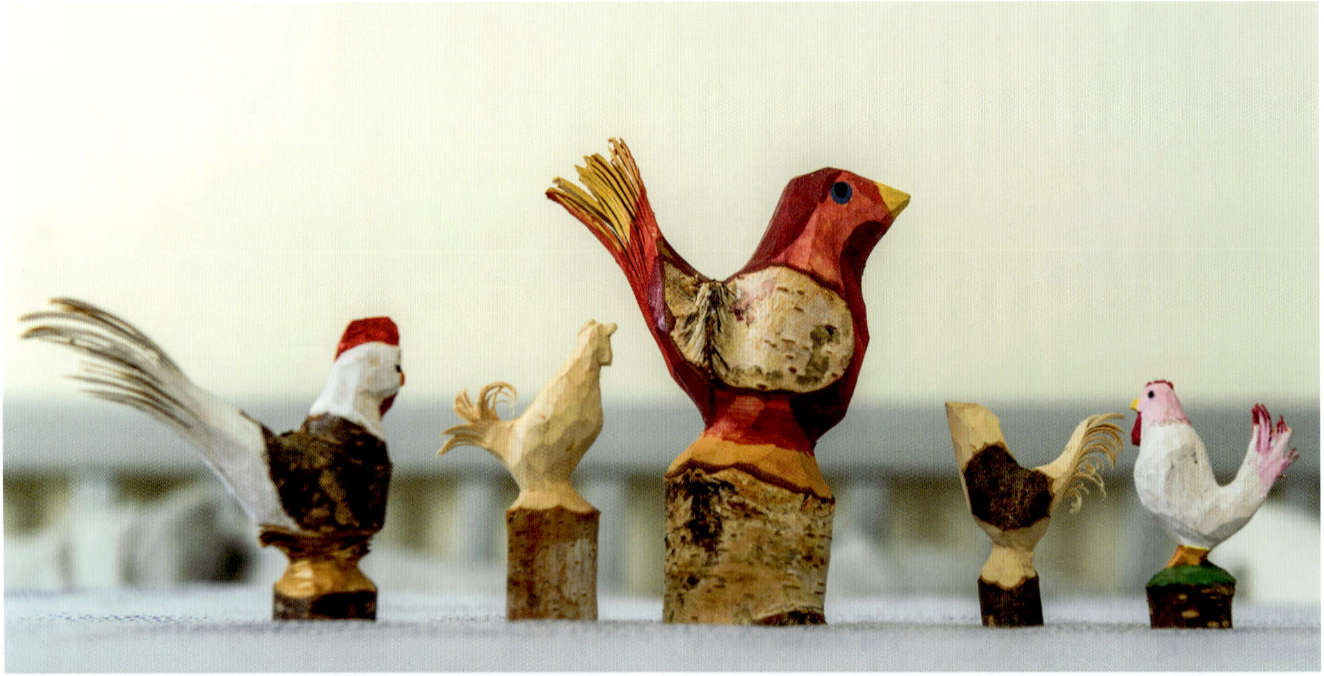

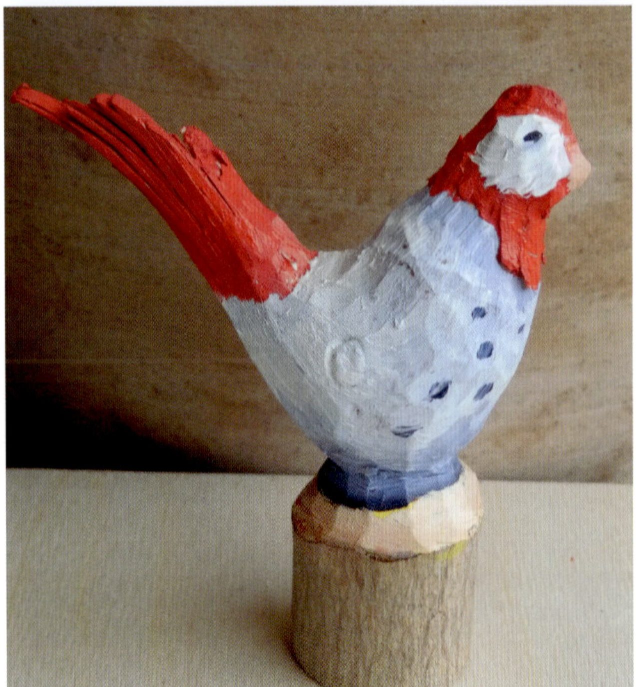

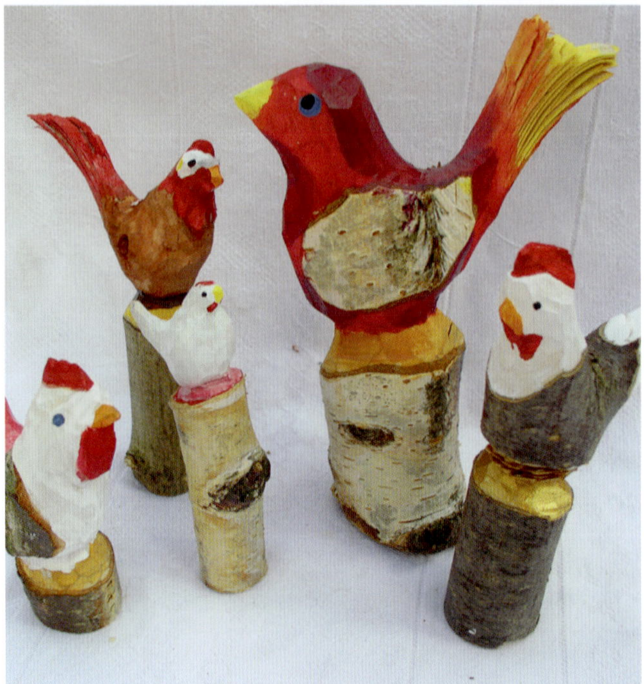

Vogel mit einem Schwanz aus Spänen**

Der Vogel kann als Hahn, aber auch mit einer etwas einfacheren Kopfform angefertigt werden. An den passenden Stellen eventuell die Rinde belassen, um die Flügel darzustellen.

Material

Astholz mit einer Astgabel (siehe Zeichnung), Hauptstück mit einem Durchmesser von 2,5 – 3,5 cm und so lang, dass man es gut halten kann. Der Teil der Astgabel, die später den Schwanz bildet, muss länger sein als der Schwanz selbst, da man auch hier ein Haltestück braucht, um die Späne schnitzen zu können.

So wird's gemacht

Das Astholz auf die passende Länge sägen. Zunächst den Kopf, dann den Körper des Vogels fertigen, indem man in die Unterseite des Vogels einschnitzt.

Das Schwanzstück an den Seiten verschmälern, aber nicht an der Oberseite, damit noch genug Holz da ist, um die Späne zu schnitzen.

Foto rechts: Die Späne werden angefertigt, indem man das Werkstück an dem zusätzlichen Schwanzstück hält und das Messer mit dem Daumen vorwärtsschiebt.

Lässt man das Astholz ein, zwei Tage trocknen, bevor man die Späne schnitzt, sind auch lockenförmige Späne kein Problem. Die Form des Schwanzes zurechtschnitzen. Den Vogel eventuell anmalen.

Die Spanschnitztechnik wird auch bei den «Strohblumen» auf S. 136 ff. angewendet.

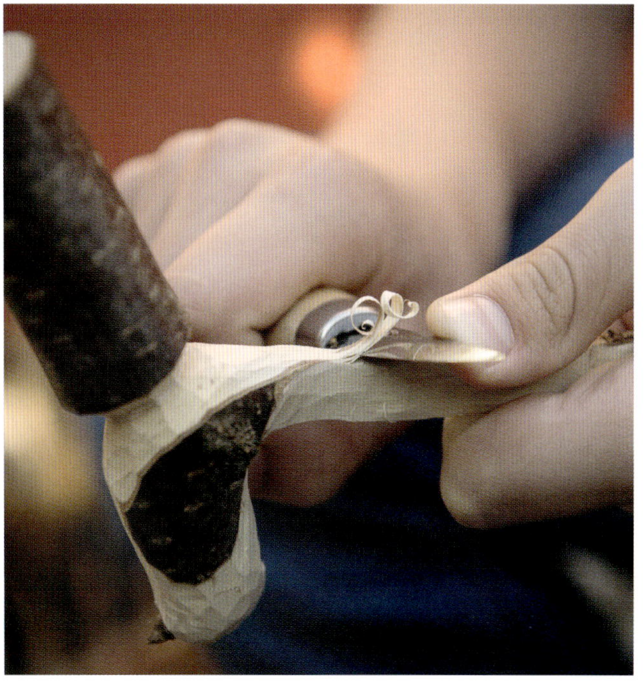

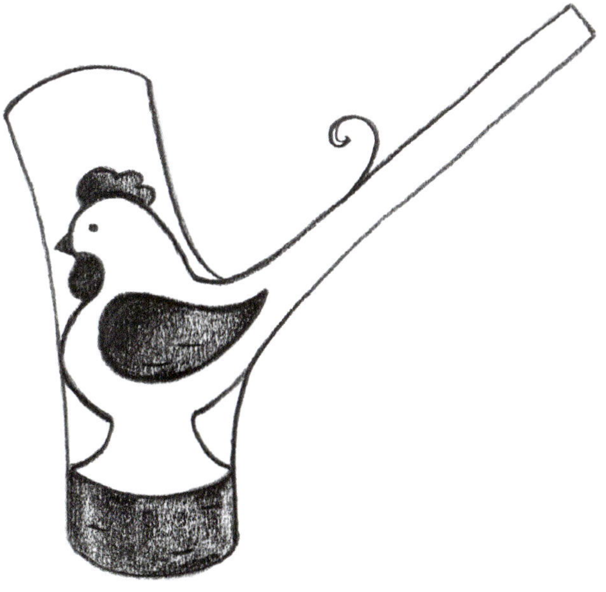

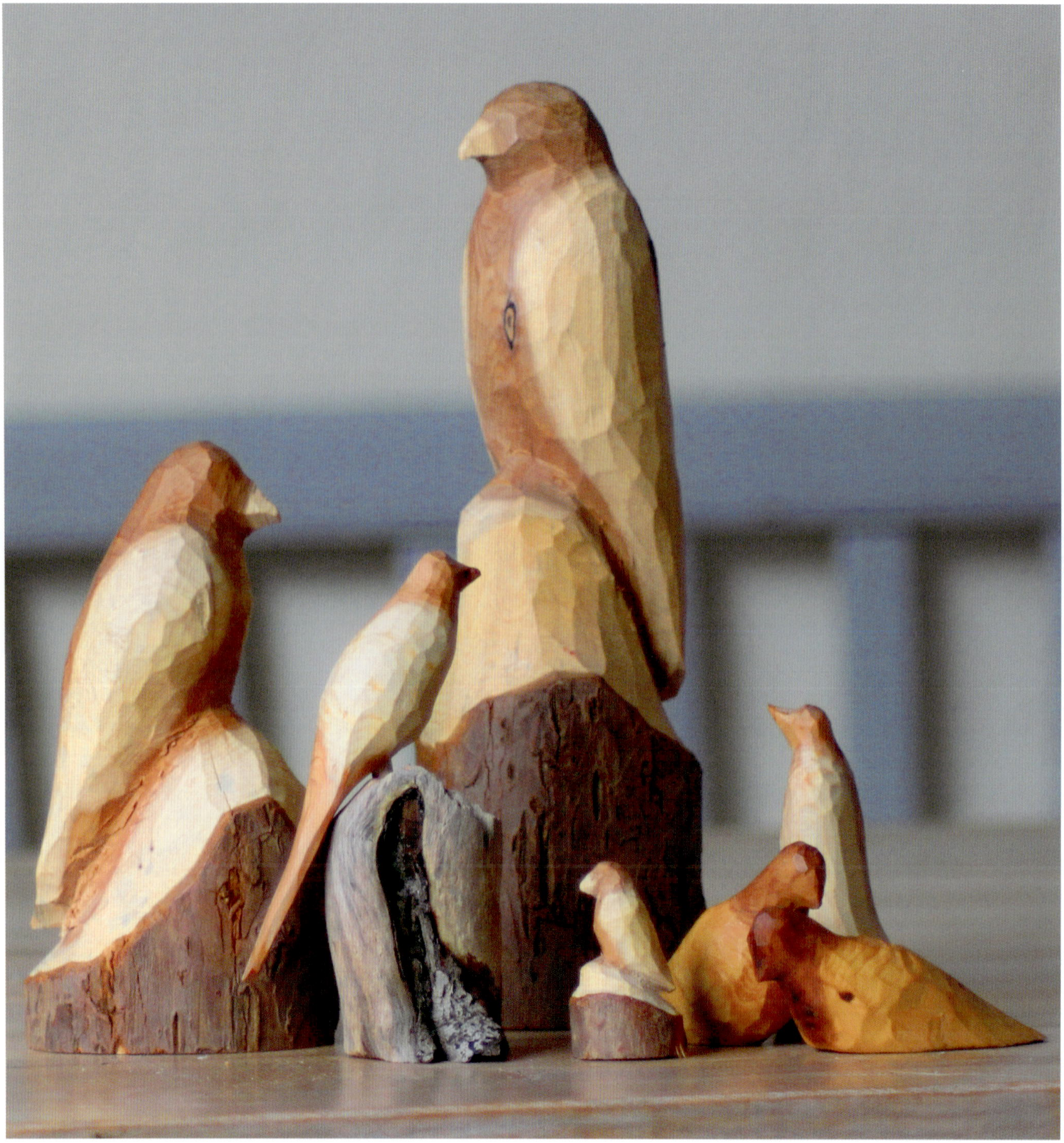

Vogel aus zweifarbigem Holz**

Will man einen aufrecht stehenden Vogel anfertigen, ist es von Vorteil, Holz zu verwenden, bei dem das Kernholz dunkel und das Splintholz hell ist. Flügel und Schnabel werden aus dem hellen, der Körper aus dem dunklen Holz geschnitzt.

Material
Astholz, besonders Eibe ist gut geeignet. (Achtung: Die Nadeln und die Beeren der Eibe sind giftig und dürfen nicht gegessen werden!)

So wird's gemacht
Aufrecht stehender Vogel (Foto rechts oben): Dunklen Kopf mit einem hellen Schnabel schnitzen, so wie auf dem Foto zu sehen. Den Körper schnitzen, die Flügel hell und die Brustpartie dunkel. Auf der Unterseite des Vogels in das Holz einschnitzen, sodass die Form des Körpers entsteht.

Liegender Vogel (Foto rechts unten): Den Kopf ausschließlich aus dem dunklen Teil des Holzes schnitzen. Das Astholz schräg absägen (siehe Zeichnung).

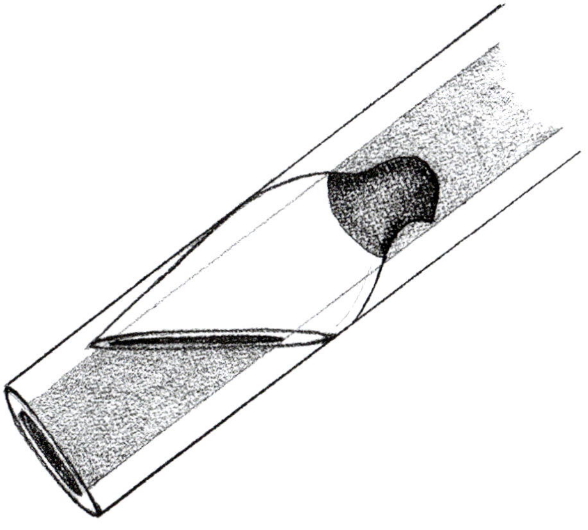

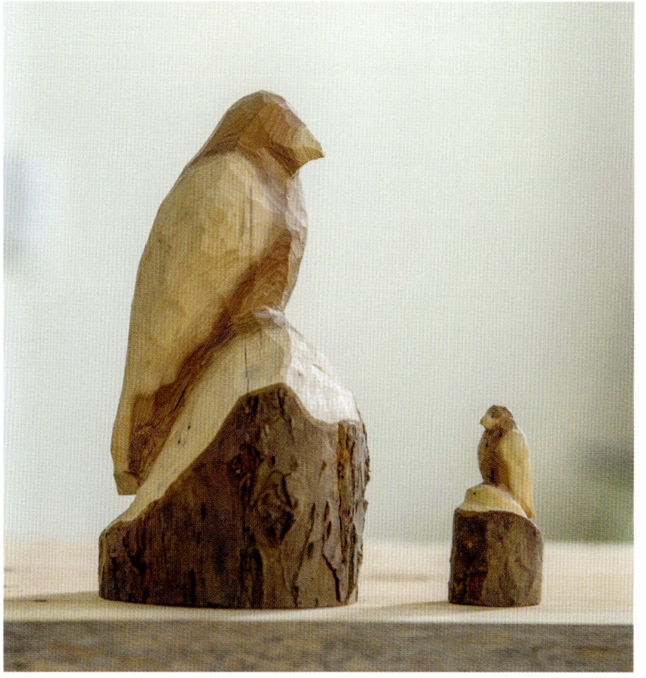

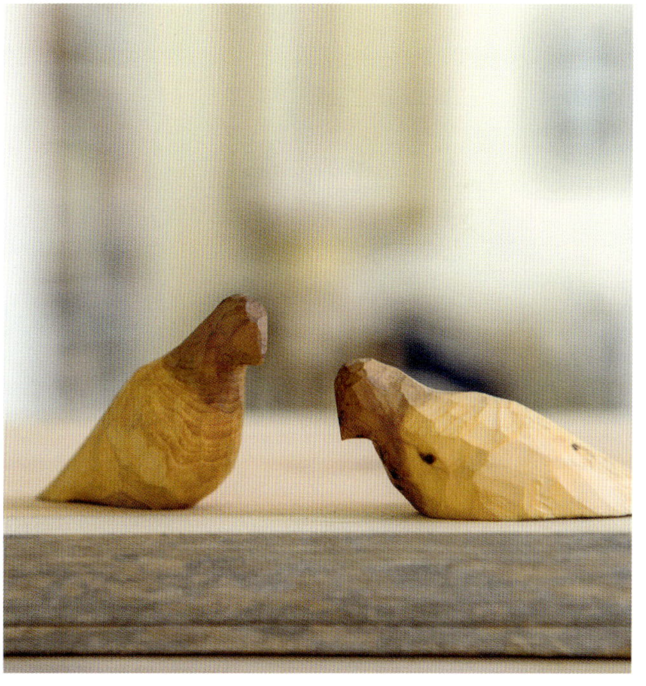

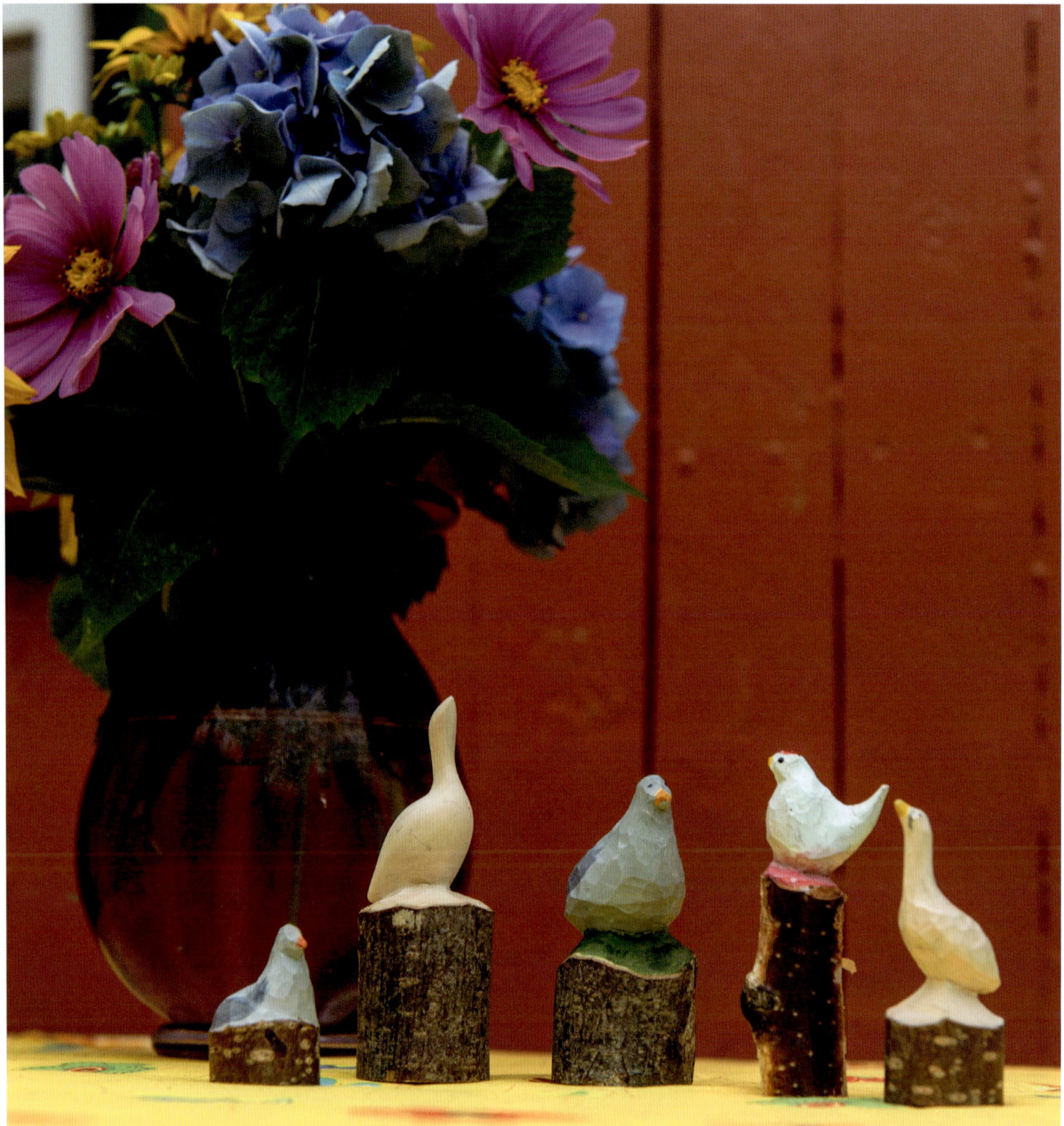

Vogel aus dem Endstück eines Astholzes**

Das Werkstück besteht bei dieser Arbeit aus dem Endstück eines Astholzes. Es ist keine ganz leichte Aufgabe, weil man die Schnitztechnik zum eigenen Körper hin beherrschen muss.

Foto links: Bei dem Vogel ganz links ist der Körper nicht besonders ausgearbeitet, es liegt auf dem Nest und brütet. Dagegen wurde beim Vogel in der Mitte der Körper im unteren Teil extra zurechtgeschnitzt. Bei dem weißen Huhn wurde ein kleiner Nebenzweig zum Schwanz umgearbeitet.

Die Gans (zweite von links) wurde geschmirgelt, ihre Oberfläche ist gleichmäßig eben. Das gilt auch für die zwei Vögel auf dem Foto rechts unten. Bei den anderen Vögeln wurde die geschnitzte Oberfläche beibehalten.

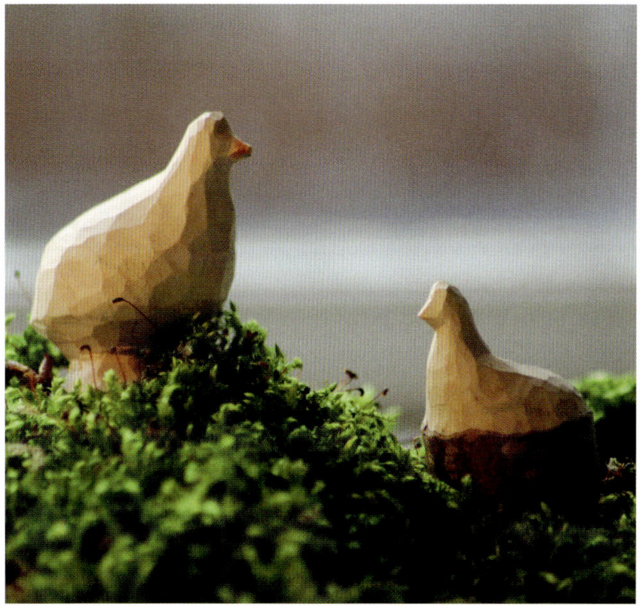

Material

Astholz, Durchmesser z.B. 2,5 – 3 cm

So wird's gemacht

Der Schnitzrichtung wie auf der Zeichnung dargestellt folgen und dem Vogel die gewünschte Form geben.

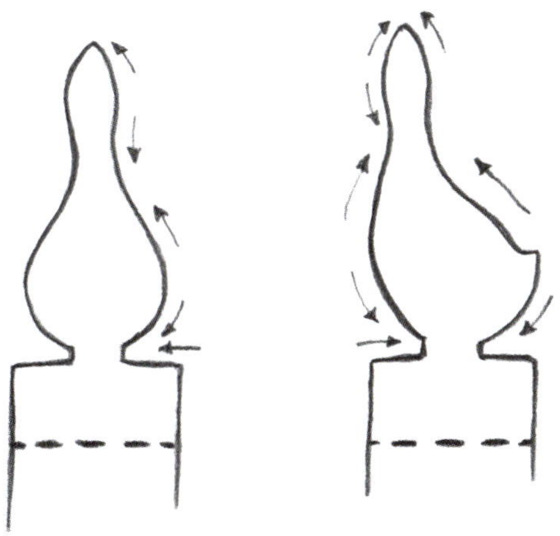

Gans von vorne und von der Seite

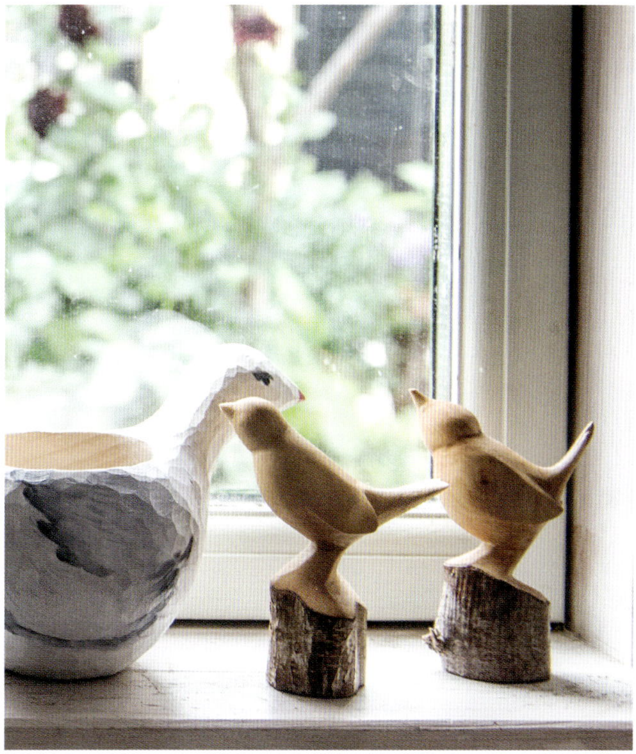

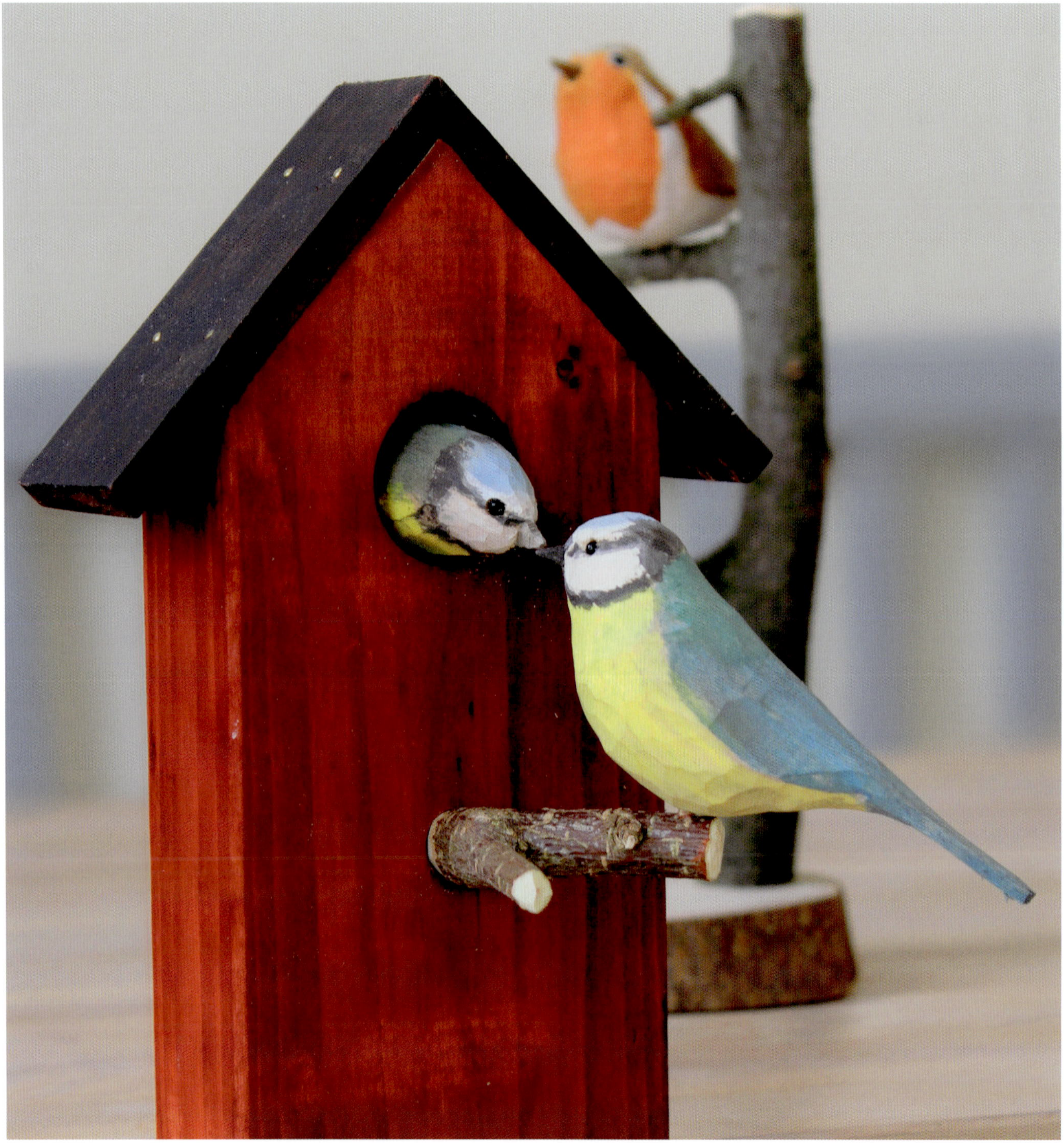

Naturgetreuer Vogel***

Für diesen Vogel sollte man ein Foto oder noch besser einen ausgestopften Vogel als Vorlage zur Hand haben. Am besten ist trockenes Lindenholz geeignet. Außerdem braucht man ausreichend Zeit, um sich in die Arbeit zu vertiefen.

Die Beine werden aus Metalldraht oder aus kleinen Aststücken angefertigt. Der Vogel kann auf einen Ast mit Nebenzweig oder auf ein gespaltenes Astholz gesetzt werden.

Material

- getrocknetes Lindenholz, 3 – 5 cm dick
- Astholz als Ständer bzw. Fuß
- Bohrer
- Leim
- Schrauben
- evtl. Metalldraht (1,5 – 2 mm) für die Beine
- kleine schwarze Perlen für die Augen

So wird's gemacht

Einen Vogel in der gewünschten Größe aus einem Buch abmalen; das ist ganz einfach, wenn man z.B. Butterbrotpapier auf das Bild legt und die Konturen überträgt. Anschließend ausschneiden und die Schablone auf das Werkstück legen und die Konturen wiederum übertragen.

Foto unten und Zeichnung 1, S. 40: Den Vogel entsprechend der Maserung des Holzes auf das Werkstück übertragen, damit später nicht der Schnabel oder der Schwanz abbricht.

Zeichnung 2, S. 40: Wenn der Schnabel ein wenig nach unten zeigen soll, dann den Vogel ohne Schnabel schnitzen. Der Schnabel wird mitsamt einem Zapfen aus einem zweiten Werkstück gefertigt und in ein vorgebohrtes Loch geklebt.

Den Vogel mit einer Dekupiersäge, einer Bandsäge oder einer Stichsäge aussägen. Feine Sägeblätter erleichtern es, den vorgezeichneten Konturen zu folgen.

Zunächst von den Kanten etwas wegschnitzen, sodass der Vogel etwas mehr Gestalt annimmt und das Werkstück angenehmer zu halten ist. Dann den Vogel weiter

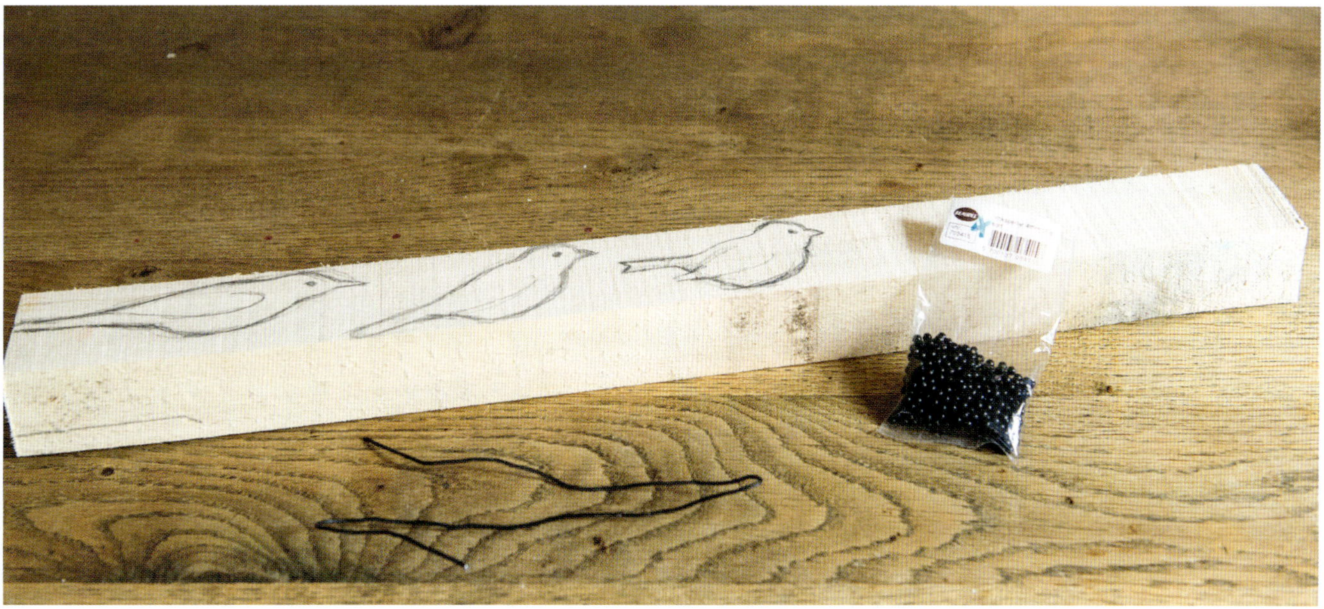

1

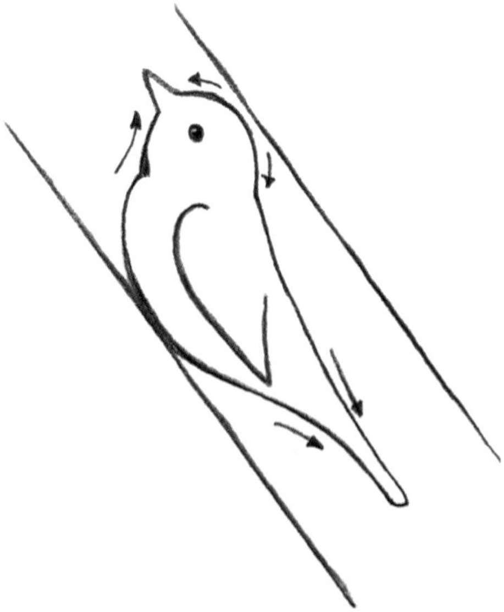

2

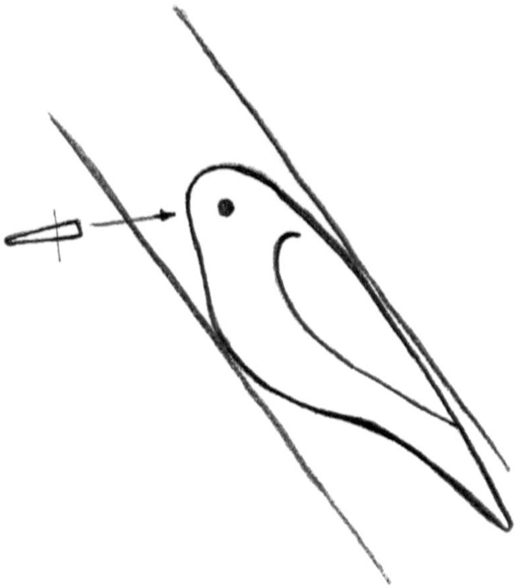

3

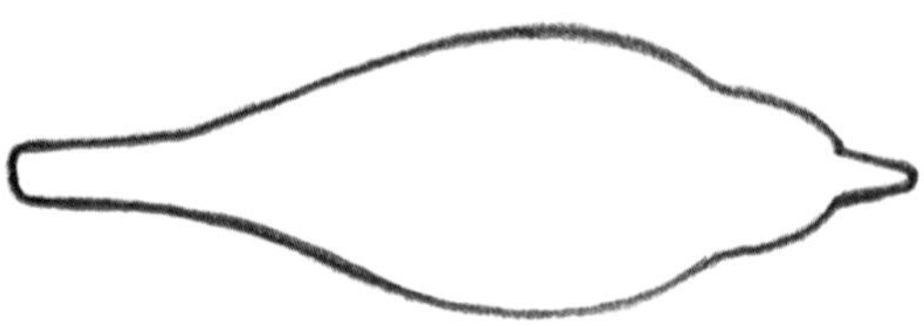

zurechtschnitzen und dabei sorgsam auf Linie und Form achten.

Zeichnung 3: Der Vogel von oben. Beachten Sie, dass der Kopf zum Körper hin schmaler wird, aber keine separate Form ist.

An den meisten Stellen kann mit der Daumentechnik vom eigenen Körper weg geschnitzt werden (siehe S. 18), aber der Teil hinter dem Kopf muss in Richtung Körper geschnitzt werden; Zeichnung 1 zeigt die Schnitzrichtungen.

Bei dieser Arbeit müssen viele Komponenten beachtet werden: Wo beginnt der Hals? Ist der Vogel schlank oder etwas fülliger? Wie ist die Form des Schnabels? Ist der Kopf rund oder ein wenig spitzer? In diesem Sinne sind einige Formaspekte zu bedenken. Darauf achten, den Schwanz nicht zu spitz oder zu kurz zu schnitzen; beim Kopf und beim Schnabel nicht zu viel wegnehmen.

Hält man das Werkstück in der Hand, bekommt man ein Gefühl dafür, ob es gut in der Hand liegt. Der Vogel sollte nicht kantig sein.

Die Augen können aufgemalt werden. Dunkle Perlen lassen die Augen sehr viel authentischer wirken, aber es ist ärgerlich, wenn die Augen nicht richtig sitzen. Deshalb die Punkte genau markieren, vorsichtig und nicht zu tief bohren und die Perlen anschließend mit Leim in die Löcher kleben.

Soll der Vogel mit Beinen aus Metalldraht ausgestattet werden und auf einem Ast sitzen, werden Löcher sowohl in den Vogel als auch in den Ast gebohrt und die Enden des Metalldrahts mit Leim darin festgeklebt.

Der Vogel kann auch direkt auf einem Ast sitzen. Ein Loch in die Unterseite des Vogels und in den Ast bohren, etwas Leim hineingeben und beides mit einem Rundstab verbinden.

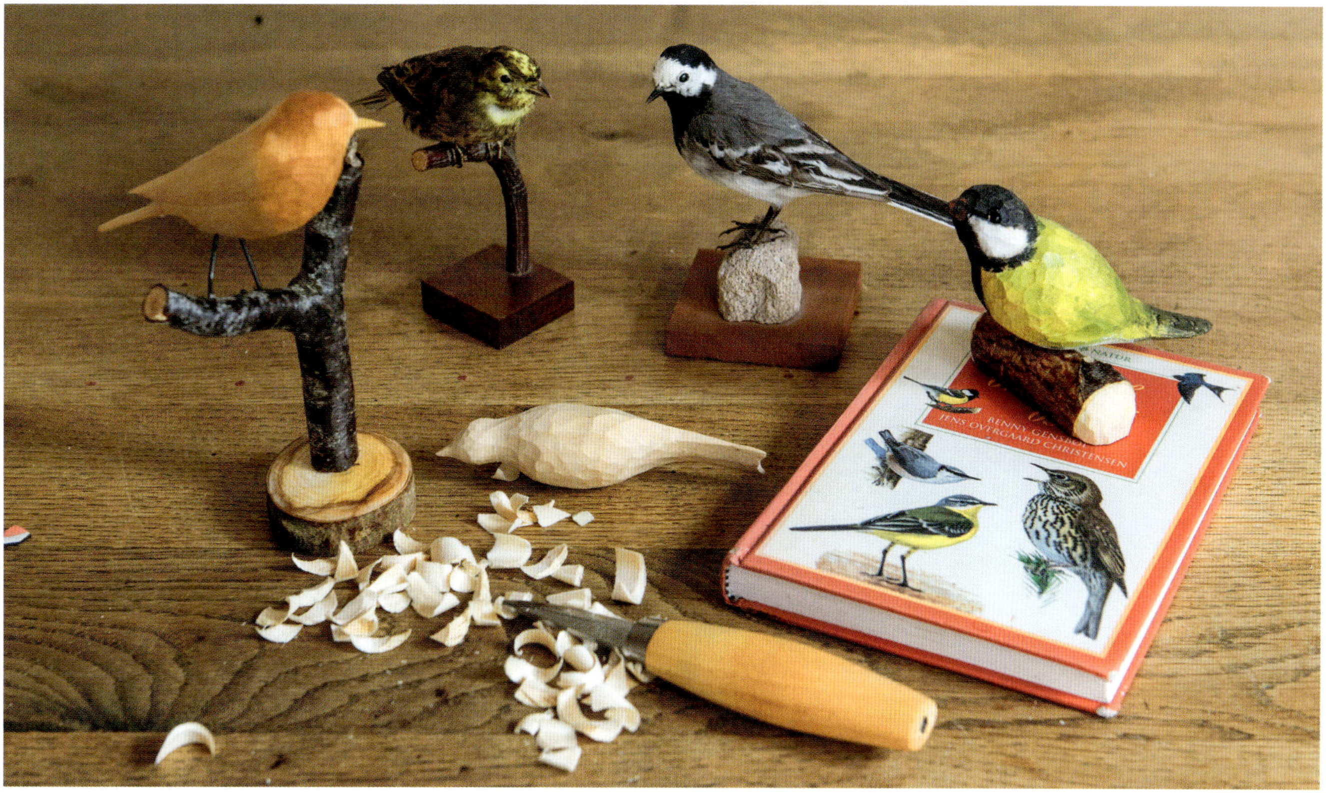
JENS OVERGAARD CHRISTENSEN

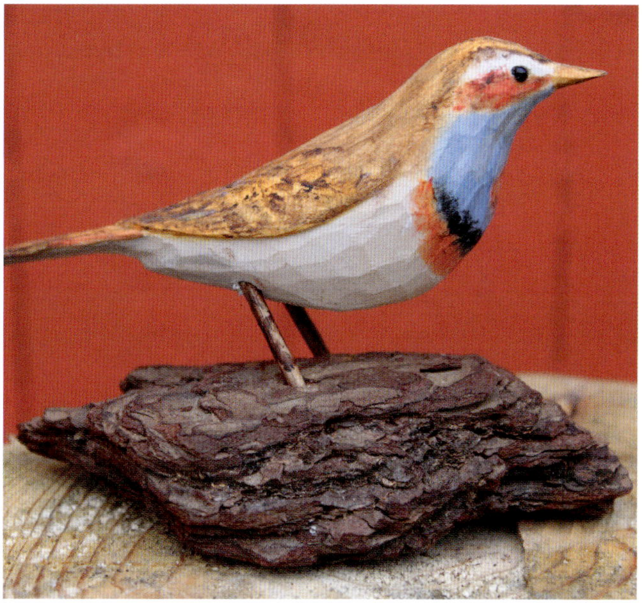

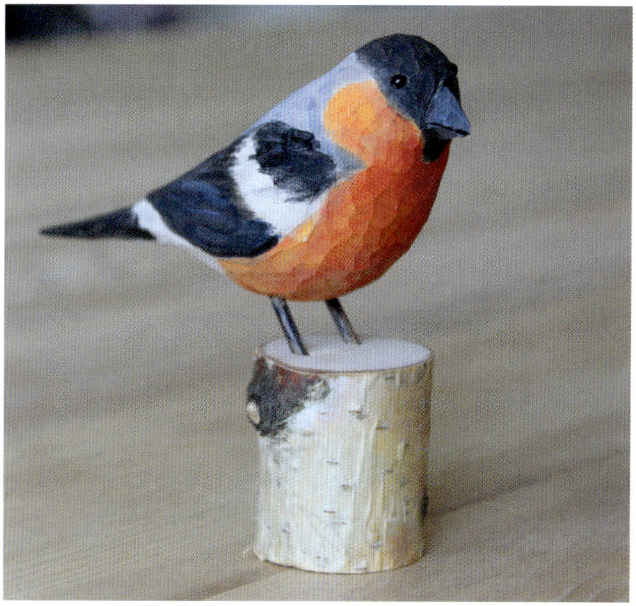

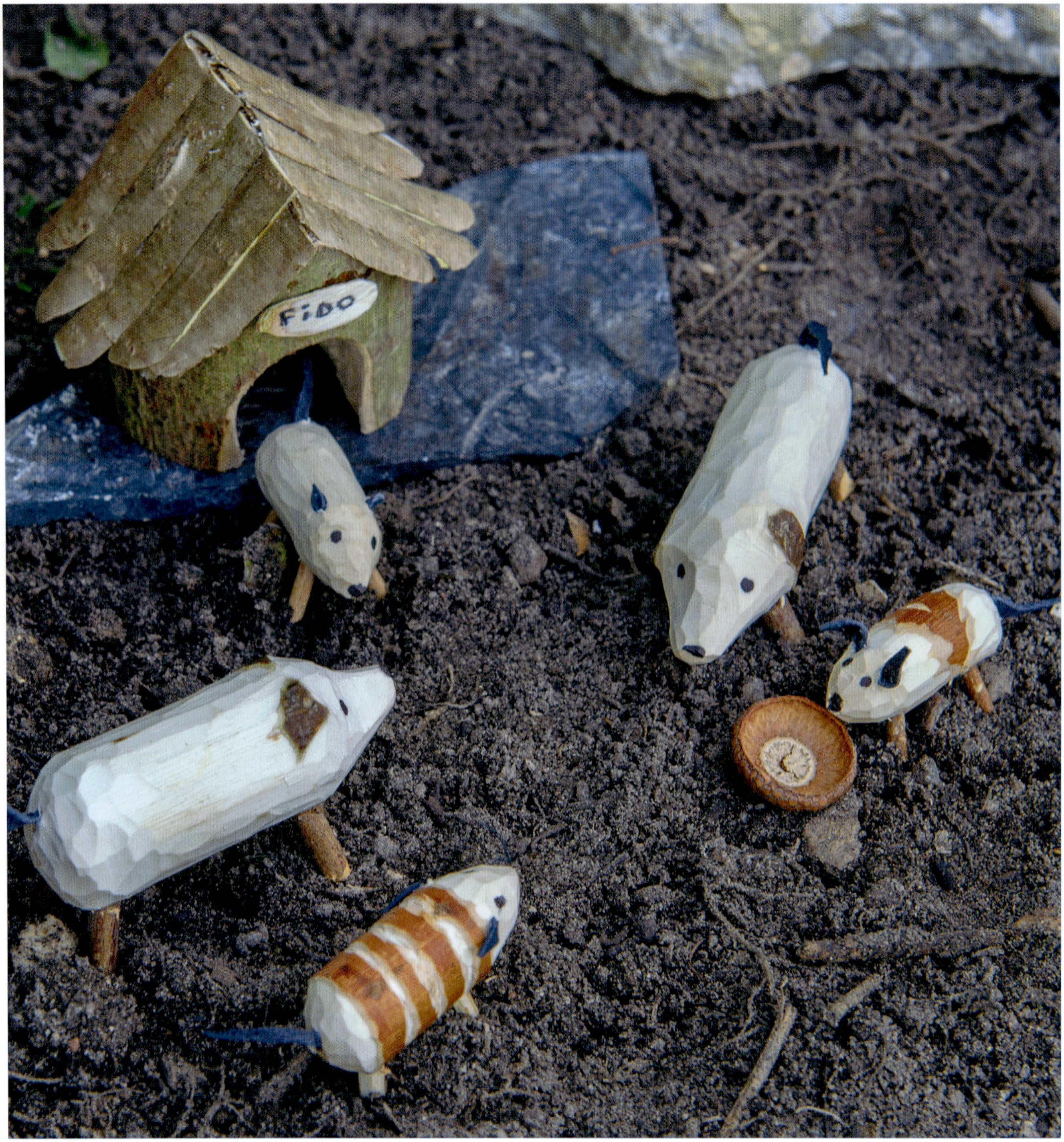
FIDO

Schwein und Hund**

Diese Figuren sind als Spielzeug, als Schmuck oder fürs Schweinewürfeln (siehe S. 55 ff.) geeignet.

Material

- Astholz, Durchmesser 1 – 3 cm, Länge z.B. 15 cm
- Knochen oder trockenen Schnitzabfall bzw. trockene kleine Ästchen
- Leim
- evtl. Fellreste oder Stoff

So wird's gemacht

Zuerst die spitze Schnauze bzw. den Rüssel schnitzen, dann das Hinterteil. Das Haltestück absägen. Löcher für die Beine schräg bohren, sodass sie ein wenig nach außen zeigen. Aus Sicherheitsgründen sollte dabei das Werkstück eingespannt werden.

Holzreste oder kleine Ästchen für die Beine so schnitzen, dass sie in die Löcher passen. Die Beine festkleben und mit einer Gartenschere auf die richtige Länge schneiden. Ohren und Schwanz können aus Fell oder Stoff gemacht und in dafür vorgebohrte Löcher geklebt werden.

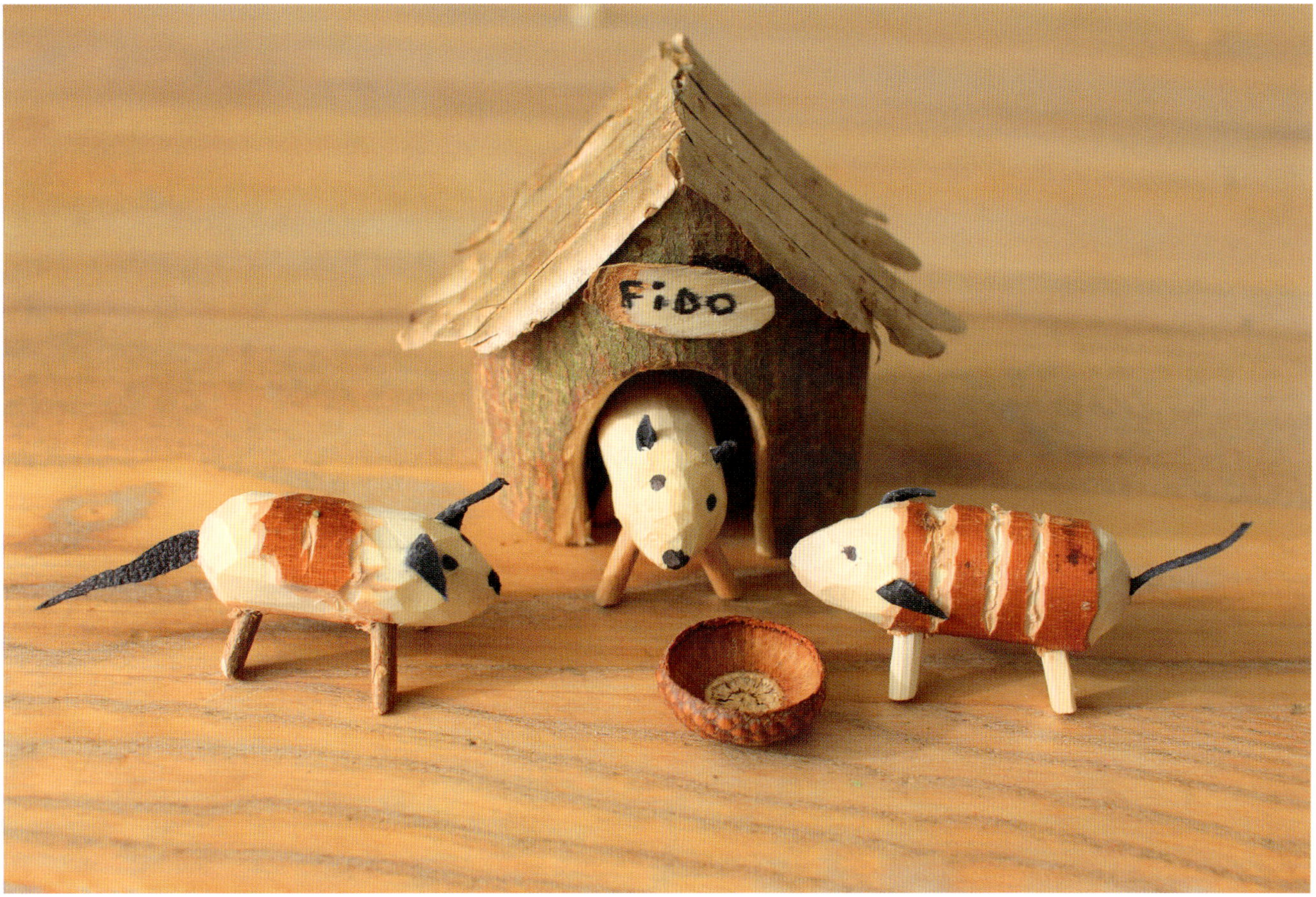

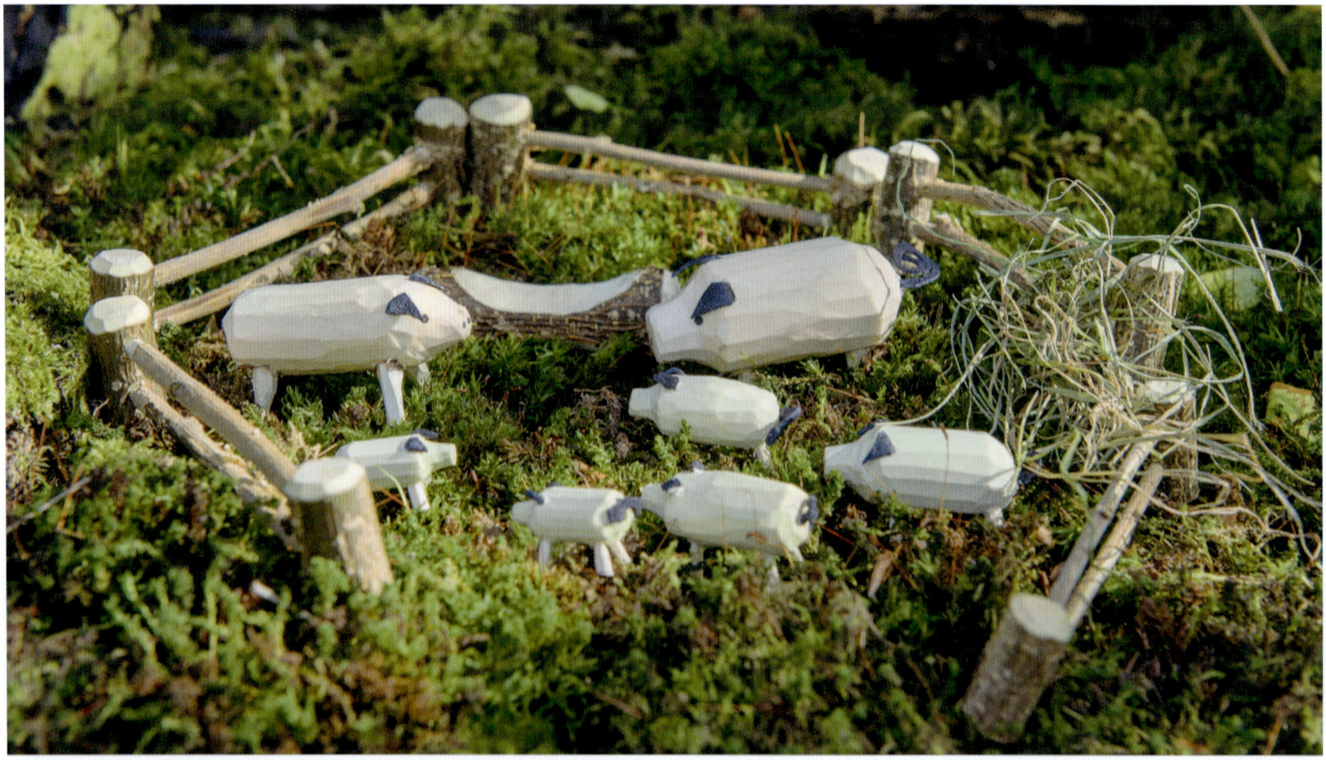

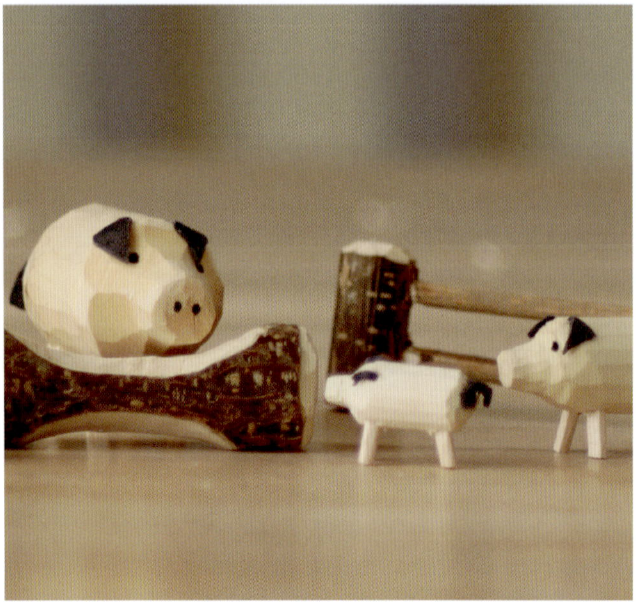

Gehege aus Schnur oder Querbalken

Zeichnung 1: Zaun mit Querbalken

Zeichnung 2: Zaun aus Schnur

Material

- Asthölzer, Durchmesser 1 – 1,5 cm
- 2 dünne trockene Asthölzer oder starker Draht bzw. feste Schnur
- Bohrer
- Leim

So wird's gemacht

Ein Ende der Asthölzer etwas abrunden. Etwa bis zur Hälfte zwei Löcher hineinbohren, Durchmesser 3 – 6 mm. Die waagerechten dünnen Asthölzer darin festkleben. Wird für die Verbindung Schnur oder Draht verwendet, zwei Löcher von 2 – 4 mm ganz durch die abgerundeten Asthölzer bohren und die Schnur bzw. den Draht hindurchziehen.

Die abgerundeten Asthölzer, also die Zaunpfähle, auf die richtige Länge sägen. Weitere Zaunpfähle schnitzen. Die waagerechten Ästchen festkleben oder Schnur bzw. Draht durch die Zaunpfähle ziehen.

Man kann natürlich auch andere Tiere als Schweine oder Hunde schnitzen. Die Zeichnungen rechts zeigen einige Vorschläge.

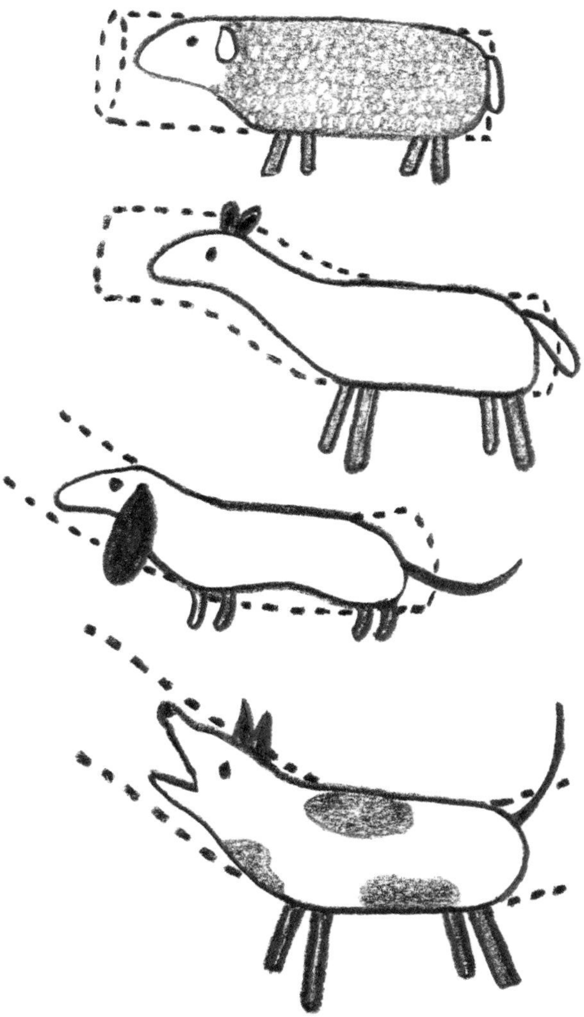

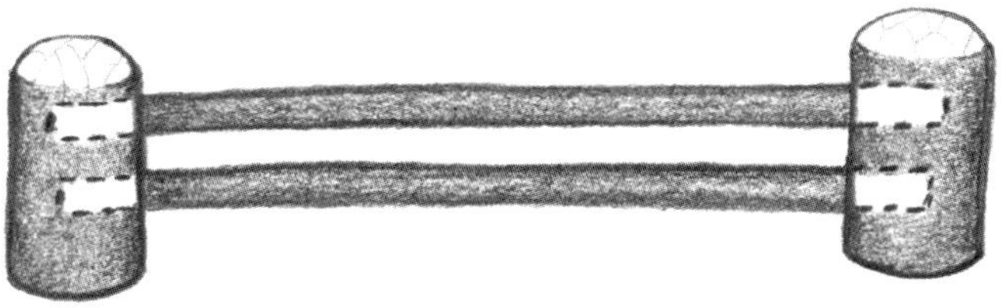

1

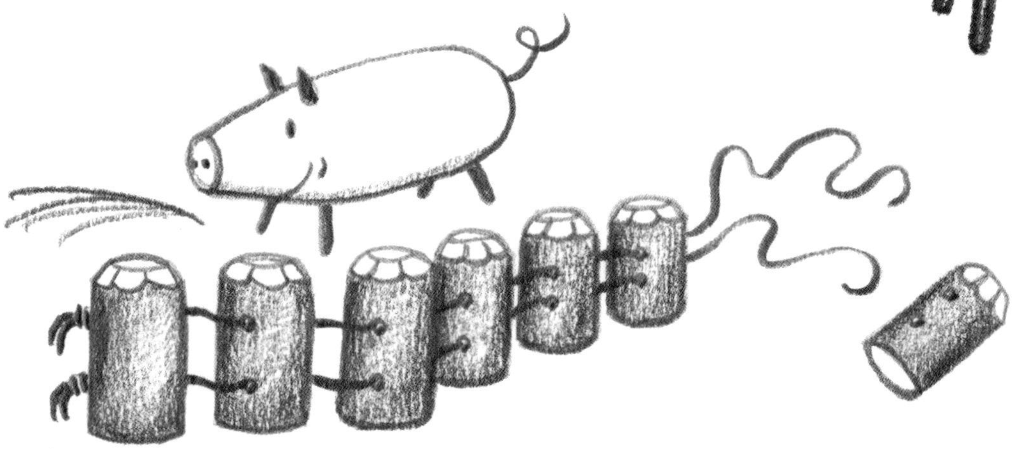

2

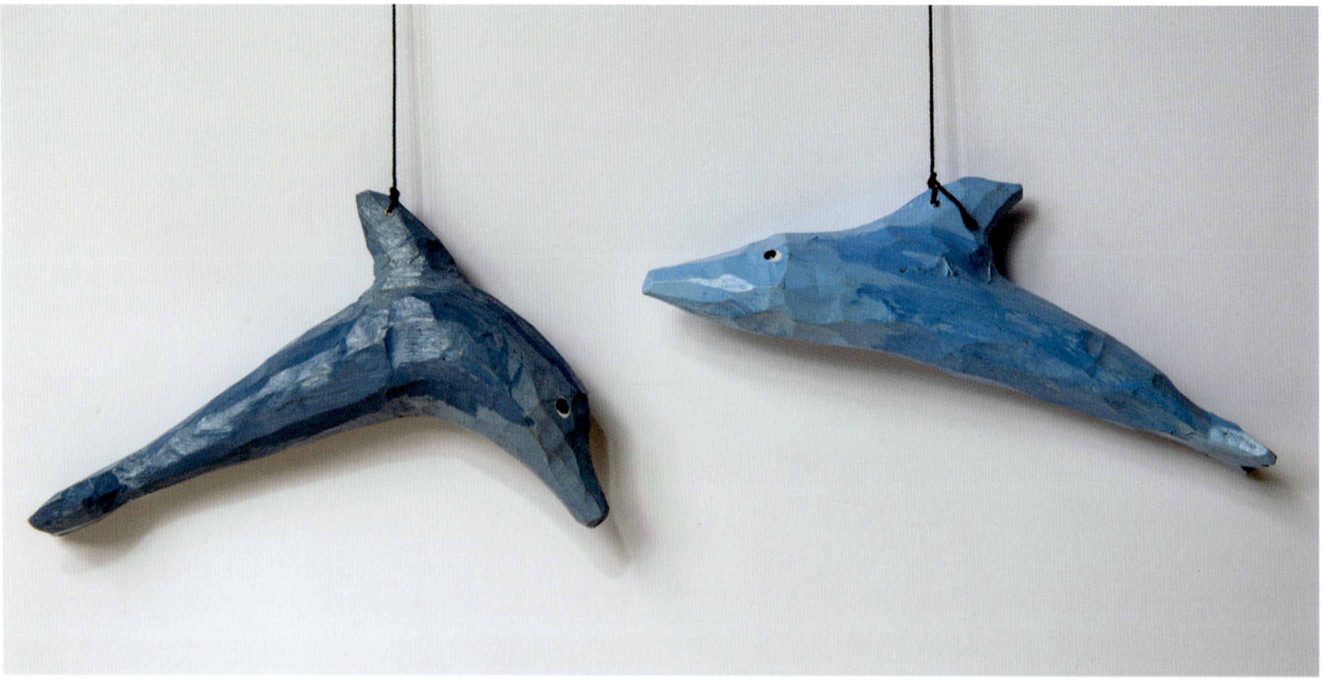

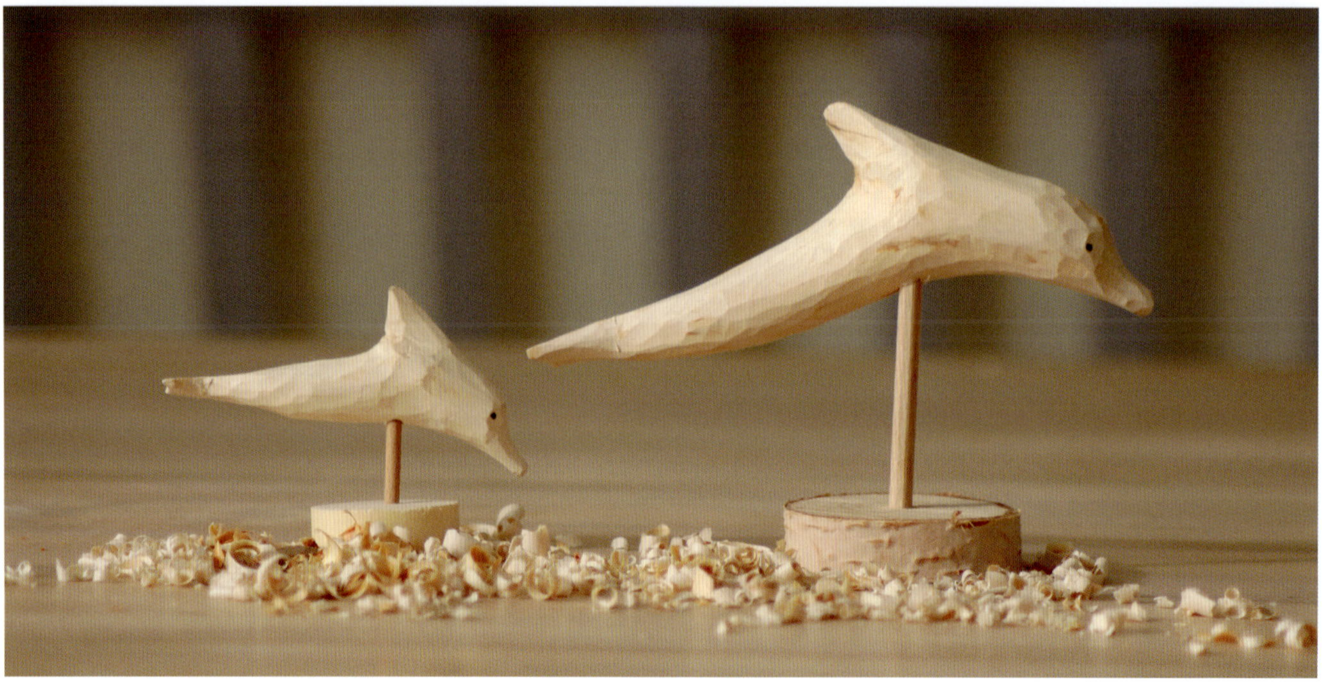

Delfin**

Der Delfin wird aus einem gewöhnlichen Astholz mit einem Nebenzweig für die Rückenflosse gefertigt. Gut ist es, wenn das Hauptstück des Astholzes so gewachsen ist, dass es einen kleinen Bogen bildet, der dem Delfin seine springende Form gibt.

Der Delfin kann in unterschiedlichen Größen für verschiedene Zwecke angefertigt werden:

- zum Aufhängen; in die Rückenflosse wird ein Loch gebohrt und ein Draht hindurchgezogen
- aus einem Werkstück auf einem Fuß (vgl. auch die Beschreibung für den Vogel, S. 30 f.)
- als Hals- und Ohrschmuck (siehe S. 108 und 112 f.)
- als Spielzeug mit Wippeffekt (siehe S. 105)

Material

Astholz mit Astgabel, das Hauptstück mit ca. 2,5 cm Durchmesser

So wird's gemacht

Zeichnung 1: Das Astholz auf die Länge des Delfins plus ein ausreichendes Stück als Haltestück sägen. Den kleinen Nebenzweig, also die Rückenflosse, mit der Spitze einer Astschere so abschneiden, dass er die passende Länge hat.

Zuerst den Kopfteil schnitzen, dann die Rückenflosse. Von den Seiten nach innen schnitzen, sodass die Form schmal und spitz wird. Zwischendurch kann es schon mal schwierig sein, das richtig hinzukriegen.

Zeichnung 2: Den Schwanz so zuschnitzen, dass er erst schmaler wird, dann aber noch breit genug für die Flosse ist. Dann die Schwanzflosse schnitzen. Zum Schluss das Haltestück mit einer Astschere abschneiden (siehe die gestrichelte Linie auf der Zeichnung).

Zeichnung 3: Ähnlich wie einen Delfin kann man auch einen **Hai** angefertigen. Dazu die Schwanzflosse senkrecht zuschnitzen.

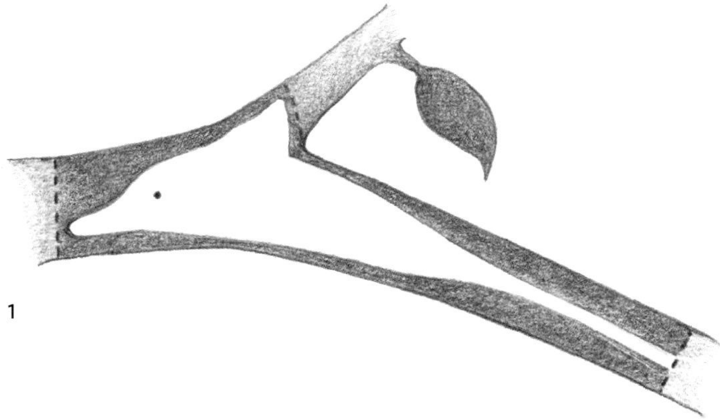
1

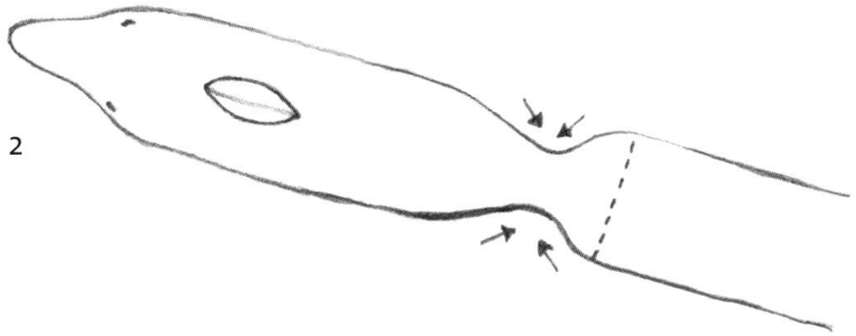
2

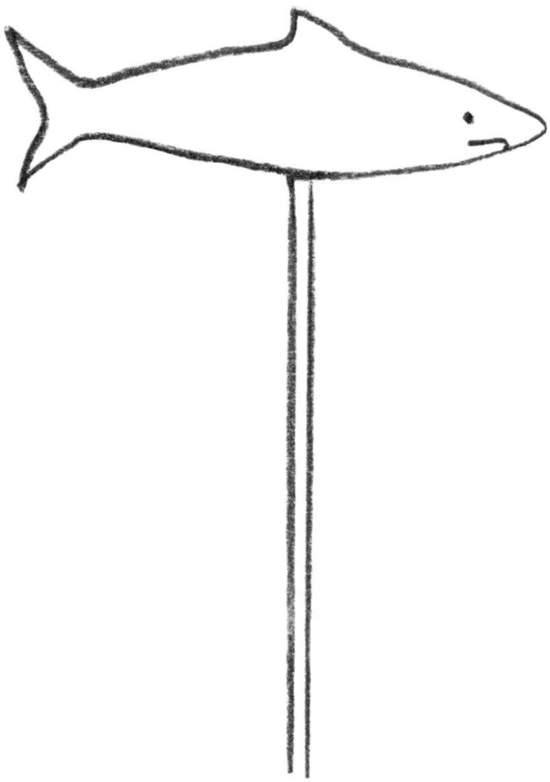
3

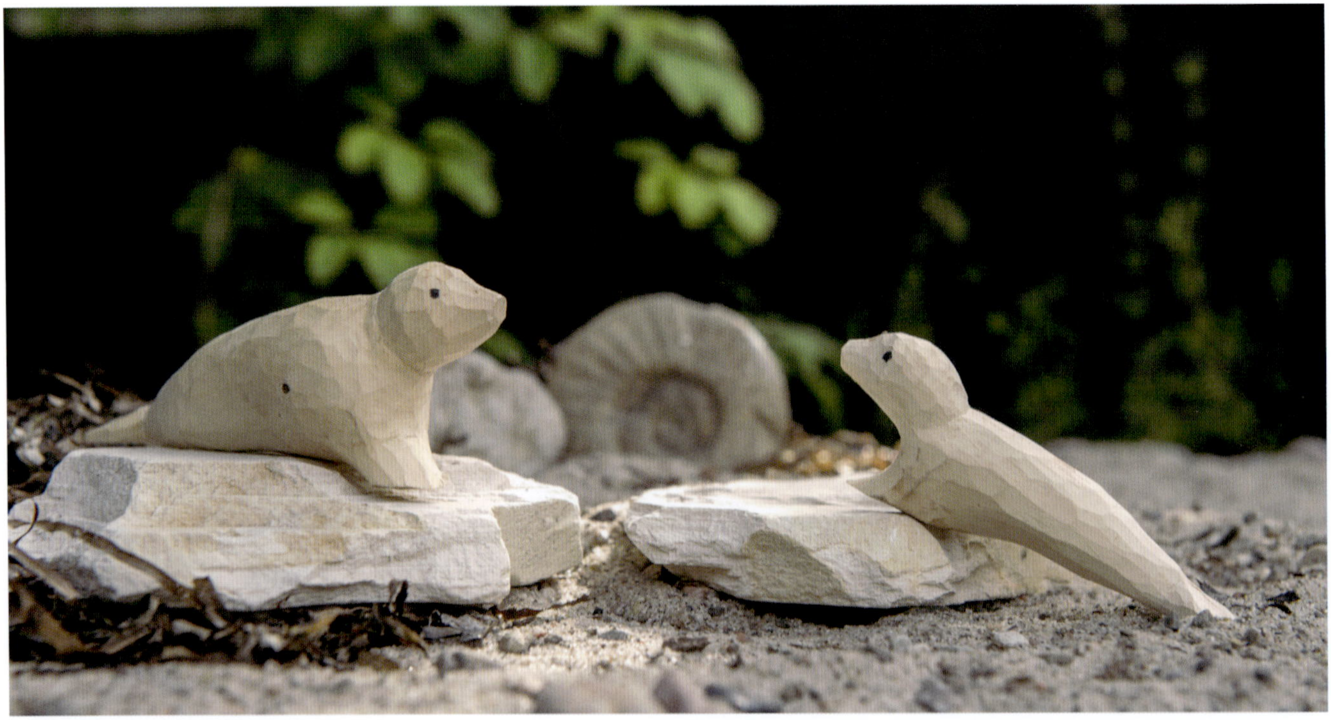

Robbe**

Material

Astholz mit Astgabel in einem Durchmesser von ca. 2,5 cm, Länge 10 – 15 cm

So wird's gemacht

Das Astholz auf die Länge der Robbe sägen, Körper, Kopf und Schwanz schnitzen.

Für das Schnitzen des Schwanzes eventuell die Anleitung für den Delfin auf S. 47 beachten.

Zeichnung rechts: Den Teil des Astholzes, der die Flosse bildet, gerade absägen oder so schnitzen, dass die Robbe gut auf dem Boden aufliegt.

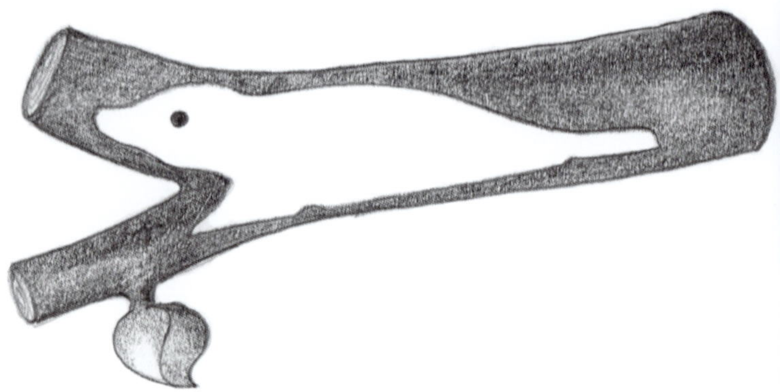

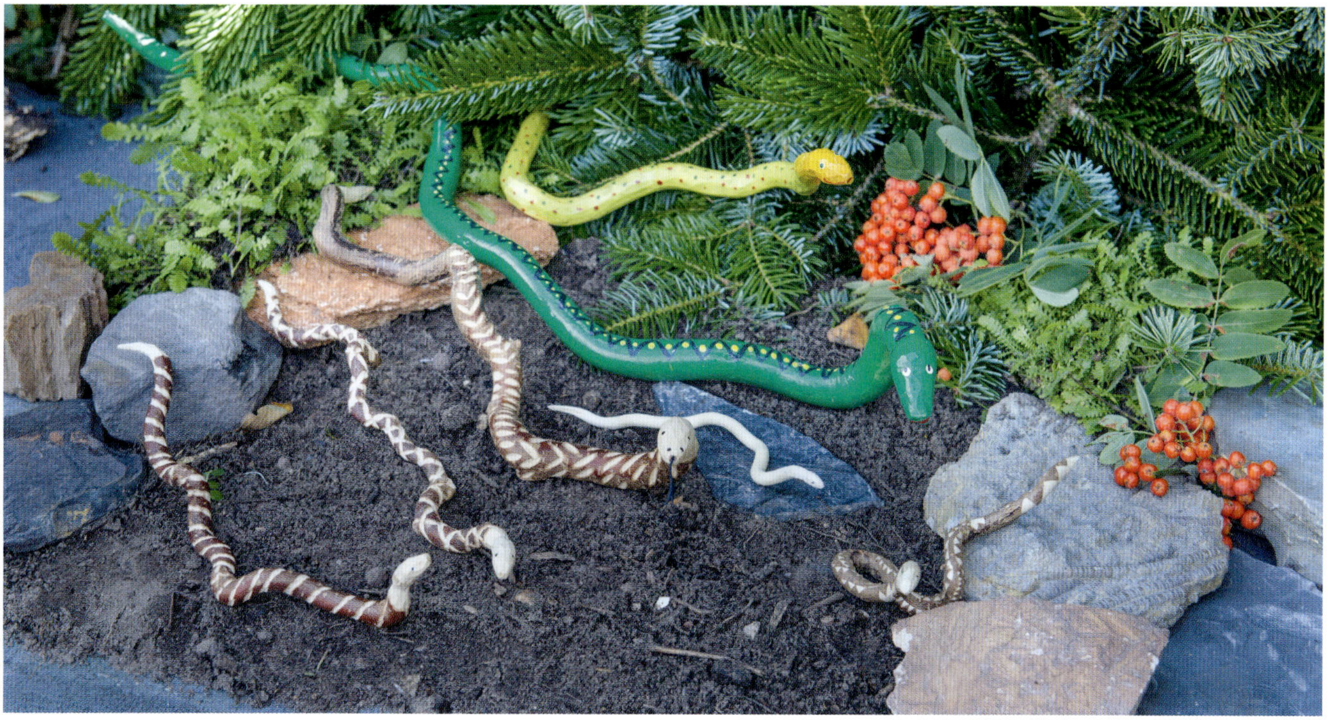

Schlange**

Korkenzieherweide und Korkenzieherhasel sind mit ihrem verschlungenen Wuchs wie gemacht für die Schlange.

Material

Ast in geeigneter Form, bei dem der Körper der Schlange an mehreren Stellen Kontakt mit der Unterlage hat, auf die er später zu liegen kommt, und bei dem das eine Ende, der «Kopf», zumindest etwas angehoben ist

So wird's gemacht

Den Ast auf die gewünschte Länge sägen oder abschneiden. Ausprobieren, ob die Schlange so wie gewünscht zu liegen kommt.

Zeichnung rechts: Den Kopf schnitzen und ihn dadurch hervorheben, dass man den Hals ein wenig schmaler schnitzt. Den Schwanz spitz zuschnitzen. Die Rinde kann abgenommen oder aber ein Muster hineingeschnitzt werden (Haselrinde ist dünner und fester und besser für Rindenmuster geeignet als Weide). Aufgrund der verschlungenen Form ist es manchmal nicht so einfach, die Rinde abzunehmen. Im Frühjahr sitzt sie nur locker und kann abgezogen werden.

Ist die Schlange getrocknet, kann sie mit Acryl-, Öl- oder Wasserfarbe bemalt werden. Dabei die Augen nicht vergessen.

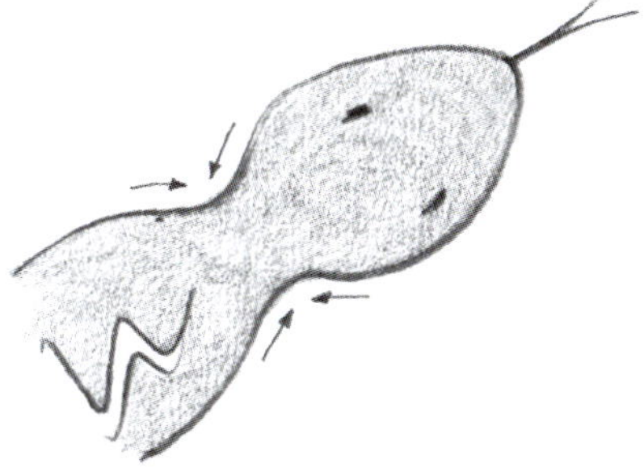

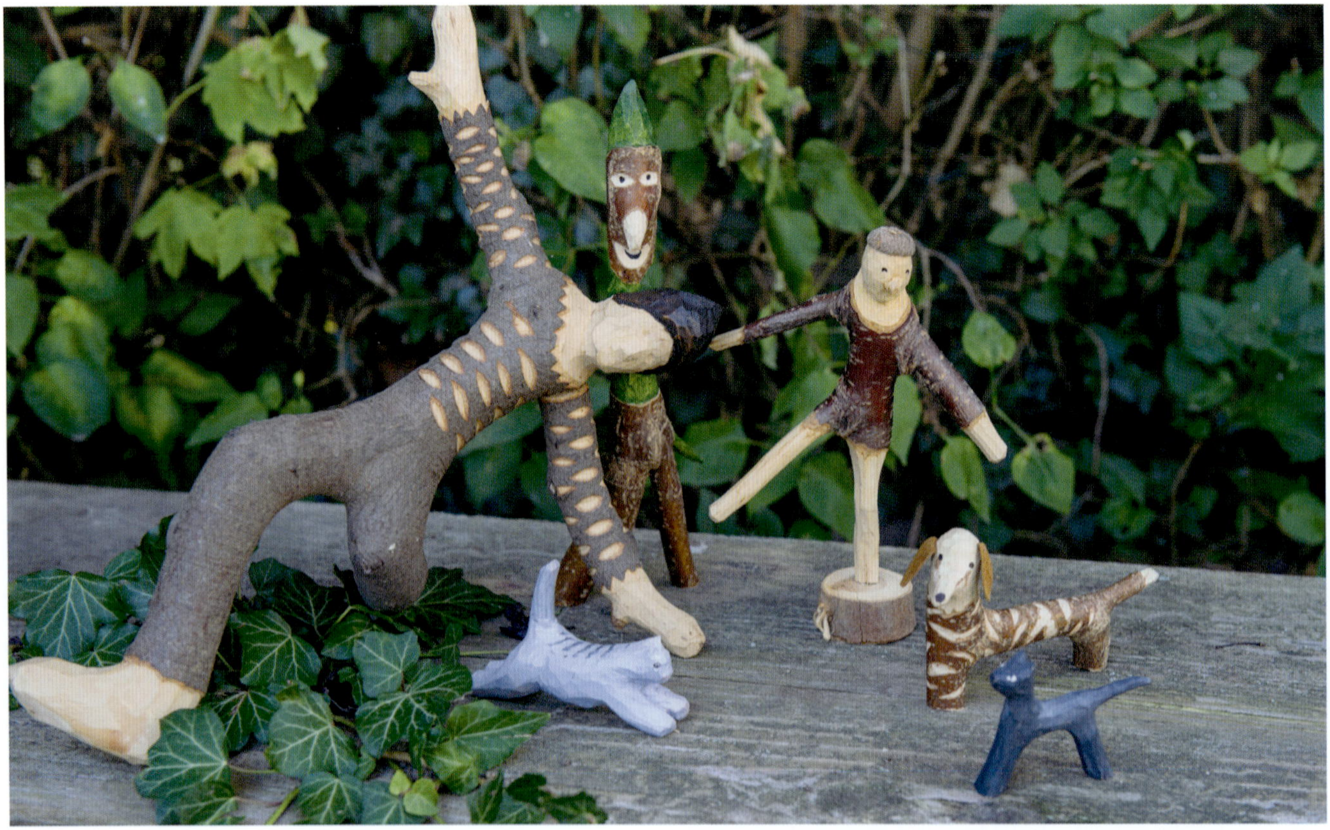

Tiere und Figuren nach Form des Astholzes**

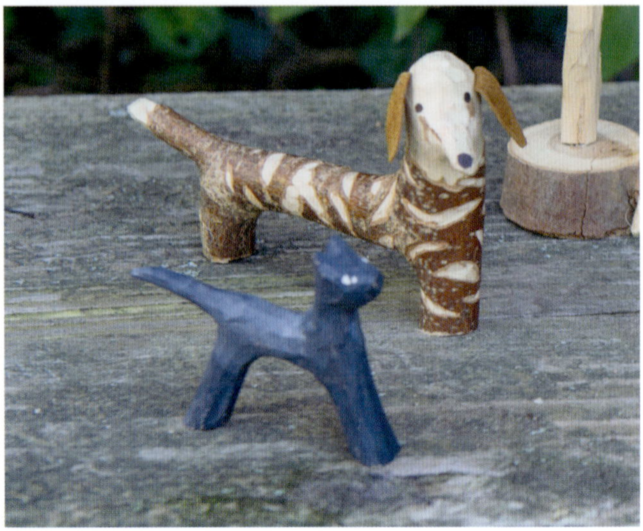

Die unterschiedlichen Formen der Asthölzer und ihr individueller Wuchs bieten unzählige Möglichkeiten, besonders wenn man Tierfiguren schnitzen will (siehe Zeichnung 1). So können Nebenzweige z.B. zu Beinen, einer Schnauze oder einem Schwanz werden. Ebenso kann man mehrere Asthölzer zu einer Figur zusammensetzen. Ein Astholz mit Astgabel und einem Nebenzweig ist beispielsweise gut geeignet für eine Figur mit zwei Beinen und einem Arm. Den zweiten Arm schnitzt man mit einem passenden Zapfen aus einem anderen Holzstück, bohrt ein Loch in die Figur und klebt ihn darin fest.

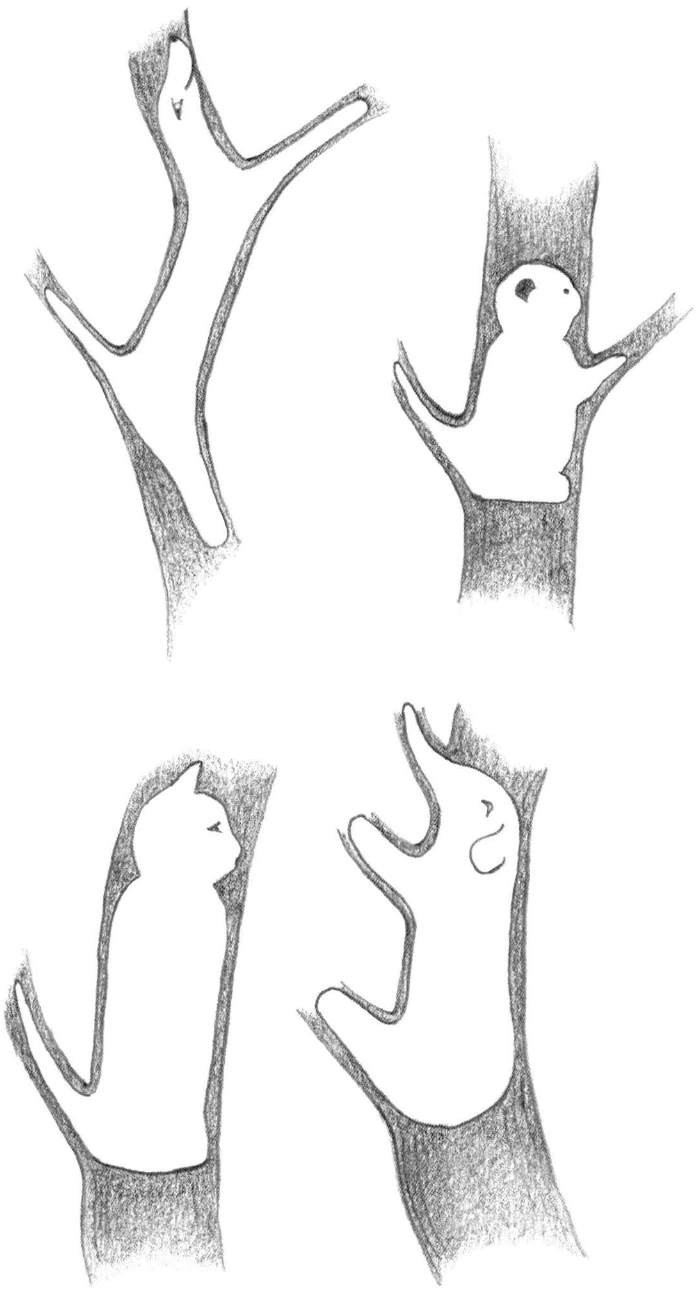

1: Tiere aus Asthölzern

Tiere aus drei Astgabeln

Hier eine Möglichkeit, ein Tier mit vier Beinen anzufertigen. Das mittlere der drei Tiere auf S. 28 ist auf diese Weise hergestellt.

Material

- 3 Astgabeln, eine für den Kopf, eine für Rumpf und Hinterbeine und die letzte für die Vorderbeine (siehe Zeichnung 2)
- Holzbohrer mit einem Durchmesser passend zu den geschnitzten Zapfen, die in die Löcher geklebt werden
- Leim

So wird's gemacht

Zeichnung 2: Kopf, Rumpf und Vorderbeine schnitzen. Ein Loch für die Zapfen in die Unterseite des Kopfes und des Körpers bohren. Die Teile zusammenkleben.

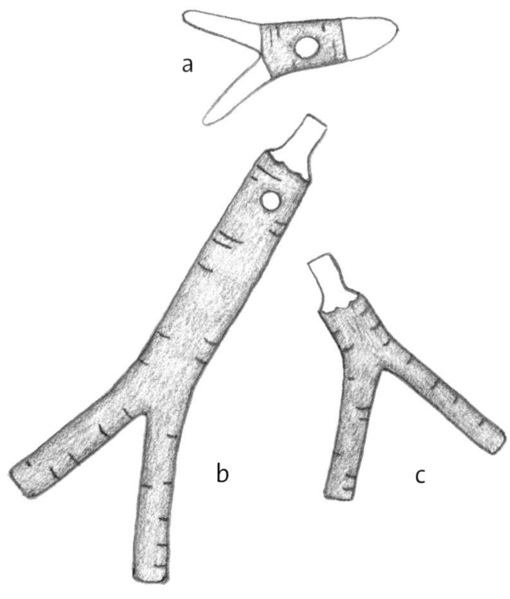

2: Tier aus drei Astgabeln – Kopf (a), Rumpf mit Hinterbeinen (b) und Vorderbeine (c)

Tier mit beweglichem Kopf

Den Kopf schnitzen und in die Unterseite ein Loch bohren, in das ein Rundstab geklebt wird. In den Hals des Tieres ein Loch von einem etwas größeren Durchmesser als dem des Rundstabs bohren. In die Unterseite zwei Löcher bohren und das Holz dazwischen ausschnitzen, sodass eine längliche Öffnung entsteht. In den Rundstab wird ein kleines Stöckchen gesteckt, das aus der Öffnung herausragt (Foto rechts und Zeichnung unten). Der Kopf wird gedreht, in dem man das Stöckchen bewegt.

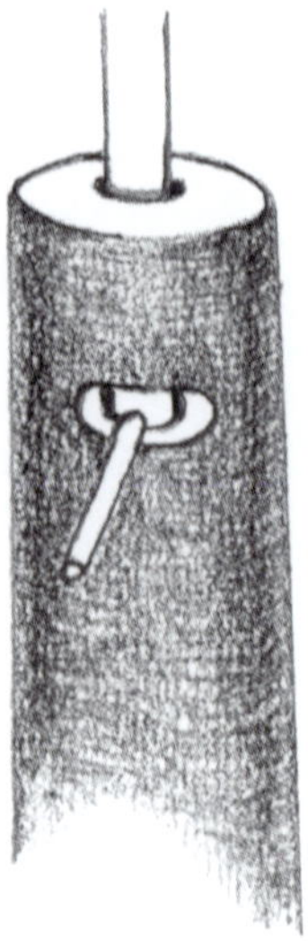

Wippmechanismus

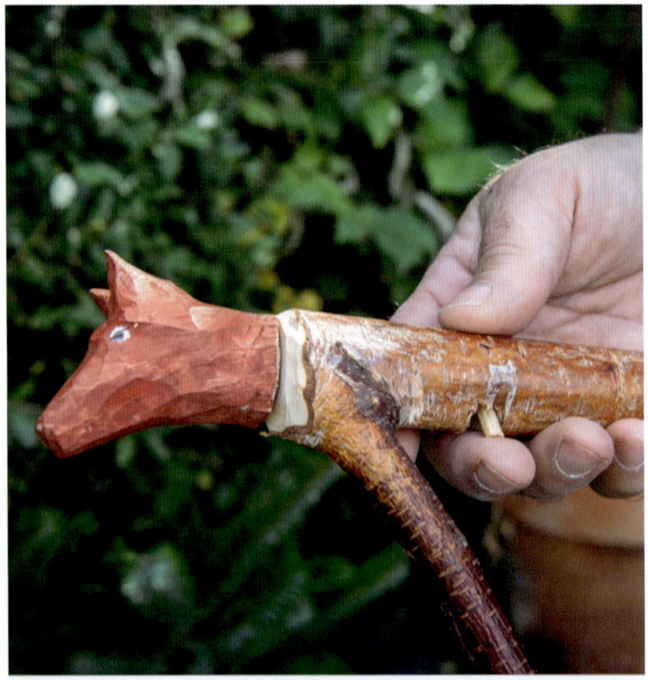

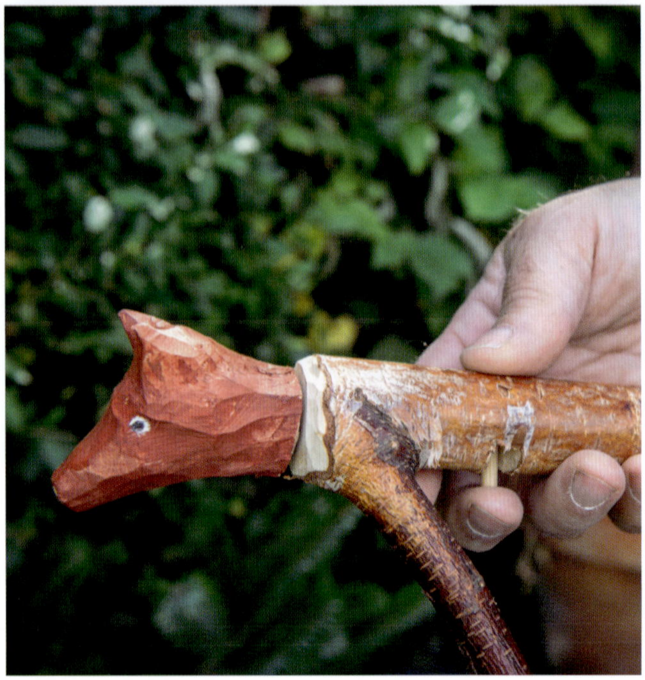

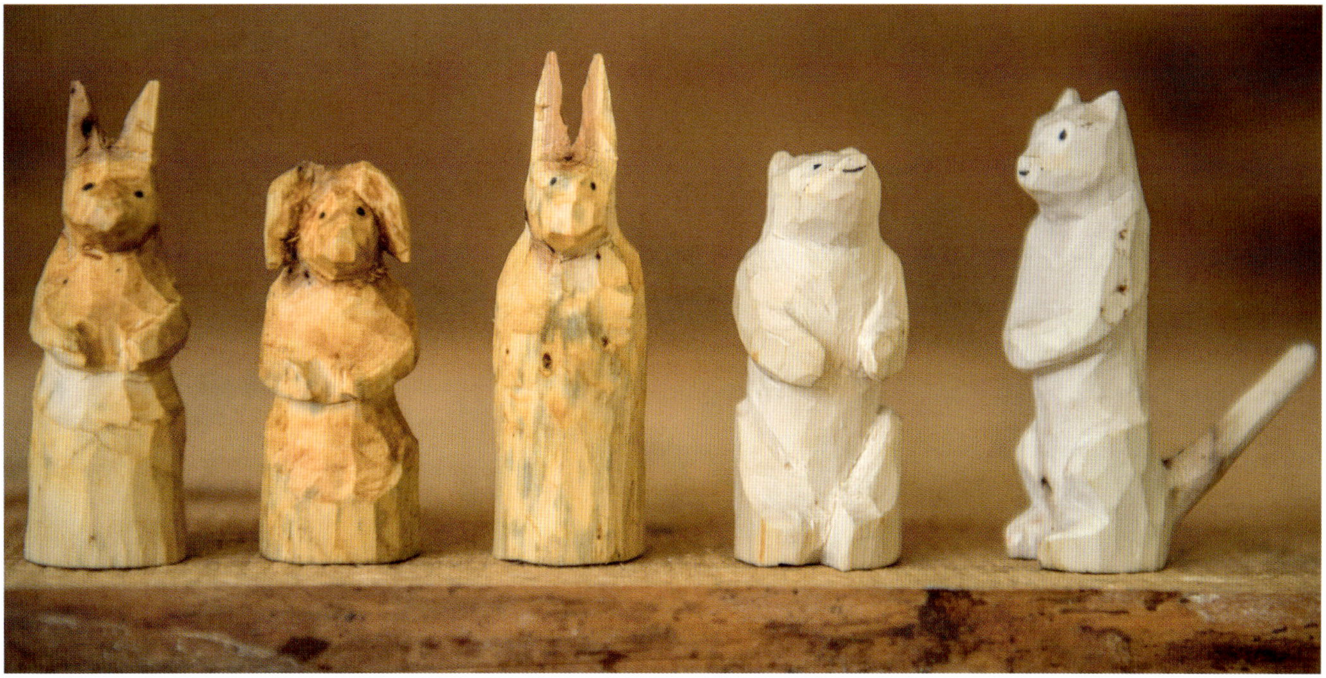

Aufrecht stehende Tiere***

Die Tiere werden aus dem Endstück eines Astholzes geschnitzt (Schnitztechnik: zum eigenen Körper hin). Hierfür ist ein Messer mit kurzer Klinge besonders geeignet. Eine längere Klinge lässt sich mit Tape umwickeln (siehe S. 13), sodass man nur mit dem äußeren Teil schnitzen kann.

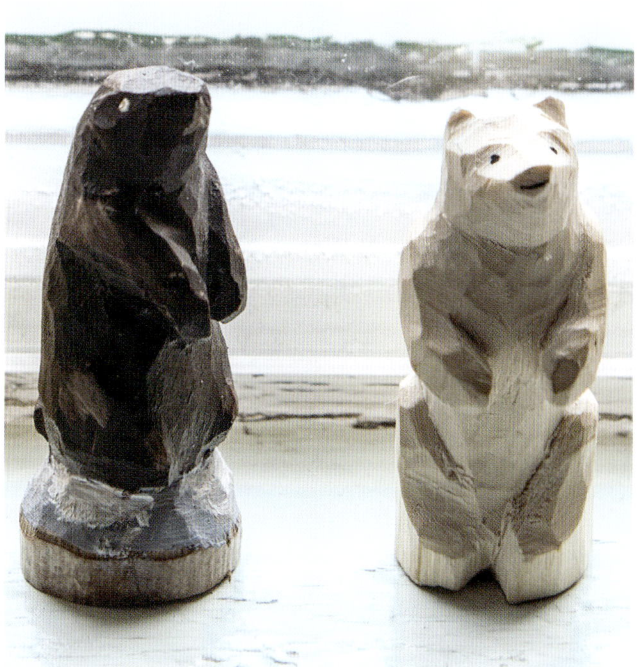

Material
Astholz, Durchmesser ca. 3 cm, Länge ca. 20 cm

So wird's gemacht
Die Kopfform schnitzen. Den Hals und den Teil unterhalb der Vorderbeine schmaler schnitzen. Soll das Tier aufrecht stehende Ohren haben, kann es schon mal schwierig sein, den Zwischenraum auszuschnitzen, da man dabei entgegengesetzt zur Maserung arbeitet. Deshalb den Zwischenraum eventuell aussägen und weiter zuschnitzen.

Spiele

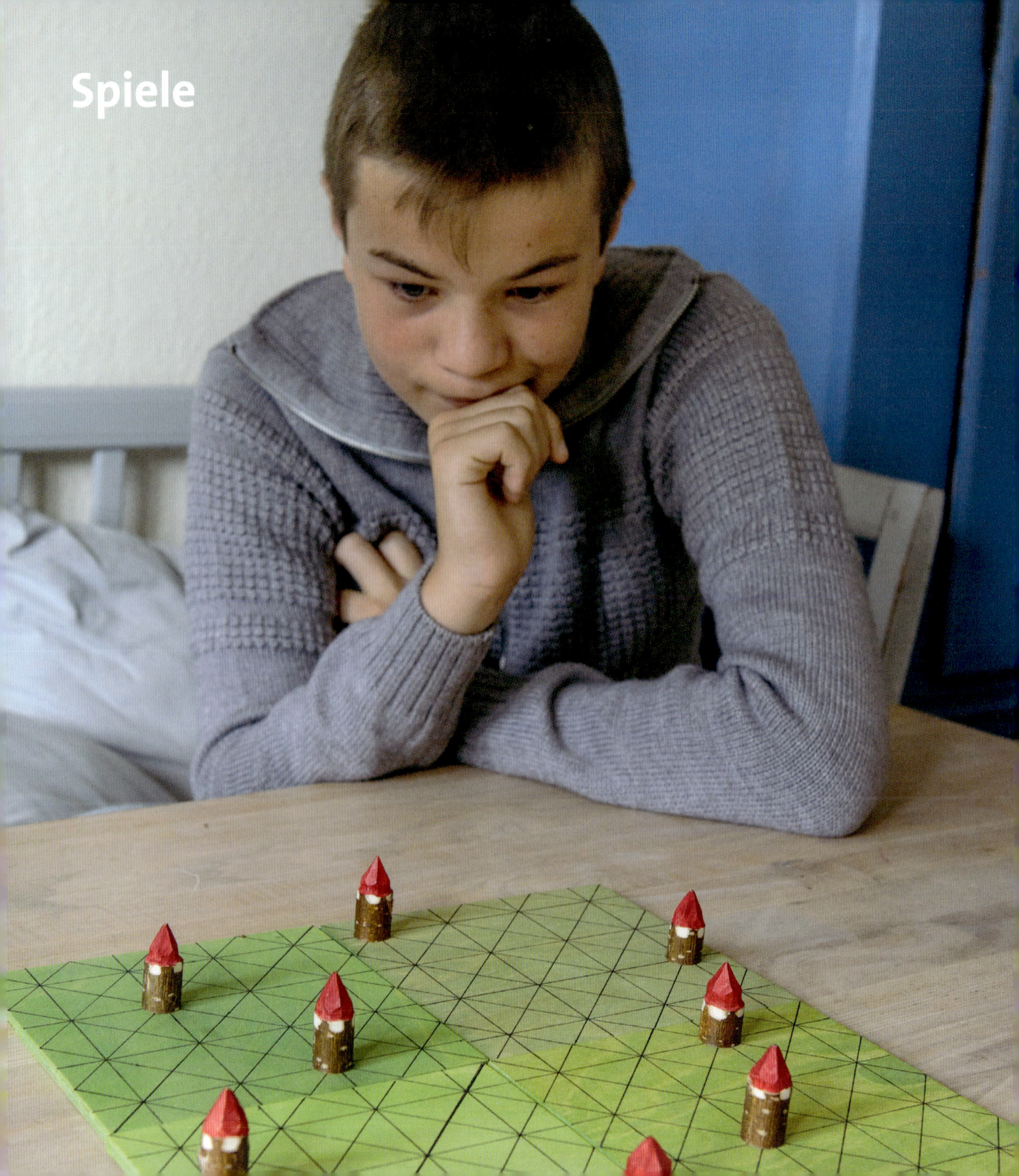

Schweinewürfeln*

Material

- Asthölzer, Durchmesser ca. 1 – 1,5 cm
- kleine Rundstücke trockenes Holz für die Beine

So wird's gemacht

Siehe Schwein und Hund auf S. 43.

Das Schwein am Rücken flach schnitzen, sodass es auch auf dem Rücken landen kann.

Foto rechts und unten links: Die Beine so anbringen, dass das Schwein sowohl auf dem Hinterteil und den Hinterbeinen als auch auf der Schnauze und den Vorderbeinen landen kann.

Einen Punkt auf die linke Seite des Schweins malen.

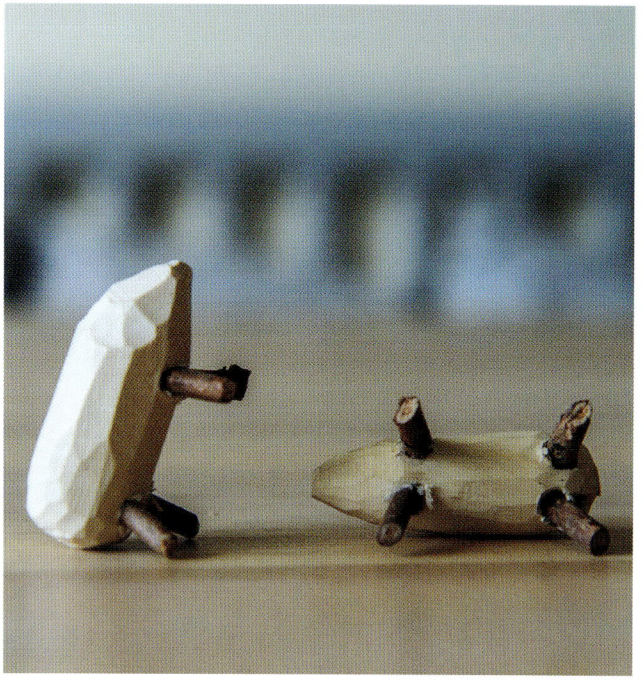

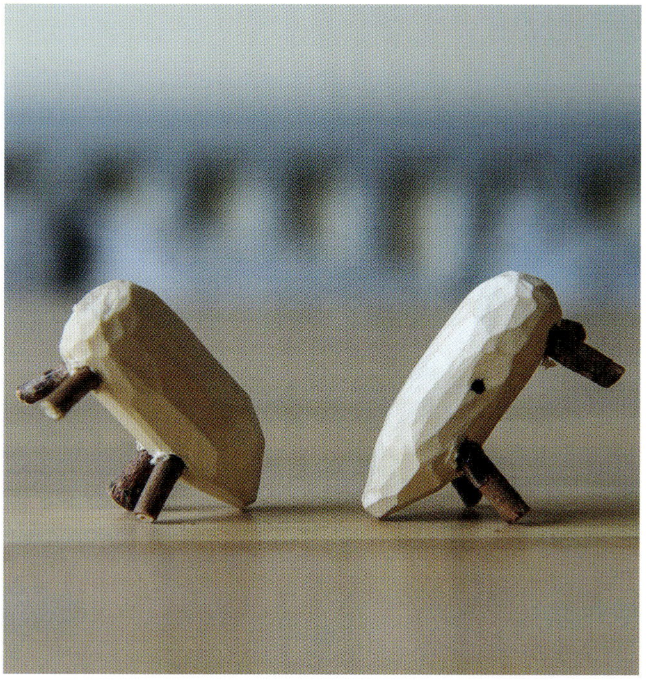

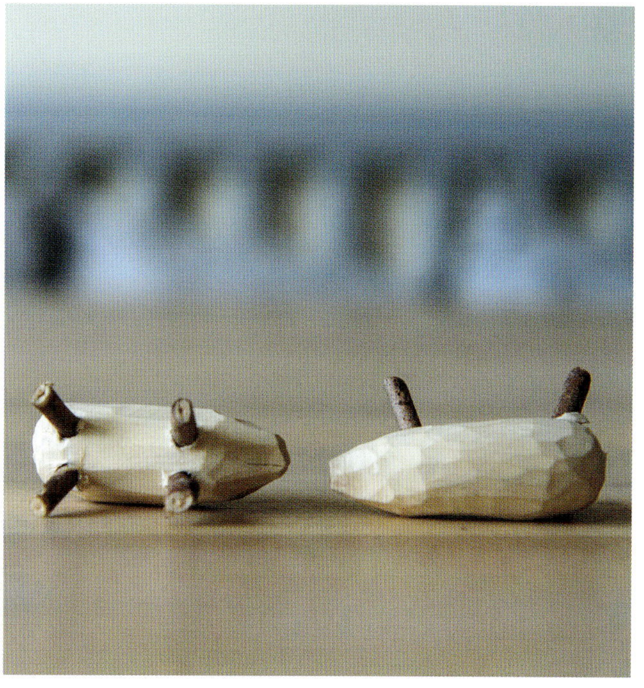

Spielregeln für zwei bis acht Personen

Es wird abwechselnd gewürfelt, das heißt, die beiden Schweine werden in die Luft geworfen und je nachdem, wie sie landen, bekommt man Punkte. Erzielt man mit seinem Wurf Punkte, kann man entweder noch einmal würfeln, um weitere Punkte zu gewinnen, oder die erreichten Zähler aufschreiben lassen und die Schweine an den nächsten Mitspieler weiterreichen. Erzielt ein Wurf keine Punkte, ist automatisch der nächste Spieler an der Reihe. Erspielte Punkte, die nicht aufgeschrieben werden, gehen verloren.

Wer zuerst 100 Punkte erreicht, gewinnt das Spiel.

Punkteliste

- Beide Schweine landen auf derselben Seite = 1 Punkt
- Ein Schwein auf der rechten und eins auf der linken Seite = 0 Punkte (der Nächste ist an der Reihe, und man bekommt keine Punkte aufgeschrieben)
- Ein Schwein auf dem Rücken = 5 Punkte
- Beide Schweine auf dem Rücken = 20 Punkte
- Ein Schwein auf den Beinen = 5 Punkte
- Beide Schweine auf den Beinen = 20 Punkte
- Ein Schwein auf der Schnauze = 10 Punkte
- Beide Schweine auf der Schnauze = 40 Punkte
- Ein Schwein auf dem Hinterteil = 10 Punkte
- Beide Schweine auf dem Hinterteil = 40 Punkte
- Bei unterschiedlichen Positionen wird zusammengezählt, z.B.: Ein Schwein auf dem Rücken = 5 Punkte + ein Schwein auf der Schnauze = 10 Punkte, macht zusammen 15 Punkte.

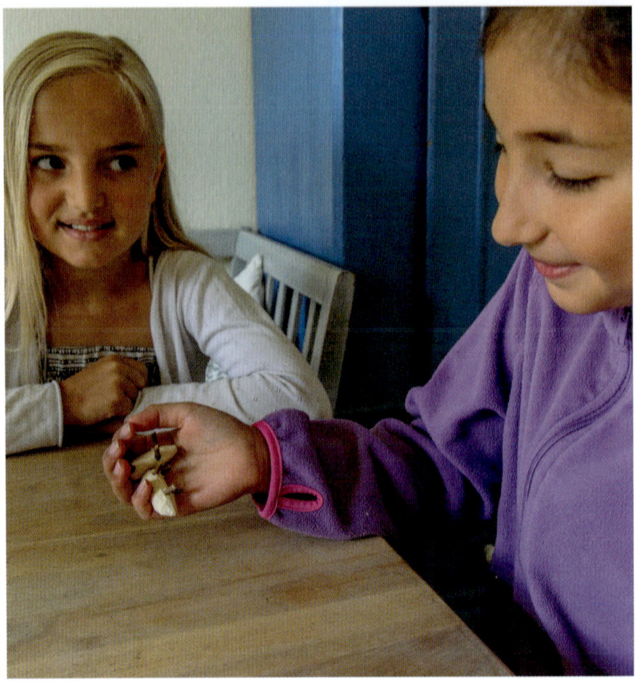

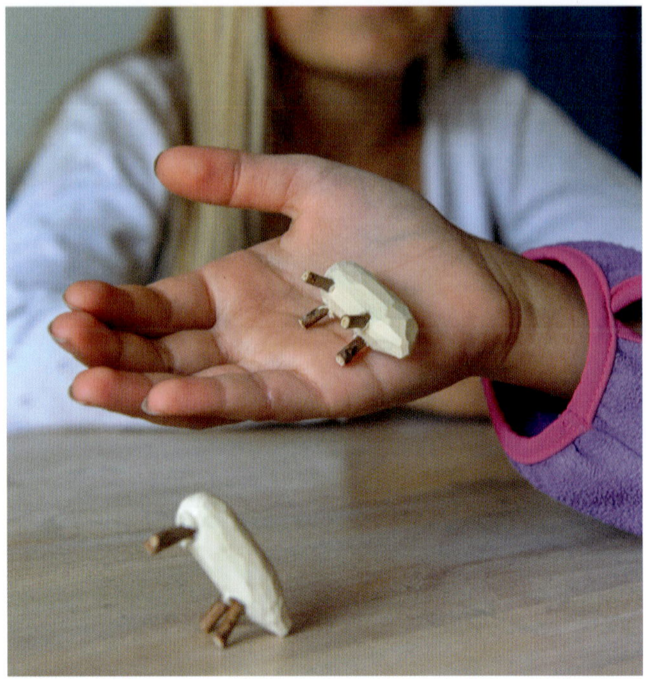

Spielfiguren – z.B. für «Drei gewinnt»**

Man kann seiner Fantasie freien Lauf lassen und Spielfiguren aller Art schnitzen, z.B. einfach ein Astholz an einem Ende zuspitzen und mit einem Hut oder einer Hutkrempe aus Fell, Stoff oder Rinde ausstatten (Zeichnung 1, S. 58). Nüsse und andere Kleinigkeiten aus der Natur können ebenfalls gut als Hut dienen. Auch eine Tierfigur mit Ohren aus Fell ist lustig und lässt sich leicht herstellen (Zeichnung 2, S. 58).

Das Spielbrett kann auf ein Stück Sperrholz, Karton oder Papier aufgemalt werden. Die Spielregeln für «Drei gewinnt» (auch «Tic Tac Toe» genannt) findet man z.B. bei Wikipedia unter dem Stichwort «Tic Tac Toe».

Geschnitzte Spielfiguren lassen sich für viele Spiele verwenden. Und vielleicht ist es eine gute Idee, neue, witzige Figuren für ein Spiel anzufertigen, das man bereits hat. Auf S. 58 und 59 zeigen wir ein paar Beispiele.

Material

- Astholz, Durchmesser 1,5 – 2,5 cm; Länge 10 – 15 cm (bei Figuren mit einem Hut aus dem Fruchtbecher einer Eichel darauf achten, dass der Durchmesser des Astholzes zum Durchmesser des Huts passt)
- Fell- oder Stoffreste, Rinde, Karton oder Ähnliches
- Leim, Universalkleber oder Klebepistole, evtl. Farbe

So wird's gemacht

Zeichnung 1 (S. 58): Figur mit spitzem Hut. Ein Ende des Astholzes spitz zuschnitzen. Etwas Rinde für das Gesicht abnehmen. Die Figur auf die passende Länge sägen.

Ein Stück Stoff oder Fell rund zuschneiden und ein Loch im Durchmesser des Astholzes hineinschneiden. Ausprobieren, ob es passt. Leim auf den kleinen Kobold oder auf die Innenseite der Hutkrempe geben und festkleben.

Augen und Mund können mit Buntstiften oder wasserfester Tusche aufgemalt werden.

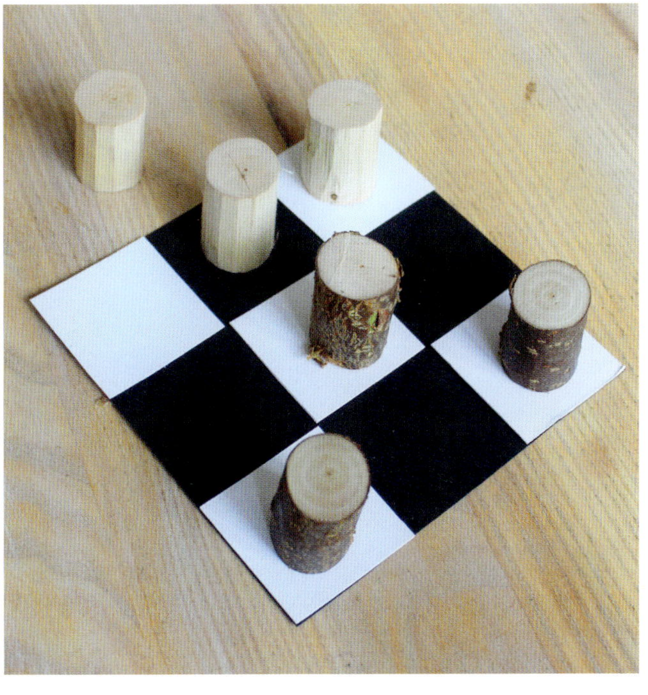

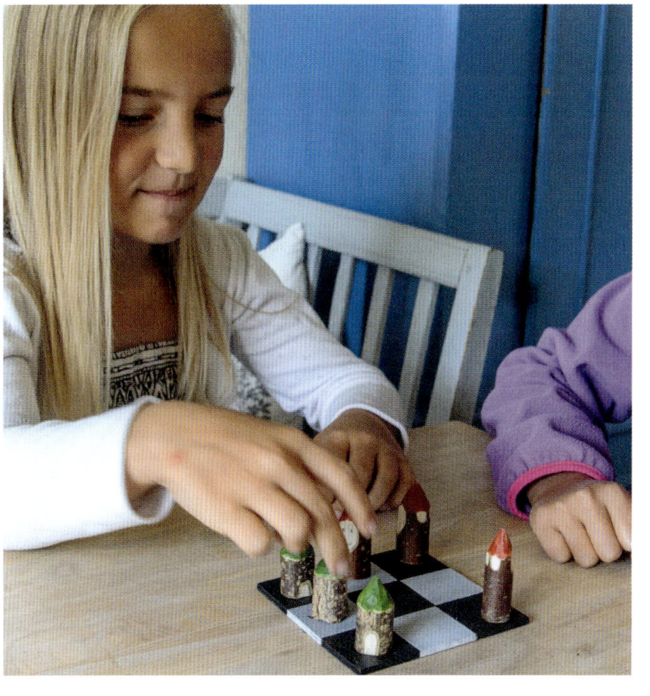

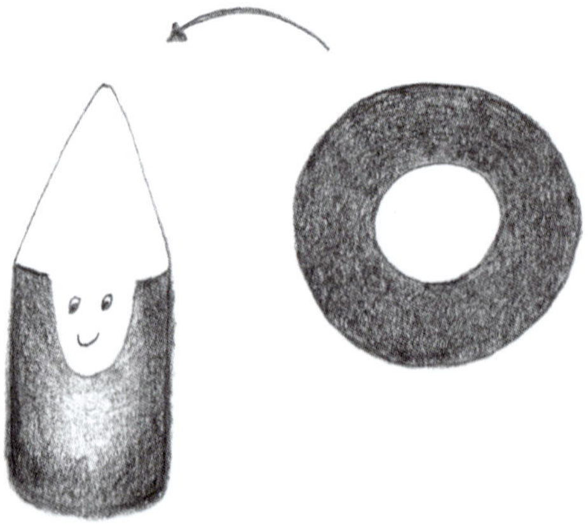

1: Kobold mit Hutkrempe

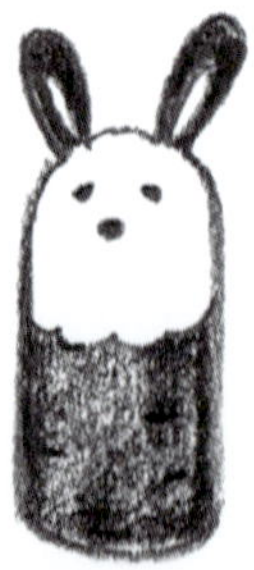

2: Figur mit Ohren aus Fell

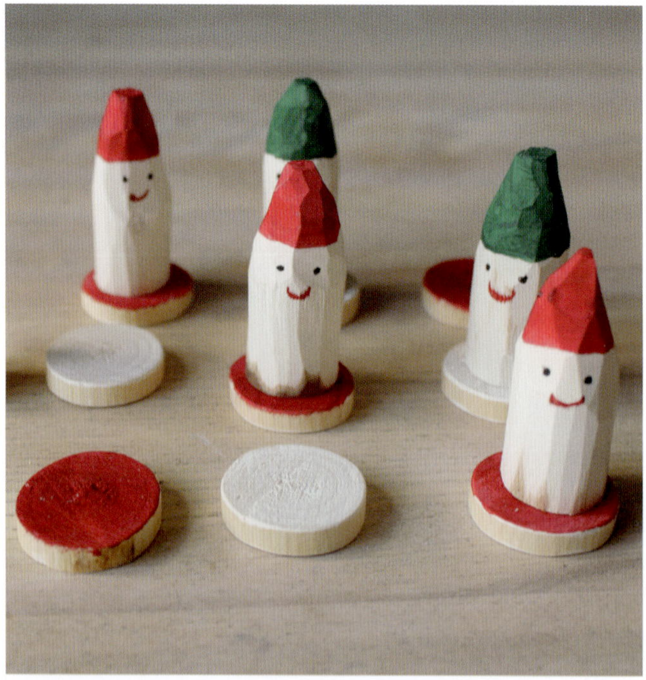

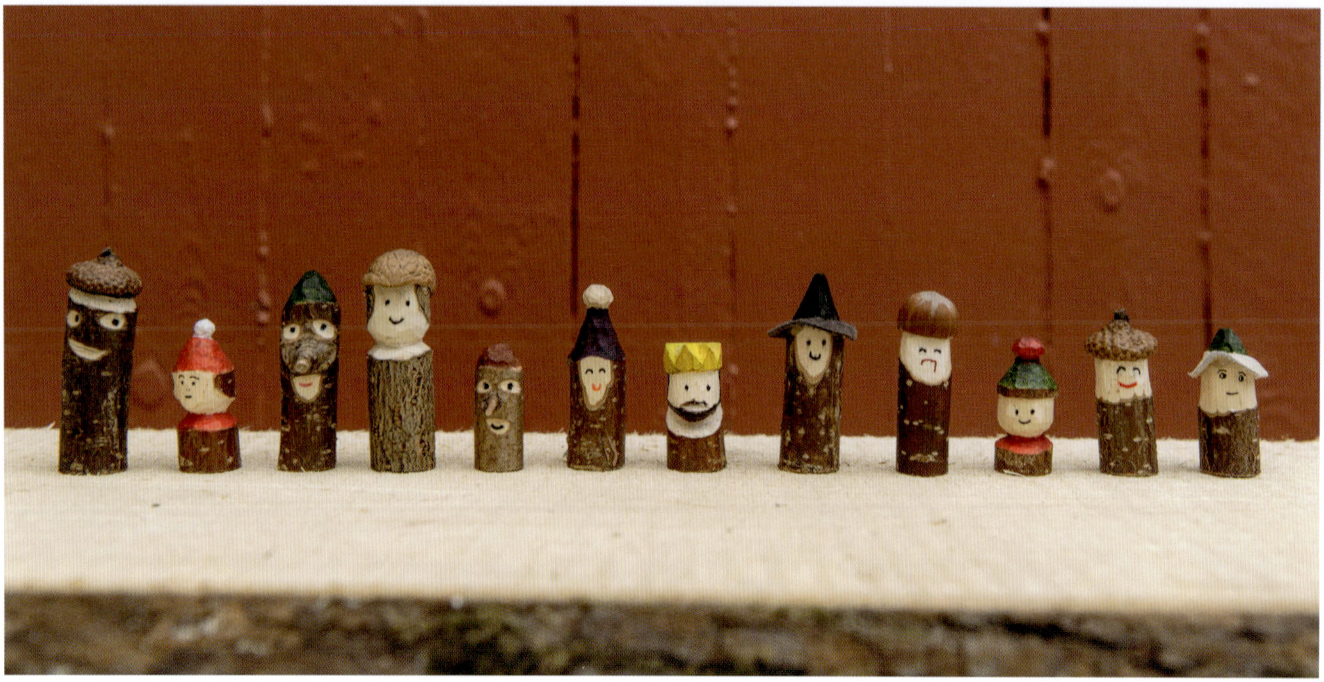

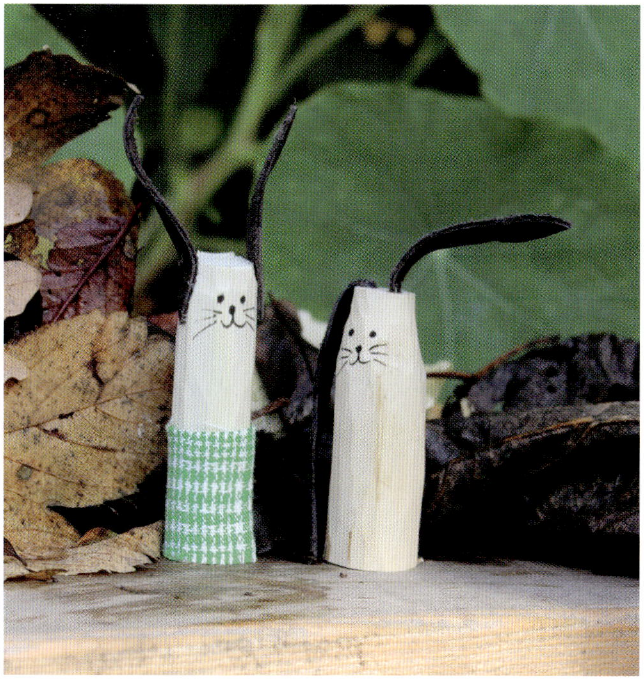

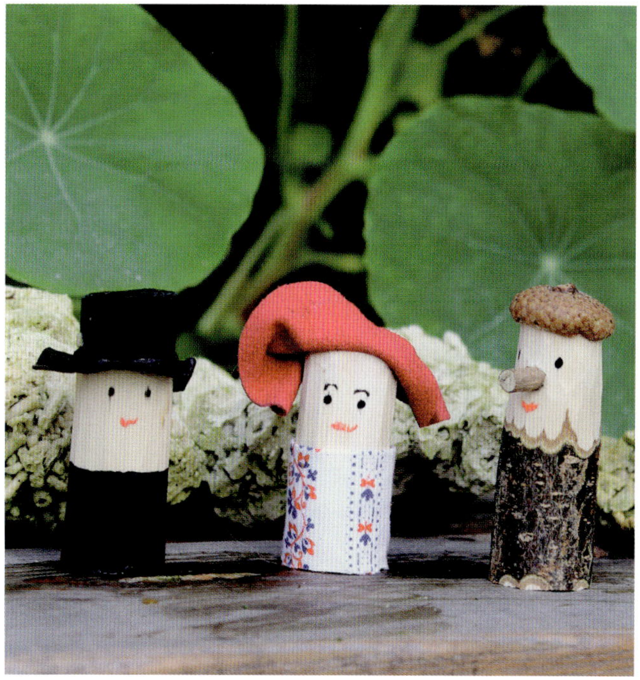

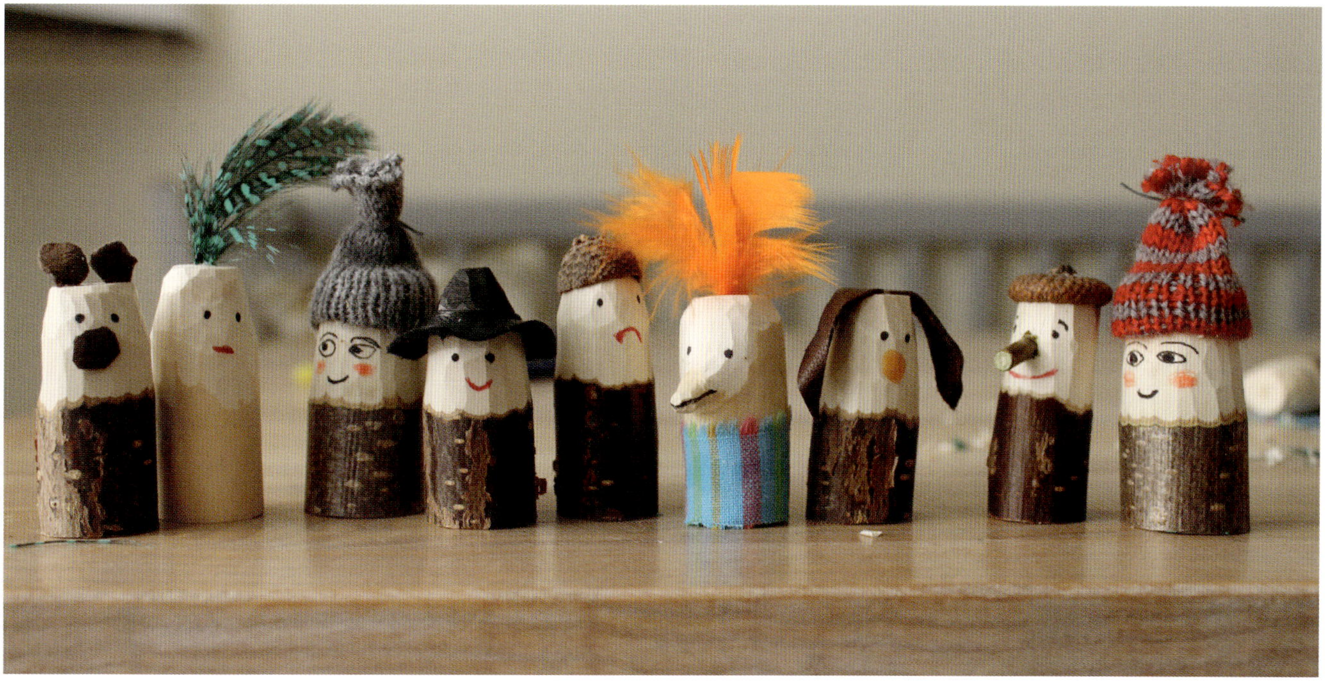

«Befreie Maus und Krokodil»**

Ziel des Spiels ist es, das Krokodil aus der Schlinge der Schnur und die Maus von dem Käse zu befreien. Eine andere Idee: zwei Fische, die von der Angelschnur befreit werden müssen. Bestimmt gibt es noch jede Menge andere witzige Einfälle!

Es müssen mindestens drei Löcher gebohrt werden.

Einen Tipp kann man den Leuten geben, um die Aufgabe zu lösen: Die Perle bzw. die Maus ist so groß, dass sie nicht durch die Löcher passt, die Schnur dagegen schon!

Siehe die Zeichnung mit der Lösung.

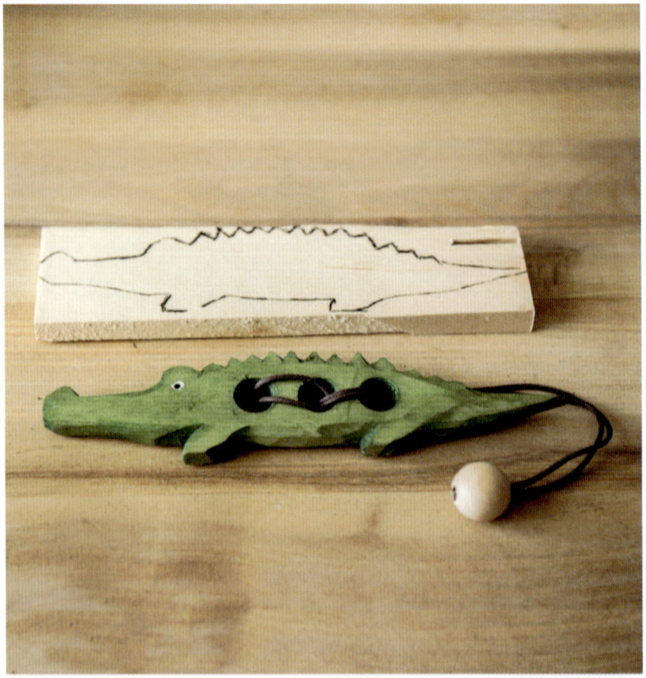

Material

Krokodil:

- ein Stück Holz, z.B. 1,5 x 5 x 20 cm, trockenes Lindenholz oder ein frisch gespaltener Holzscheit sind gut geeignet
- Bohrer, Durchmesser ca. 16 mm
- Holzkugel, ca. 20 mm
- ca. 50 cm Schnur

Maus und Käse:

- ein Holzstück oder Astholz für die Maus, Durchmesser 2,5 – 3 cm
- ein Holzstück für den Käse, z.B. 6 x 3 x 10 cm (H x B x L)
- ca. 50 cm Schnur
- evtl. Fell- oder Stoffreste für die Ohren

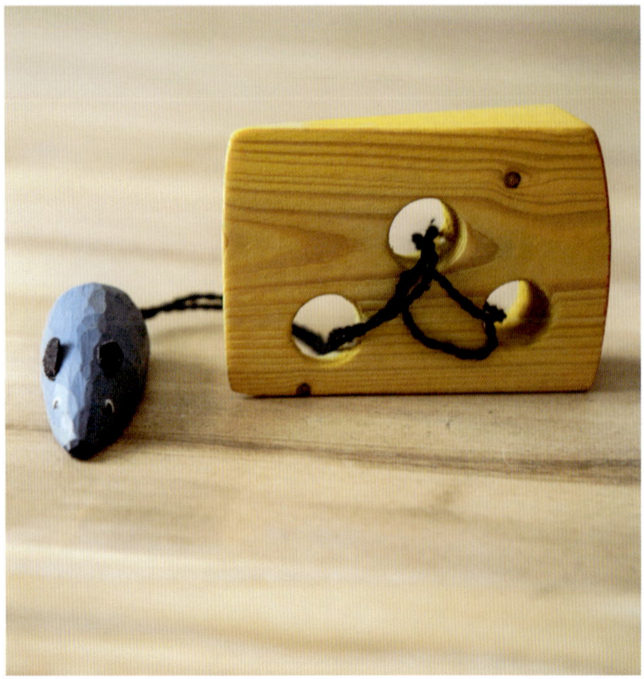

So wird's gemacht

Krokodil: Das Krokodil auf das Holz zeichnen, dann die Löcher bohren. Das Krokodil zuerst eventuell aussägen, dann die Form schnitzen.

Maus und Käse: Die Maus schnitzen (siehe Zeichnung S. 61 oben). In das Hinterteil ein Loch bohren, 2,5 – 3 mm Durchmesser. Der Käse kann viereckig oder wie auf dem Foto dreieckig sein. Löcher in den Käse bohren.

Für beide Tiere gilt: Die Schnur doppelt legen und beide Enden in die Perle bzw. die Maus kleben, das Loch eventuell mit einem Stück von einem Zahnstocher oder einem Streichholz auffüllen.

Zeichnung 1: Das Krokodil bzw. den Käse entsprechend «verschnüren». Die Schnur wird durch das Loch und um die Maus bzw. die Kugel herumgeführt und dann zurückgezogen, bis sie so sitzt, wie in Zeichnung 2 dargestellt.

Zeichnung 2 zeigt die Lösung: Das «Ende» der Schnur durch das Loch führen, dann um die Kugel bzw. die Maus herum und wieder zurück auf die andere Seite der Schnur führen.

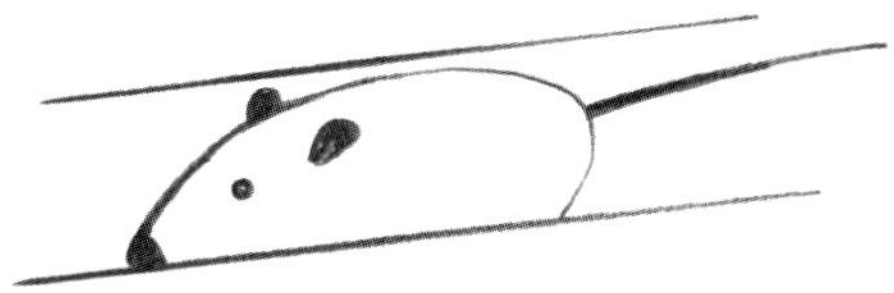

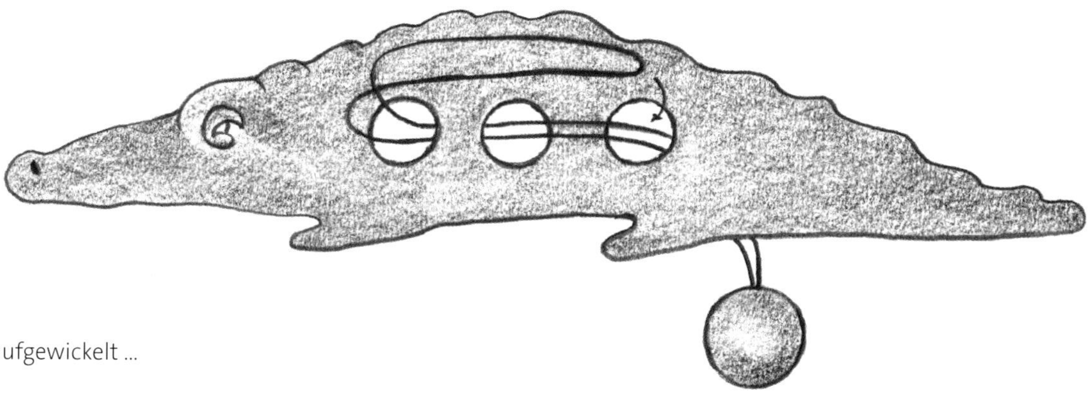

1: So wird die Schnur aufgewickelt ...

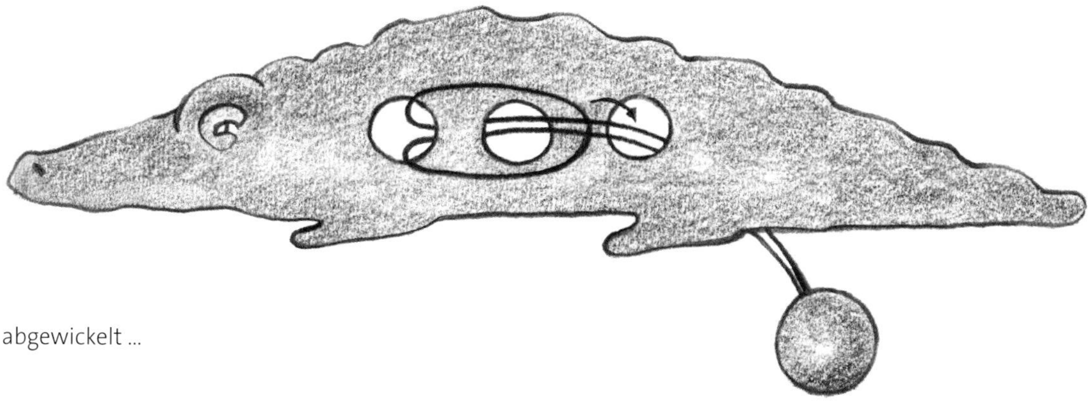

2: So wird die Schnur abgewickelt ...

«Die Türme von Hanoi»** (Training für die grauen Zellen)

Das Spiel wird auch «Der Turm des Brahma» genannt und ist ein berühmtes mathematisches Puzzle, erfunden vom französischen Mathematiker Lucas Edouard.

Zu Beginn des Spiels bildet eine bestimmte Anzahl Ringe mit einem Rundstab in der Mitte einen Turm, der größte Ring liegt unten, darauf der zweitgrößte und so weiter. Ziel ist es, alle Ringe an einem der zwei anderen Rundstäbe zu einem identischen Turm aufzuschichten und dabei zwei Regeln zu beachten:

1. Es darf immer nur ein Ring umgesetzt werden.
2. Es darf nie ein größerer Ring auf einen kleineren platziert werden.

Normalerweise wird das Spiel mit sieben Ringen gespielt, es sind aber auch einfachere Varianten mit weniger Ringen möglich. Mit jedem Ring, der dazukommt, verdoppelt sich die Anzahl der Züge, die mindestens notwendig sind, um das Ziel des Spiels zu erreichen, plus ein zusätzlicher Zug, also: ein Ring = ein Zug, zwei Ringe: 1 x 2 + 1 = 3 Züge, drei Ringe: 3 x 2 + 1 = 7 Züge, vier Ringe: 7 x 2 + 1 = 15 Züge, bei sieben Ringen braucht man mindestens 127 Züge!

Dem Spiel liegt eine Legende zugrunde. In einem großen Tempel in der Mitte der Welt liegt eine Messingplatte, in der drei Diamantnadeln befestigt sind. Bei der Erschaffung der Welt legte der Gott Brahma über eine davon 64 runde Goldplatten zu einem Turm übereinander, die größte Platte lag ganz unten, und die übrigen Platten wurden

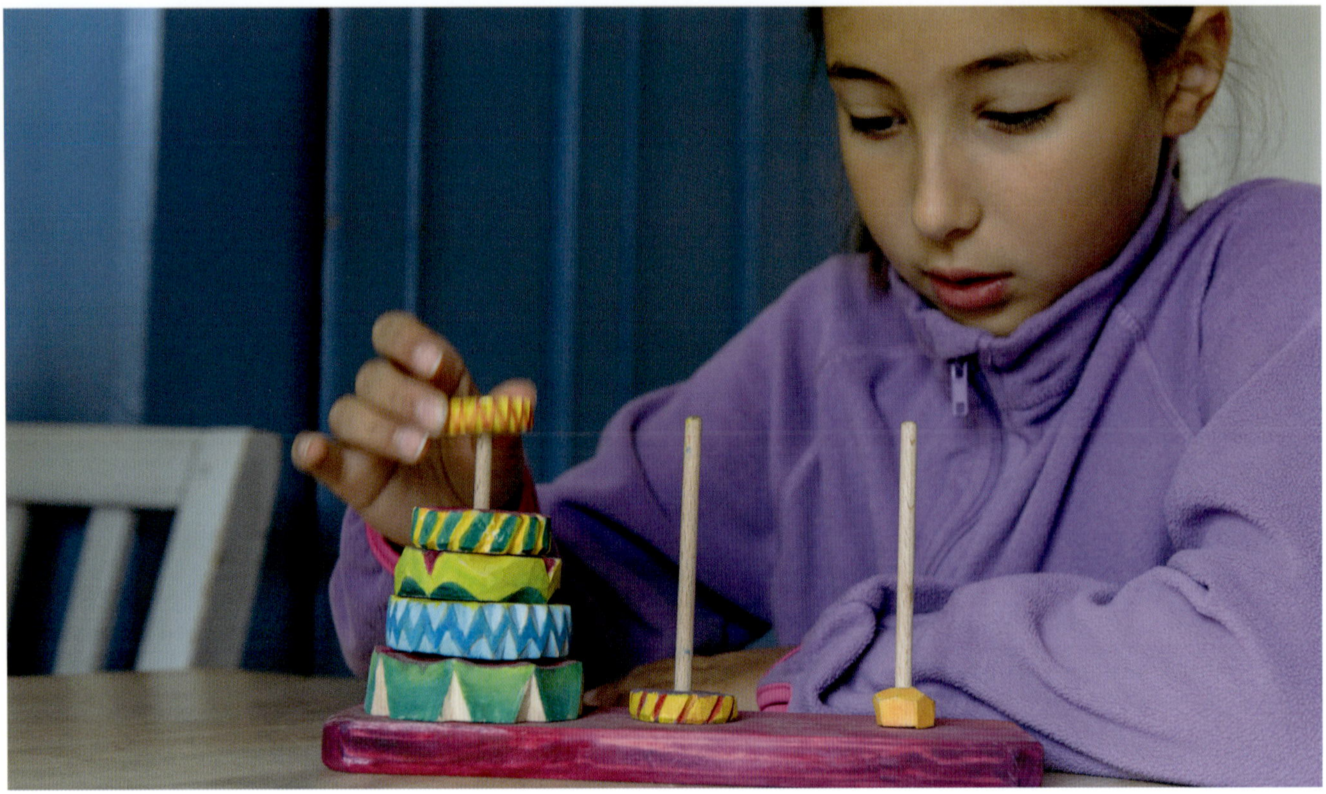

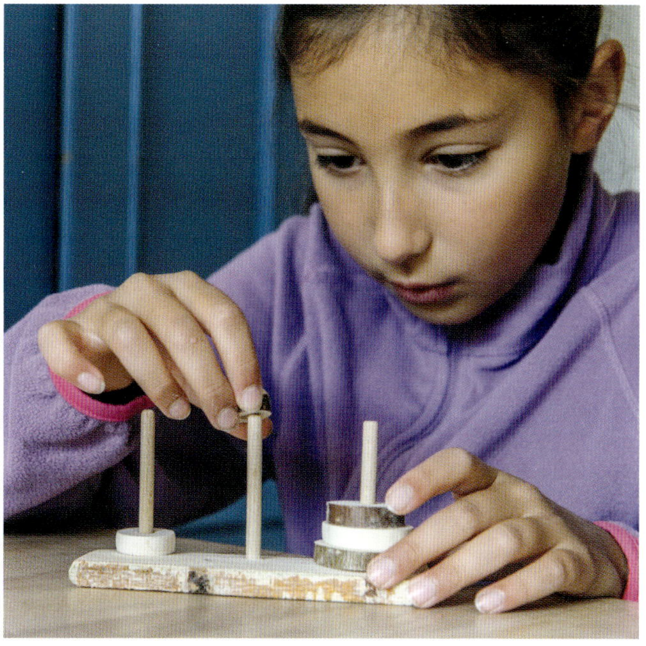

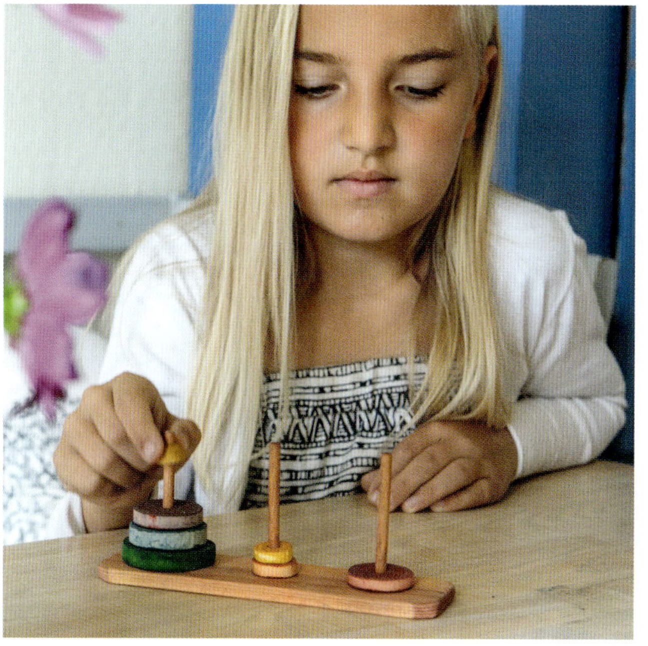

nach oben hin immer kleiner. Es heißt, einige Mönche hätten die Aufgabe, die Platten zu einem identischen neuen Turm zu stapeln, indem sie sie auf eine der beiden anderen Nadeln versetzen und dabei die beiden Gebote Brahmas beachten. Sind alle 64 Platten zu einem neuen Turm gestapelt, wird der Prophezeiung zufolge der Tempel zu Staub zerfallen und die Welt mit einem gewaltigen Donnerschlag untergehen.

Doch müssen wir uns deshalb keine Sorgen machen: Bei 64 Platten brauchen die Mönche mindestens 18.446.744.073.709.551.615 Züge, und selbst wenn sie schnell sind und den lieben langen Tag pro Sekunde eine Platte versetzen, brauchen sie doch fast 585 Milliarden Jahre. Wir werden es also wohl nicht mehr erleben, dass sie damit fertig werden!

Material

- Scheiben von verschiedenen Asthölzern mit unterschiedlichem Durchmesser sägen; die Scheiben von trockenen Asthölzern sägen, weil Asthölzer mit einem größeren Durchmesser während des Trocknens oft reißen
- Rundstab, Durchmesser 8 mm
- Bohrer, Durchmesser 8 und 9 mm
- Brett für die Bodenplatte, mindestens so breit und mindestens dreimal so lang wie der Durchmesser des größten Rings
- Leim
- evtl. Farbe

So wird's gemacht

Ein 9-mm-Loch in die Mitte der Scheiben bohren. Drei 8-mm-Löcher in die Bodenplatte bohren; vorzeichnen und ausprobieren, ob sich die Ringe nachher nicht überschneiden. Die Rundstäbe in die Löcher kleben, sie müssen etwas höher sein als der höchste Turm aus Ringen.

Es sind alle möglichen Formen und Verzierungen denkbar.

«Die vier verflixten Quadrate»*
(Training für die grauen Zellen)

Eine alte Sage erzählt von einem Prinzen, in dessen Reich es eine ganze Reihe von Wegen gab, die einander kreuzten. An den Wegen standen acht Türme, doch keiner von ihnen am selben Weg wie ein anderer.

Eine Karte seines Reichs, aufgeteilt in vier quadratische Fragmente, bewahrte der Prinz in der Schatzkammer seines Schlosses auf. Aber wie passten sie zusammen?

Es half ihm nicht, von seinem Schloss aus über das Land zu schauen, denn das Reich war sehr groß, und die Wege versteckten sich in den Wäldern. Deshalb versprach der Prinz demjenigen eine große Belohnung, der es schaffe, die vier Teile der Karte richtig zusammenzusetzen.

Die Aufgabe ist gar nicht so einfach zu lösen, wie man glaubt, denn es darf nur ein Turm auf jedem Weg stehen, und das sowohl waagerecht als auch senkrecht und diagonal.

Die Türme kann man ganz einfach schnitzen oder aber mit märchenhaften Verzierungen und Zinnen versehen. Vielleicht werden die Türme und Wege von Trollen oder fabelhaften Tieren «bewacht» (siehe die Spielfiguren für «Drei gewinnt» auf S. 58 ff.).

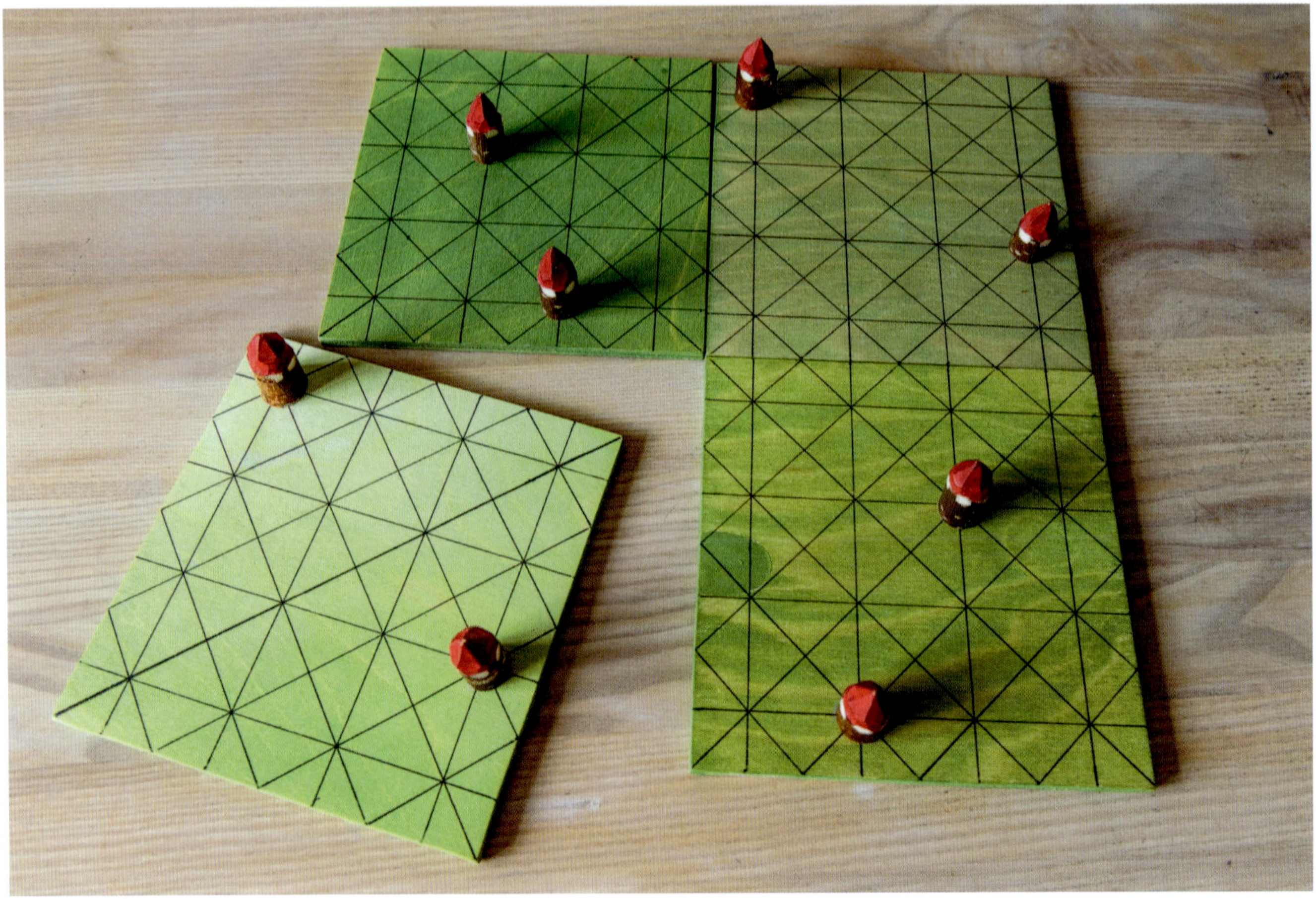

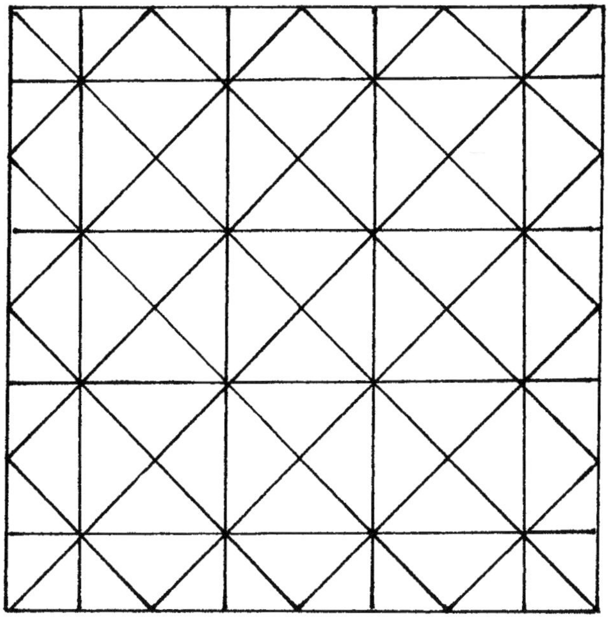

1: Das Muster auf die Platte übertragen

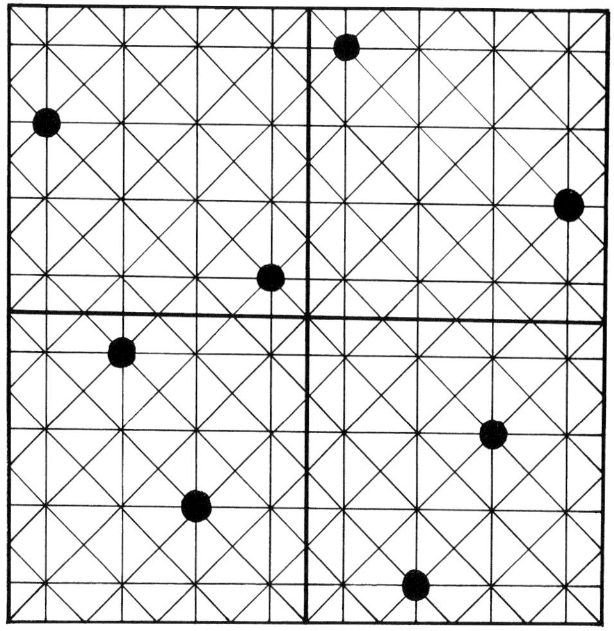

2: Lösung und Positionierung der Türme

Material

- 4 quadratische Sperrholzplatten, 4 – 6 mm dick, Maße 16 x 16 cm
- Asthölzer, Durchmesser 1 – 1,5 cm, lang genug, sodass man sie auch gut halten kann
- Lineal
- Tusche
- 8 kleine Schrauben

So wird's gemacht

Zeichnung 1: Das Muster auf alle vier Platten zeichnen. An den Seiten im Abstand von 2 cm eine Markierung anbringen. Linien zwischen den Markierungen ziehen, so wie in der Zeichnung gezeigt.

Die Türme schnitzen.

Zeichnung 2: Die Zeichnung zeigt die Lösung.

Dort, wo die Türme stehen sollen, kleine Löcher in die Platten bohren und die Türme von unten festschrauben. Es ist sehr wichtig, dass die Türme auf die richtigen Positionen gesetzt werden. Auf den beiden obersten Platten stimmen die Positionen überein, sie sind nur unterschiedlich gedreht.

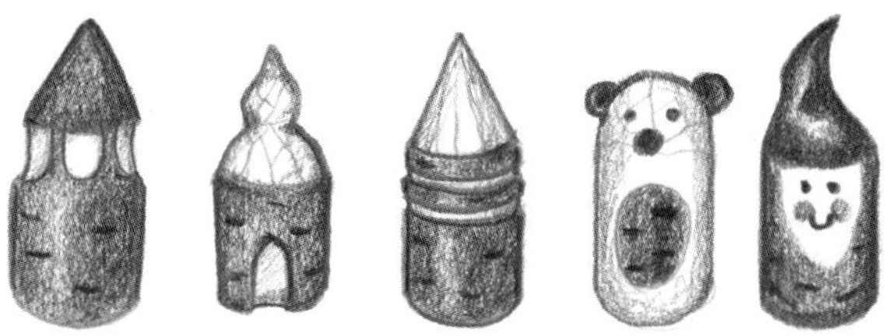

Spielzeug

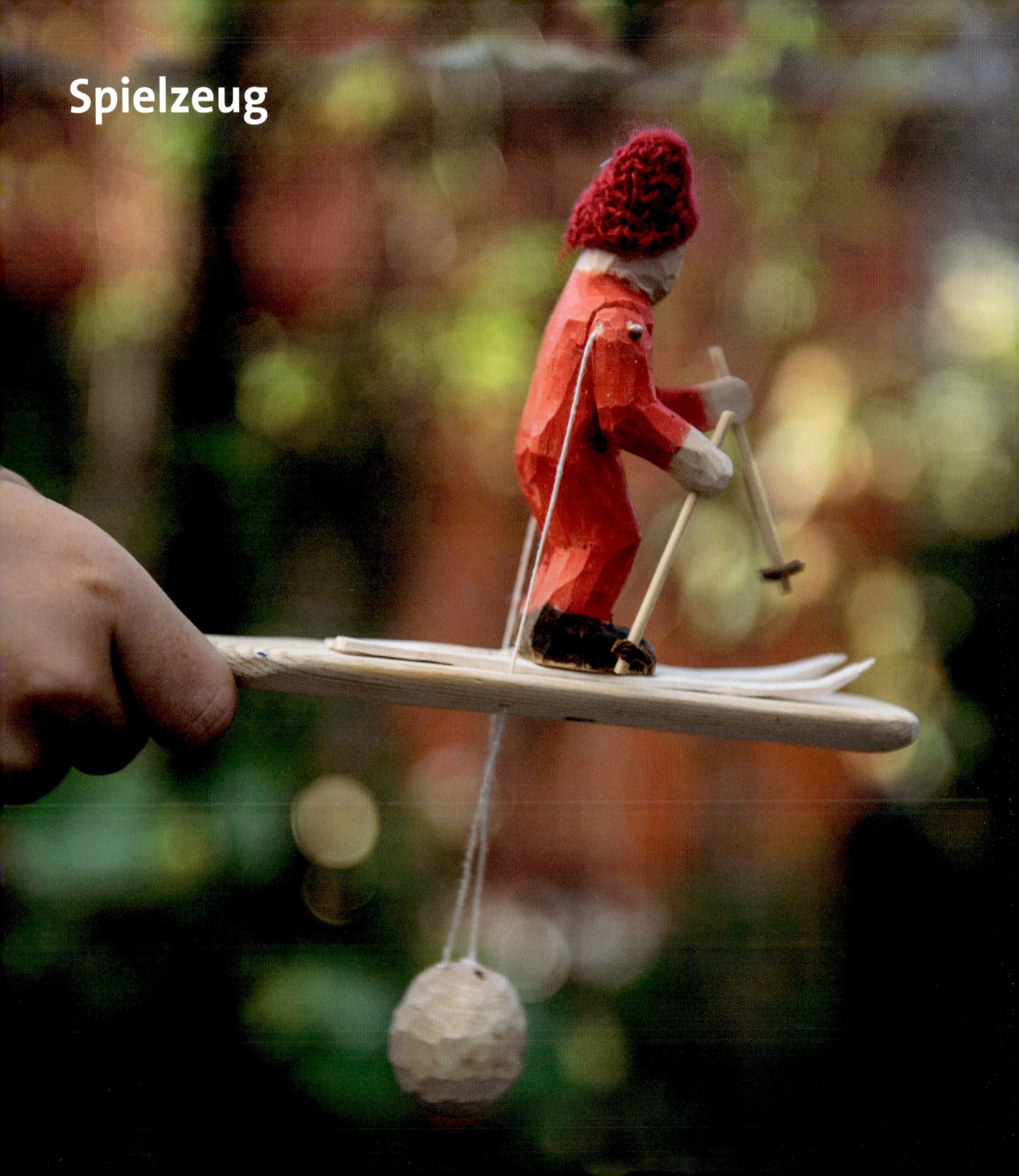

Rennauto*

Material

- Astholz, Durchmesser 4 – 5 cm
- Holzräder
- Rundstäbe oder Schrauben
- Bohrer, 2 mm größer als die Rundstäbe
- Leim

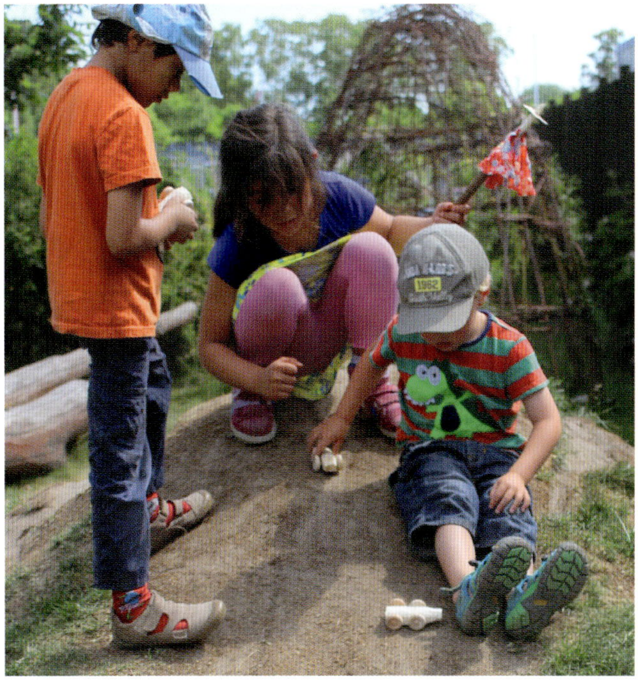

So wird's gemacht

Das Astholz in zwei Stücke spalten. Aus dem Werkstück zuerst die Front des Autos schnitzen, dann die zwei Seiten abflachen. Zwei Löcher für die Achsen bohren. Anschließend das Auto auf die passende Länge zusägen. Die Rundstäbe einsetzen und auf die richtige Länge zusägen. Zuletzt die Räder auf die Enden der Rundstäbe kleben.

Das Auto kann natürlich angemalt und nach Belieben dekoriert werden.

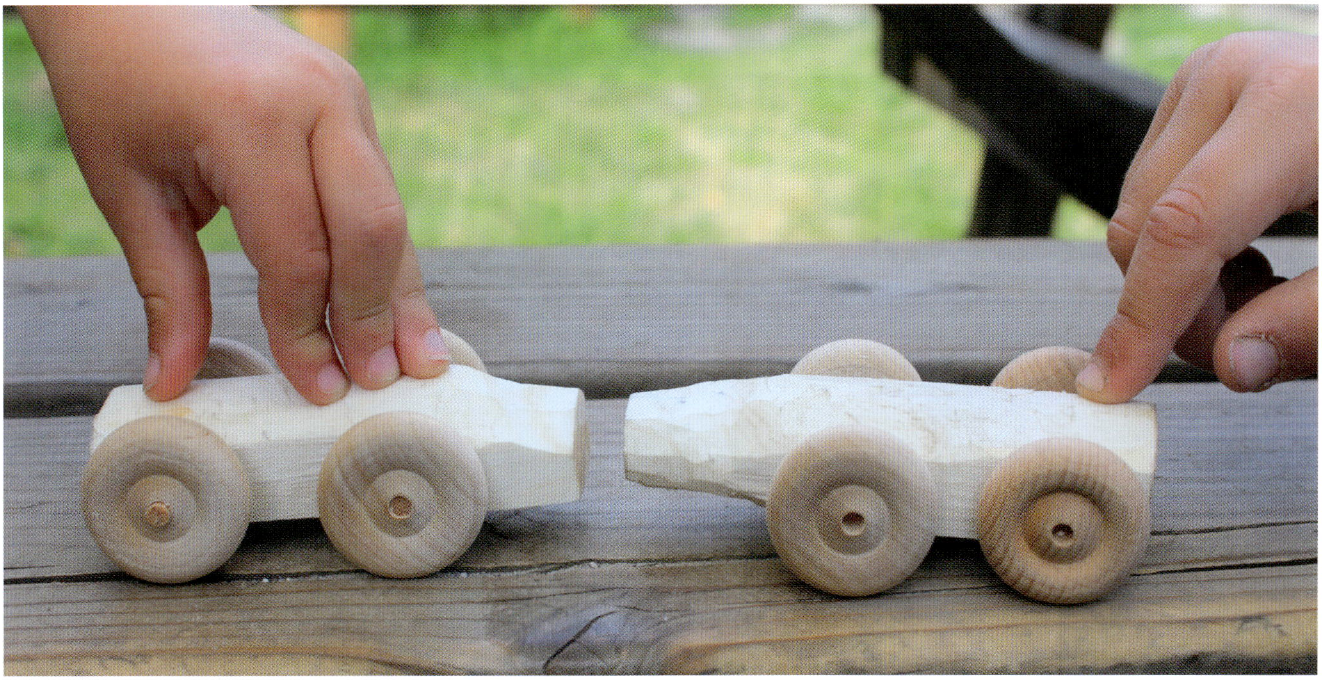

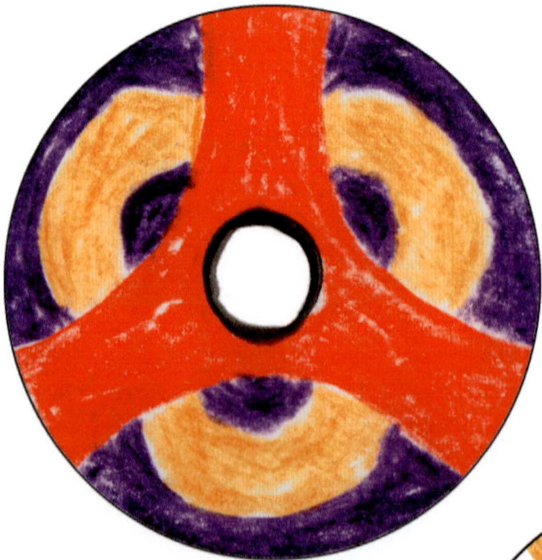

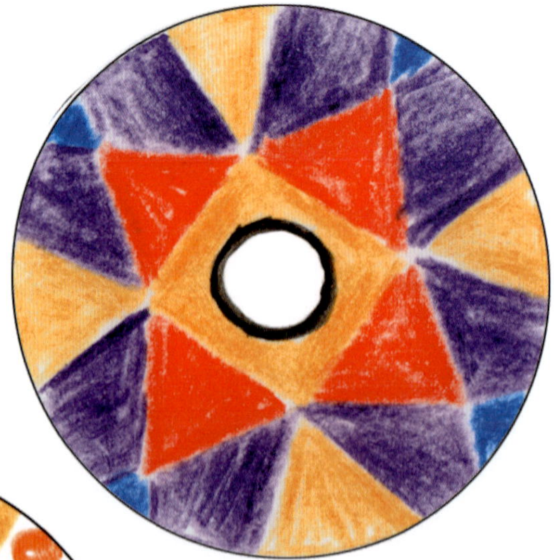

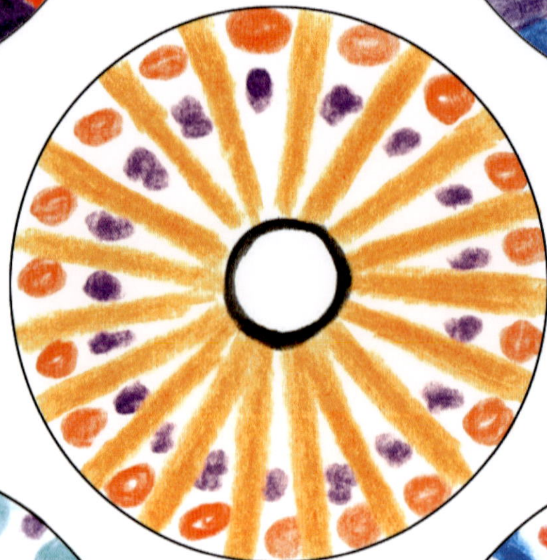

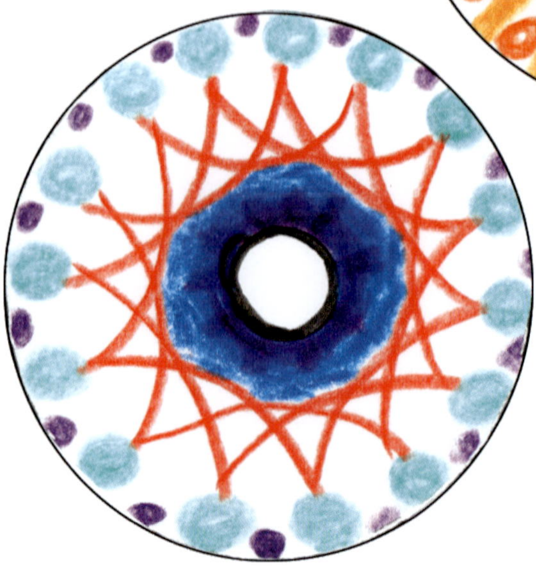

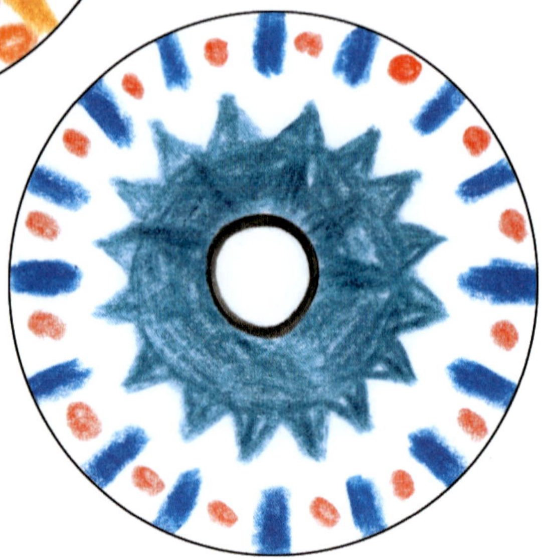

Kreisel*

Einen Kreisel kann man auf unterschiedliche Art herstellen. Auf den folgenden Seiten bringen wir ein paar Beispiele: Scheibenkreisel aus einem Astholz, geschnitzte Kreisel und Kreisel aus einer Eichel. Eine Zugschnur mit Handgriff bringt den Kreisel so richtig auf Touren!

Scheibenkreisel aus einem Astholz*

Material

- runde Scheibe von einem Astholz, Durchmesser 3 – 5 cm, 1 – 1,5 cm dick (trockenes Holz benutzen, damit der Kreisel später keine Risse bekommt)
- Stücke von einem Rundstab, Durchmesser 5 – 8 mm (8 mm, wenn sie als Handgriff verwendet werden)
- Holzbohrer in entsprechendem Durchmesser

So wird's gemacht

Ein Loch in die Mitte der Scheibe bohren, eventuell zuerst mit einem kleineren Bohrer vorbohren oder mit einer Ahle ein kleines Loch markieren. Den Rundstab mit einem Messer oder einem Bleistiftspitzer anspitzen.

Den Rundstab durch das Loch in der Scheibe schieben, den Schwerpunkt tief setzen (deshalb muss die Scheibe am unteren Teil des Rundstabs sitzen). Der Rundstab darf nicht zu lang sein.

Die Rotationseigenschaften des Kreisels testen. Den Rundstab eventuell festkleben.

Dreht sich der Kreisel nicht richtig, kann das folgende Gründe haben: Das Loch sitzt nicht in der Mitte der Scheibe oder ist schief gebohrt, sodass auch der Rundstab schief steht. Oder die Scheibe ist schräg abgesägt oder sie ist nicht rund. Vielleicht ist auch die Spitze des Rundstabs zu spitz. Dem kann abgeholfen werden, indem man sie mit Schmirgelpapier ein kleines bisschen abflacht.

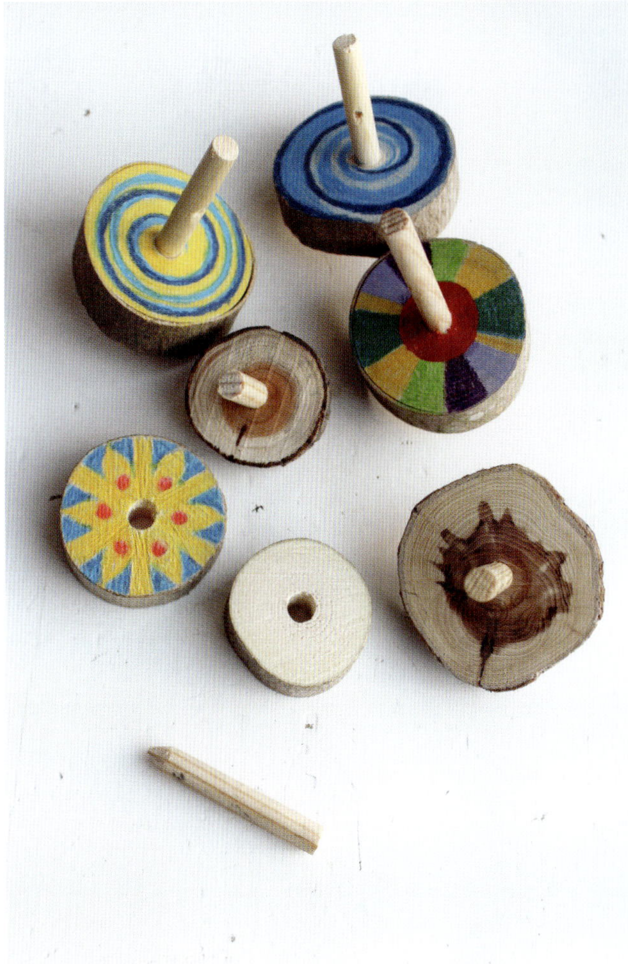

Man kann die Scheibe bemalen, um den Kreisel zu verzieren, aber auch bemaltes Papier auf die Scheibe kleben. Scheiben aus Karton können leicht ausgetauscht werden. Man kann die Scheiben auch mit einem Pinsel bemalen. Es ist immer wieder spannend zu sehen, wie sich die Farben «vermischen», wenn sich der Kreisel dreht.

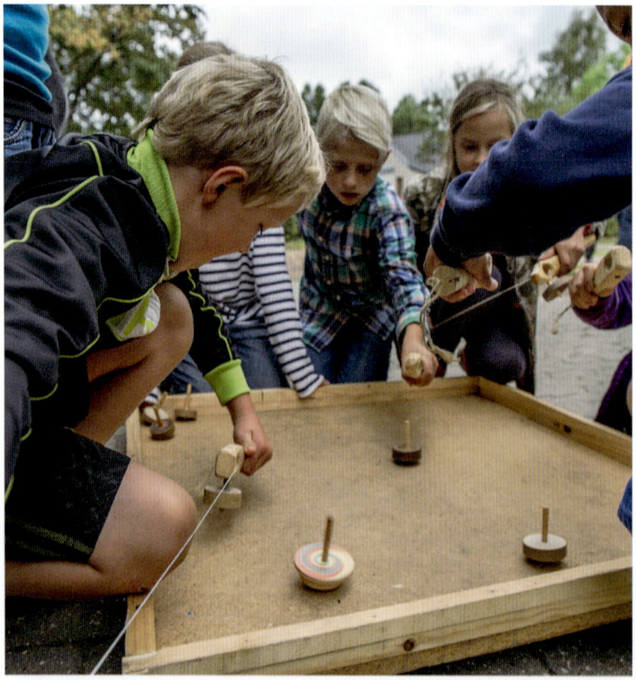

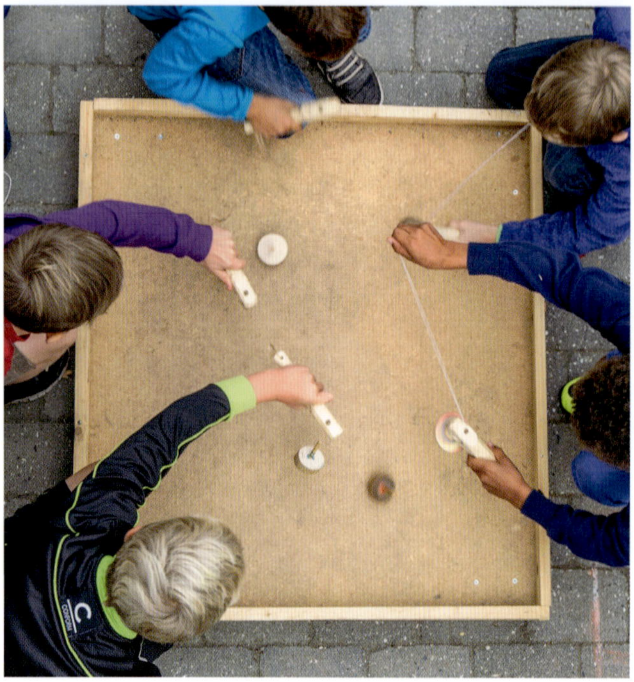

Zugschnur mit Handgriff für Zugkreisel*

Will man seinen Kreisel auf Touren bringen, ist eine Zugschnur mit Handgriff sehr hilfreich. Welcher Kreisel dreht sich wohl am längsten? Für Spannung ist gesorgt!

Material

- Kreisel mit einem Rundstab, Durchmesser 8 mm, Länge ca. 8 cm
- trockenes Holzstück, gerne gut schnitzbares Lindenholz, ca. 2,5 x 4 x 15 cm
- kleines dünnes Astholz für die Zugschnur
- Bohrer, Durchmesser 3,5 mm, 9 mm und ca. 24 mm
- Schnur, gerne Nylonschnur, ca. 50 – 60 cm lang

So wird's gemacht

Zeichnung S. 71: Bohren ist eine Aufgabe für einen Erwachsenen. Ein großes Loch in das eine Ende bohren. Ein Loch mit einem Durchmesser von 9 mm für den Rundstab durch das große Loch bohren. Den Handgriff so schnitzen, dass er gut in der Hand liegt, und die Enden abrunden.

Den Kreisel durch das 9 mm-Loch stecken und ein Loch mit einem Durchmesser von 3,5 mm durch den Rundstab bohren. Darauf achten, dass das 3,5 mm-Loch genau in der Mitte des großen Lochs sitzt (siehe die Zeichnung).

Die Nylonschnur mit einem Feuerzeug vorsichtig etwas schmelzen, bevor sie abgeschnitten wird, dann rollt sie sich nicht auf. Alternativ kann man sie auch mit Tape umwickeln. Dann abschneiden. Das Astholz am Ende der Schnur festbinden.

Der Kreisel wird in den Handgriff und das Ende der Schnur in das Loch des Rundstabs gesteckt. Die Schnur so einsetzen, dass sie entweder für einen Rechtshänder oder einen Linkshänder gut passt, je nach dem. Die Schnur wird um die Mitte des Rundstabs aufgewickelt.

Dann ist alles bereit – den Handgriff festhalten und an der Schnur ziehen: «Drei, zwei, eins und ab geht die Post!» (Zuerst etwas vorsichtiger, zum Schluss kräftig ziehen.)

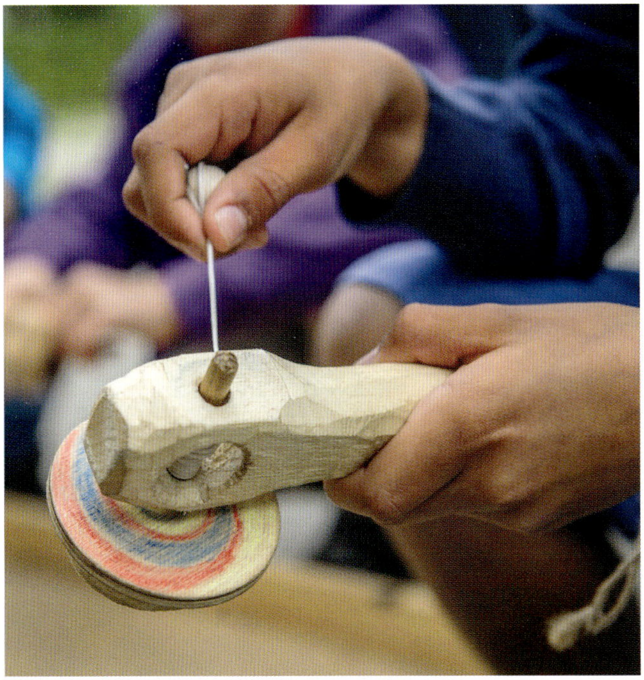

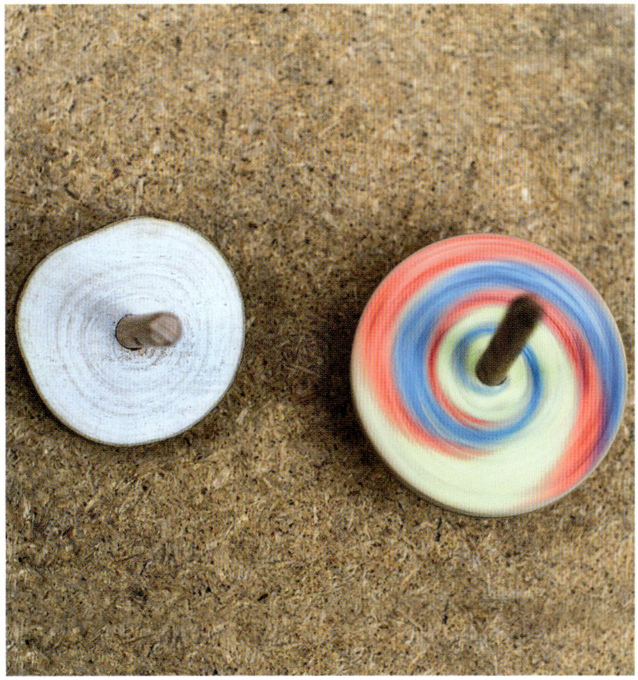

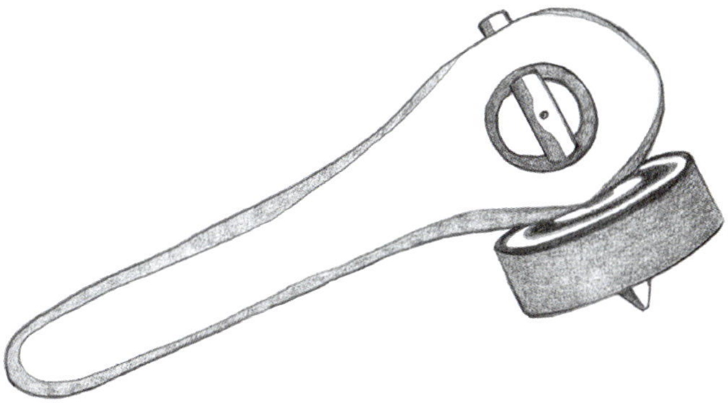

Handgriff mit Zugkreisel

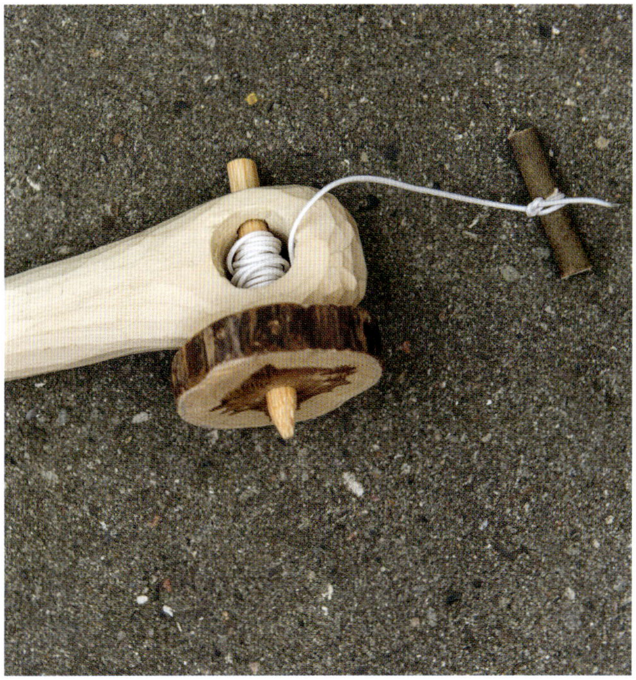

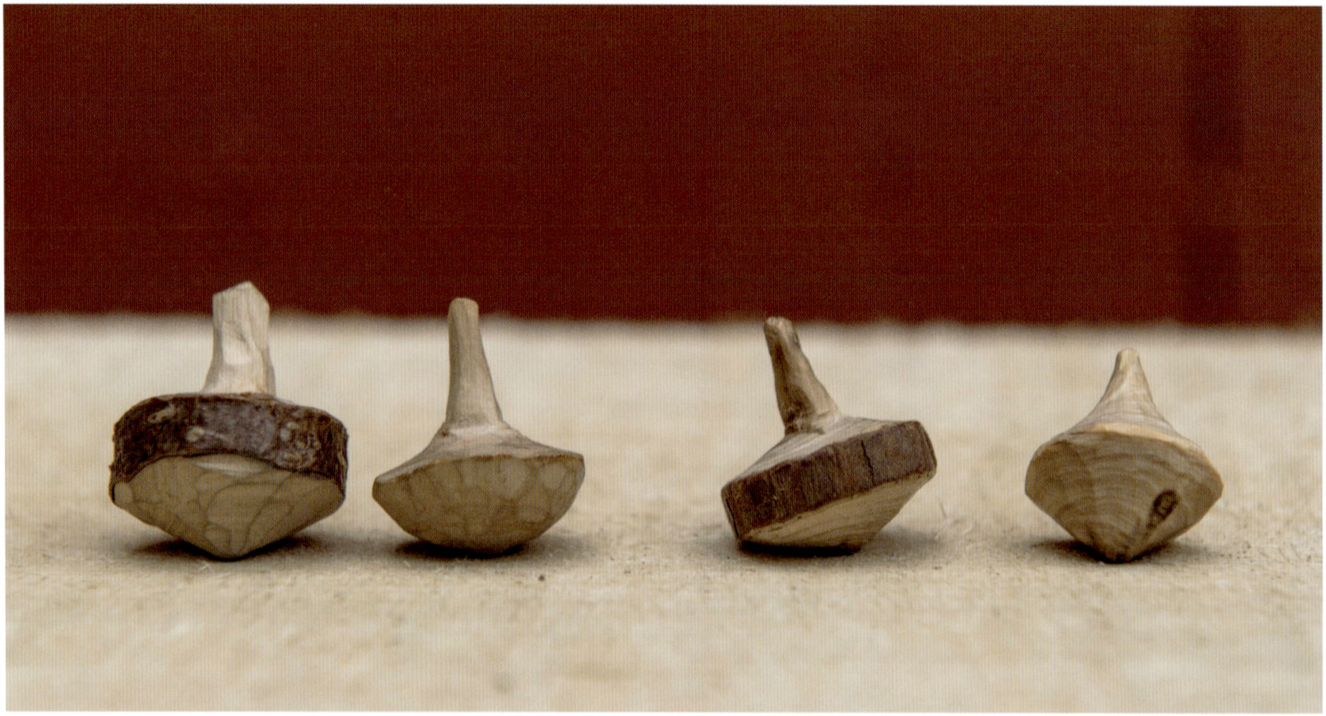

Geschnitzter Kreisel**

Aus einem Astholz kann man auch einen einfachen und schönen Kreisel schnitzen, wobei man sehr sorgfältig zu Werke gehen muss. Man schnitzt dabei nur zum eigenen Körper hin.

Material
Astholz, Durchmesser 2,5 – 3 cm, Länge 10 – 15 cm

So wird's gemacht
So wie auf der Zeichnung dargestellt schnitzen (symmetrisch, sodass der Kreisel hinterher eine gute Balance hat). Darauf achten, dass die Spitze und das Haltestück oben genau in der Mitte sind. Einen tiefen Schwerpunkt für den Kreisel wählen.

Den Kreisel absägen oder abschneiden.

Achtung: Hat man ihn einmal abgesägt, ist es schwierig, weiter daran zu arbeiten. Dann sind nur noch Feinjustierungen möglich.

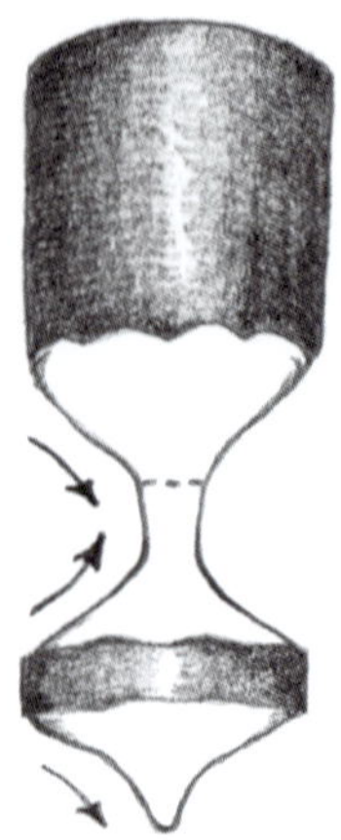

Kreisel aus einer Eichel*

Ein kleiner, aber feiner und einfach zu machender Kreisel.

Material

- Eichel mit Fruchtbecher (Zeichnung 1); die Eichel muss einigermaßen symmetrisch gewachsen sein, und die Spitze muss in der Mitte sitzen; am besten eignen sich Eicheln der Roteiche (Quercus rubra), da sie oftmals symmetrisch gewachsen sind
- kleines Astholz oder Holzstück

So wird's gemacht

Zeichnung 2: Die Spitze oben am Fruchtbecher ein wenig flach schnitzen und mit einem kleinen Handdrillbohrer, einem Bohrer oder einem kleinen Schraubenzieher ein Loch in die Mitte bohren. Ein kleines Astholz oder Holzstück in das Loch kleben. Ein klein wenig von der unteren Spitze der Eichel wegnehmen, weil sie meistens ein wenig schief ist.

Zeichnung 3: Auch aus dem Fruchtbecher kann man einen Kreisel machen. Den Fruchtbecher umdrehen, ein Loch hineinbohren und ein kleines Hölzchen darin festkleben.

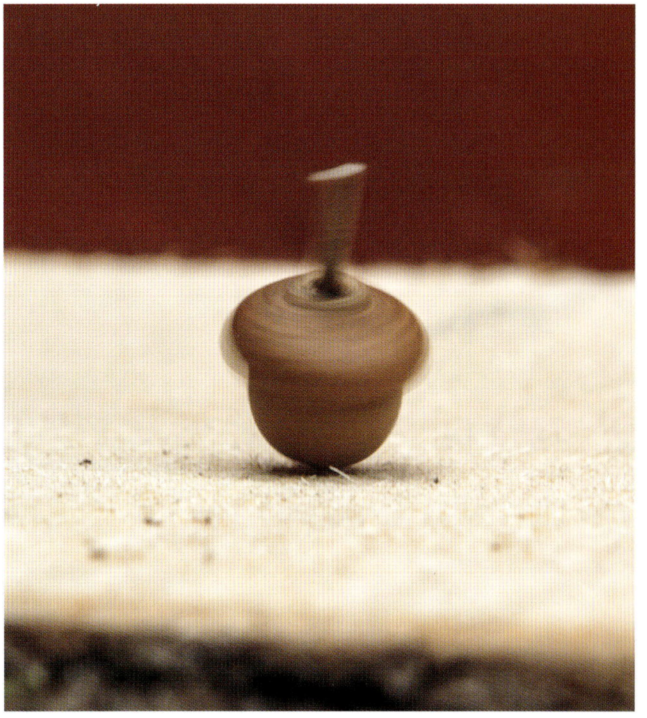

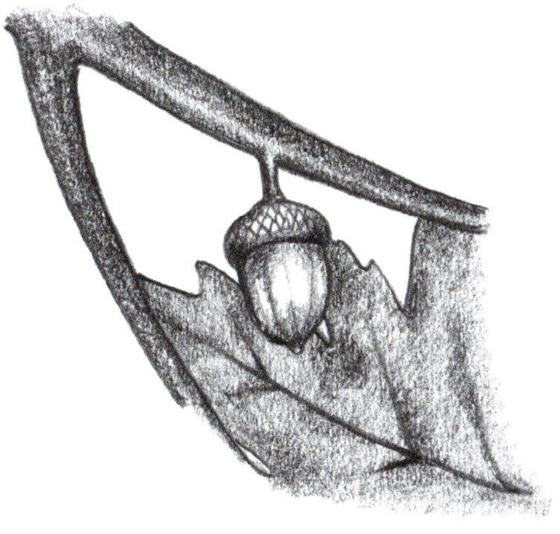

1: Eichel mit Fruchtbecher

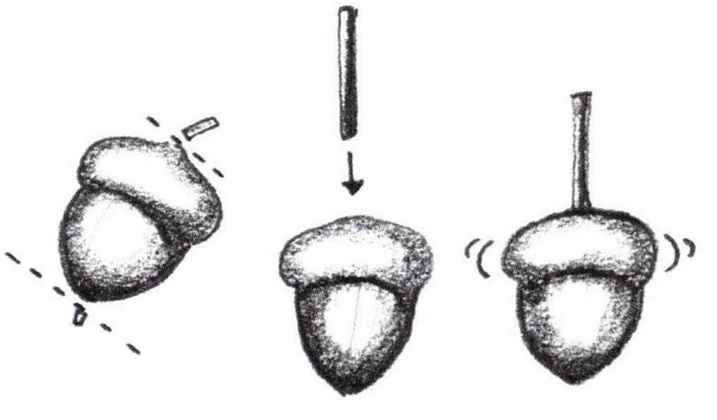

2: Kreisel aus einer Eichel

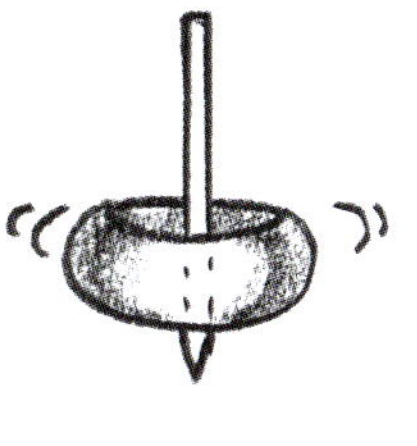

3: Kreisel aus dem Fruchtbecher einer Eichel

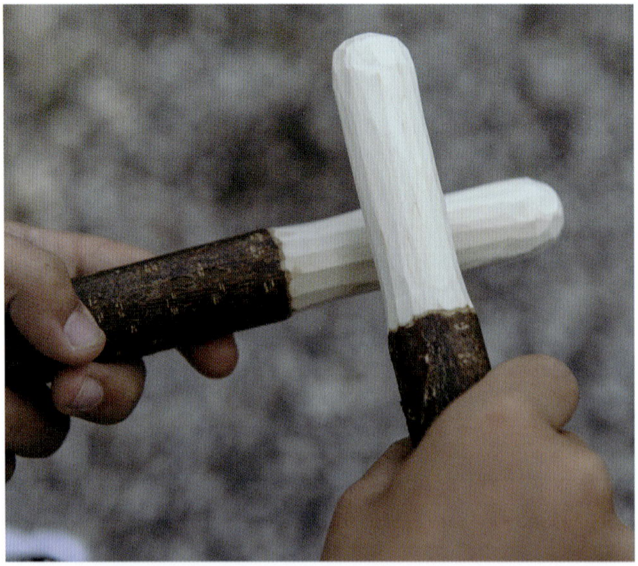

Pfeife aus Weidenrinde*

Diese Pfeife ist einfacher als die traditionelle Weidenholzpfeife, denn sie wird nur aus der Rinde eines Weidenastes gemacht. Die Pfeife hat einen brummenden Klang. Sie ist schnell gemacht, verstummt aber, wenn die Rinde getrocknet ist! Man kann sie nur im Frühling schnitzen, wenn die Rinde lose am Holz sitzt.

Material
Weidenholz, Durchmesser 5 – 15 mm, Länge 20 – 30 cm

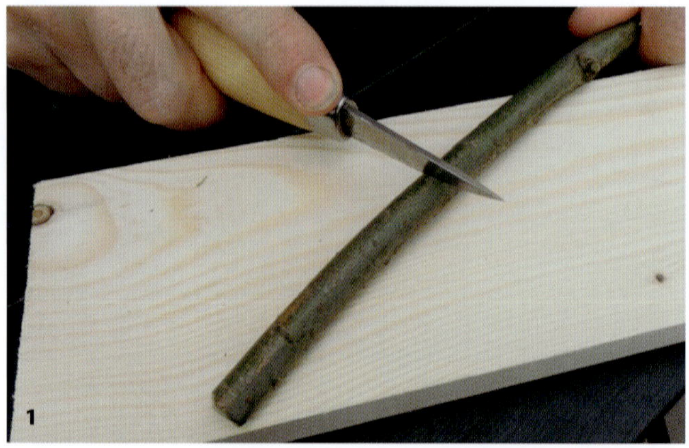

1

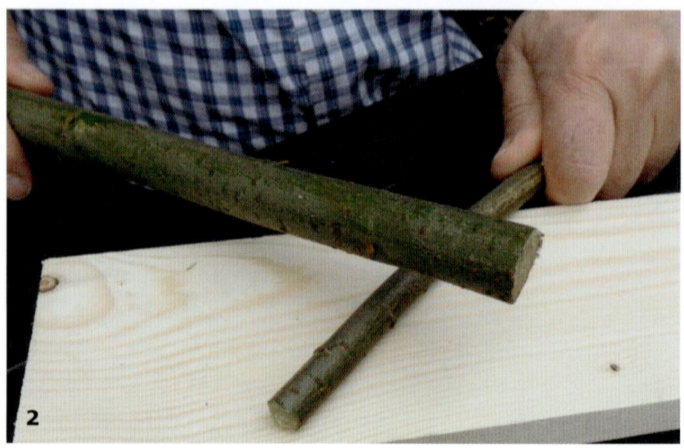

2

Klanghölzer*

Material
2 Asthölzer, Durchmesser ca. 2,5 cm, Länge ca. 15 cm (Hasel ist gut geeignet, denn man kann leicht Muster in die Rinde schnitzen und das Holz hat einen guten Klang, wenn es getrocknet ist)

So wird's gemacht
An dem einen Ende der beiden Asthölzer die Rinde abnehmen, am jeweils anderen Ende kann man eventuell schöne Muster in die Rinde schnitzen. Die Enden sorgfältig abrunden.

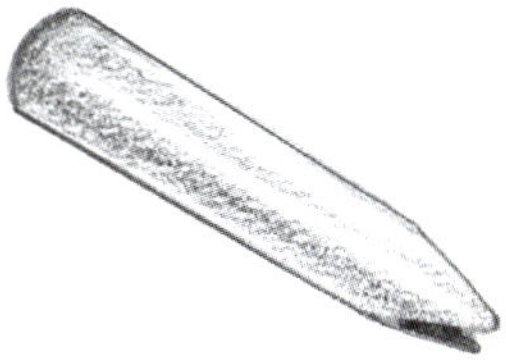

So wird's gemacht

Einmal rundum eine Rille in die Rinde schnitzen, 6 – 12 cm nach innen versetzt (Foto 1). An der Stelle, an der die Rinde vom Holz gelöst werden soll, eventuell darauf klopfen (Foto 2). Die Rinde vorsichtig abziehen (Foto 3). Eine einzelne Kerbe in das eine Ende schnitzen (Foto 4). Das Ende mit der Kerbe in den Mund stecken, die Lippen drücken die Rinde ein wenig zusammen, dann pusten – und schon brummt's!

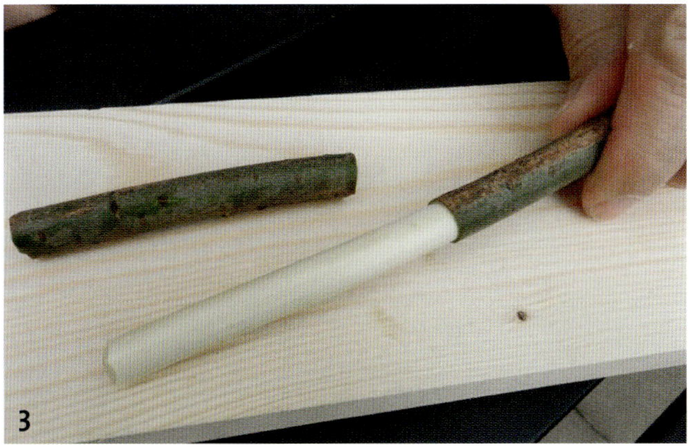

3

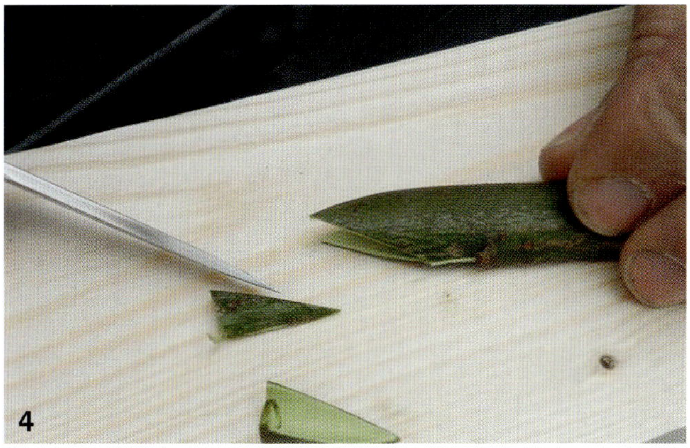

4

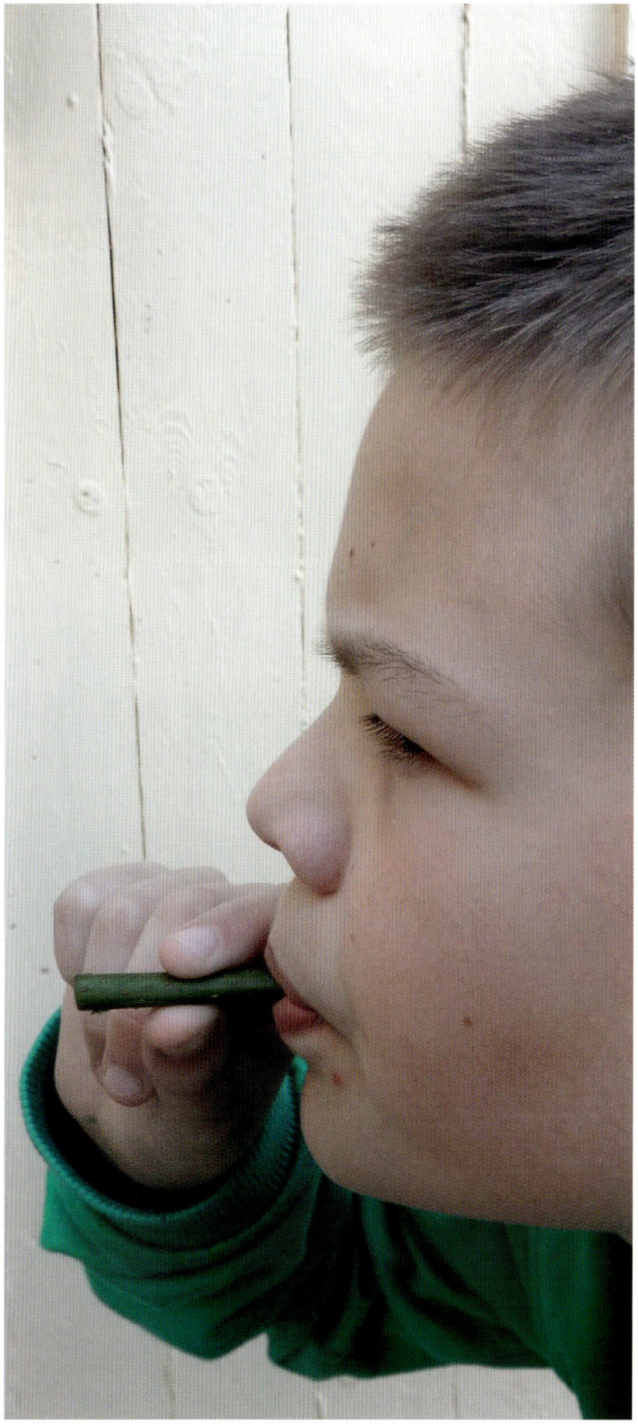

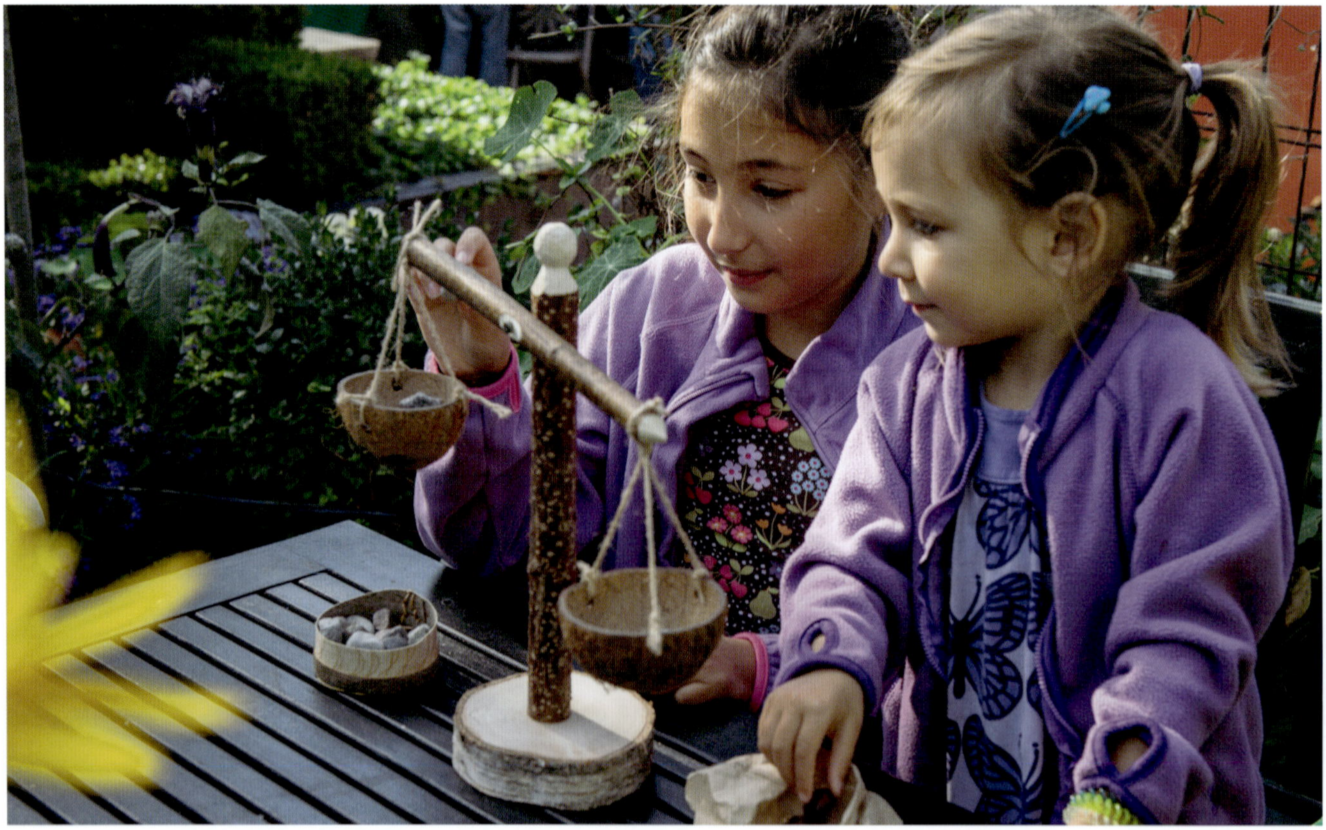

Waage*

Die Waage ist ein lustiges Spielzeug und vermittelt ein Gefühl für Gewicht und Gewichtskraft bestimmter Dinge.

Um die Rillen zu schnitzen, in denen die Schnur festgebunden wird, die Schnitztechnik 2 (siehe S. 18) anwenden.

Material (die angegebenen Größen der Asthölzer sind ungefähre Maße)

- Astholz 1, Durchmesser 25 mm, Länge 40 cm
- Astholz 2, Durchmesser 15 mm, Länge 40 cm
- Scheibe von einem Stammholz für das Bodenstück, Durchmesser 15 cm
- Kokosnuss
- 6 Schnüre, z.B. Bindfaden, à 40 cm
- Holzbohrer, z.B. 5 mm Durchmesser
- Schrauben

So wird's gemacht

Astholz 1: Das obere Ende abrunden und eventuell ein Muster in die Rinde schnitzen. Das Astholz auf das Bodenstück schrauben, dazu eine versenkbare Schraube von unten durch die Scheibe in das aufgesetzte Astholz drehen.

Astholz 2: An beiden Enden, etwa 7 cm nach innen versetzt, eine Rille schnitzen, in denen später die Schnüre festgebunden werden.

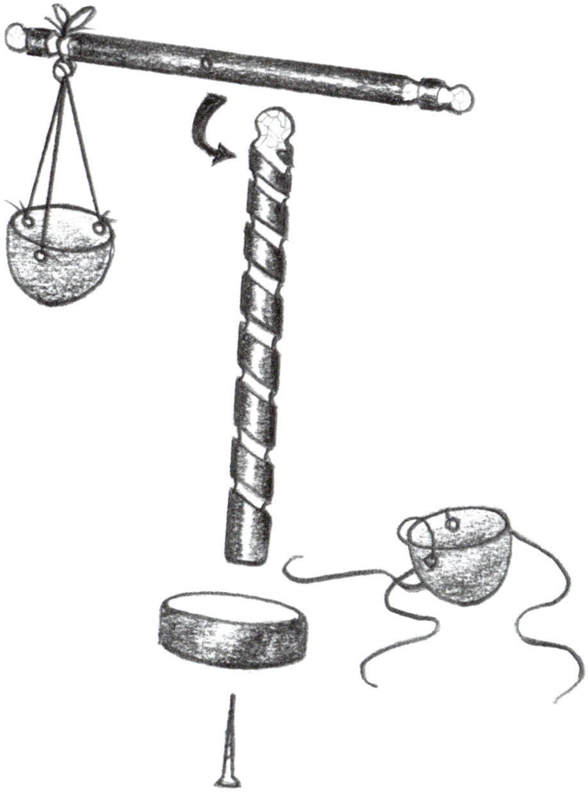

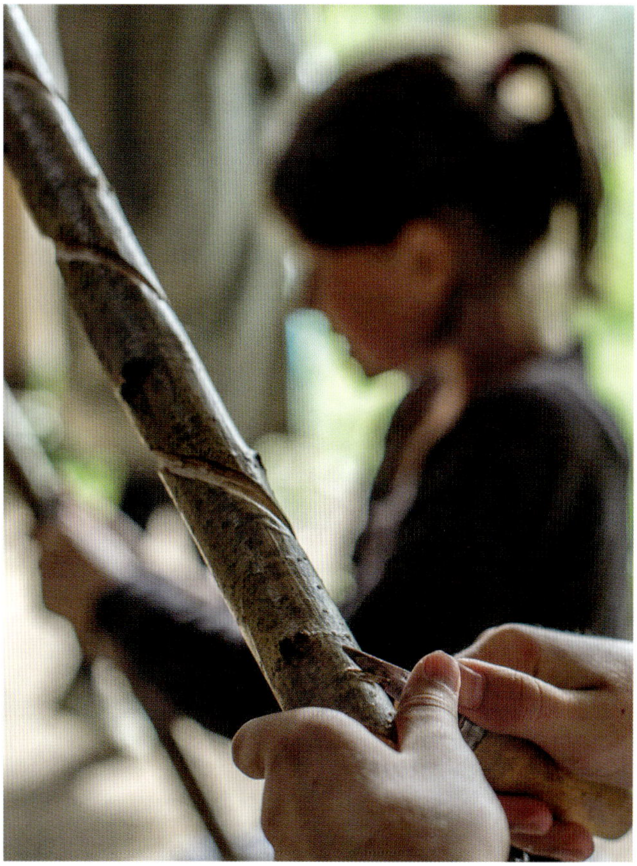

An jedem Ende ca. 5 cm absägen oder abschneiden und die Enden abrunden.

Die **Kokosnuss** durchsägen. Das ist nicht ganz einfach und sollte von einem Erwachsenen erledigt werden. Die Kokosnuss irgendwo festklemmen oder am besten einspannen, sonst rutscht sie leicht weg! Das Fleisch der Kokosnuss entfernen (und aufessen); dazu nicht das scharfe Schnitzmesser, sondern ein gewöhnliches Küchenmesser verwenden. Dreiecke schneiden, die abgebrochen oder abgeknickt werden können.

In jede Hälfte drei Löcher bohren (noch eine Aufgabe für einen Erwachsenen). An jedem Loch ein Stück Schnur festbinden und die Schnüre so zusammenknoten, dass die Schale geradehängt.

Die Schalen an den «Querbalken» binden. Den Balancepunkt des Querbalkens bestimmen, indem man ihn auf dem Finger balanciert, und an der Stelle, an dem er «in der Waage» ist, ein 5 mm-Loch hineinbohren.

Den «Querbalken» an das Astholz 1 schrauben; dabei eine Schraube benutzen, deren Durchmesser kleiner ist als der des Lochs.

Sollte die Waage nicht genau ausbalanciert sein, kann man dies korrigieren, indem man z.B. in die «leichtere» Schale etwas Bienenwachs gibt.

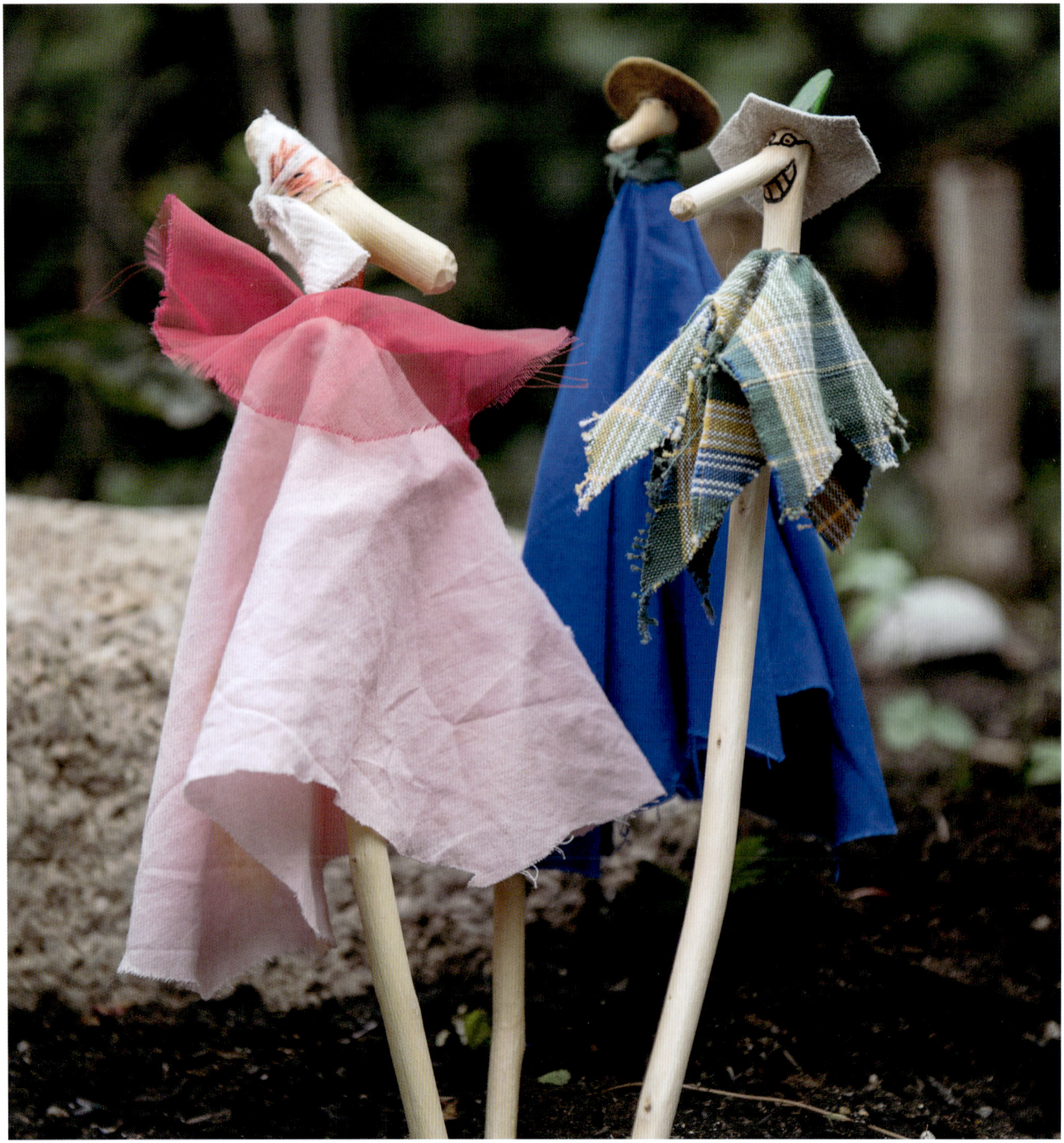

Derwischtänzer und Primaballerina*

Derwischtänzer und Primaballerina rotieren zwischen den Händen und bekommen so Luft unter die Rockschöße, die wild umherwirbeln. Sie können auch als Theaterfiguren verwendet werden. Hier kann man also seiner Kreativität freien Lauf lassen. Alte Stoffreste, Bänder und Fellstückchen hervorkramen und los geht's!

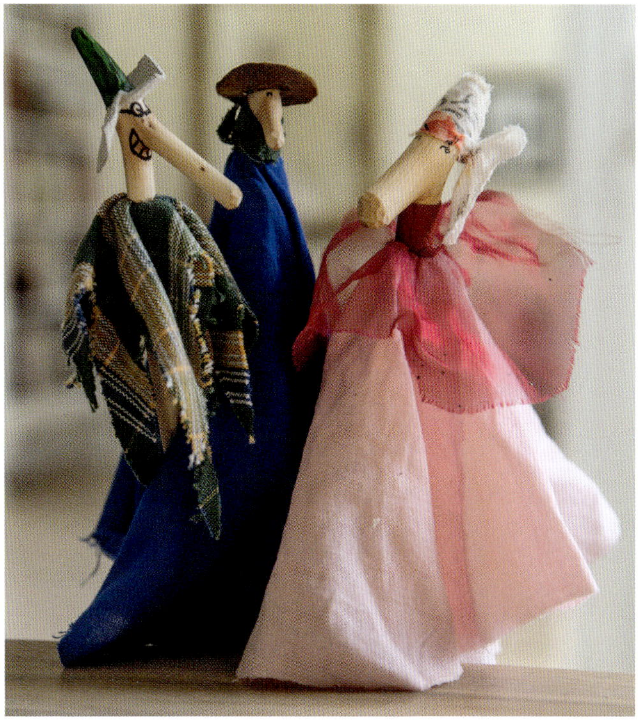

Material

- Astholz mit Astgabel / Nebenzweig, Durchmesser 1,5 – 2 cm
- Zeichnung 1: Ein Zweig der Astgabel muss lang und gerade sein (25 – 40 cm); man schneidet ihn mit einer Astschere ab
- Stoff- und Fellreste u.a.m.
- Tusche, Bleistift oder Ähnliches, um Augen und Mund zu malen
- Gummiband oder Schnur

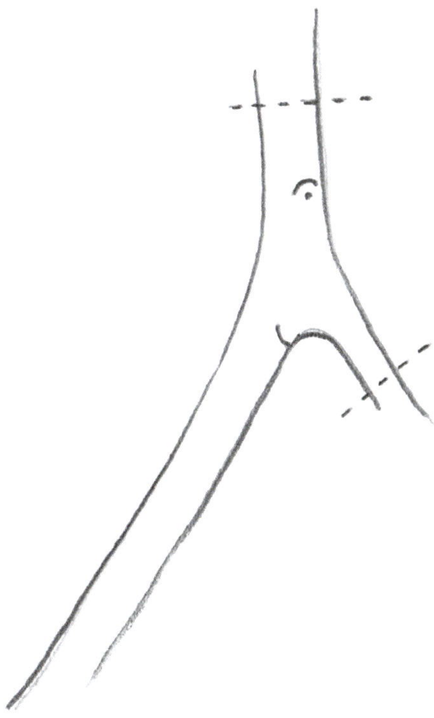

1

So wird's gemacht

Die Figur schnitzen (siehe die Beispiele auf den Fotos). Die Hutkrempe wird wie bei den Spielfiguren für «Drei gewinnt» beschrieben angefertigt (S. 57 f.).

Muster für die Kleider bzw. Rockschöße auf den Stoff zeichnen, z.B. mit einem Teller als Schablone, ausschneiden und in die Mitte ein Loch entsprechend der Dicke des Astholzes schneiden.

Zeichnung 2: Den Stoff mit dem Gummiband oder einer Schnur am Hals festbinden.

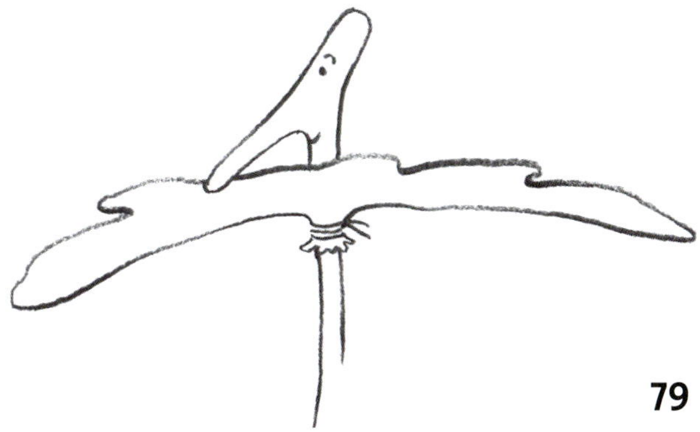

2

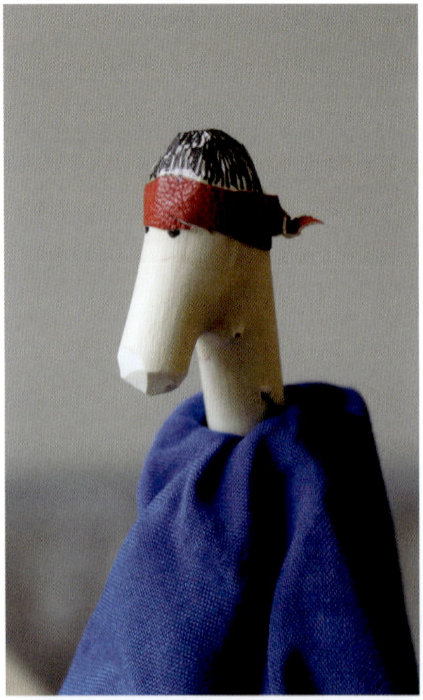
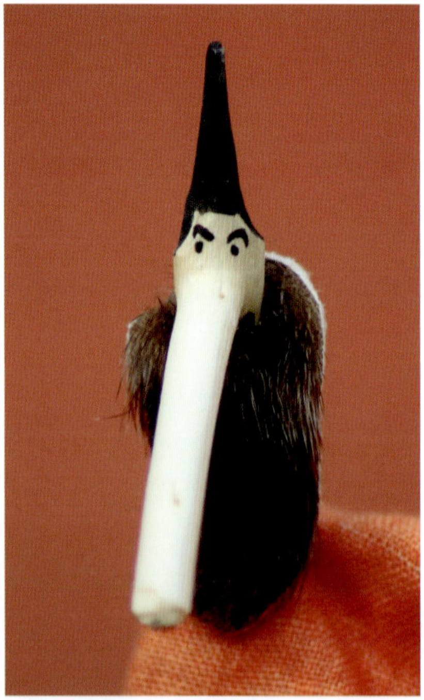
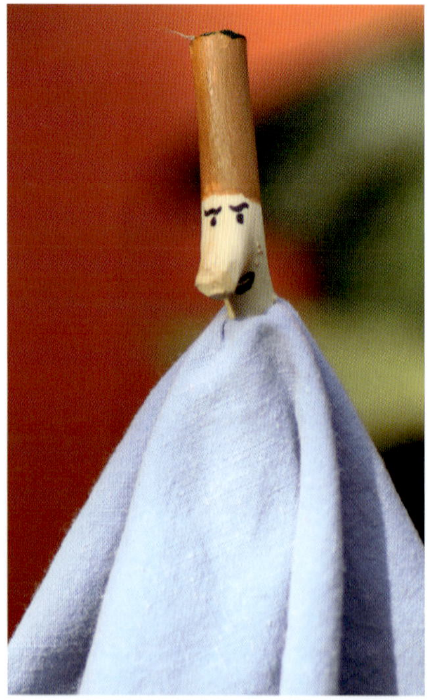
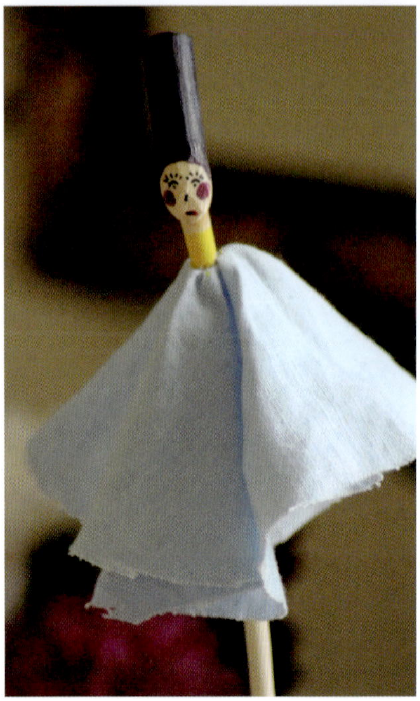
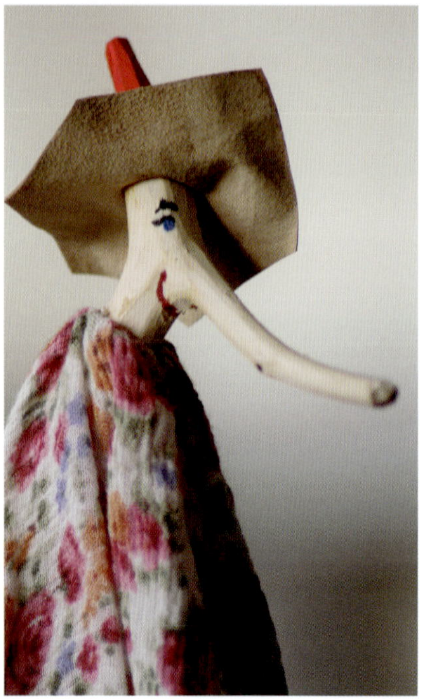
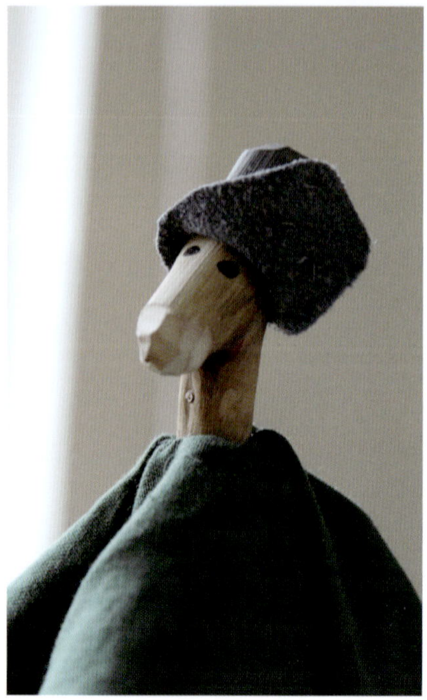

Theater samt Figuren**

Jeder kann sich sein eigenes kleines Theater samt «Schauspielern» schnitzen.

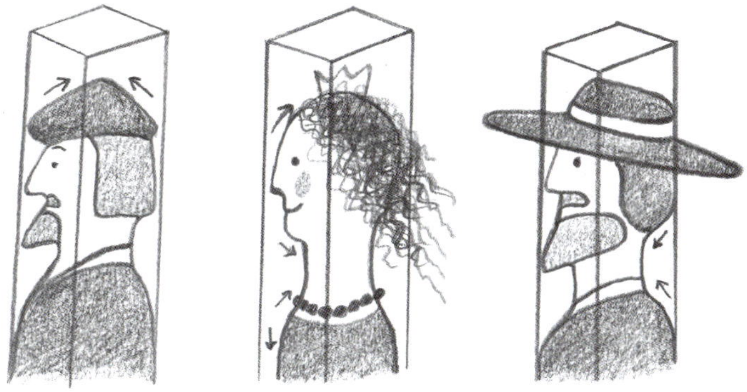

Material

- Klotz trockenes Lindenholz, ca. 2,5 x 2,5 x 20 cm oder Astholz mit einem Durchmesser von ca. 2,5 – 3 cm
- Stoff und andere Accessoires
- evtl. Farbe

So wird's gemacht

Den Kopf der Figur schnitzen. Zeichnung rechts: Die viereckige Form des Lindenholzes kann man ausnutzen, indem man die Nase an einer der Kanten ansetzt, ansonsten muss man ziemlich viel schnitzen, um die Nase herauszuarbeiten. Den Hals und das Stück unter dem Hals so schnitzen, dass die Figur gut in der Hand liegt.

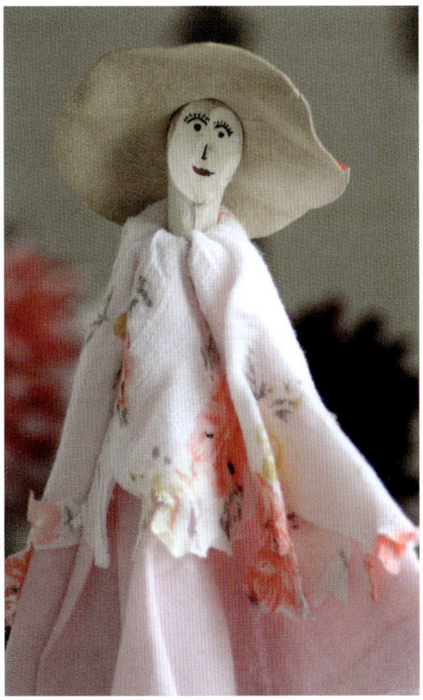

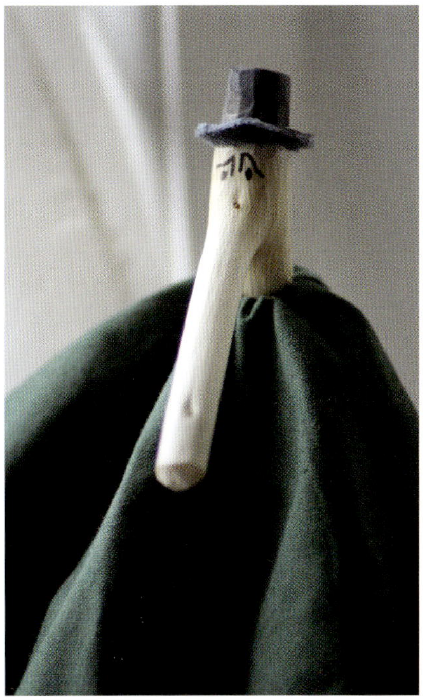

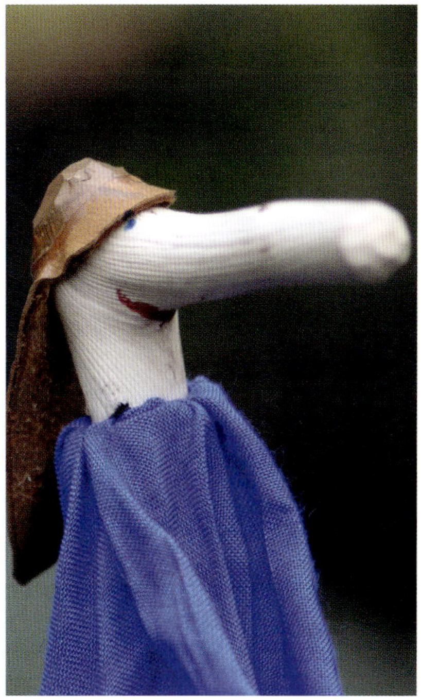

Ein kleines Theater

Zeichnung rechts: Das Einfachste ist natürlich, ein Stück Stoff in einen Türrahmen zu hängen.

Aber ein nettes kleines Theater lässt sich z.B. auch aus einem vergoldeten Bilderrahmen machen. Den Bilderrahmen auf einen Holzrahmen gleicher Größe setzen, sodass ein Kasten mit einem Loch darin entsteht. Den Rahmen auf einen Tisch stellen und eventuell mit Schraubzwingen befestigen. Einen Vorhang aus Stoff in dem Rahmen anbringen.

Eine nette Idee ist es auch, eigene Eintrittskarten für die Premiere vorzubereiten.

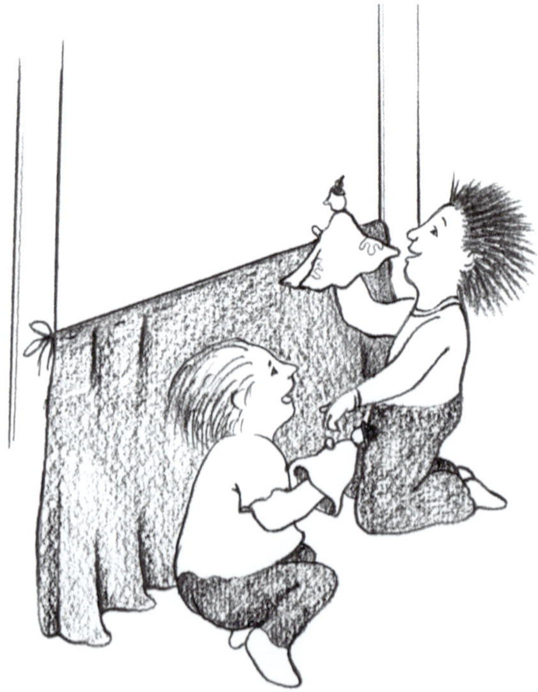

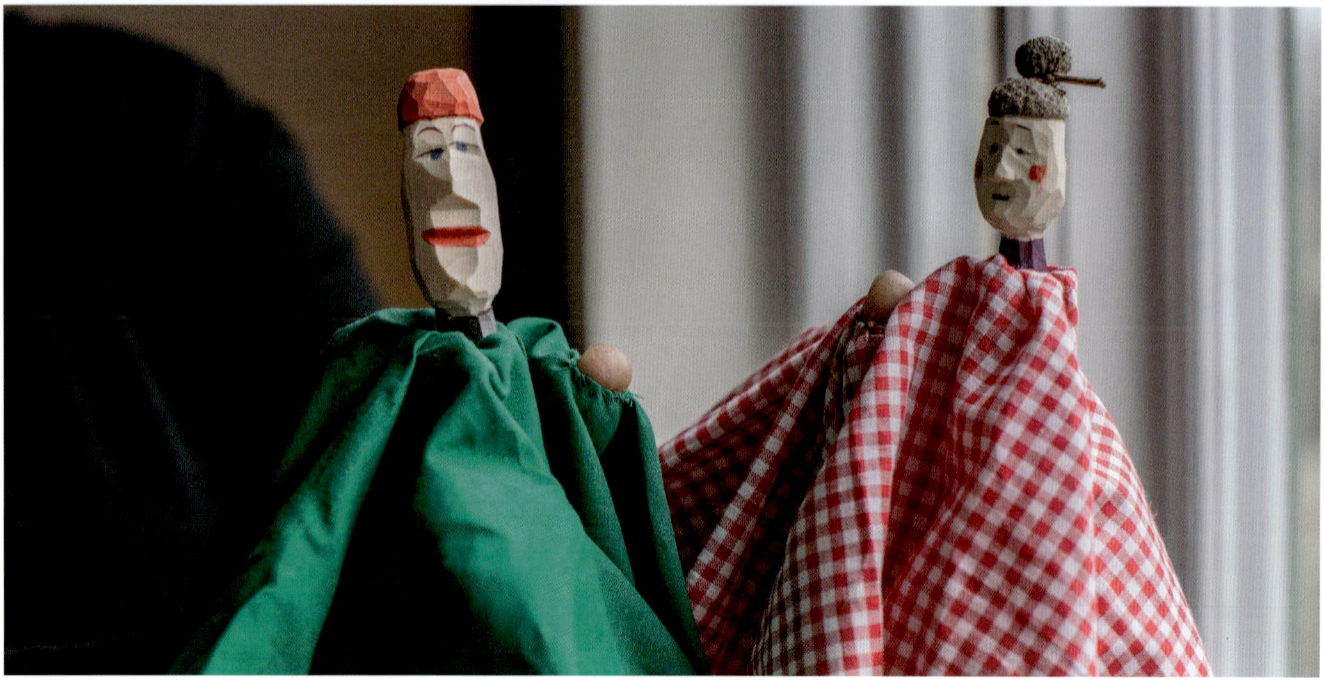

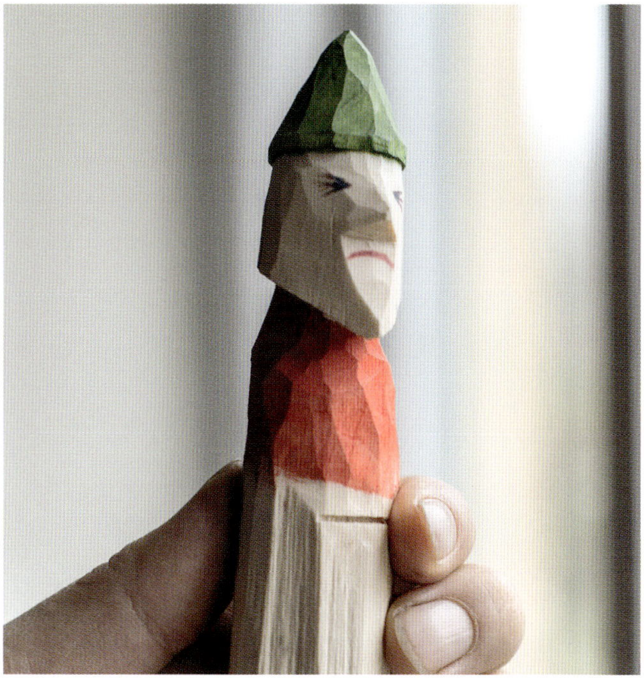

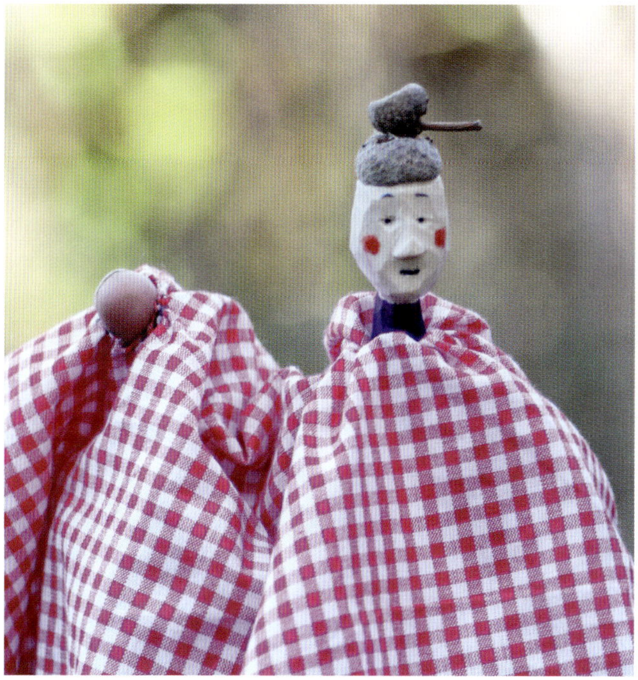

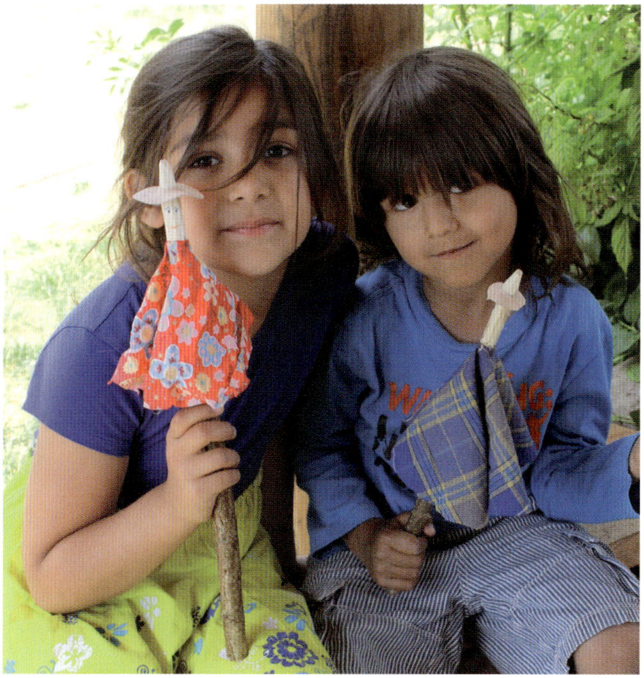

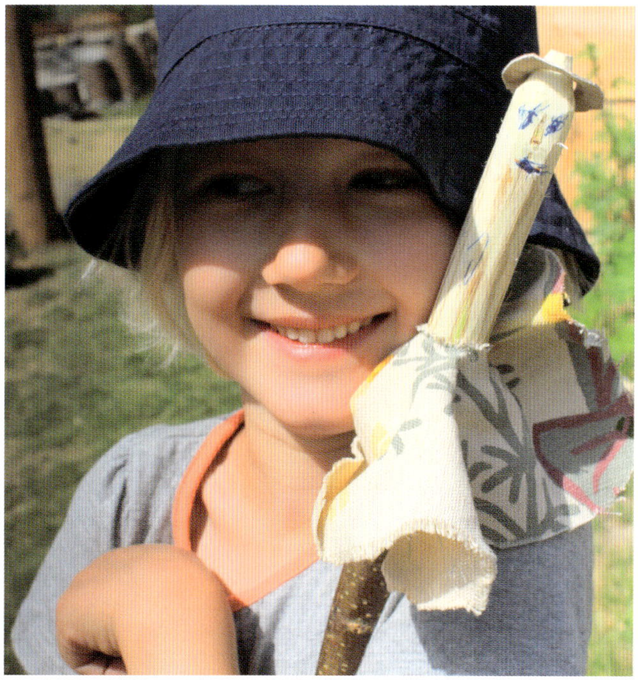

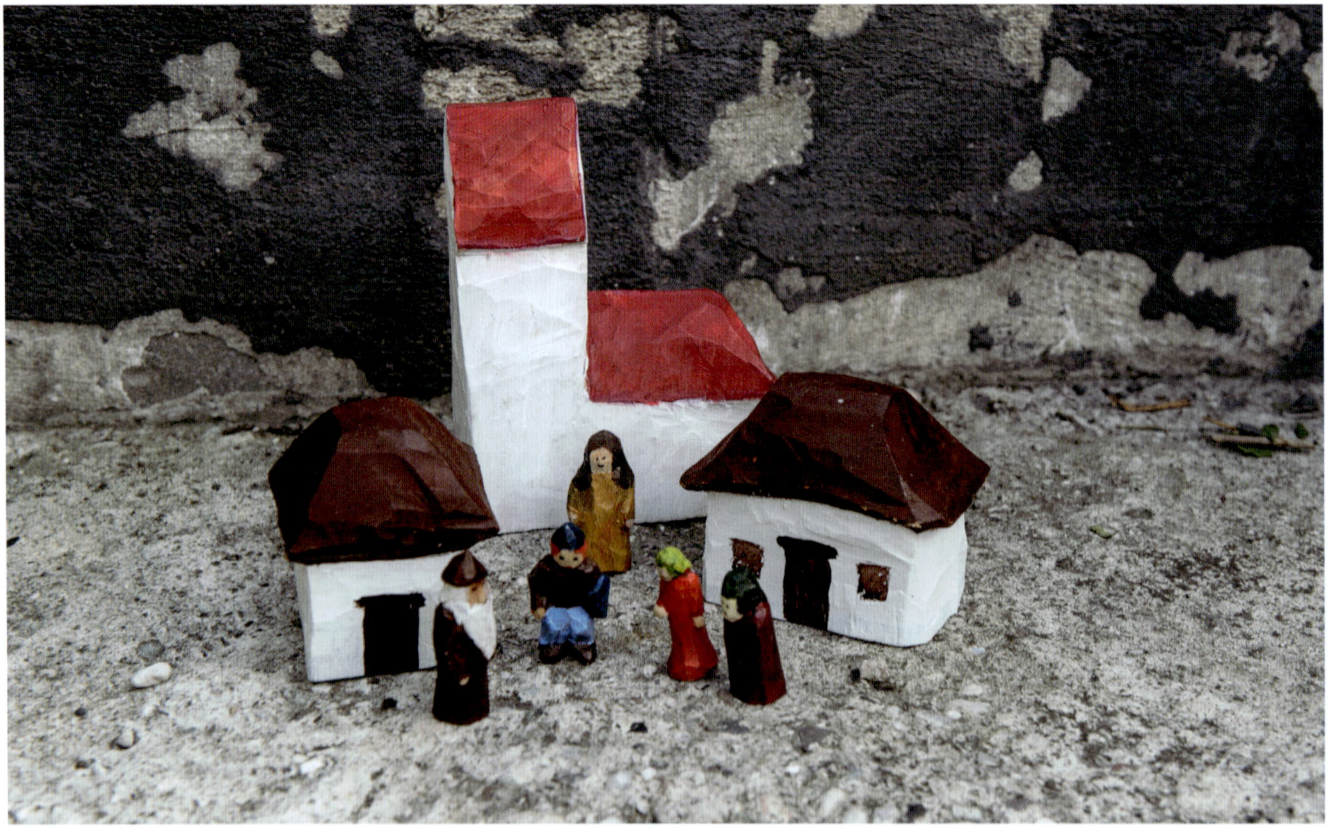

Kleine Figuren**

Die Figuren auf dem Foto sind nur 4 – 5 cm groß. Es ist spannend auszuprobieren, wie fein man schnitzen kann, aber das macht die Sache natürlich nicht unbedingt einfacher. Und man muss die Schnitztechnik zum eigenen Körper hin beherrschen. Es ist besser, mit einem kleinen Messer zu arbeiten oder einen Teil der Klinge mit Tape abzukleben, sodass nur der äußere Bereich zur Messerspitze hin benutzt wird (siehe S. 13, Messer 4).

Material

- Holzstück, ca. 1,5 x 2,5 x 10 cm
- Farbe und Pinsel

So wird's gemacht

Kopf und Körper schnitzen (siehe die Zeichnung mit den Schnitzrichtungen). Die Figur bemalen. Den überschüssigen Teil des Holzstücks absägen.

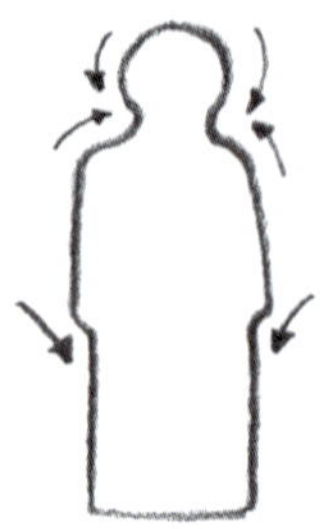

Schnitzrichtungen

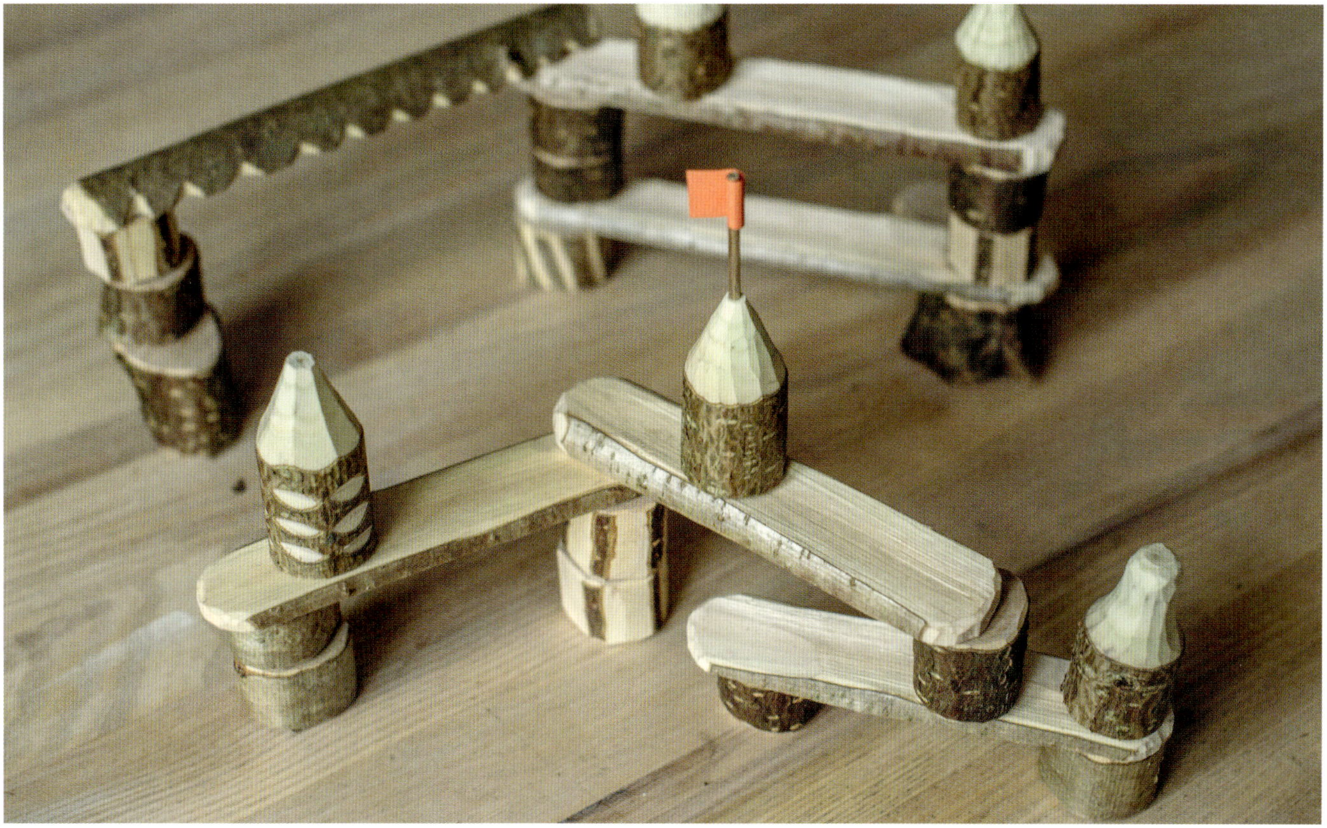

Bauklötze*

Material

Junge Asthölzer, Durchmesser 2,5 – 4 cm (lang genug, sodass man sie beim Schnitzen gut halten kann)

So wird's gemacht

Klötze: Die Kanten ein wenig abrunden und eventuell Muster in die Rinde schnitzen. Den Klotz absägen. Gerade sägen, sonst wird es hinterher schwierig beim Bauen.

Die flachen «Klötze»: Das Astholz spalten (siehe auch S. 23); die Enden abrunden.

Türme: Ein Ende des Astholzes spitz zuschnitzen und den Turm auf die gewünschte Länge sägen. Die Schnitzflächen eventuell mit etwas Leinöl einstreichen.

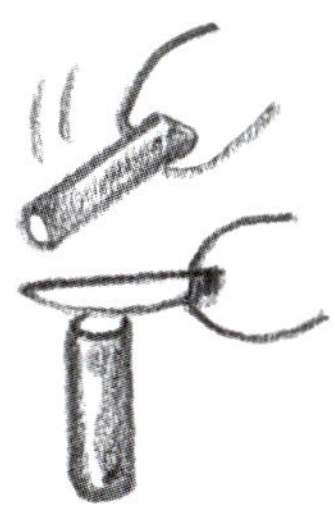

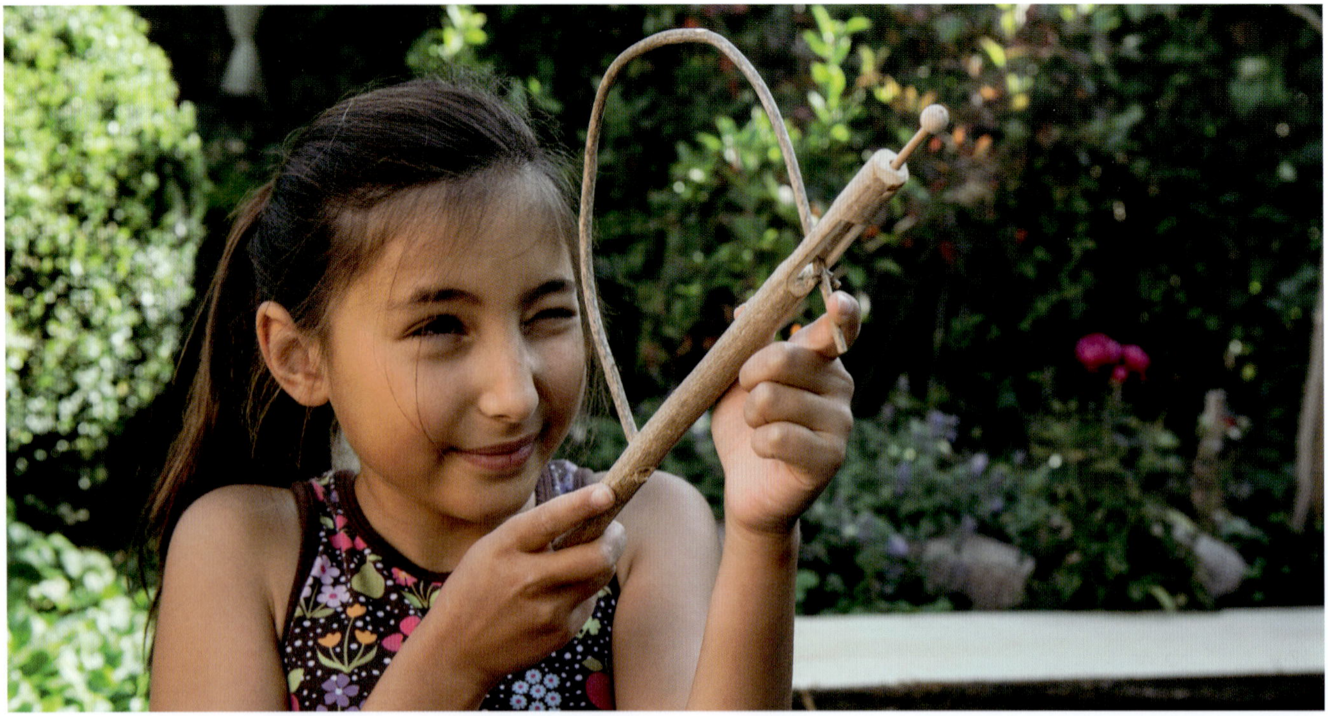

Indischer Flitzebogen**

Wie man diesen eleganten Flitzebogen macht, hat mir mein Freund Hussain verraten. Er selbst hat es in seiner Kindheit im indischen Teil des Himalajas gelernt. Mithilfe einer cleveren Technik wird der kleine Pfeil stark beschleunigt und kann bis zu sieben Meter weit fliegen, wenn man den Bogen aus einem gut biegsamen Zweig angefertigt hat. Natürlich muss man vorsichtig damit umgehen und darf nicht auf andere schießen, aber es macht z.B. Spaß, um die Wette auf eine Zielscheibe zu schießen. Der Zweig wird zurückgezogen, der Pfeil in den Schaft gesteckt, dann nur noch zielen, den Zweig loslassen – und schon fliegt der Pfeil durch die Luft (siehe Zeichnung 1).

Material

- am besten ein kleines, spitzes und scharfes Messer
- gerade gewachsenes Astholz, evtl. Holunder, Durchmesser 2 cm, Länge 30 cm; wird Holunder verwendet, ist es nicht nötig, ein Loch für den Pfeil in das Astholz zu bohren; und es ist einfacher, die Rille in das Astholz zu schnitzen
- biegsamer, elastischer Zweig; der Zweig ist ganz entscheidend dafür, wie gut der Bogen schießt, und manchmal ist es nicht so einfach, den richtigen zu finden, Durchmesser 5 – 8 mm, Länge 40 cm; besonders gut ist, wenn sich an einem Ende eine kleine Astgabel oder ein Nebenzweig befindet, die man als Stopper benutzen kann, aber das muss auch nicht sein; der Zweig darf nicht zu frisch sein, weil er sonst nicht zurückschnellt; er

darf aber auch nicht zu trocken sein, denn dann besteht die Gefahr, dass er bricht

- Rundstab oder ein sehr dünnes Ästchen als Pfeil, Durchmesser ca. 3 mm, Länge ca. 9 mm
- kleine Holzperle oder ein Holzstückchen, das auf die «Spitze» des Pfeils kommt

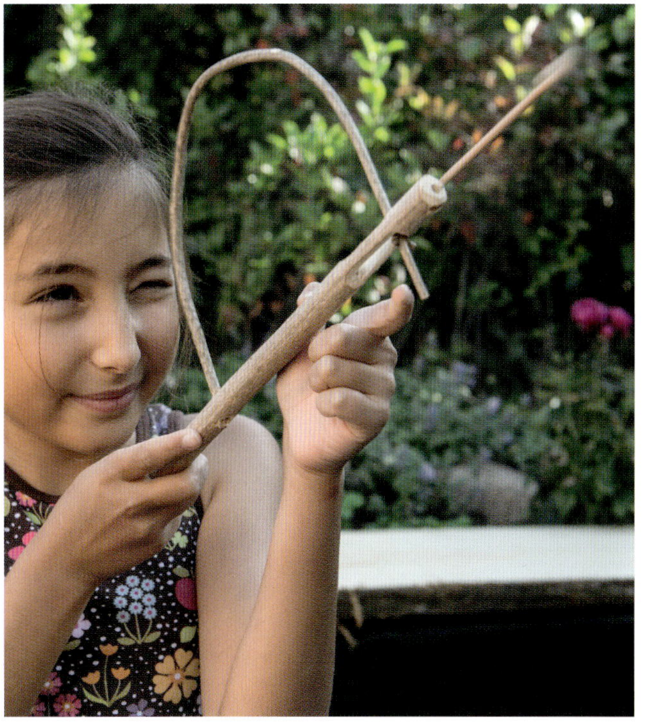

So wird's gemacht

Zeichnungen 2 a und b: Etwa 3 cm vom Ende des Astholzes entfernt eine ca. 4,5 cm lange und 7 – 8 mm breite Öffnung hineinschnitzen, die hinterher den biegsamen Zweig steuert. Von beiden Seiten schnitzen.

Die Rille mit der Spitze des Messers schnitzen, bei Holunder das Mark ein wenig herausdrücken.

In das Ende des Astholzes, das der Öffnung am nächsten ist, ein Loch mit ca. 4 mm Durchmesser für den Pfeil bohren; bis zu der Öffnung durchbohren.

Zeichnung 2 a: Ein Loch für den Zweig in das Astholz bohren; vorher Länge und Spannung des Zweigs prüfen, damit das Loch an der richtigen Stelle sitzt.

Das eine Ende des biegsamen Zweigs in die Öffnung klemmen und das andere fest in das kleine vorgebohrte Loch stecken.

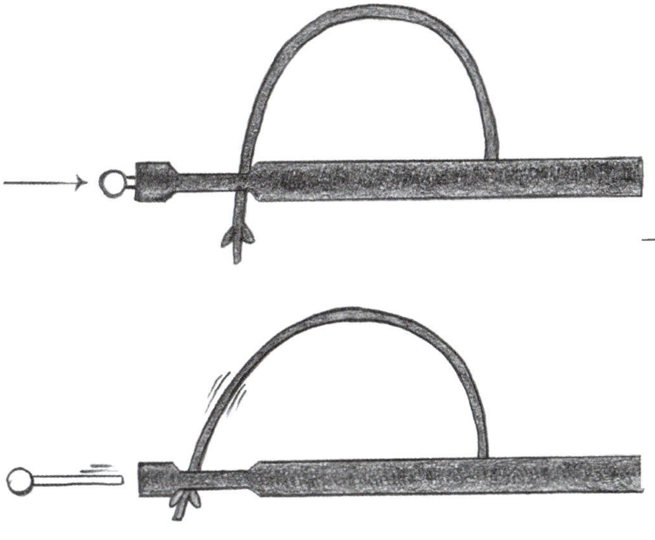

1

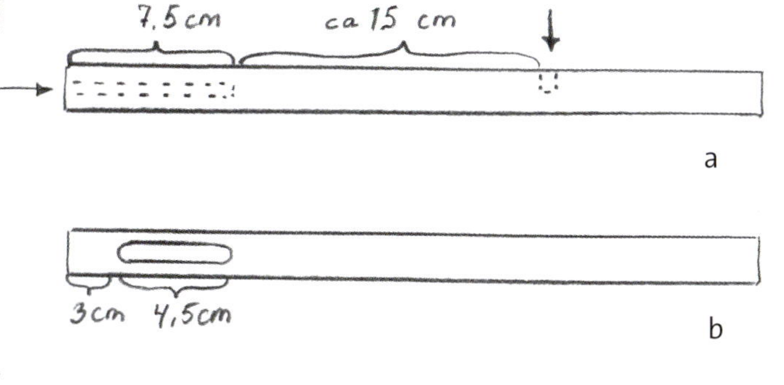

2

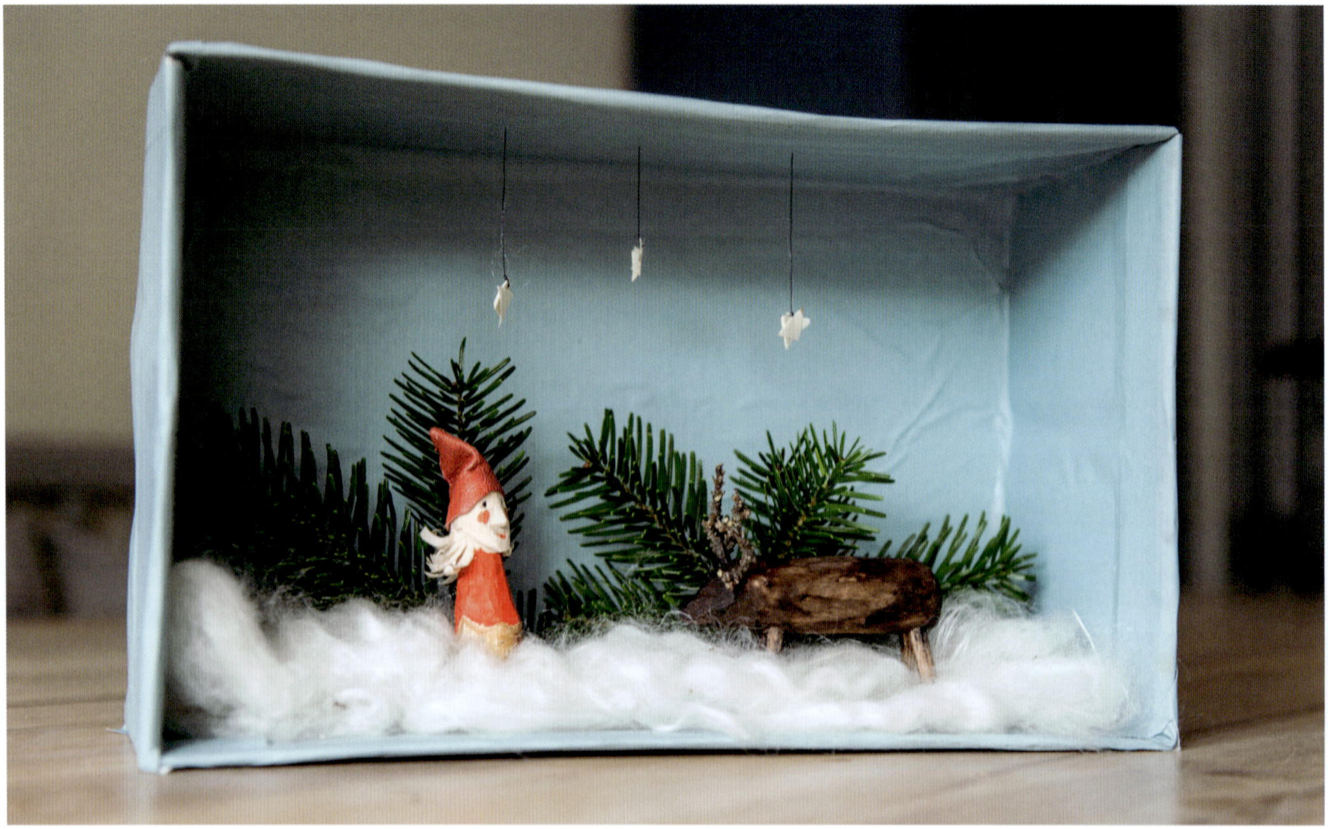

Landschaft mit Wichteln und Trollen*

Eine kleine Landschaft mit Wichteln und Trollen ist einfach zu machen. Man kann die kleinen Fabelwesen natürlich in allen möglichen Landschaften unterbringen, gemeinsam mit Tieren, Menschenfiguren und was einem sonst noch so einfällt!

Material

- Schuhkarton
- Packpapier, Geschenkpapier
- Baumwollwatte, kardierte Wolle oder Seide
- Klebestift
- Späne, Nadel und Faden
- Farbe
- Fell, Stoff oder Wolle
- geschnitzte Figuren

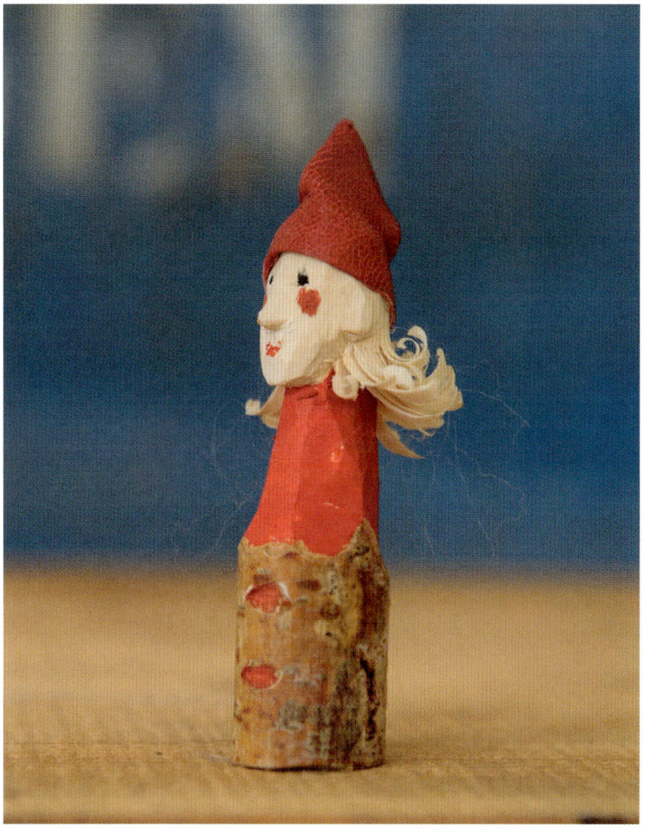

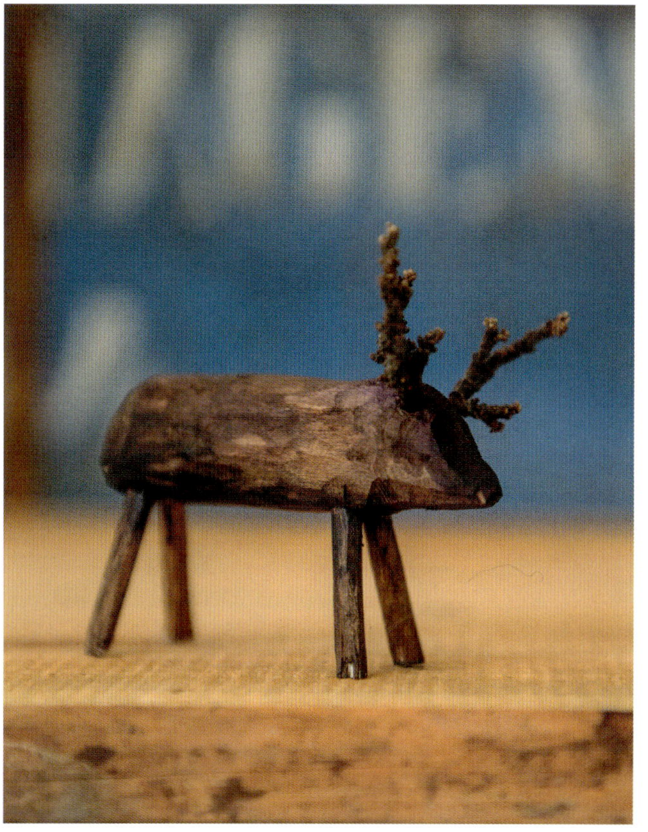

So wird's gemacht

Den Schuhkarton mit farbigem Papier «bekleiden»; hier ist es hellblau wie der winterliche Himmel. Kleine Späne über Kreuz zu Sternen zusammenkleben. Einen Faden an die Sterne binden und mit einer Nadel durch die «Decke» des Schuhkartons führen. Einen Knoten in den Faden machen, sodass die Sterne vom «Himmel» herunterhängen, und den Faden abschneiden. Oder den Faden mit einem Stückchen Tape festkleben.

Den Boden mit Watte, Wolle oder Seide auslegen.

Kleine Tannenzweige für den Hintergrund.

Ein Wichtel mit Haaren: Die Haare werden auf die gleiche Art geschnitzt wie der Schwanz bei dem «Vogel mit einem Schwanz aus Spänen» auf S. 33. Die Mütze des Wichtels ist aus einem Stück Fell gemacht, sie kann aber auch aus Stoff sein oder gestrickt werden, so wie bei dem Skiläufer auf S. 93 ff.

Das **Rentier** wird auf die gleiche Weise angefertigt wie Schwein und Hund auf S. 43; das Geweih wird aus kleinen Zweigen gemacht.

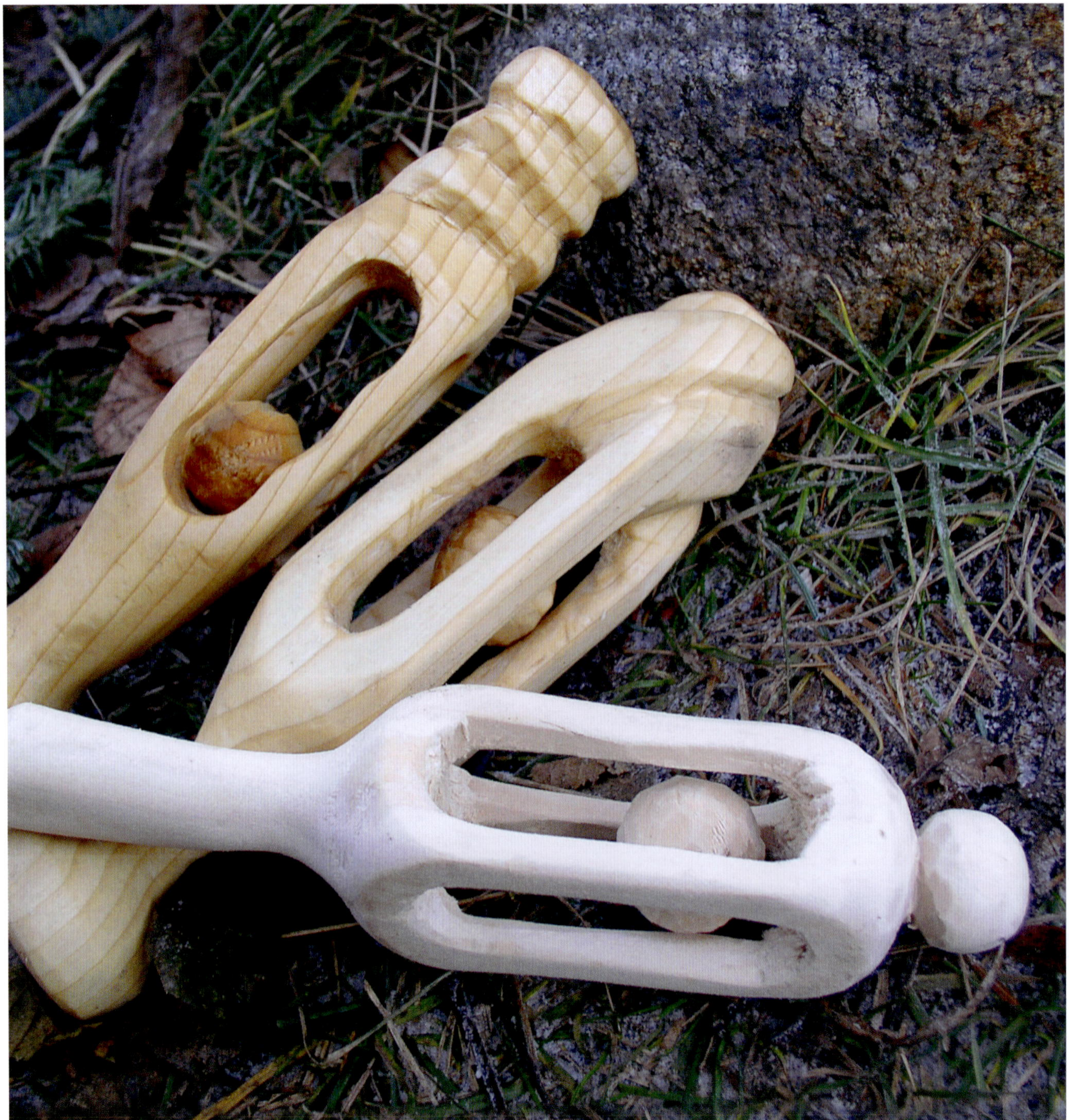

Rassel mit geschnitzter Kugel***

Diese Aufgabe erfordert Sorgfalt und Geduld. Schnitzt man zum ersten Mal eine Rassel mit einer Kugel, sollte man ein Vierkantholz in der angegebenen Größe verwenden.

Material

- trockenes Lindenholz, ca. 3,5 x 3,5 x 22 cm
- Bohrer, Durchmesser 16 – 18 mm
- Stemmeisen
- Schnitzmesser mit Spitze

So wird's gemacht

Foto 1: Die Stelle für die Kugel einzeichnen, Durchmesser ca. 3 cm. Auf beiden Seiten der Kugel Löcher bohren und die Löcher jeweils mit zwei Linien verbinden, um zu markieren, wo das Holz entfernt werden muss. Entlang dem Bleistiftstrich ein wenig mit dem Stemmeisen einkerben.

Fotos 2 und 3: Mit dem Stemmeisen von allen vier Seiten die Kugel formen, ohne etwas von den vier «Säulen» wegzunehmen.

Wenn die Kugel mit dem Stemmeisen vorgeformt ist (Foto 4), mit dem Schnitzmesser weitermachen und verfeinern (Foto 5 und 6). Dabei sollte man einen Handschuh

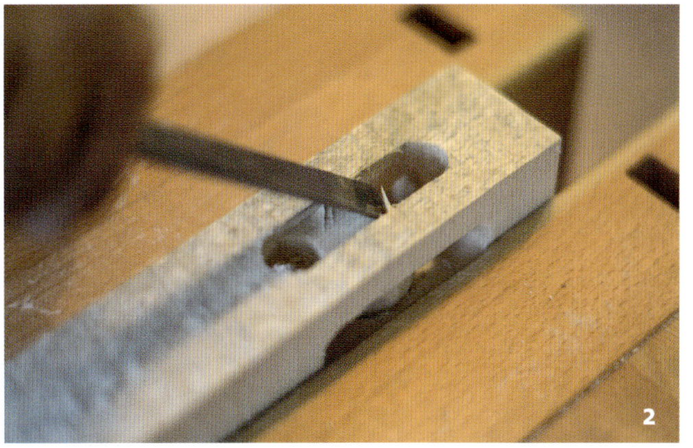
2

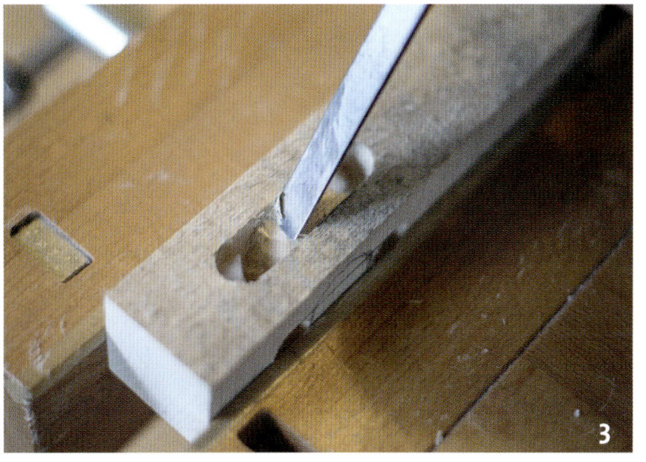
3

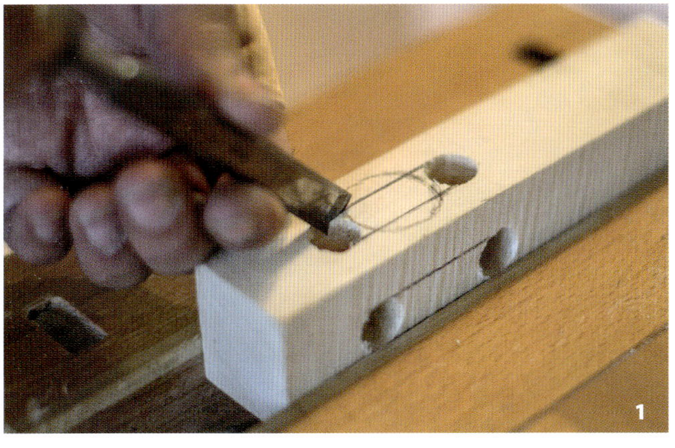
1

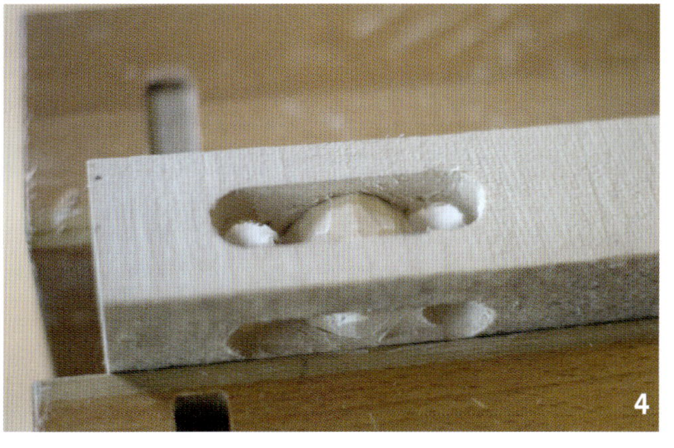
4

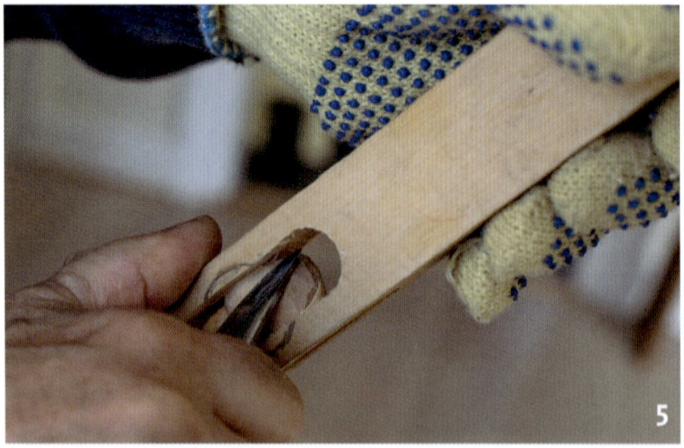

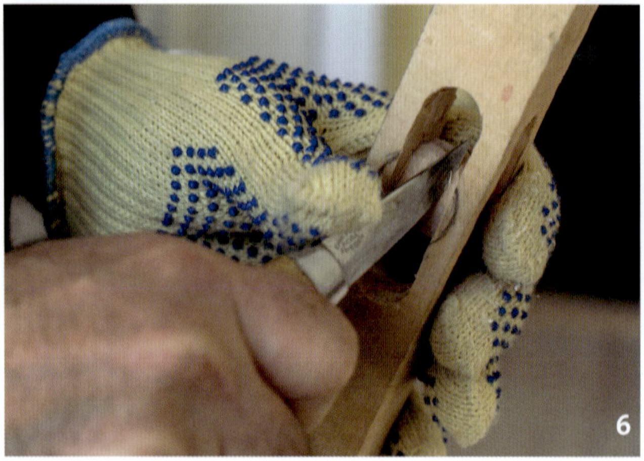

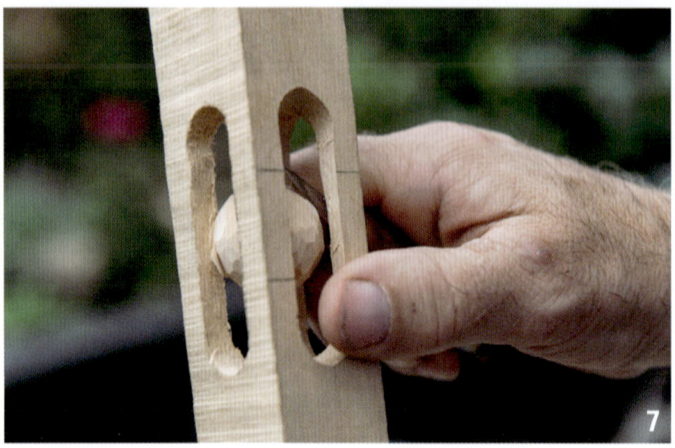

anziehen. Die Kugel vorsichtig abrunden und etwas kleiner schnitzen. Dabei kommen zwei Schnitztechniken ins Spiel:

a) Schnitztechnik 2, die Daumentechnik (Foto 6).

b) Das Messer so halten, dass es in Richtung des Daumens schneidet, der von der «Säule» geschützt ist (Foto 5).

Vorsichtig etwas von den Innenseiten der «Säulen» wegschnitzen, um Platz für die Kugel zu schaffen. Die Kugel noch mehr abrunden.

Vorsichtig weiterarbeiten, bis sich die Kugel von einer der «Säulen» löst (Foto 7). Als Nächstes die Kugel von der gegenüberliegenden «Säule» lösen. Die Kugel zunächst an den beiden übrigen «Säulen» belassen und weiter abrunden. Hat man die Kugel erst einmal vollständig gelöst, ist es schwierig, sie weiter mit dem Schnitzmesser zu bearbeiten.

Den Rest der Rassel in die gewünschte Form bringen (siehe Foto auf S. 90).

Mit einem Pinsel Leinöl auftragen.

Variation: Statt einer Rassel kann man beispielsweise auch einen Vogel mit einem losen Ei im Inneren schnitzen (siehe Foto unten).

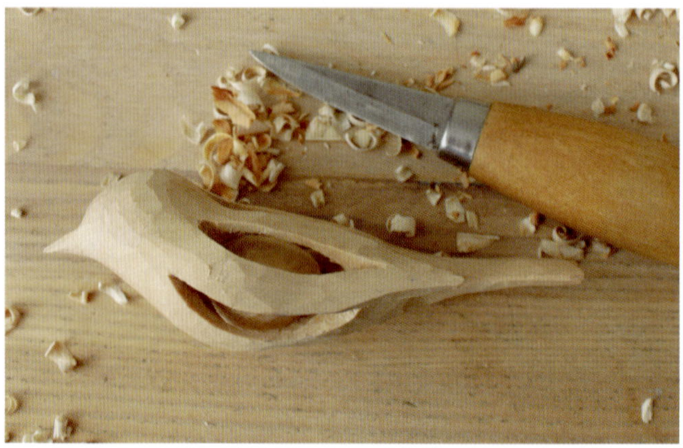

Trommler und Skiläufer***

Bewegt man die Hand, schwingt das Holzstück unter der Figur vor und zurück, und die Arme der Figur wippen auf und ab. Den Trommler am besten aus jungem Astholz, den Skiläufer aus trockenem, ausgesägtem Lindenholz fertigen; man kann aber auch andere Materialien verwenden.

Material

Trommler:

- Astholz, Durchmesser ca. 2,5 cm, Länge ca. 10 cm
- Astholz für die Arme, Durchmesser ca. 1,5 cm, Länge ca. 4,5 cm
- 2 kleine Holzperlen oder Ähnliches als Köpfe für die Schlägel
- Astholz für die Trommel, Durchmesser 3 cm, Länge ca. 3 cm

Skiläufer:

- trockenes Lindenastholz, 2,5 x 3,5 x 10 cm
- trockenes Lindenastholz für die Arme, ca. 1 cm dick
- Astholz für die Skier, Durchmesser 1 – 1,5 cm, Länge ca. 11 cm, gerne mit einem kleinen Bogen am Ende, sodass die Skispitzen nach oben gebogen sind
- etwas Fell

Für beide:

- Holz für das Haltestück ca. 1 x 4,5 x 23 cm
- Astholz für die Schwenkbewegungen unter der Figur, z.B. mit einem Durchmesser von 2 cm, Länge 8 cm; es kann auch ein kürzeres und dickeres Stück oder eine geschnitzte Kugel wie auf dem Foto mit dem Skiläufer sein
- Rundstäbe für die Schlägel bzw. die Skistöcke, Durchmesser ca. 3 mm, z.B. Grillspießchen aus Bambus
- Bohrer
- kleine Nägel
- Leim
- starker Faden oder Schnur

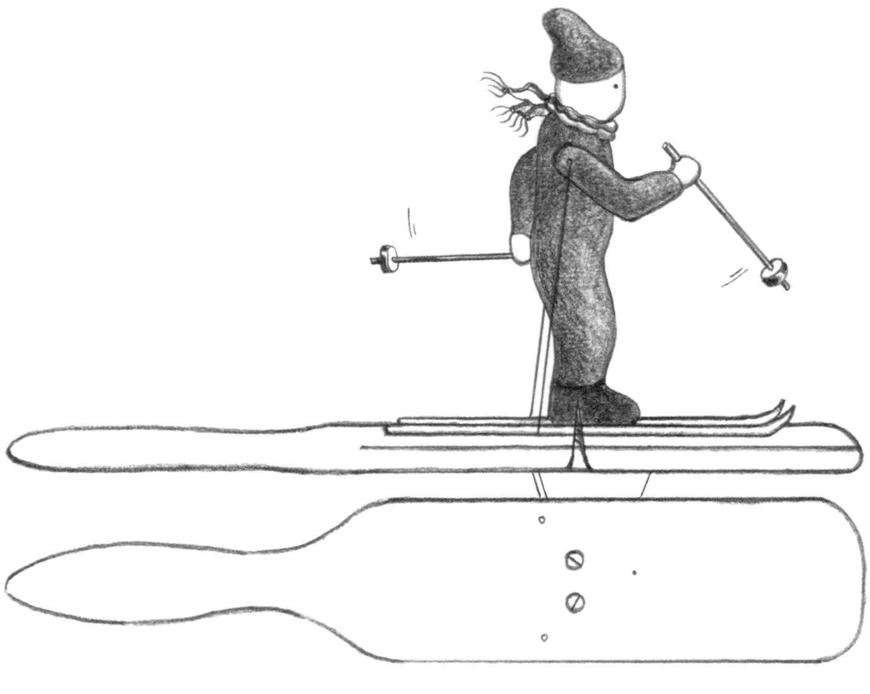

So wird's gemacht

Trommler: Die Figur samt Kopf schnitzen. Das Astholz für die Arme spalten und die Arme schnitzen.

Skiläufer (siehe Zeichnung S. 93): Die Figur auf das Holz zeichnen. Figur und Arme schnitzen, eventuell vorher aussägen. Das Astholz für die Skier spalten, die flachen «Bretter» schnitzen und unter den Skiläufer kleben.

Bei beiden: 2-mm-Löcher für Nägel und Schnur in die Oberarme bohren (siehe Zeichnung unten).

Zeichnung unten: Schnur in die Löcher kleben.

Löcher für die Skistöcke bzw. die Schlägel in die Hände bohren, den Winkel in etwa so wie in der Zeichnung S. 95 (Trommler) bzw. S. 93 (Skiläufer).

Kleine, runde Fellstücke an den Skistöcken und kleine Holzstückchen an den Schlägeln anbringen. Die Stöcke bzw. die Schlägel in die Handlöcher stecken oder kleben.

Zeichnung S. 93 bzw. S. 95 unten: Haltestück schnitzen, eventuell erst aussägen.

Die Figur auf das Haltestück stellen, markieren und Löcher für die Armfäden bohren. Figur und Trommel festkleben oder -schrauben. Drei Löcher für die Fäden in das Holzstück bohren, das unter der Figur hängen soll. Von unten ein Loch in das Haltestück bohren (siehe Zeichnung). Manchmal kann man das Loch im Haltestück weglassen, dann hat man nur die beiden Löcher für die Armfäden.

Das Holz unter dem Haltestück muss ein gewisses Gewicht haben, sodass die Arme schwingen können, es darf aber auch nicht zu schwer sein, weil die Arme sonst die ganze Zeit erhoben sind. Falls nötig, etwas absägen, nachdem es montiert ist.

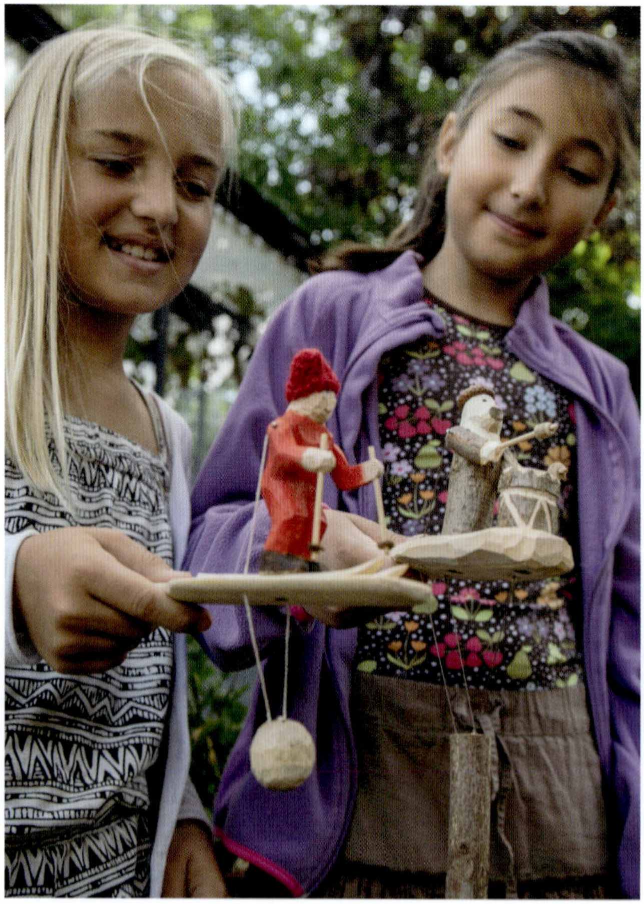

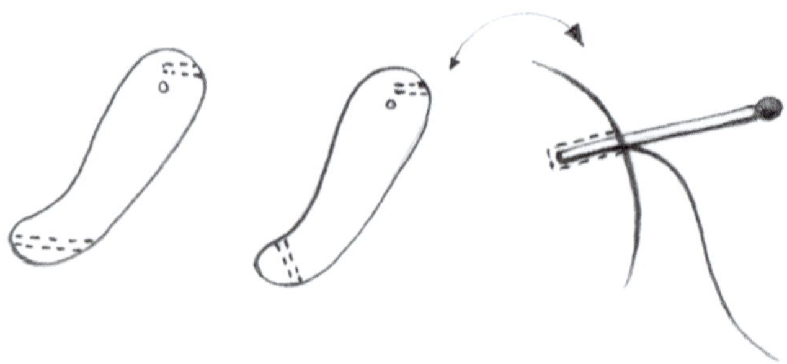

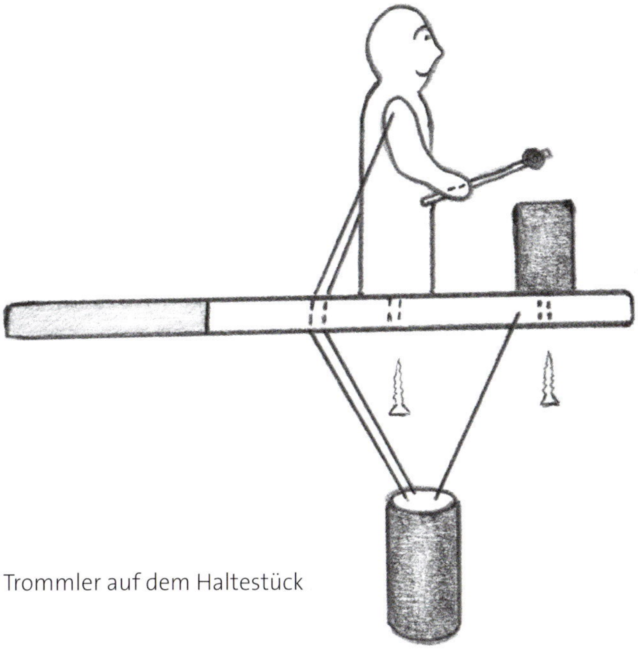

Trommler auf dem Haltestück

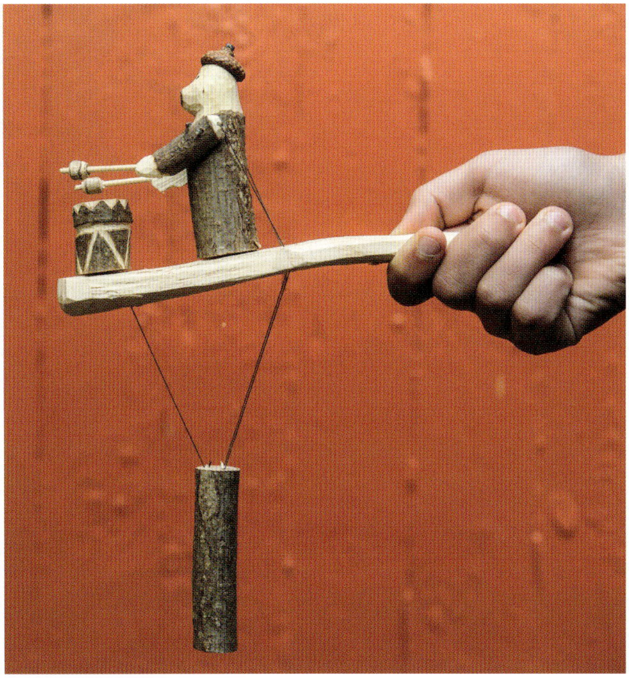

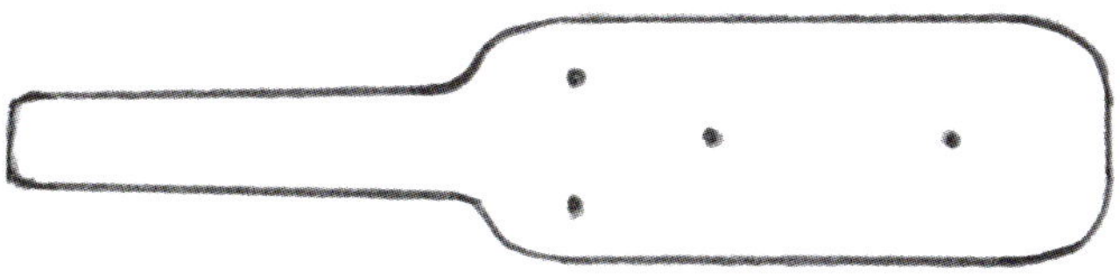

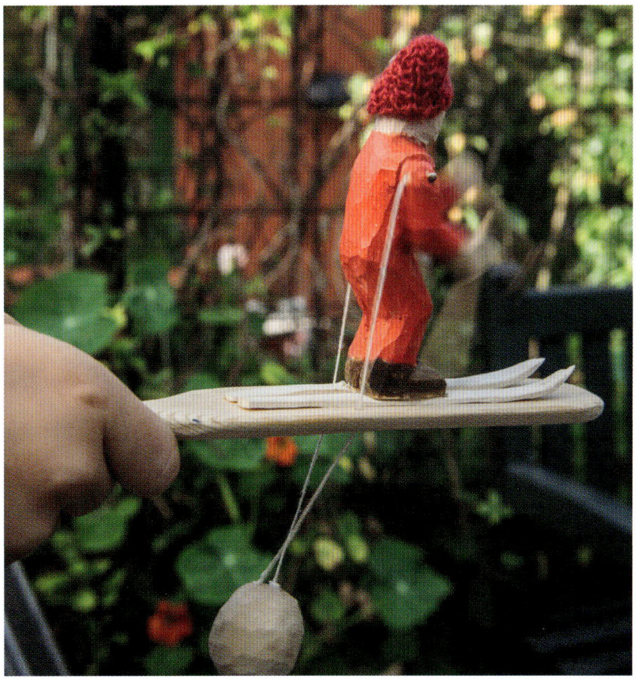

Die beiden Fäden durch die zwei Löcher im Haltestück führen und mit dem Faden von der Unterseite des Haltestücks an dem «Gewicht» darunter befestigen (siehe Zeichnung oben). Achtung: Es ist wichtig, dass die beiden Armfäden gleich lang sind, sonst gerät die ganze Sache in Schieflage und funktioniert nicht so gut. Die Fäden in die Löcher an den Armen stecken, mit einem Holzstückchen festklemmen (siehe die Zeichnung links) und dann festkleben.

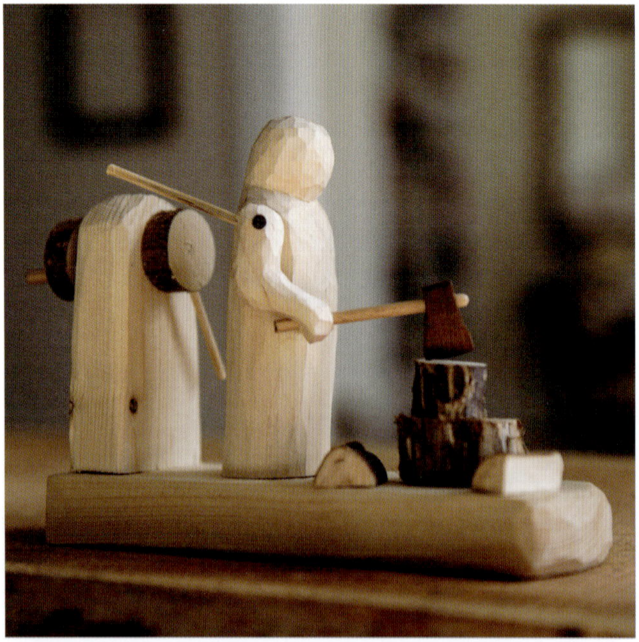

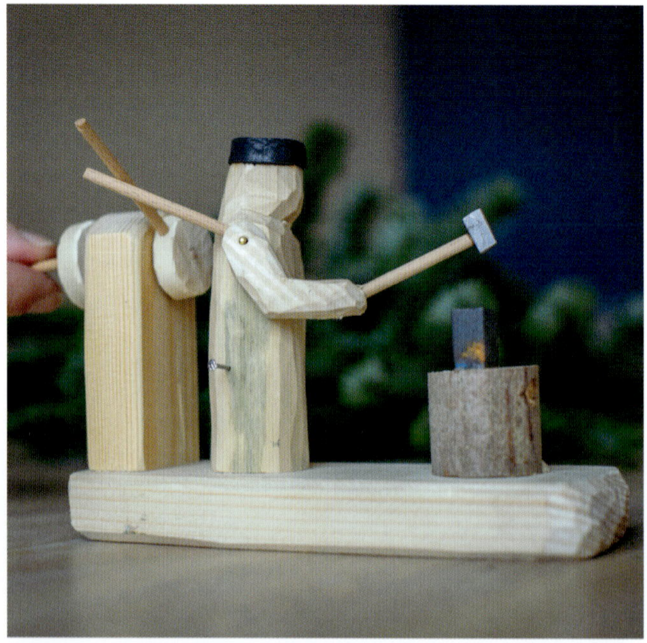

Holzhacker und Schmied***

Wenn man an dem Haltegriff dreht, hebt sich die Axt und saust gleich darauf mit einem «Klack» auf das Holzscheit nieder. Der Schmied hämmert auf seinen Amboss aus Eisen, sodass der Schweiß in Strömen fließt!

Material

- trockenes Lindenastholz, 3,5 x 4,5 x 11 cm
- Astholz für den rechten Arm, 1 – 1,5 cm dick, 4,5 cm lang
- Rundstab, Durchmesser 3 – 5 mm
- kleines Holzstück für das Axtblatt
- kleine Eisenstücke für den Amboss und den Hammerkopf
- kleiner Nagel
- Bodenstück, 2 x 6,5 x 17 cm
- Holzstück (das senkrecht stehende Stück hinter der Figur), 2 x 5 x 9 cm
- 2 Scheiben von einem Astholz für den Drehmechanismus, Durchmesser 2,5 – 3 cm, ca. 1 cm dick
- 4 Schrauben
- Astholz für den Hauklotz, Durchmesser ca. 3,5 cm, Länge 2 – 4 cm
- kleine Holzstück als Scheite, Durchmesser ca. 2 cm
- Bohrer, Durchmesser 3 – 5 mm, entsprechend der Größe des Rundstabs

So wird's gemacht

Die Figur schnitzen (Zeichnung 1), den Kopf und den linken Arm abrunden, der rechte Arm wird aus einem separaten Astholz gefertigt. Die Figur kann ein wenig ausgesägt werden, bevor man zu schnitzen beginnt.

Den Arm auf das Astholz zeichnen, eventuell erst aussägen und dann schnitzen.

Zeichnung 2: Loch im Durchmesser des Schafts in die Hand bohren (siehe den Bohrwinkel auf Zeichnung und Foto).

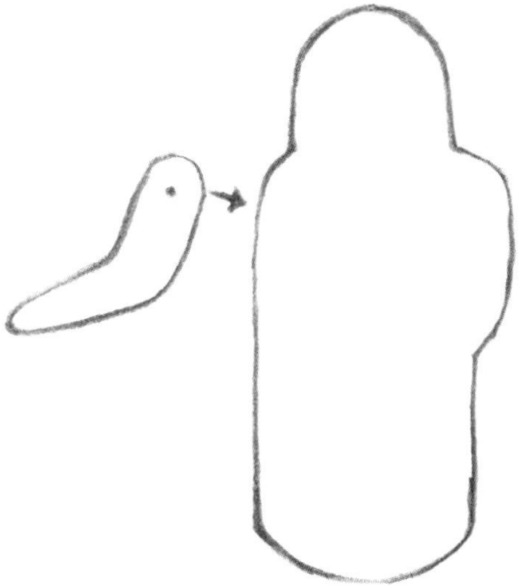

1: Figur mit Arm

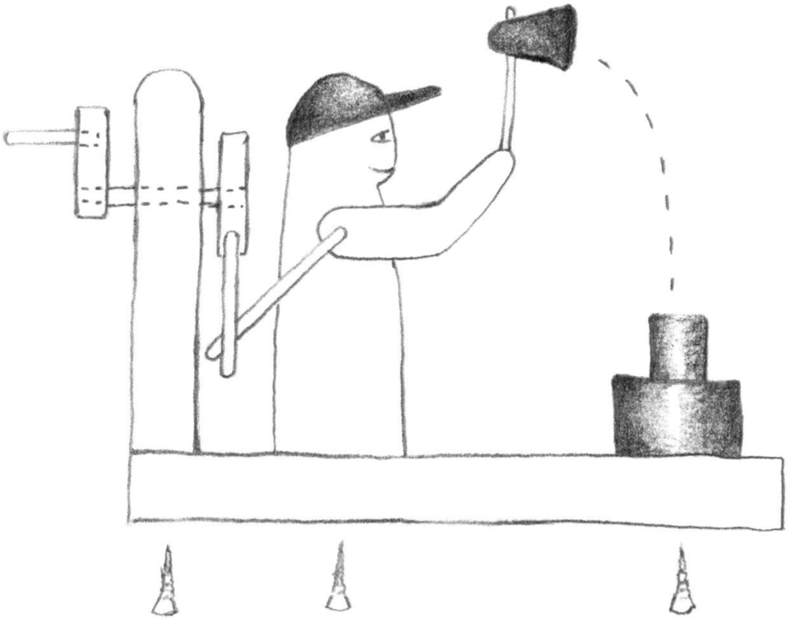

2

Von hinten ein Loch in den Oberarm bohren und den «Wippstab» darin festkleben. Den Rundstab für den «Wippstab» lieber zunächst etwas zu lang lassen, kürzen kann man hinterher immer noch. – 2-mm-Loch für den Arm in die Schulter bohren (siehe Zeichnung 1).

Holzhacker: Das Axtblatt aufzeichnen, dann kann es ausgesägt werden. Ein Loch für den Schaft der Axt bohren, die Schneide scharf schnitzen, absägen.
Schmied: Loch in den Hammerkopf bohren.

Bei beiden Figuren: Das Blatt auf den Schaft bzw. den Kopf auf den Stiel (Länge bei beiden 5 cm) kleben (Zeichnung 3). Den Schaft bzw. den Stiel erst in der Hand festkleben, wenn man ausprobiert hat, ob es funktioniert.

Den Arm so an die Figur nageln, dass er auf und ab wippen kann.

Der Drehmechanismus

Zeichnung 2: Das senkrechte Holzstück mit zwei Schrauben am Bodenstück befestigen.

Ein Loch für den Drehmechanismus in das senkrechte Holzstück bohren, und zwar in der Höhe, auf der der Arm an die Figur genagelt ist. Der Durchmesser des Lochs muss 1 mm größer sein als der des Rundstabs, der hindurchgesteckt wird.

Löcher entsprechend des Durchmessers des Rundstabs in die beiden Scheiben bohren und auf den Rundstab stecken (siehe Zeichnung 2).

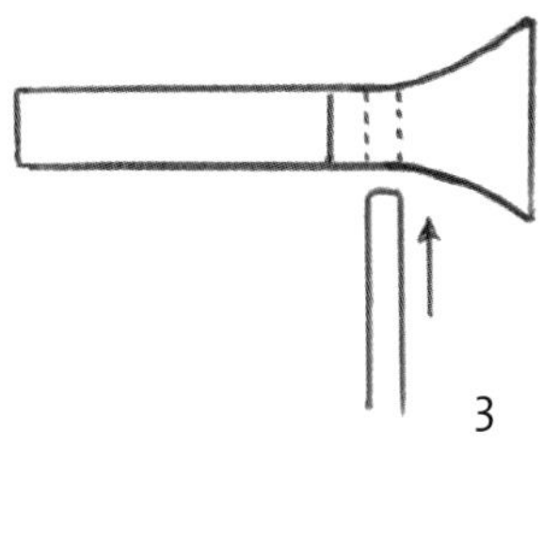

3

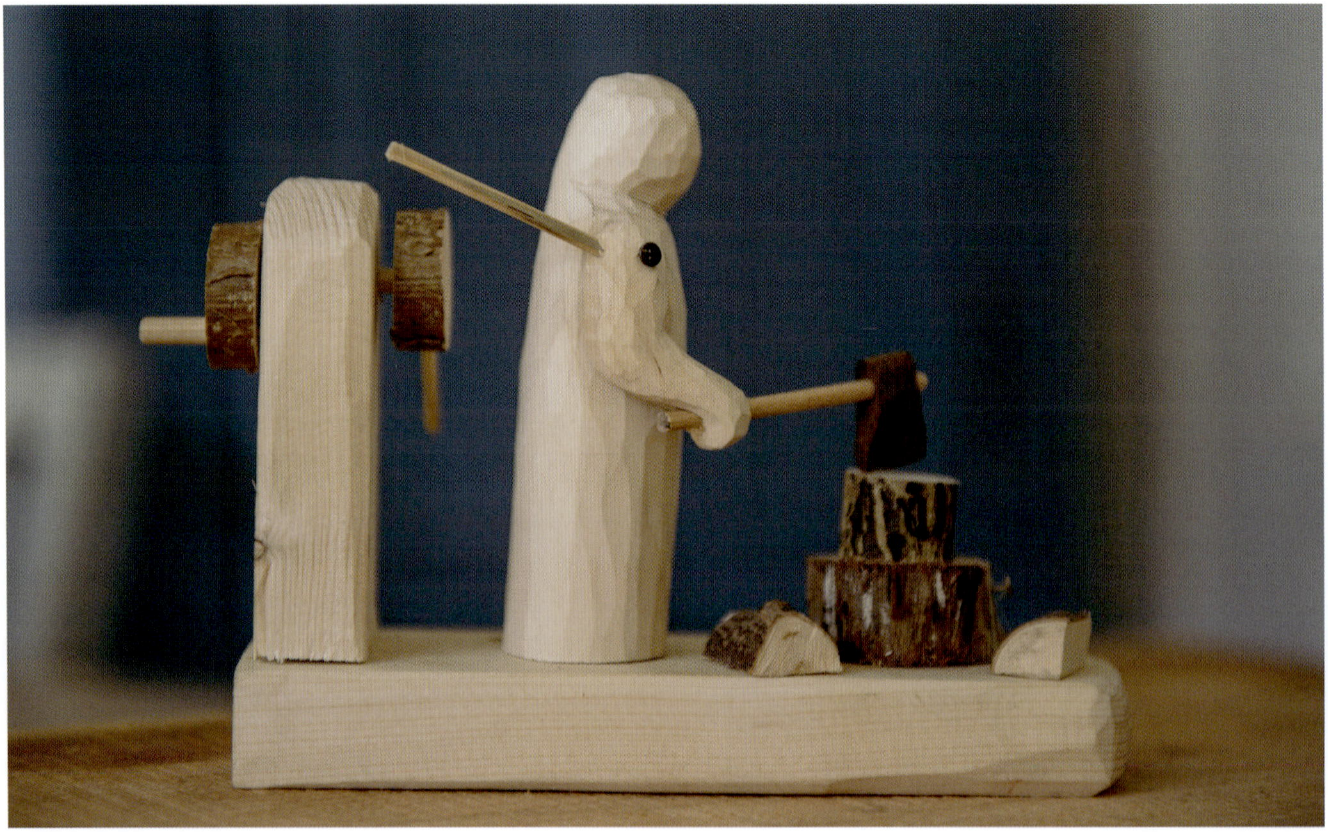

Der Rundstab, der auf den «Wippstab» im Arm der Figur trifft, muss lang genug sein, aber nicht so lang, dass er gegen das Bodenstück stößt.

Hauklotz und Holzscheit bzw. Amboss und Eisenstück müssen so hoch sein, dass der Schaft der Axt bzw. der Stiel des Hammers einigermaßen waagerecht sind, wenn sie auftreffen.

Ausprobieren, ob der Rundstab des Drehmechanismus so auf den «Wippstab» trifft, wie es in der Zeichnung gezeigt wird. Dass der «Wippstab» zu weit schwingt, kann man gegebenenfalls verhindern, indem man an entsprechender Stelle einen kleinen Nagel in die Figur schlägt (siehe das Foto des Schmieds, S. 96 rechts).

Figur und Hauklotz bzw. Amboss auf das Bodenstück schrauben, die Schrauben von unten durch das Bodenstück drehen.

Scheite auf das Bodenstück bzw. Eisen auf den Amboss kleben.

Bevor man die Figuren festschraubt, können sie natürlich mit Schürze, Kappe oder sonstigem Zubehör ausgestattet werden.

Jack in the box**

An der Schnur ziehen, und schon springt die Figur aus ihrem Versteck («Jack in the box», Zeichnungen 6 und 7) oder taucht in einem Fenster bzw. Astloch auf («Kuckuck»-Figur, Zeichnungen 3 und 4).

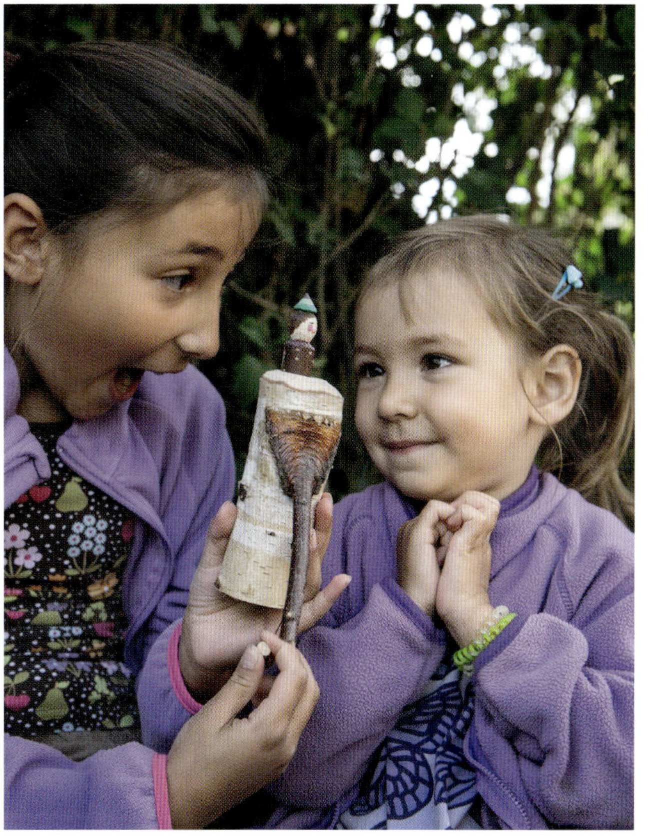

Material

- Astholz, Durchmesser 40 – 50 mm, Länge 10 – 15 cm, am besten trockenes Holz, das sich nicht mehr zusammenzieht
- Holz für die «Jack in the box»-Figur, Durchmesser etwas kleiner als das zu bohrende Loch und so lang wie die Tiefe des Lochs, evtl. etwas länger; der Wichtel im Astloch («Kuckuck»-Figur) kann etwas kürzer bzw. kleiner sein als das «Fenster»
- Bohrer mit unterschiedlichem Durchmesser (siehe die Anleitung)
- Schnur oder starker Faden
- Perle oder ein kleines Holzstück für den Griff
- Scheibe von einem Astholz als Boden für die «Jack in the box»-Figur

So wird's gemacht

Ein tiefes Loch in das Astholz bohren, Durchmesser 20 – 30 mm. Die Figur schnitzen. Eine Kerbe schnitzen, an der die Schnur befestigt wird (Zeichnung 1).

Ein Loch von 2 – 3 mm Durchmesser für die Schnur bohren, die Schnur darin festkleben und ein Streichholz als Keil hineinklemmen (Zeichnung 2). Den überflüssigen Teil des Streichholzes abbrechen.

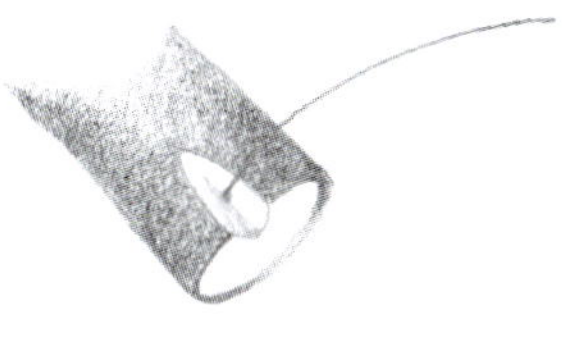

1

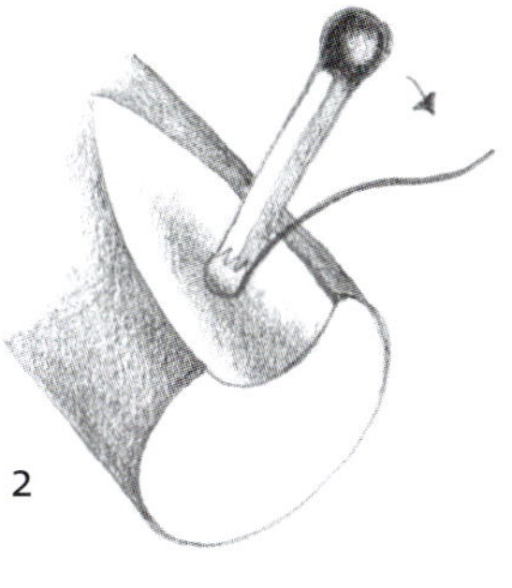

2

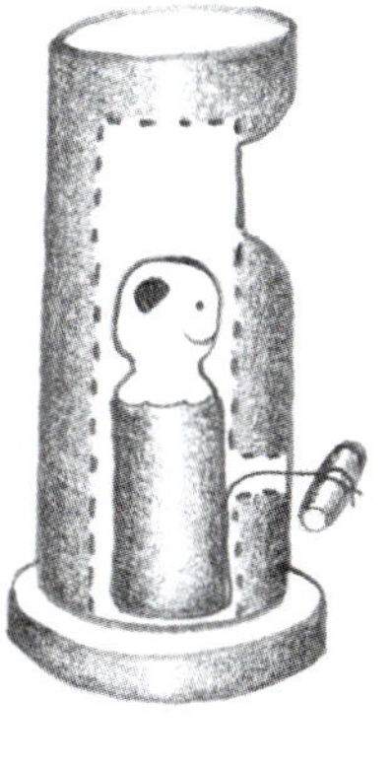

3

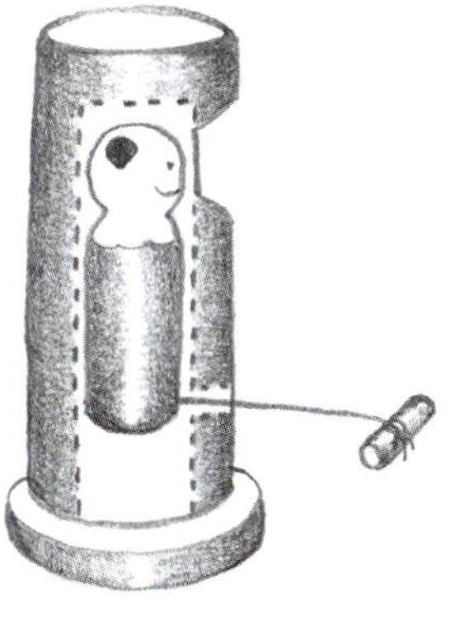

4

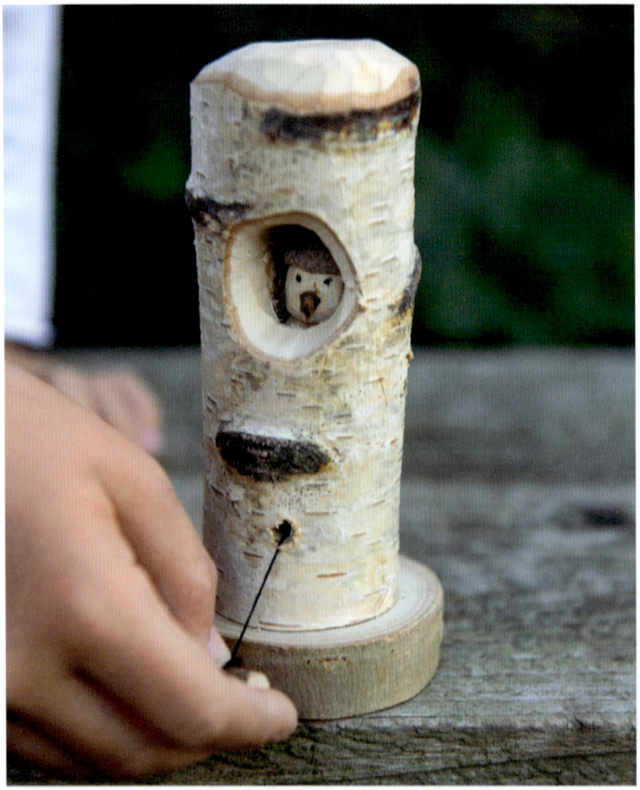

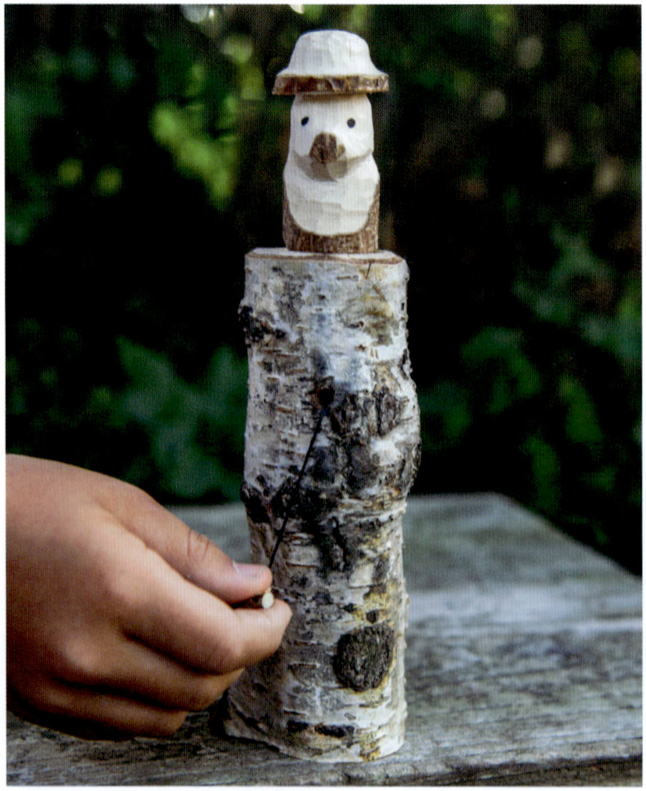

«Kuckuck-Figur»: Das «Kuckuck»-Loch in ca. dem gleichen Durchmesser wie die «Tiefbohrung» in das Astholz bohren und mit dem Schnitzmesser verfeinern.

Bei beiden: Ein Loch bohren, durch das die Zugschnur geführt wird, Durchmesser ca. 5 mm. Die Platzierung dieses Lochs bestimmt, wie hoch die Figur gezogen werden kann.

Zeichnung 5: Einen dünnen Metalldraht durch das Loch schieben und die Zugschnur durch das Loch führen. Ausprobieren, ob es funktioniert.

Eine Holzperle oder ein kleines Holzstückchen als Griff an die Schnur binden (eine kleine Rille in die Mitte des Holzstückchens schnitzen, dann sitzt die Schnur besser).

Für die «Jack in the box»-Figur eine Scheibe von einem Astholz oder eine Holzplatte als Boden anschrauben.

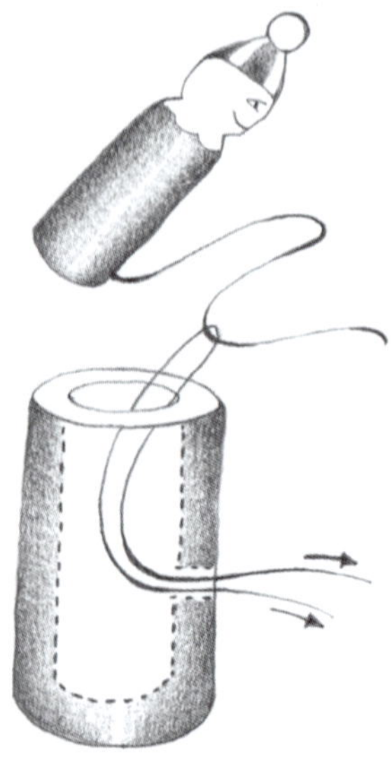

5

Eine mögliche Ursache dafür, dass die Figur nicht wieder nach unten rutscht: Die Figur oder das Loch sind vielleicht zu kantig gearbeitet.

Zeichnung 8: Wenn die Figur schief steht oder sich verklemmt, kann das entweder daran liegen, dass das Loch für die Schnur zu weit oben angesetzt oder die Figur im Verhältnis zu dem Loch, aus dem sie auftaucht, zu dünn ist.

Zeichnung 9: Es kann helfen, das Gewicht der Figur zu erhöhen, indem man z.B. eine Schraube in ihren Boden dreht.

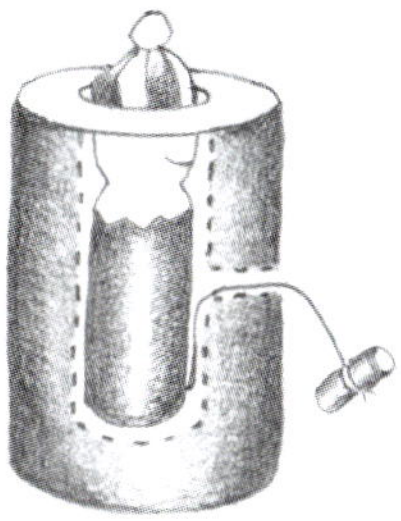

6

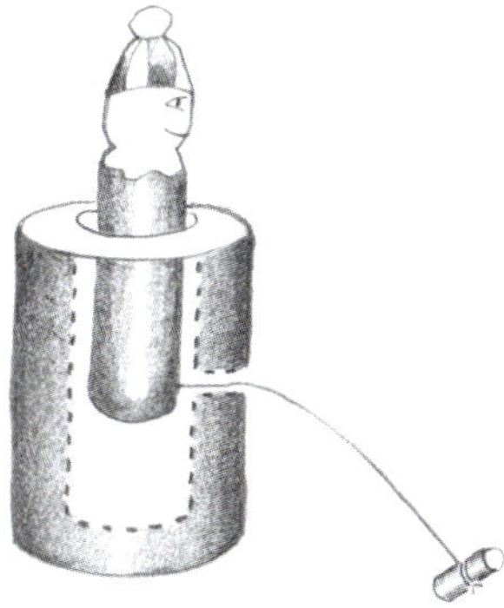

7

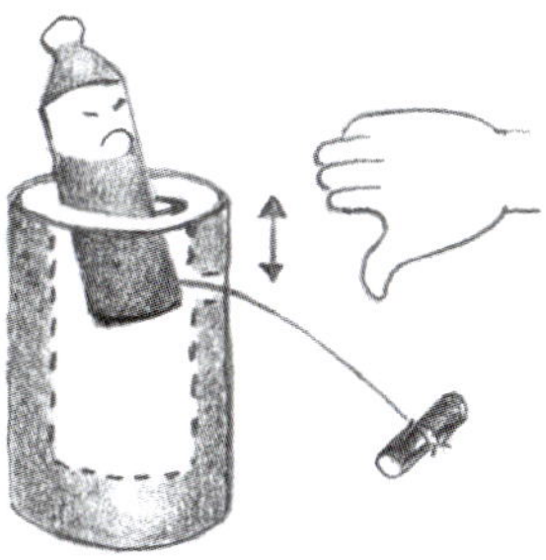

8

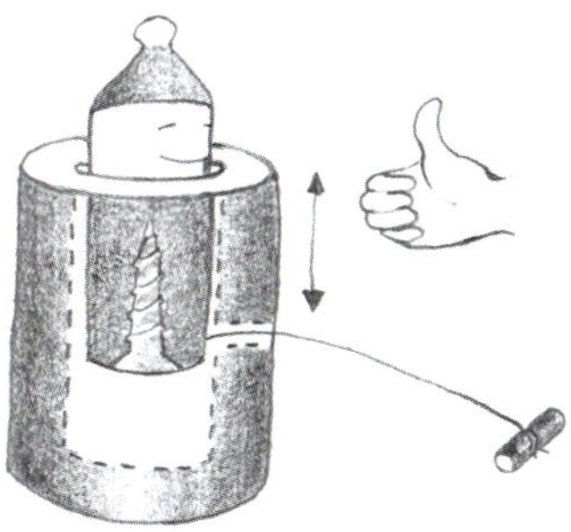

9

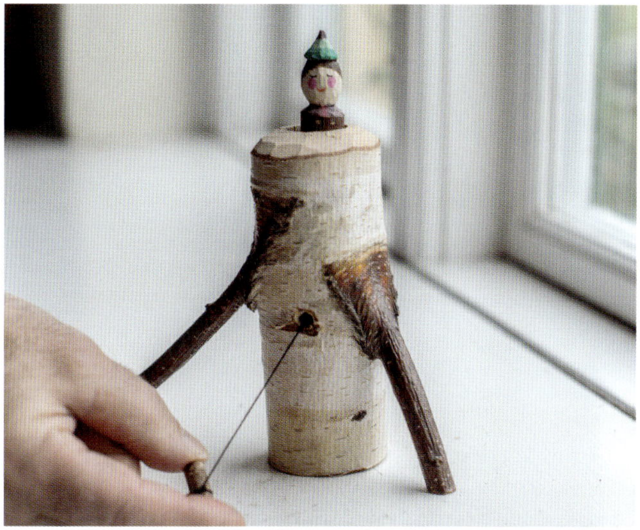

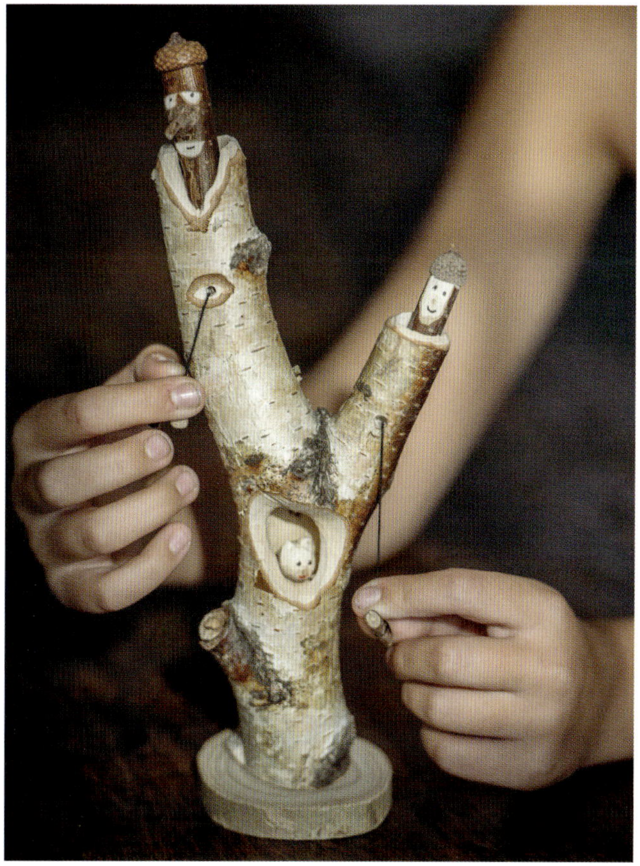

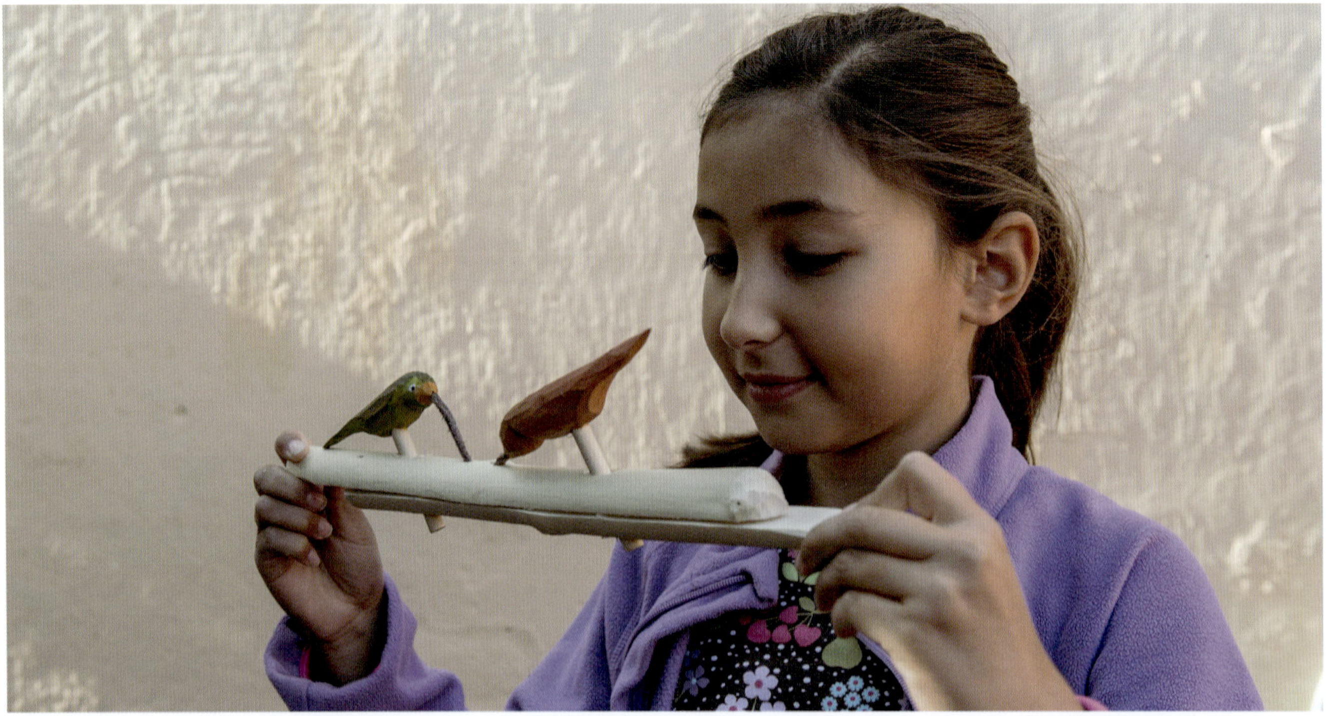

Spielzeug mit Wippeffekt***

Spielzeuge mit Wippeffekt sorgen immer für einen Riesenspaß, und außer den hier gezeigten Modellen kann man sich natürlich auch noch eigene Versionen ausdenken! Der Wippeffekt setzt ein, wenn man an den waagerechten Leisten abwechselnd zieht und sie zusammenschiebt.

Die Anleitung bezieht sich auf zwei Figuren, aber man kann auch Spielzeuge mit mehr Figuren herstellen, z.B. die vier Bären (Foto rechts).

Material

Für den Wippmechanismus:

- 2 Holzleisten, z.B. 8 x 21 mm oder ein Astholz, das längs gespalten oder durchgesägt ist, Durchmesser 3 – 3,5 cm, Länge 25 – 30 cm
- Bohrer, Durchmesser 2, 8 und 9 mm
- 4 dünne Nägel, Länge 20 mm (bei gespaltenem Astholz müssen die Nägel vielleicht etwas länger sein)
- evtl. 2 Rundstäbe, Durchmesser 8 mm, Länge 8 cm
- Leim

Für die Vögel:

- Asthölzer, Durchmesser 2,5 bis 3 cm, Länge ca. 20 cm
- für die Vögel, die an einem Wurm ziehen (siehe Foto oben), ein Stück lederne Schnur oder Ähnliches

Für die Männer:

- Zeichnung 2 (S. 104): Asthölzer mit Nebenzweig, Durchmesser des Hauptstücks 2,5 – 3 cm, Länge ca. 14 cm
- falls die Männer hämmern: Asthölzer für den Hauklotz und die Hammerköpfe
- falls sie an einer Schnur ziehen: ein Stück Schnur

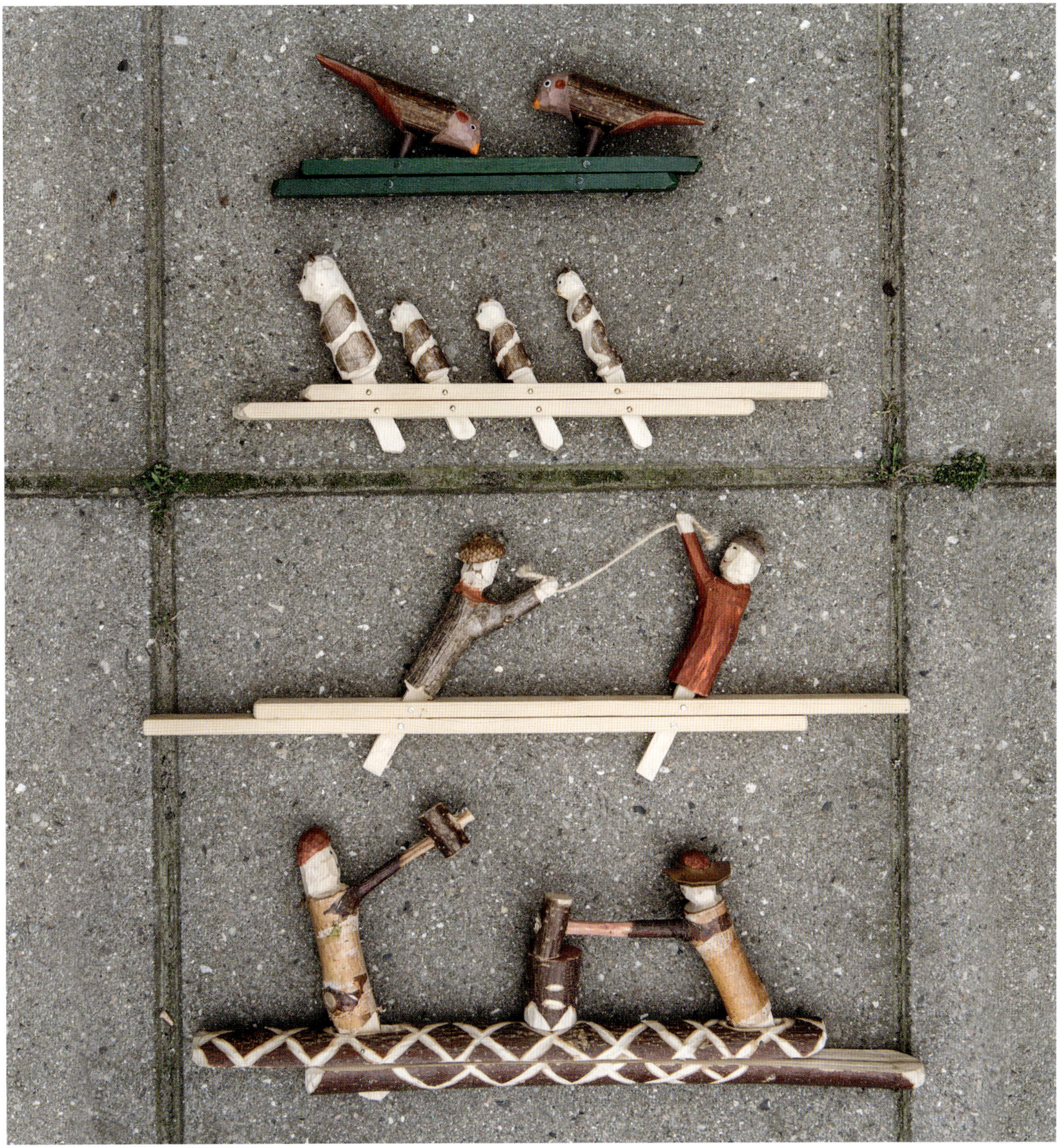

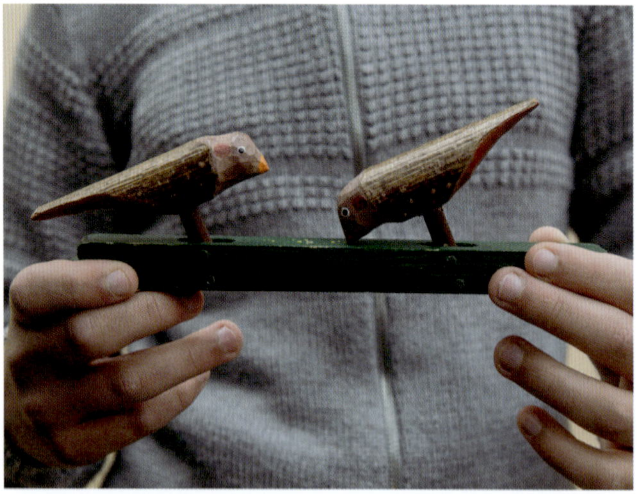

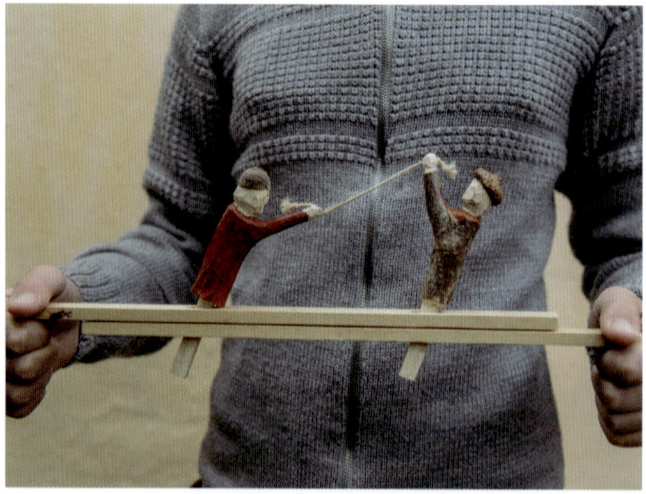

So wird's gemacht

Vogel (Zeichnung 1 und 5): Den Vogel schnitzen (siehe eventuell Anleitung unter «Vogel aus einem einzelnen Astholz» auf S. 31). Ein 8-mm-Loch von unten etwa bis zur Hälfte in den Vogel bohren und einen Rundstab hineinstecken. Soll der Vogel an einem Wurm ziehen, ein Loch für die Schnur in den Schnabel bohren.

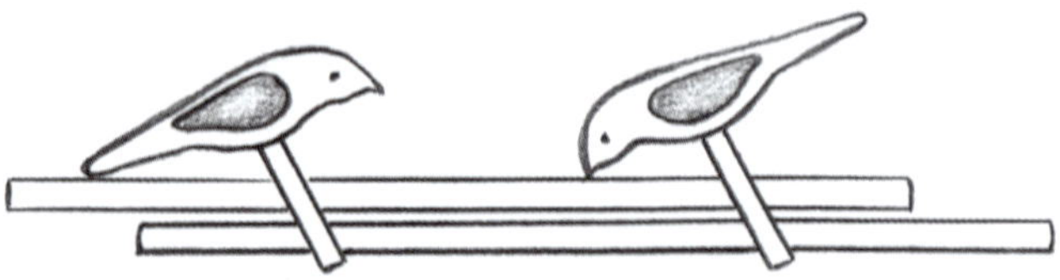

1

Mann (Zeichnung 2): Den Kopf schnitzen und den Nebenzweig auf Armlänge abschneiden (sollen die Männer hämmern: zusätzliche Länge für den Hammer bedenken, ein Loch in den Hammerkopf bohren und auf das Armstück stecken).

Am unteren Ende der Figur einen Zapfen schnitzen, der in die Leisten gesteckt wird. Man kann die Figur aber auch auf die gewünschte Länge sägen, unten ein Loch hineinbohren und einen Rundstab in das Loch kleben.

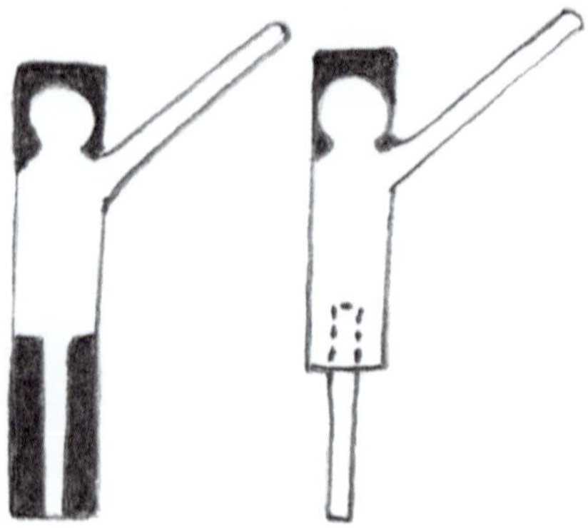

2

Der Wippmechanismus: Die Figuren passend zu ihrer Funktion platzieren und markieren, an welchen Stellen die Löcher gebohrt werden müssen. Die Männer, die hämmern, müssen z.B. so platziert werden, dass der Hammer auch auf den Hauklotz trifft.

9 mm-Löcher bohren, Abstand zwischen den Löchern ca. 2 cm (Zeichnung 3). Das Holz zwischen den Löchern wegschnitzen und von der Seite ein 2 mm-Loch hineinbohren (Zeichnung 4).

Für die Vögel, die an einem Wurm ziehen, müssen Löcher für die Schnur gebohrt werden (Zeichnung 5).

Die Figuren in die länglichen Löcher der oberen Leiste stecken; nicht zu tief, sodass sie noch wippen können.

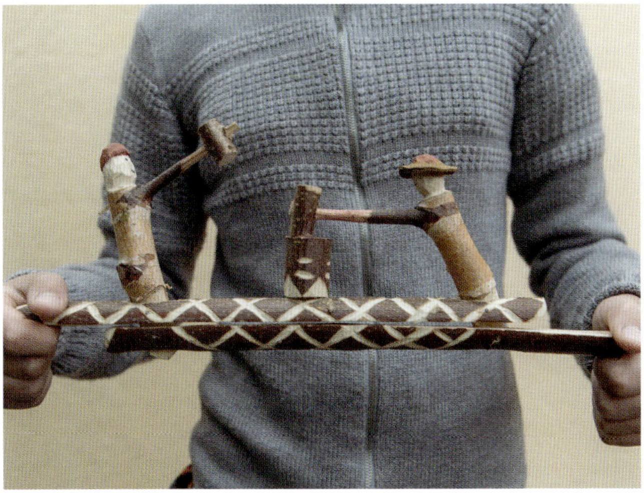

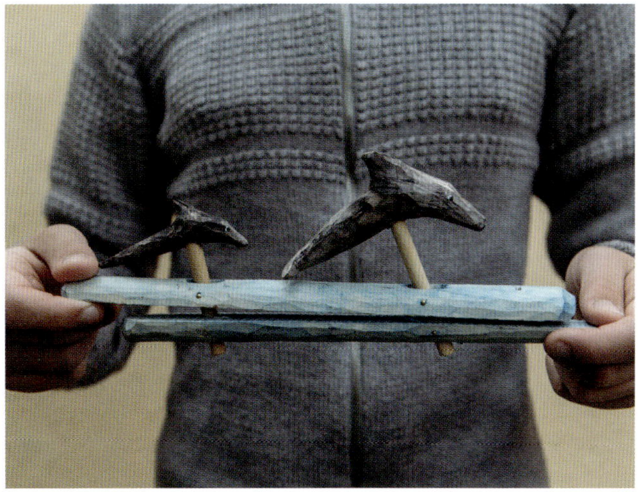

3

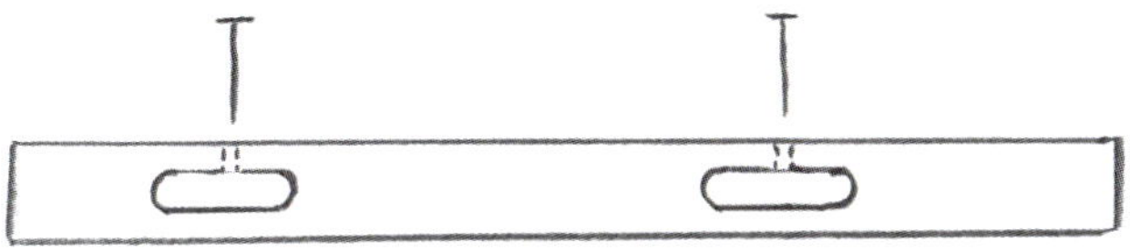

4

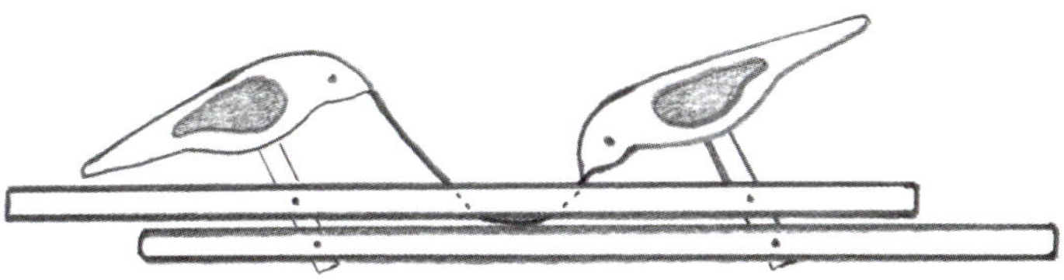

5

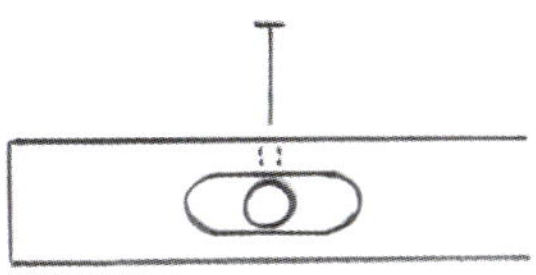

6

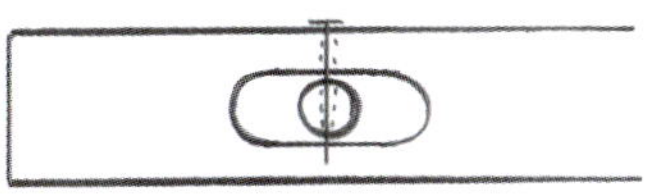

7

Als Markierung für die passende Höhe mit einem Nagel ein kleines Loch in den Rundstab drücken. Die Figur wieder herausnehmen und an der markierten Stelle ein 2-mm-Loch in den Rundstab bohren (Zeichnung 6).

Die Figur wieder einsetzen und festnageln (Zeichnung 7). Den Nagel zunächst nicht ganz einschlagen, dann ist es leichter, die Figur noch einmal herauszunehmen, falls es nicht richtig funktionieren sollte.

Den Rundstab auf die gleiche Weise an der anderen Leiste befestigen. Achtung: Zwischen den beiden Leisten muss es einen kleinen Abstand geben, ca. 3 mm.

Männer mit Schnur: Die Schnur muss straff gespannt sein, dann festkleben.

Männer mit Hammer: Ein Loch in den Hauklotz und die obere Leiste bohren und beides mit einem Rundstab verbinden, eventuell festkleben (Zeichnung 8).

Bei mehr als zwei Figuren ist es eine gute Idee, zuerst nur mit zwei Figuren auszuprobieren, ob es funktioniert. Erst danach markieren, wo an den Rundstäben der anderen Figuren gebohrt werden soll.

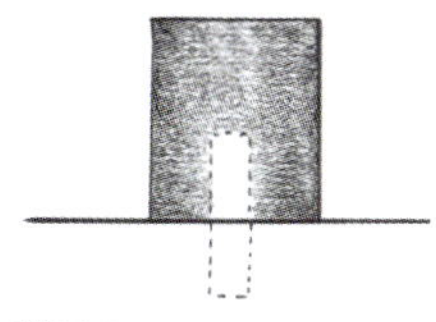

8

Bäcker***

Der Bäcker ist eine Variation der Spielzeuge mit Wippeffekt (siehe S. 102 ff.).

Material

- Asthölzer, Durchmesser 2,5 – 3 cm
- Astholz für die Arme und die Teigrolle 1,5 – 2 cm
- Nägel, Länge 2 – 2,5 cm
- Rundstab ca. 3 mm
- Bohrer

So wird's gemacht

Siehe Zeichnung S. 107 und nebenstehendes Foto.

Figur: Aus einem Astholz mit einer Länge von 13 cm den Kopf und einen ca. 4 cm langen Zapfen am unteren Ende der Figur schnitzen.

Arme: Ein Astholz mit einer Länge von ca. 6 – 7 cm spalten. Die Hände schnitzen und oben abrunden.

Ein 4-mm-Loch in die Hände bohren, dann ein 2-mm-Loch in die Oberarme bohren. Die Arme an die Figur nageln.

Teigrolle: Astholz auf die passende Länge sägen, sodass es zwischen die Hände passt, und mit dem Schnitzmesser die Rinde abnehmen. 3-mm-Löcher in die Enden bohren und einen Rundstab hineinkleben. Der Rundstab muss etwa 1 cm herausragen. Die Teigrolle zwischen den Händen anbringen.

Senkrechtes Haltestück: Ein ca. 12 – 15 cm langes Astholz so mit dem Schnitzmesser bearbeiten, dass man es gut in der Hand halten kann. Ca. 3 cm unterhalb des oberen Endes ein ca. 10-mm-Loch für das bewegliche Holzstück in das Haltestück bohren. Wieder 2 cm tiefer eine weiteres 8- bis 10-cm-Loch bohren.

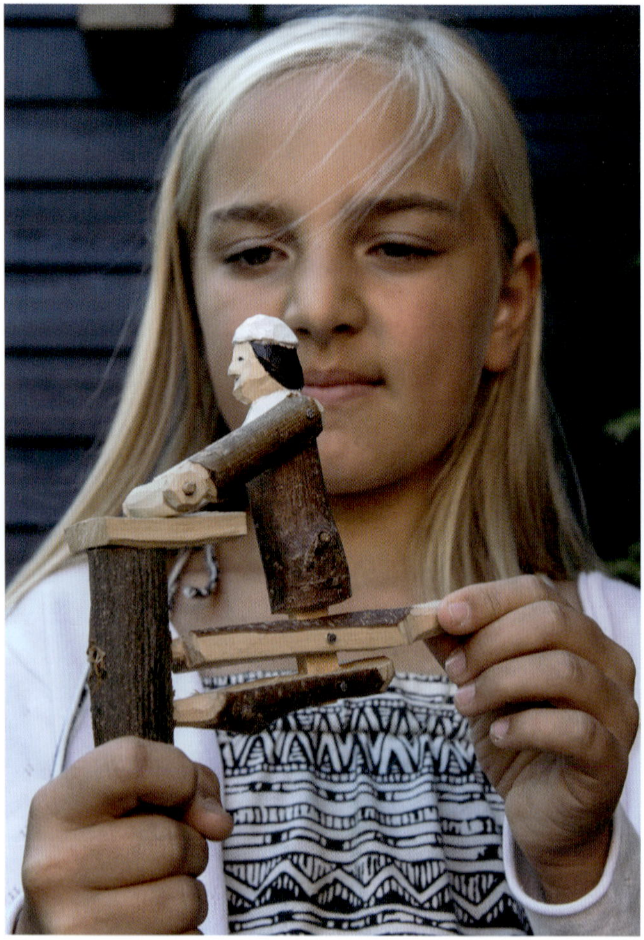

Das waagerechte, feste Holzstück: Gespaltenes Astholz, Durchmesser ca. 3 cm, Länge 9 – 10 cm.

Einen Zapfen schnitzen, der in das untere Loch in dem Haltestück passt. Ca. 5 bis 7 cm von dem Zapfen entfernt ein längliches Loch für den Zapfen der Figur in das Holzstück schnitzen. Dazu zwei Löcher bohren und das dazwischen befindliche Holz mit dem Schnitzmesser entfernen.

Von der Seite ein 2-mm-Loch hineinbohren.

Das waagerechte, bewegliche Teil: Gespaltenes Astholz, Durchmesser ca. 3 cm, Länge 13 – 14 cm

Handgriff aus dem einen und einen Zapfen mit ca. 8 mm

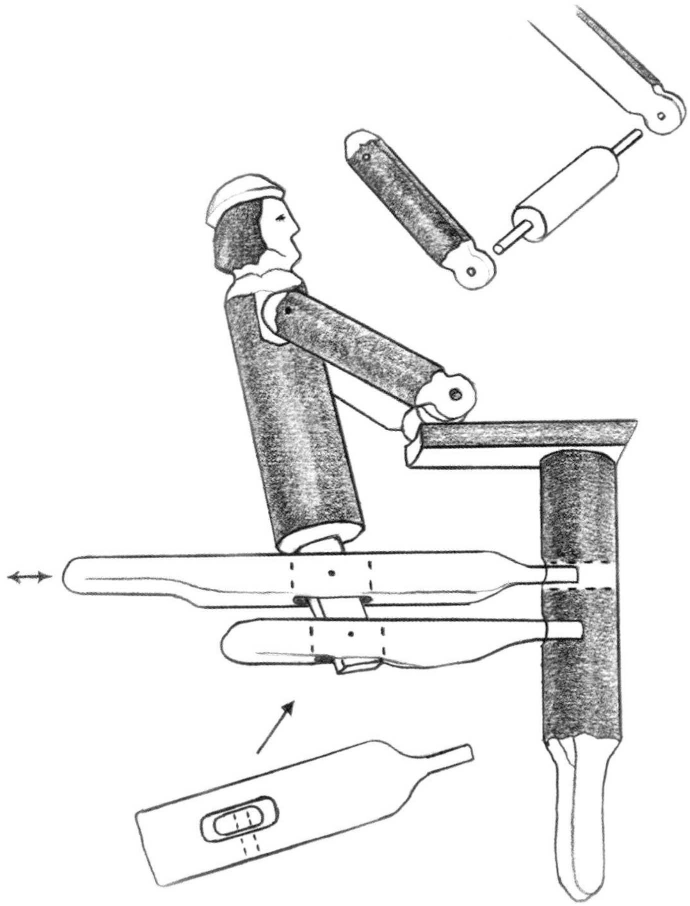

Durchmesser aus dem anderen Ende schnitzen. Ein längliches Loch für den Zapfen der Figur in die Mitte schnitzen. Von der Seite ein 2-mm-Loch hineinbohren.

Zusammenbau: Alle Teile wie in der Zeichnung gezeigt zusammenbauen. Wichtig: Löcher in den Zapfen der Figur bohren, bevor die Nägel eingeschlagen werden (siehe Zeichnung ganz unten).

Das Backblech: Ein Holzstück so flach spalten, dass es als «Backblech» dienen kann. Ausprobieren, wie lang es sein und wie es angebracht werden muss, damit die Teigrolle auch tatsächlich darüberrollt. Dann das «Backblech» festnageln.

Falls die Figur zu weit zurückwippt, kann in einem der länglichen Löcher ein Nagel als Stopper angebracht werden.

Schmuckstücke

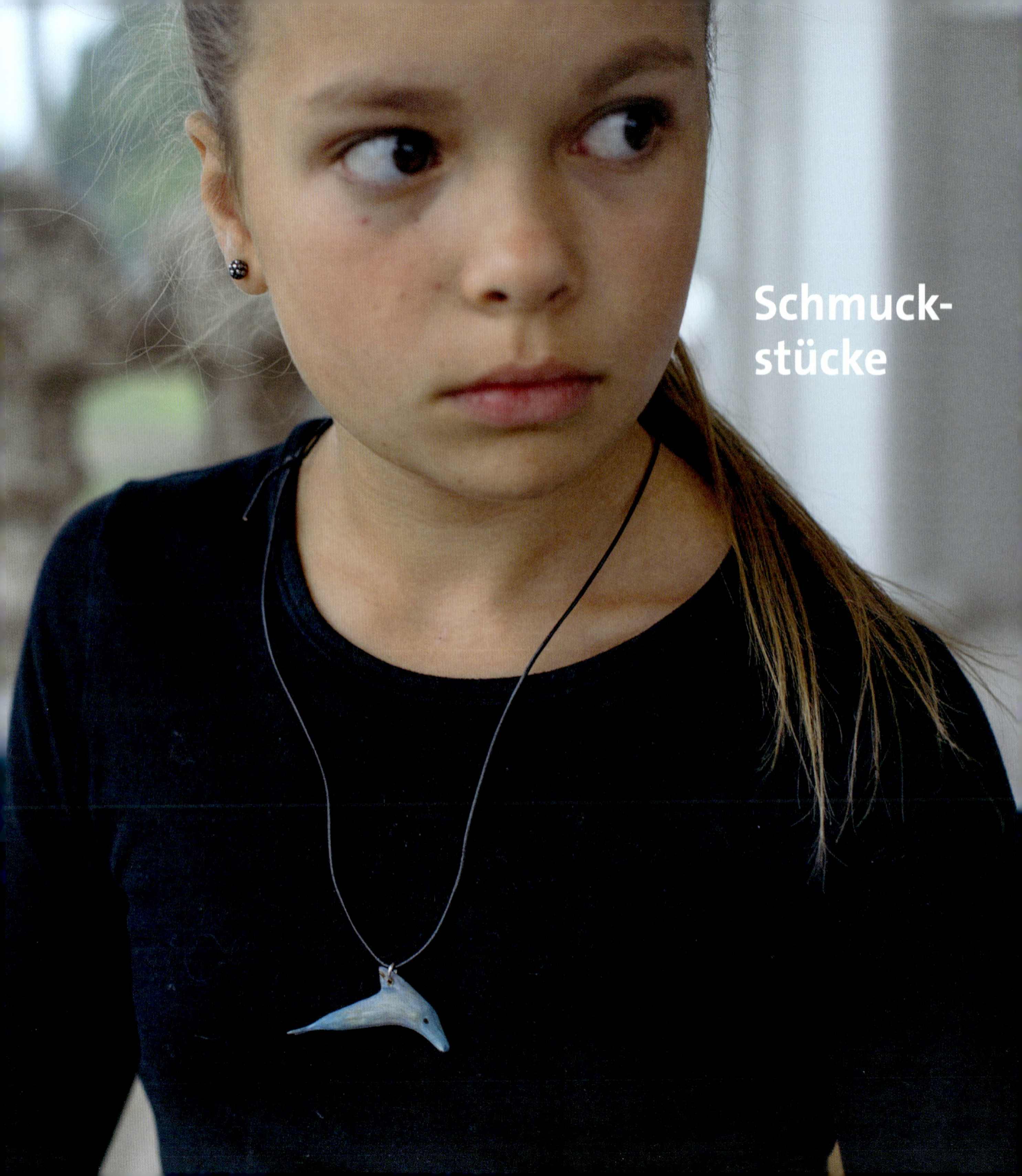

Beweglicher Knoten**

Bewegliche Knoten sind einfach superpraktisch! Sie machen es möglich, Halsschmuck genau so zu tragen, wie man es gerne haben möchte.

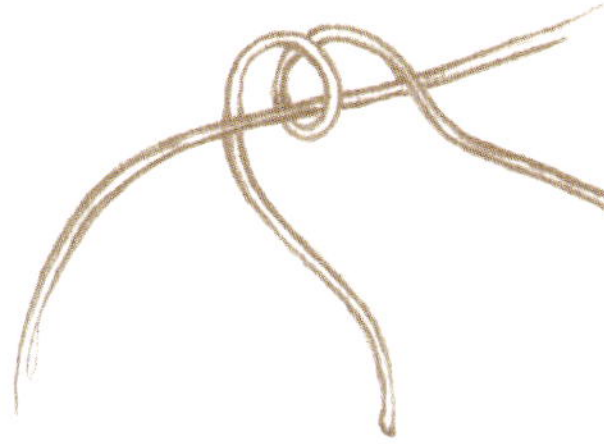

1

Material

Lederne Schnur, etwa eineinhalbmal so lang wie der Umfang des Kopfes; am besten eine dünne Lederschnur benutzen, die reißt, falls man mal irgendwo hängen bleibt

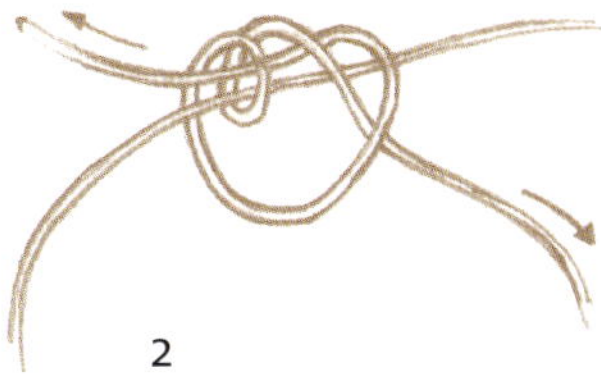

2

So wird's gemacht

Das Schmuckstück auf die Lederschnur ziehen. So vorgehen wie in den Zeichnungen 1, 2 und 3 beschrieben, die Schnur umdrehen und mit dem anderen Ende genauso verfahren (siehe Zeichnung 4 und 5).

Werden die Knoten auseinandergezogen, rutscht der Schmuck weiter nach oben (siehe Zeichnung 6), deshalb am Ende der Schnur ein Stück überstehen lassen, an dem man ziehen kann. Will man die Halskette abnehmen, die Knoten einfach zusammenschieben.

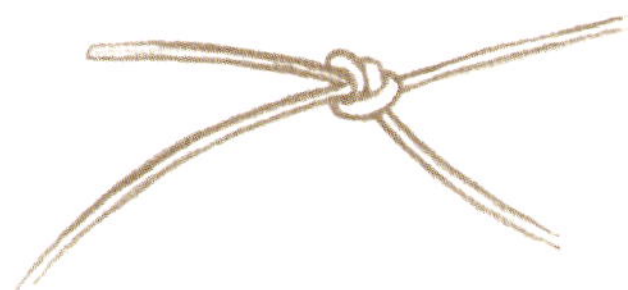

3

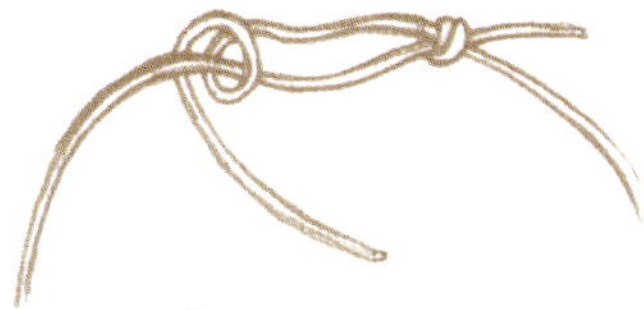

4

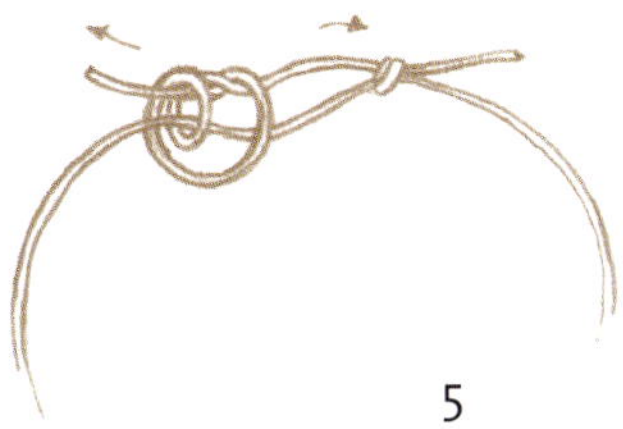

5

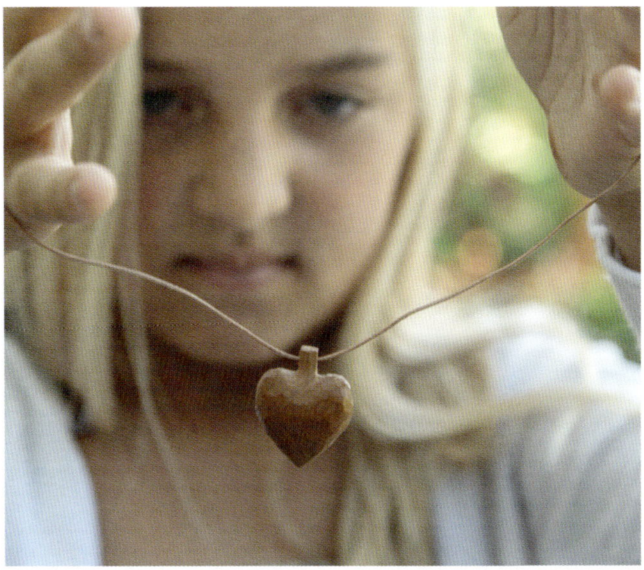

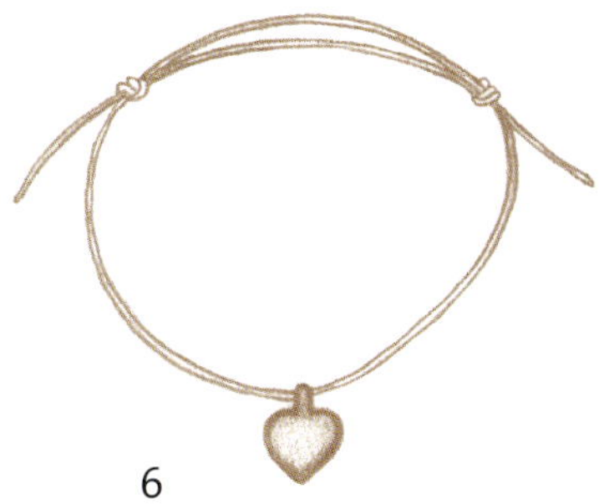

6

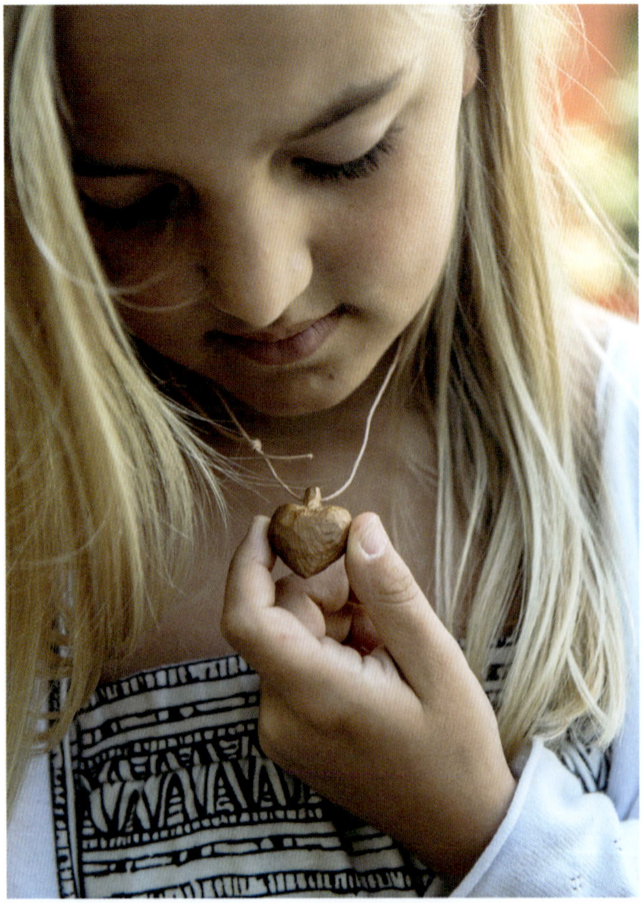

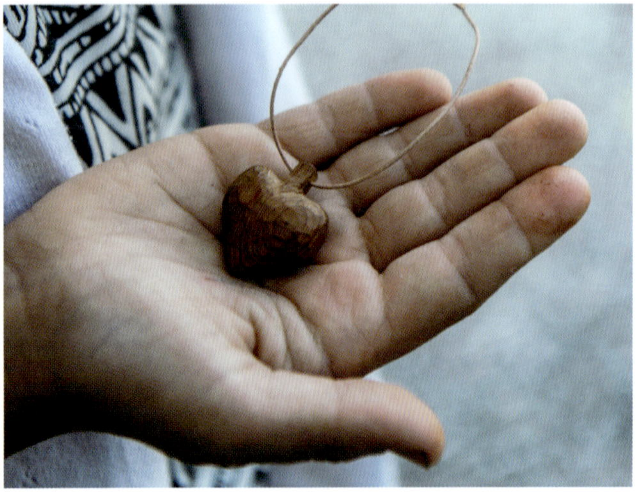

Herz**

Eine schöne Aufgabe für den geübten und geduldigen Schnitzkünstler!

Material
Kleines Vierkantholz, Größe z.B. 1,5 x 3 x 10 cm

So wird's gemacht
Zeichnung unten: Am oberen Ende einen Zapfen schnitzen oder aussägen und abrunden. Ein 2-mm-Loch durch den Zapfen bohren. Das Herz schnitzen und erst danach den Zapfen auf die gewünschte Länge schneiden oder absägen.

Das Herz weiter abrunden und mit Schmirgelpapier glätten.

Mit Leinöl einstreichen, um das Herz noch stärker zum «Glühen» zu bringen.

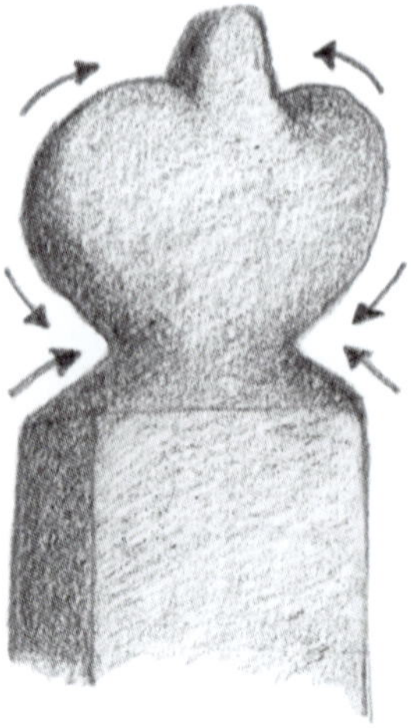

Schnitzrichtungen

Schwert**

Ein Schwert als Halsschmuck ist ziemlich maskulin und natürlich ein gutes Amulett, wenn es in den Kampf geht!

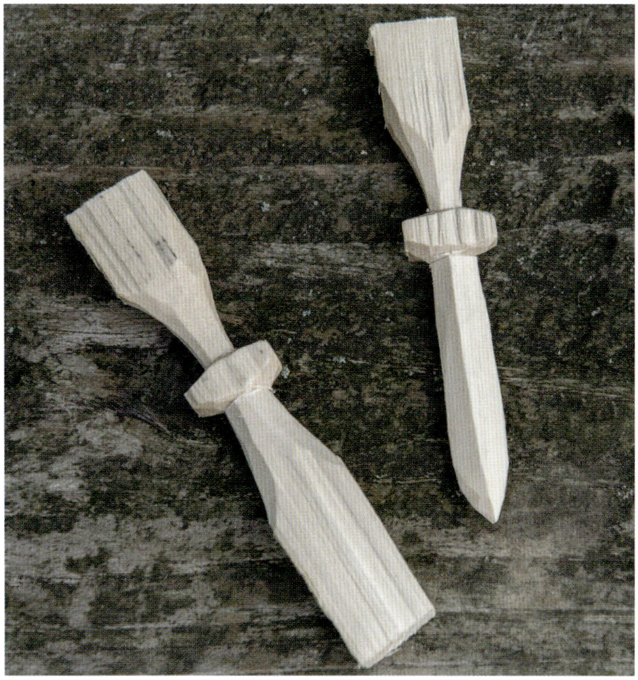

Material

Kleines, trockenes Vierkantholz, z.B. 1 x 2 cm, Länge 10 – 12 cm; man kann auch ein Astholz auf ca. 4,5 mm spalten (siehe Zeichnung; das Stück mit dem Kreuz ist das Werkstück); verwendet man kleinere Asthölzer, kann das Schwert mit dem Schnitzmesser herausgearbeitet werden.

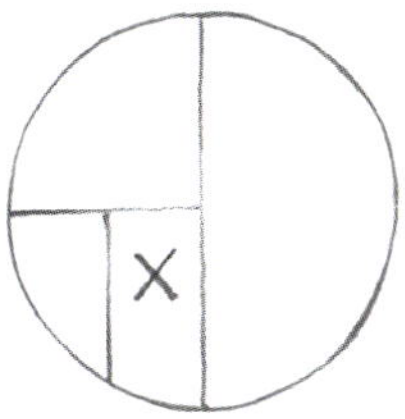

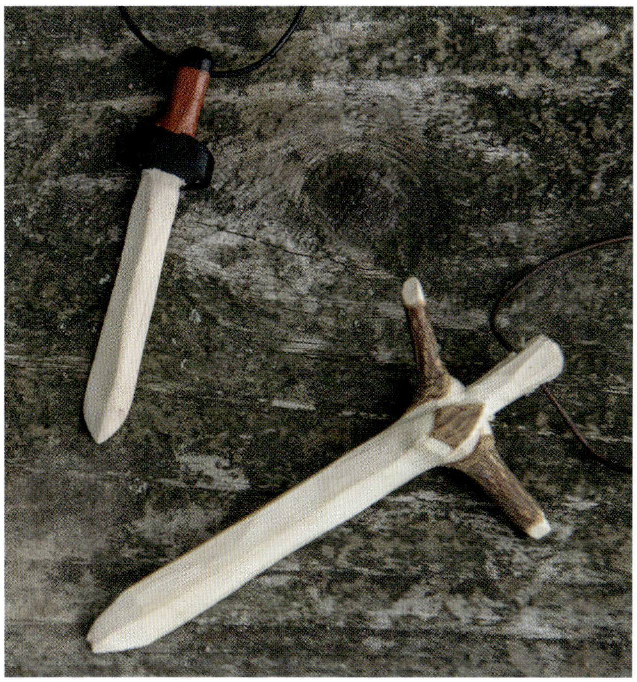

So wird's gemacht

Zeichnung unten: Zuerst das Parierstück schnitzen, die Pfeile zeigen die Schnitzrichtung. Vorsichtig arbeiten, damit es nicht abbricht. Dann die Klinge samt Spitze und zum Schluss den Griff schnitzen. Ein 2-mm-Loch durch den Griff bohren.

Das Schwert eventuell abschmirgeln und bemalen. Eine dünne Lederschnur durch das Loch ziehen.

Das Schwert kann auch aus einem kleinen Astholz mit zwei einander gegenüberliegenden Nebenzweigen gemacht werden (siehe Foto rechts).

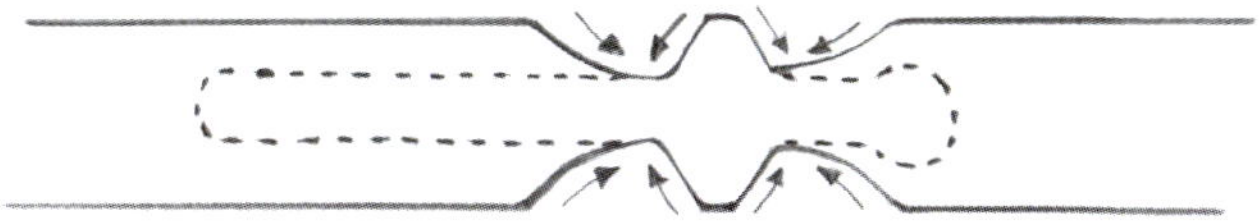

Schnitzrichtungen

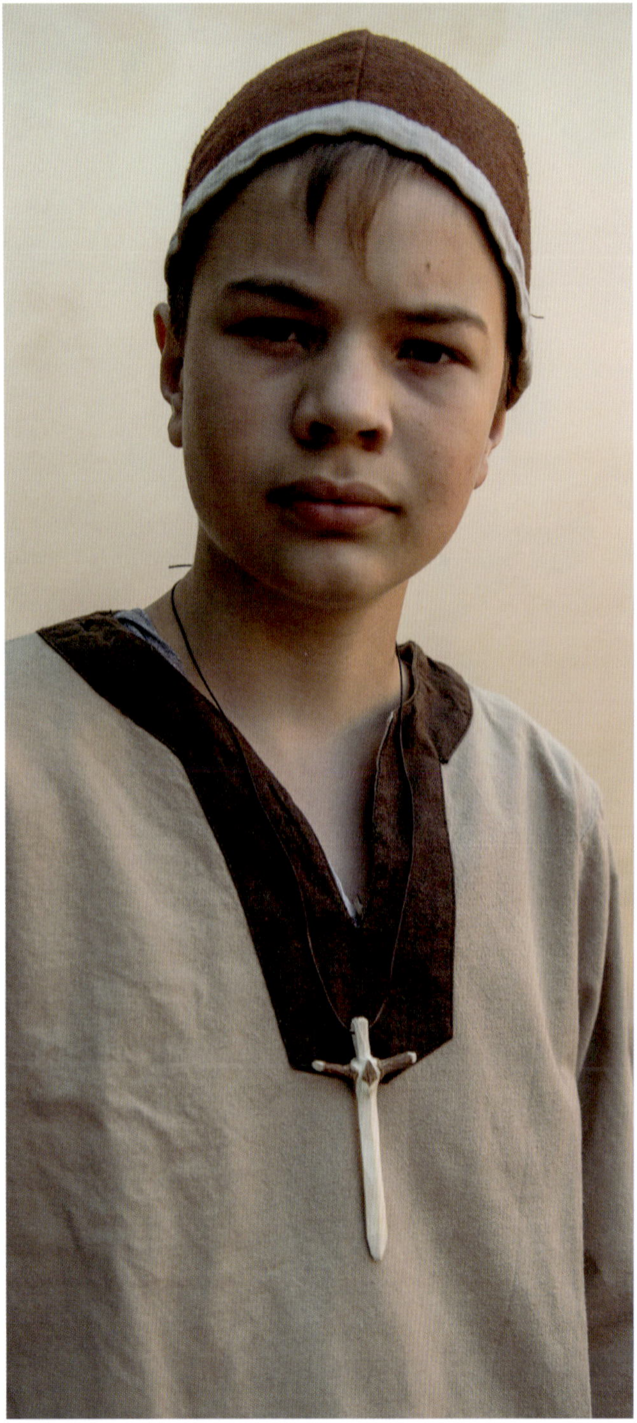

Delfin (auch als Ohrschmuck)**

Delfine sind klug und verspielt – also gute Kameraden, die man gerne als Schmuckstück mit sich trägt.

Material

- kleines Astholz mit Nebenzweig
- dünner Metallring (kann man selber herstellen, indem man einen Metalldraht z.B. um einen Schraubenzieher oder einen dicken Nagel wickelt und abschneidet)
- dünner Bohrer
- Schnitzmesser mit kurzer Klinge
- Bügel für Ohrringe (falls der Delfin als Ohrschmuck getragen werden soll)

So wird's gemacht

Den Delfin schnitzen (siehe S. 47). Vorsichtig ein kleines Loch in die Rückenflosse bohren. Mit Schmirgelpapier glätten. Den Ring durch das Loch und den Bügel durch den Ring führen, falls der Delfin als Ohrschmuck getragen werden soll.

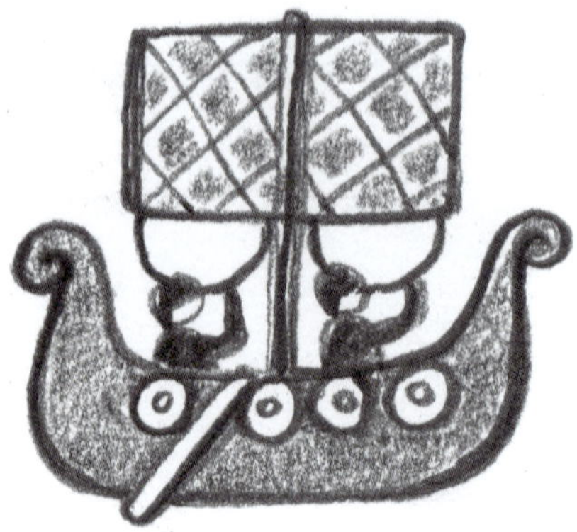

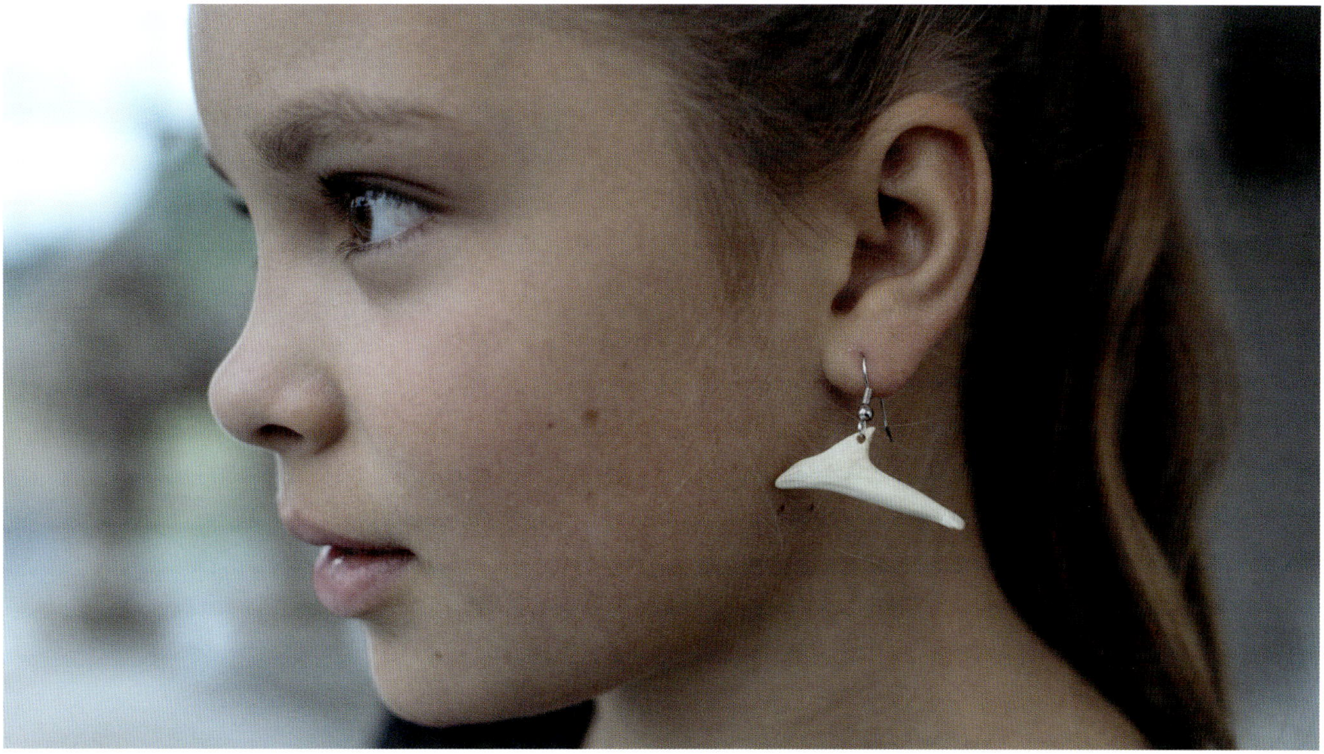

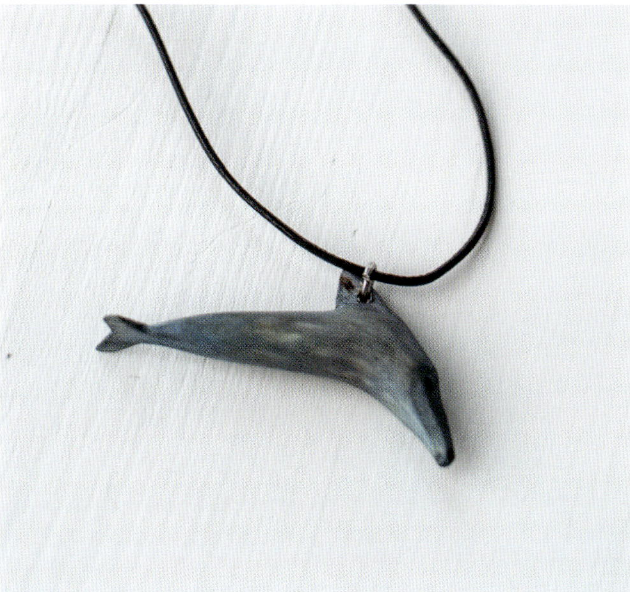

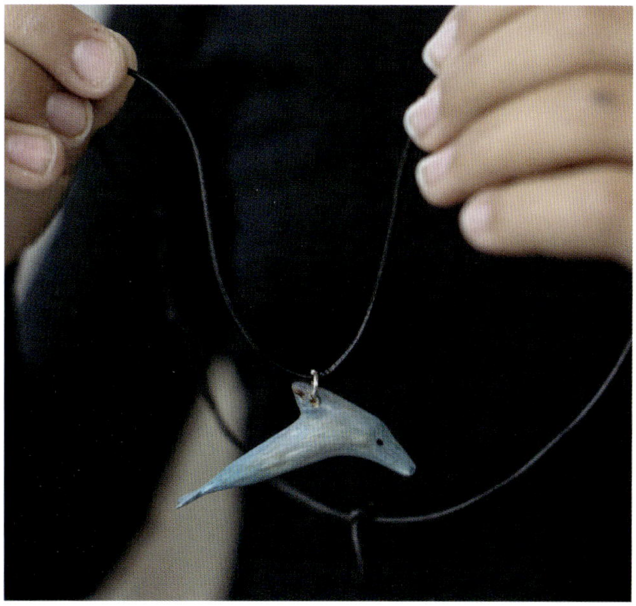

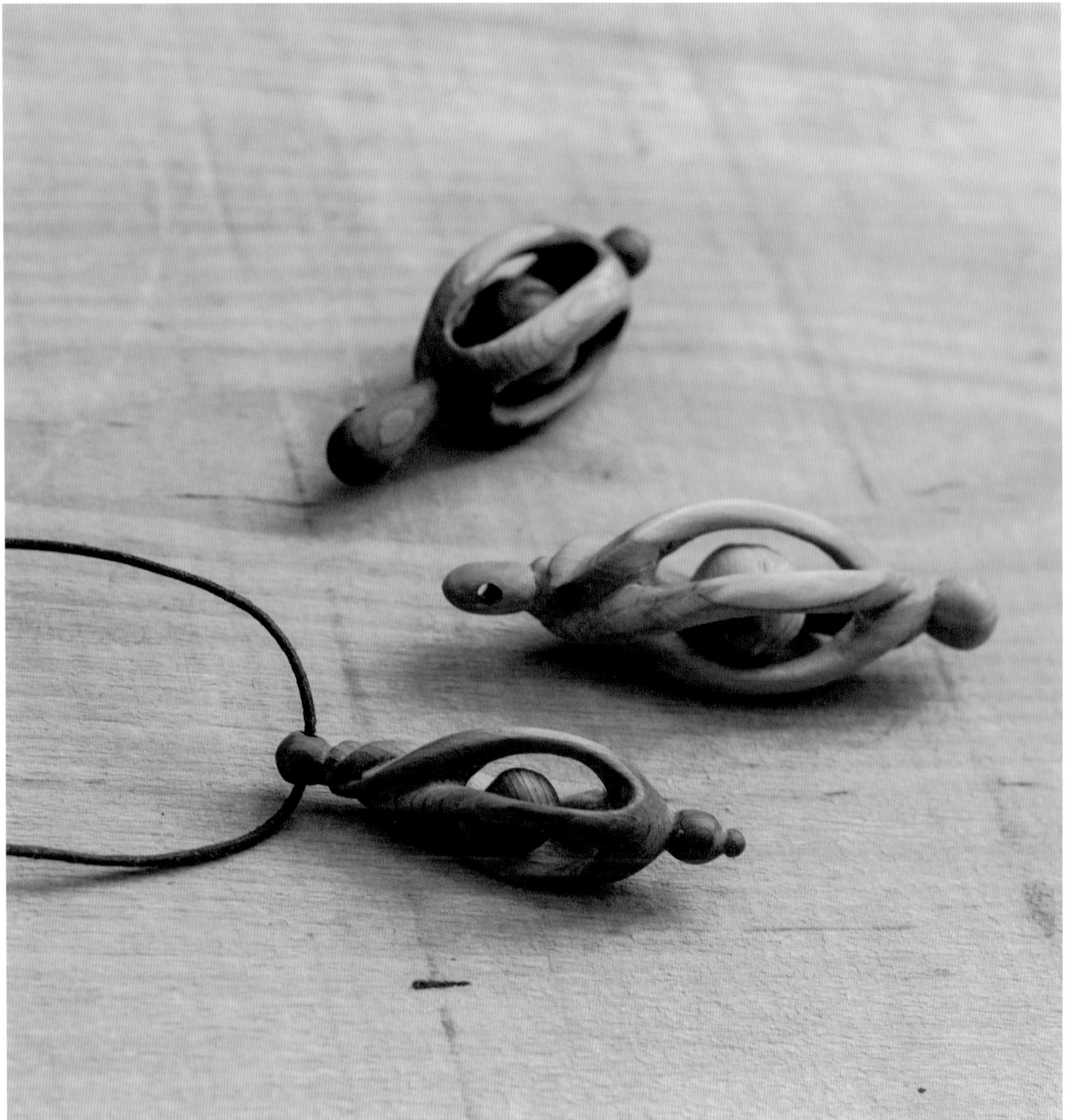

Die Rassel – ein Schmuckstück***

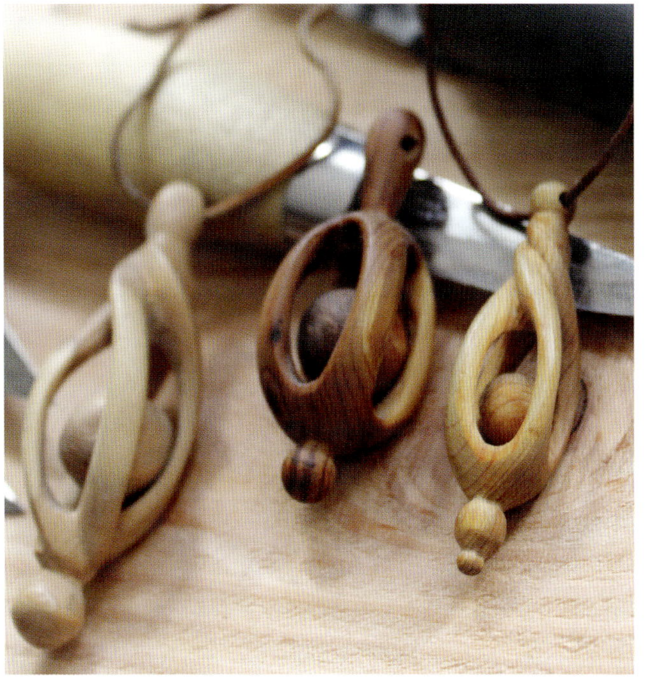

Eine Rassel als Schmuckstück anzufertigen ist für jeden Schnitzkünstler schon so etwas wie eine Gesellenprüfung. Es braucht Erfahrung, Sorgfalt und Geduld. Besitzt man diese Eigenschaften und darüber hinaus ein kleines, scharfes Schnitzmesser, steht einigen Stunden kreativer Arbeit nichts mehr im Wege! Aber auf jeden Fall sollte man schon eine größere Rassel geschnitzt haben, bevor man sich an eine kleine «Schmuckrassel» wagt.

Die Rasseln auf den Fotos sind 5 – 8 cm lang.

Material

- leicht zu schnitzendes, trockenes Holz (die abgebildeten Rasseln sind aus Eibe gemacht, einem Holz mit einer sehr schönen Farbe; Achtung: Beeren und Nadeln der Eibe sind giftig und dürfen auf keinen Fall gegessen werden!), ca. 2 x 2 cm oder etwas größer, z.B. 3 x 3 cm, Länge ca. 12 cm
- Bohrer, ca. 5 mm

So wird's gemacht

Siehe die Anleitung für die Rassel auf S. 91 f., aber hier kein Stemmeisen verwenden wie bei der großen Rassel, sondern nur mit dem Messer schnitzen.

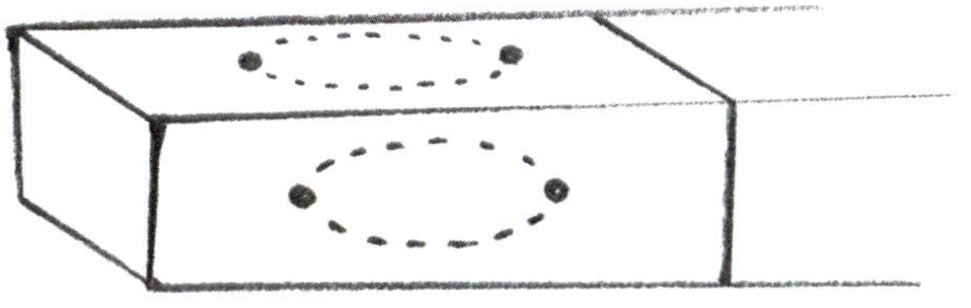

Zeichnung rechts: Vier Löcher bohren und anschließend ovale Löcher daraus schnitzen. Mit feinen, kleinen Schnitten arbeiten – ein einziger falscher Schnitt kann sehr viel verderben.

Ein Loch für das Lederbändchen bohren, die Rassel glattschmirgeln und mit Öl einstreichen.

Zaubereien aus Holz

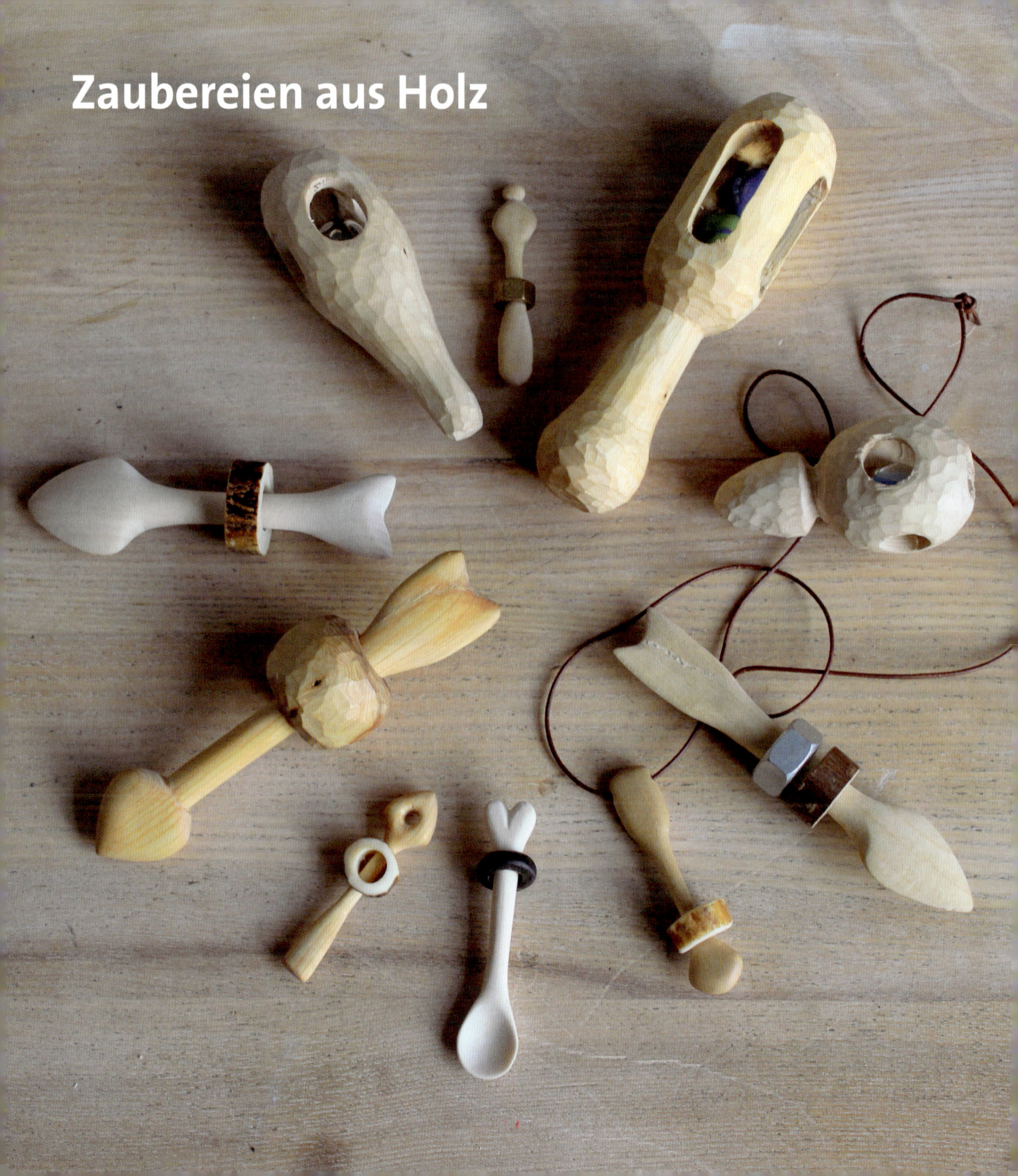

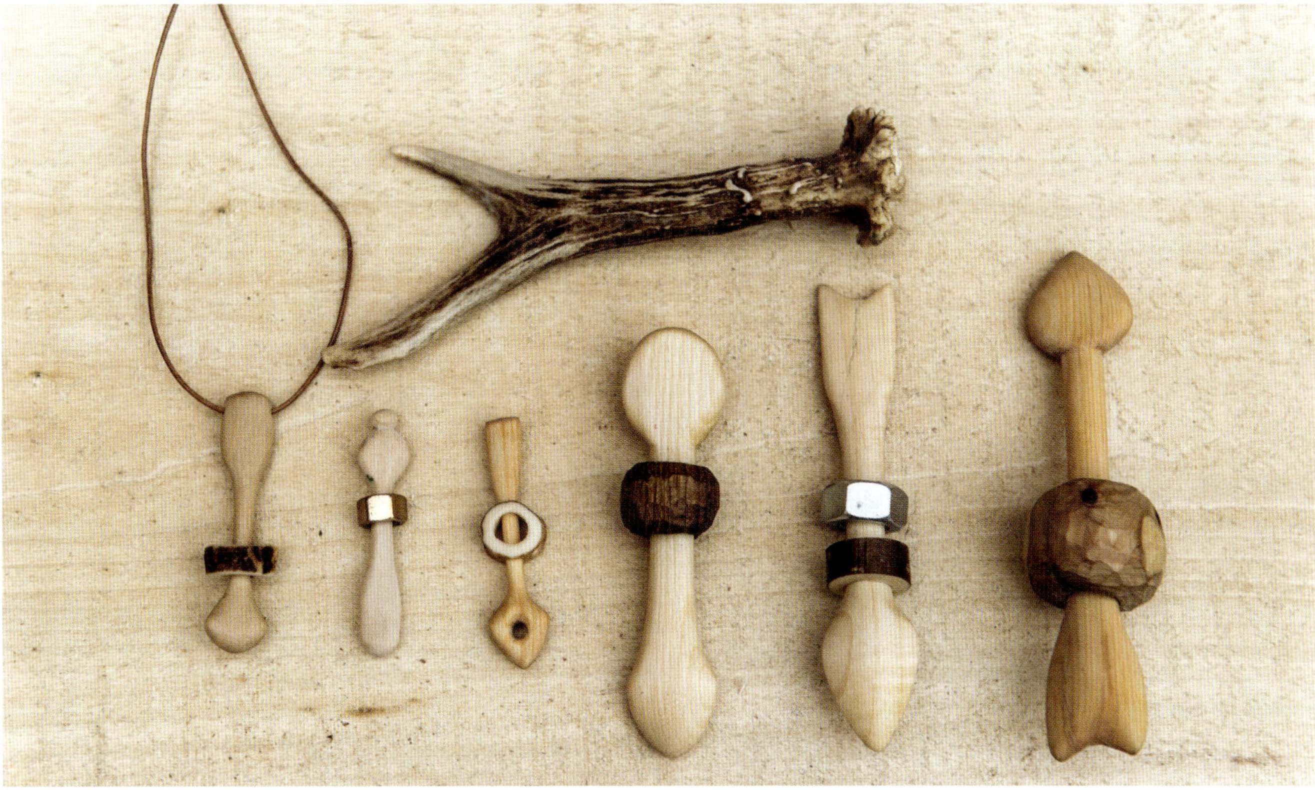

Magisches Holz**

Das eine Ende des Holzstücks wird gekocht und dann zusammengepresst. Aber – simsalabim – legt man es danach in Wasser, dehnt es sich wieder aus.

Das «magische Holz» kann man in verschiedenen Größen anfertigen, beispielsweise als kleinen Halsschmuck oder als Babyrassel.

Material

- trockenes Lindenholz, ca. 2,5 x 2,5 x 15 cm für eine mittlere Größe, ca. 1,3 x 2,5 x 10 cm, wenn es etwas kleiner werden soll
- geschnitzte Kugel, Schraubenmutter oder Ähnliches, um es auf das «magische Holz» zu stecken

So wird's gemacht

Ein Ende des Holzes, ca. 2 cm, etwa 10 Minuten lang kochen, dazu das Holz senkrecht in einen Topf stellen.

Foto 1 (S. 118): Unmittelbar danach das gekochte Ende in einem Schraubstock sehr kräftig zusammendrücken, gerne bis auf den halben Umfang (ein Werkstück mit der kleineren Größe an der schmalen Seite zusammenpressen). Das Werkstück zwei bis drei Tage im Schraubstock lassen, bis es ganz trocken ist, dann behält es seine Form.

Zeichnung (S. 118): Das Werkstück ist größer als nötig. Entlang der gestrichelten Linie absägen, dann erhält man das Stück, das man braucht.

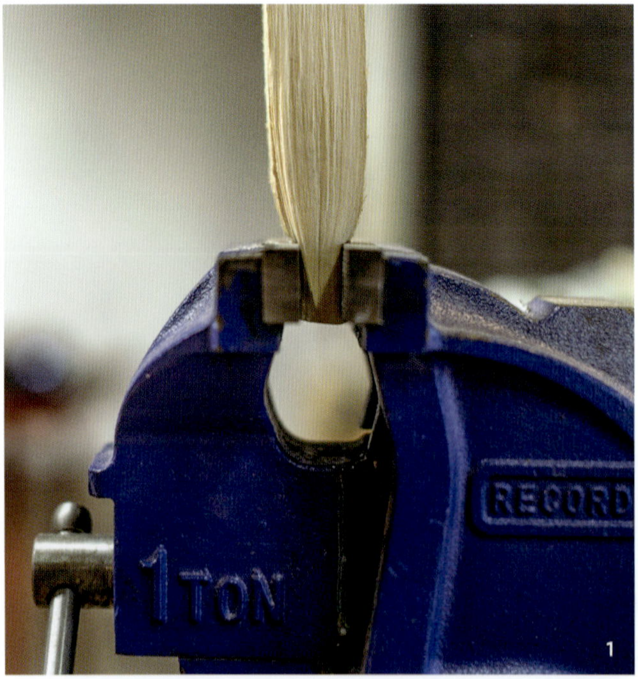

1

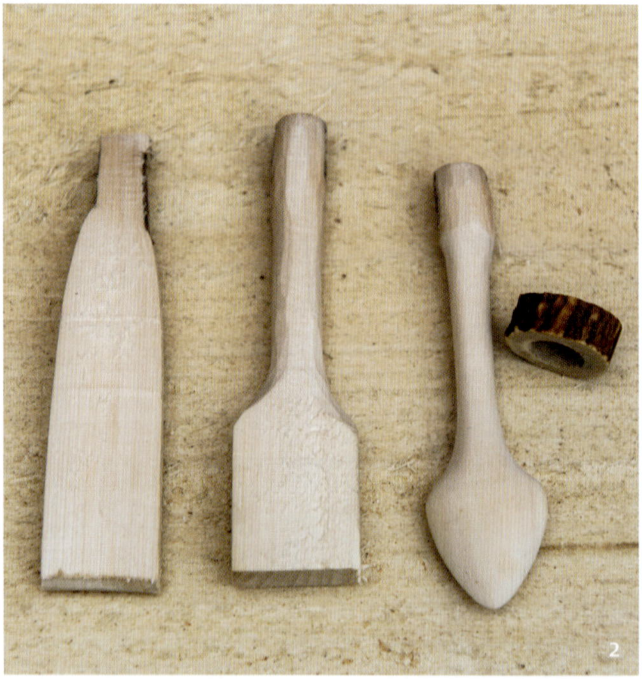
2

Foto 2, links: Zusammengepresstes Holzstück.
Foto 2, Mitte: Ein langes, rundes Stück schnitzen, feilen oder schmirgeln. Der Bereich, in dem der bewegliche Gegenstand sitzen soll, muss etwas schmaler sein als der Rest, deshalb den Durchmesser noch etwas verkleinern.
Foto 2, rechts: Am nicht gekochten Ende eine Pfeilspitze oder etwas Ähnliches schnitzen und glattschmirgeln. Den beweglichen Gegenstand auf das Werkstück setzen. Das Loch muss einen solchen Durchmesser haben, dass es gerade so über das gekochte Ende gezogen werden kann, im schmaleren Bereich des Werkstücks aber lose sitzt.

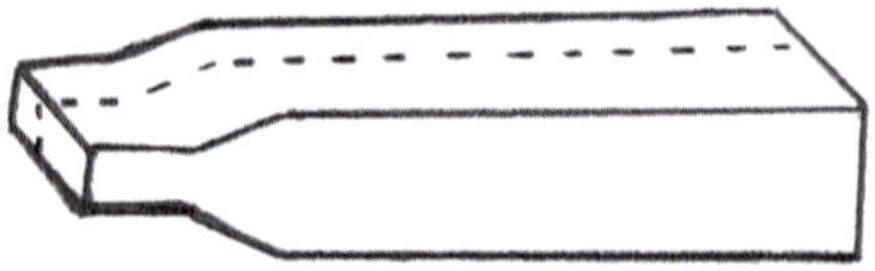

Schritt für Schritt den zusammengedrückten Teil abrunden, das andere Ende in Form schnitzen und dann eine Holzkugel, Schraubenmutter oder Scheibe aufstecken. Foto 3 zeigt das Werkstück im Wasser, Foto 4 wieder ausgedehnt.

Foto 3: Das zusammengedrückte Ende 10 – 20 cm in kaltes Wasser legen.

Foto 4: Das Holz dehnt sich aus.

Trocknen lassen und das «dicke Ende» verfeinern, schmirgeln und mit Öl einstreichen.

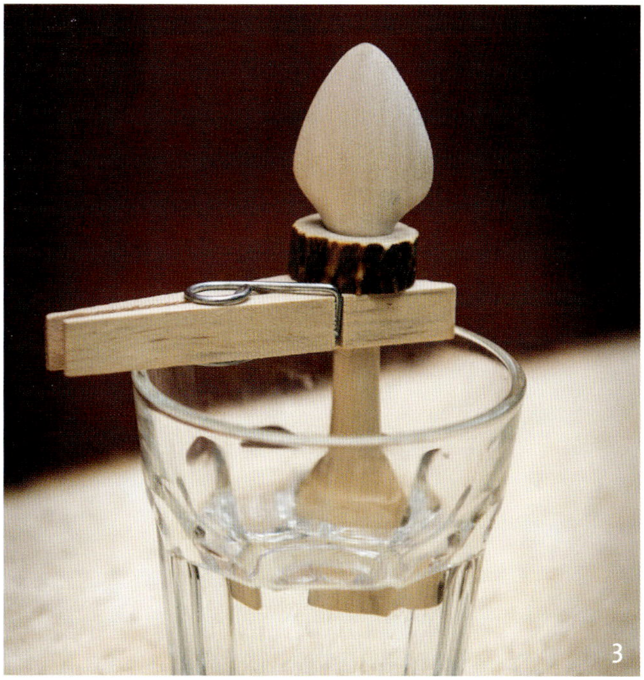

3

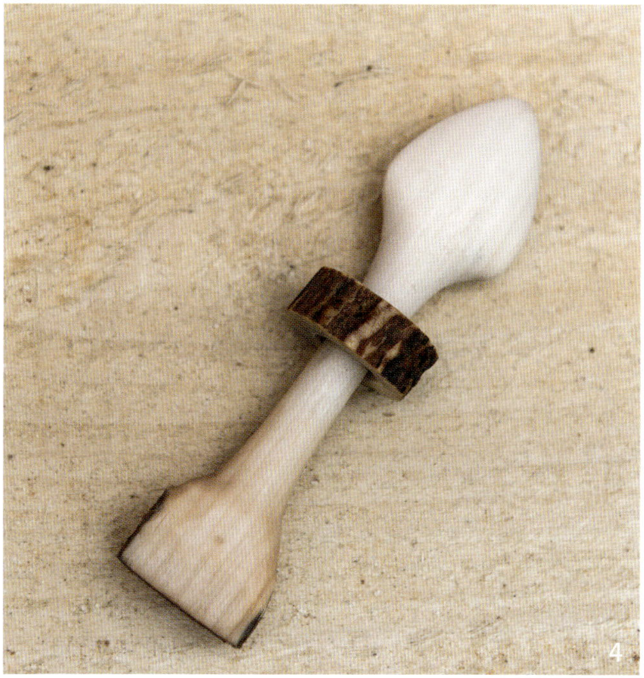

4

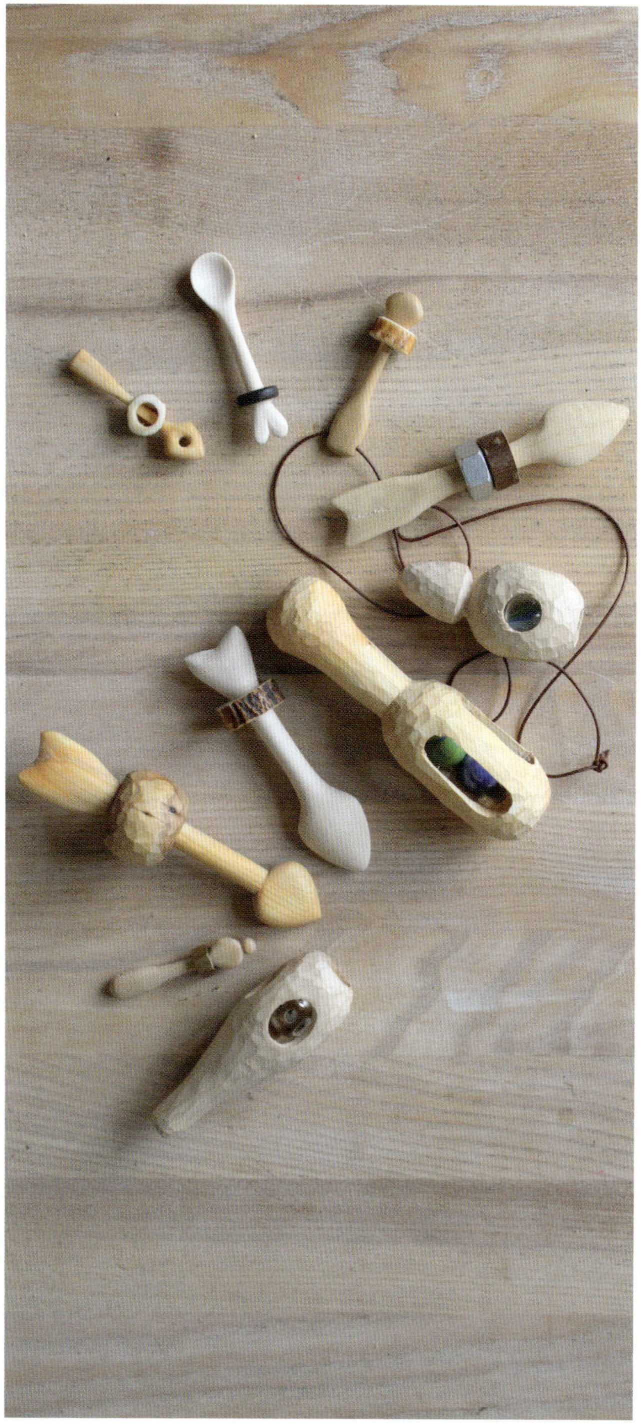

Geheimschrift*

Immer mal wieder stößt man auf Liebeserklärungen, die Pärchen in die Rinde eines Baumes geritzt haben. Jedermann kann sie lesen – doch auf Baumrinde kann man auch mit unsichtbarer Schrift schreiben, nämlich auf ihrer Innenseite.

Erst wenn die Rinde trocknet, taucht die Geheimschrift auf!

Material

- frisch von einem Astholz abgenommene Rinde; im Frühjahr sitzt die Rinde nur lose am Holz
- zugespitztes Astholz oder ein Stück Metall, z.B. ein Nagel, um in die Rinde zu ritzen

So wird's gemacht

Auf die Innenseite der Rinde etwas einritzen, etwa einen Wunsch oder vielleicht auch eine Zeichnung. Die Rinde zwischen einige Bücher legen, damit sie sich nicht zusammenrollt. Wenn die Rinde trocknet, kommt die Schrift zum Vorschein.

Man kann beschriebene Rinde auch dekorativ verwenden, beispielsweise als kleine Schildchen, um etwas zu beschriften.

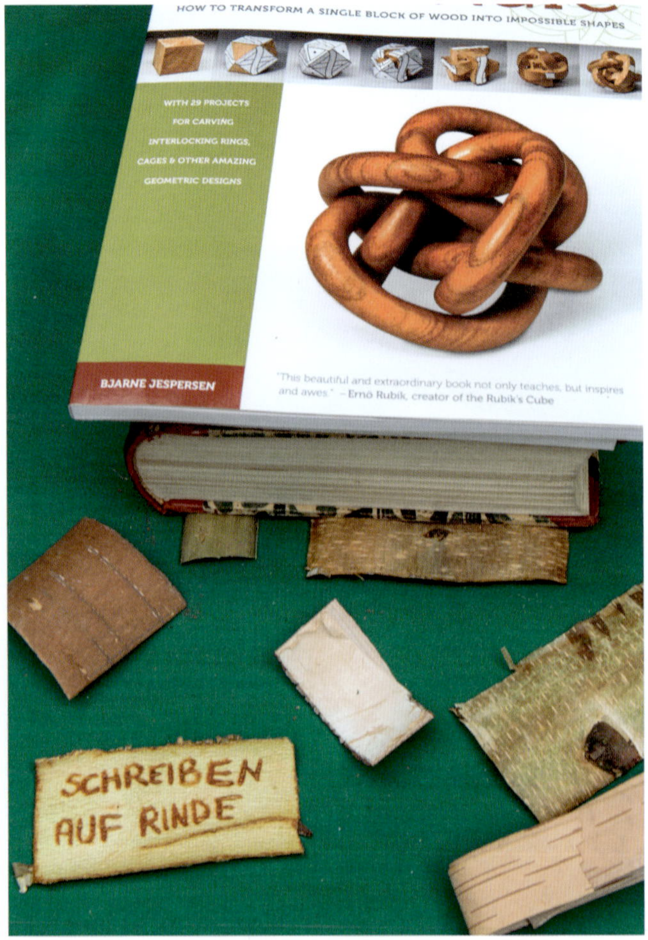

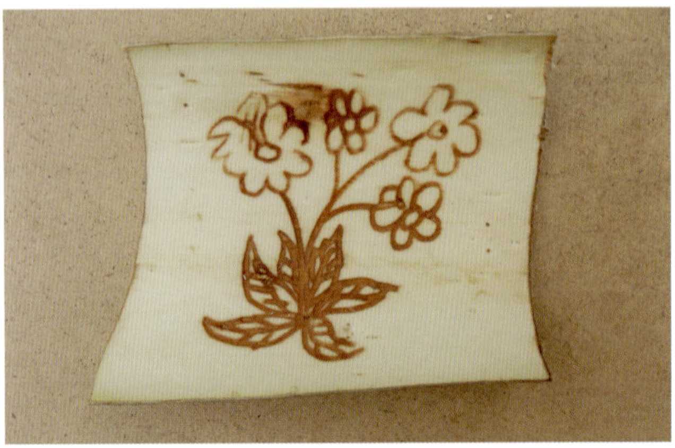

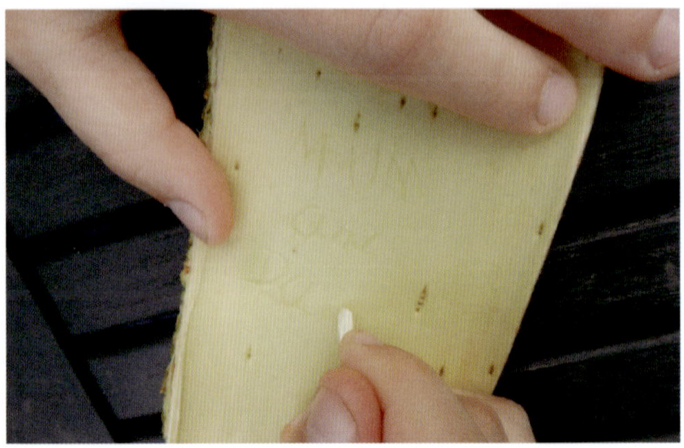

Rassel mit Murmel***

Wie ist bloß die Murmel in die Rassel gekommen? Ganz einfach: Die Rassel wird aus einem jungen Astholz geschnitzt, die Murmel wird hineingedrückt, und wenn das Holz trocknet, zieht es sich zusammen und das Loch schrumpft, sodass die Murmel nicht mehr herausfallen kann.

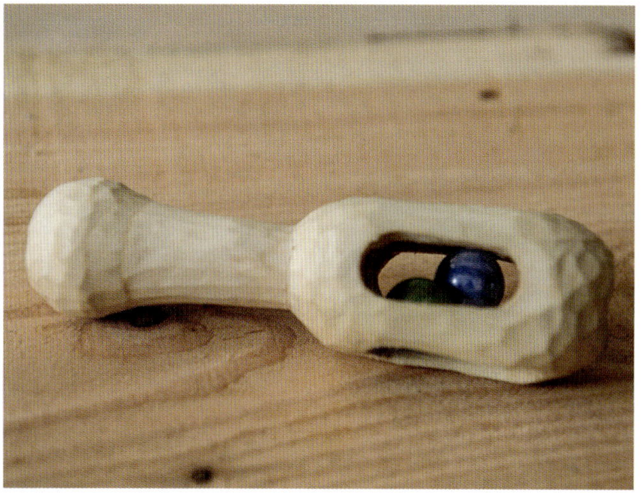

Material

- junges Astholz, Durchmesser 3,5 – 4,5 cm, ca. 15 cm lang
- 1 oder 2 Murmeln, Durchmesser 15 – 16 mm
- Bohrer mit dem gleichen Durchmesser wie die Murmel(n) und einen Bohrer mit einem 2 – 3 mm kleineren Durchmesser

So wird's gemacht

Das Astholz braucht vier längliche Löcher (siehe die Rassel auf S. 91 f.). An allen vier «Seiten» mit dem kleineren Bohrer zwei Löcher in Verlängerung zueinander bohren, Abstand zwischen den Löchern 2 – 4 cm. Mit dem Schnitzmesser vorsichtig das Holz zwischen den Löchern wegnehmen, eventuell ein Stemmeisen benutzen. Ein Loch im Durchmesser der Murmel(n) – auf keinen Fall größer – in das Ende des Astholzes bohren.

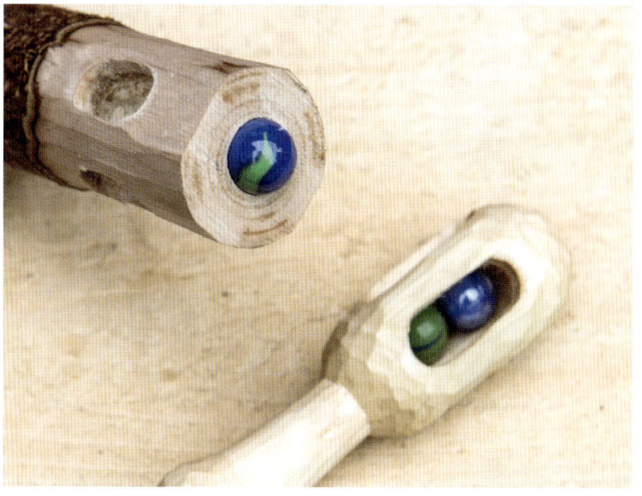

In das Innere des Astholzes, zwischen den länglichen Löchern, einen Hohlraum schnitzen, sodass die Kugel auch Platz hat zu rasseln. Vorsichtig arbeiten und darauf achten, die länglichen Löcher nicht zu verbreitern, die Kugel darf ja hinterher nicht herausfallen.

Die Kugel durch das Loch am Ende des Astholzes drücken (Foto). Die äußere Form der Rassel weiter verfeinern.

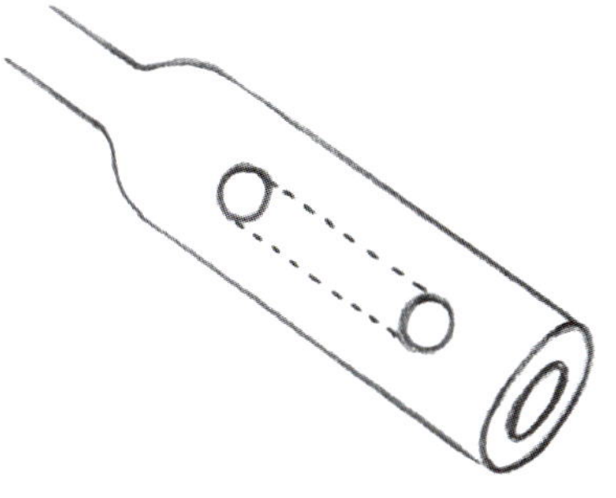

Das Holz trocknen, aber nicht zu schnell, da es sonst reißen kann. Die Löcher schrumpfen nur um ca. 1,5 mm, aber das reicht durchaus. Achtung: Aufpassen, dass das Holz nicht trocknet, bevor die Kugel drin ist …

Die Rassel kann auch mit einer Stahlkugel, einer runden Haselnuss oder womit auch immer ausgestattet werden.

Deko für die Wohnung

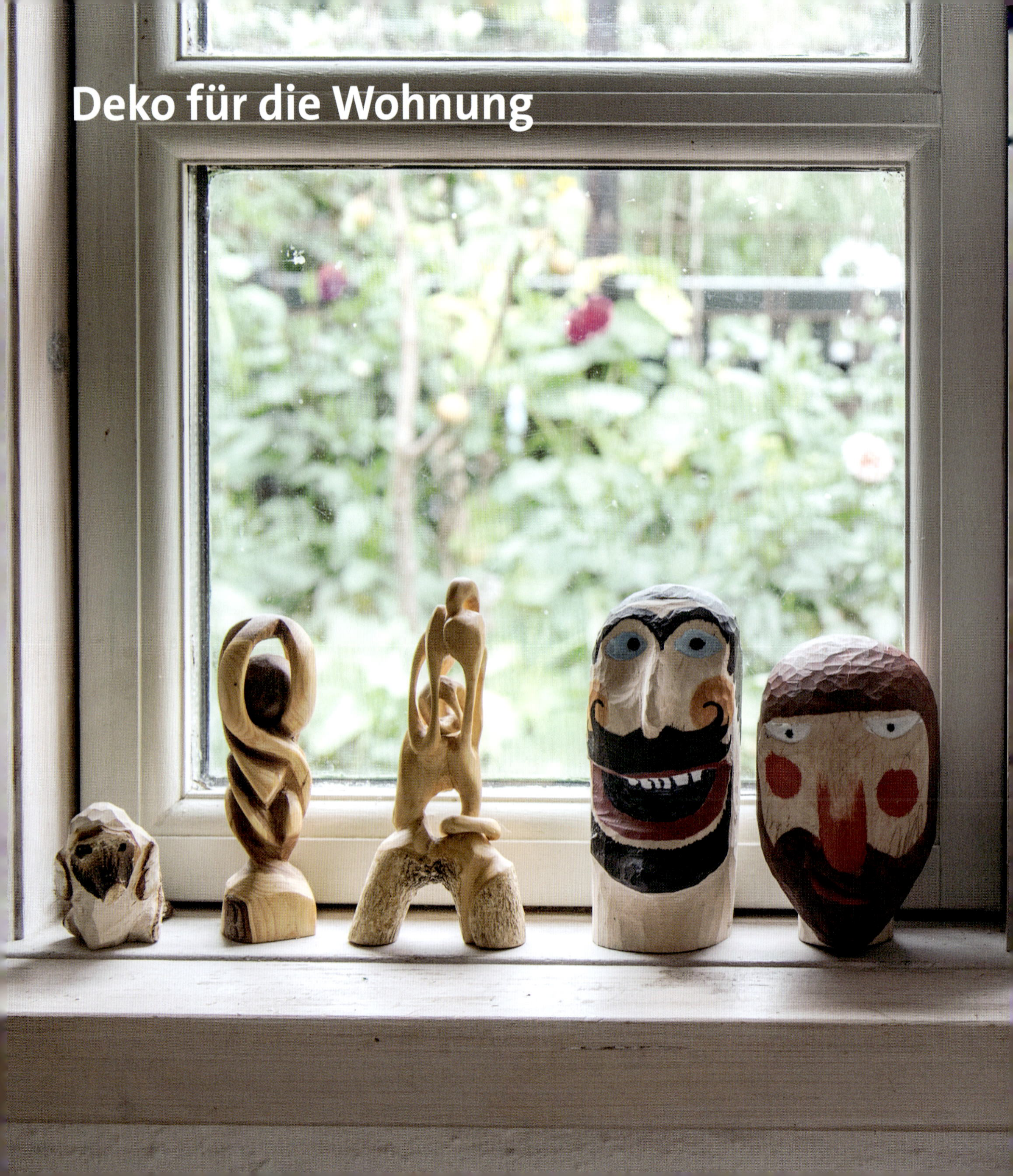

Pilze*

Material

- Astholz, Durchmesser 1,5 – 3 cm, Länge 20 – 25 cm
- evtl. Farbe

So wird's gemacht

Foto rechts unten: Die Pilze aus der Mitte des Astholzes schnitzen, das Werkstück dabei drehen, damit man nicht zum eigenen Körper hin schnitzt.

Zeichnung unten: Mit dem Stiel beginnen, schräg einkerben und zum Hut hin etwas gerader werden.

Die passende Höhe für den Hut bestimmen und an der Stelle einkerben. Eventuell zwei Pilze schnitzen, so wie auf dem Foto rechts unten gezeigt.

Oberhalb des Huts absägen und den Hut fertig schnitzen, dann auch den Stiel (das andere Ende des Astholzes) auf die gewünschte Länge sägen.

Ist das Holz getrocknet, kann es mit Farbe oder Buntstiften bemalt werden.

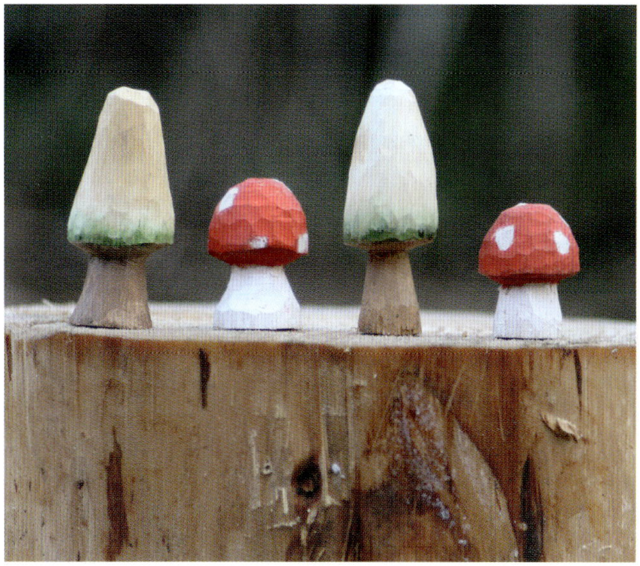

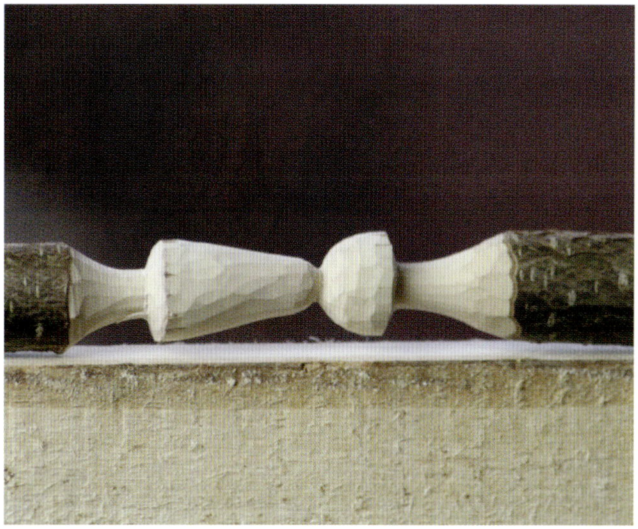

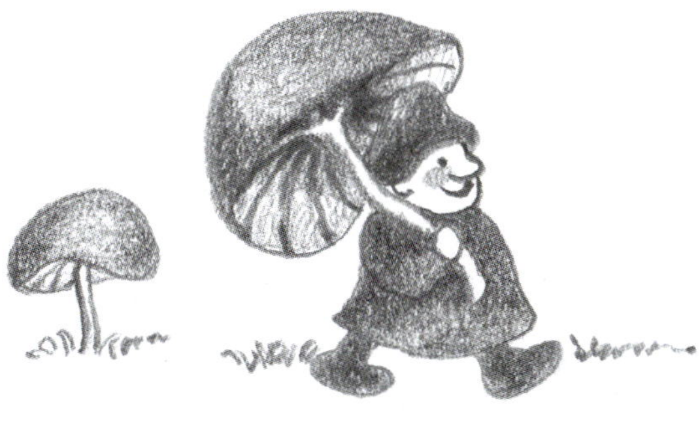

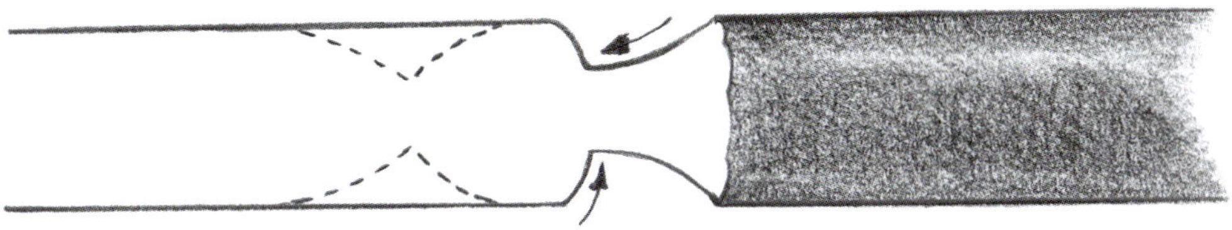

Sterne**

Material

- Asthölzer, Durchmesser 8 – 20 mm
- dünner Metalldraht, 10 – 20 cm
- Bohrer 1,5 mm
- Leim
- evtl. Nadel und Faden zum Aufhängen

So wird's gemacht

Asthölzer spalten, sodass man vier dünne Stücke erhält, Unebenheiten mit dem Schnitzmesser glätten. Die beiden Enden spitz zuschnitzen, Länge z.B. 8 – 15 cm.

In die Mitte der Stücke jeweils ein Loch bohren.

Die Mitte des Drahts zu einer kleinen Öse biegen und den Draht einige Male umeinanderdrehen. Die vier Stücke verbinden, dazu etwas Leim auf die Stücke geben und den Draht durch die Löcher führen.

Zeichnung unten: Die beiden Enden des Metalldrahts auseinanderziehen, sodass die vier Holzstücke fest zusammen verbunden sind. Der Metalldraht ist ideal, um die Sterne z.B. am Weihnachtsbaum zu befestigen.

Soll der Stern aufgehängt werden, in eine der Spitzen ein kleines Loch bohren und mit einer Nadel einen Faden hindurchführen. Mit einem goldenen Faden sieht der Stern natürlich besonders schön aus!

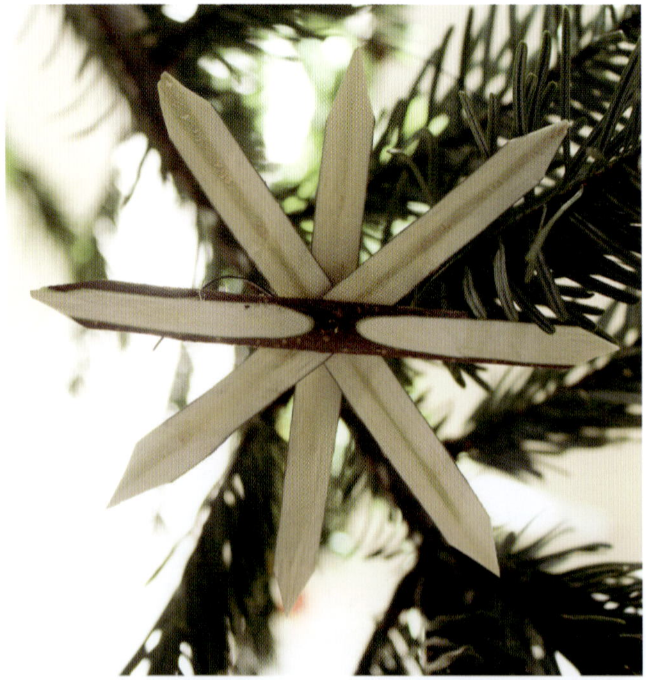

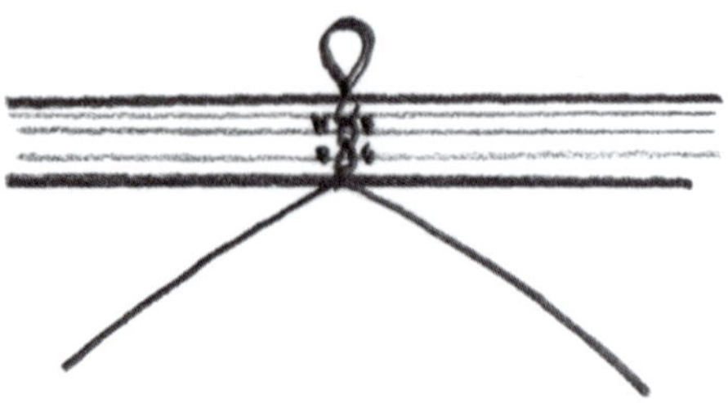

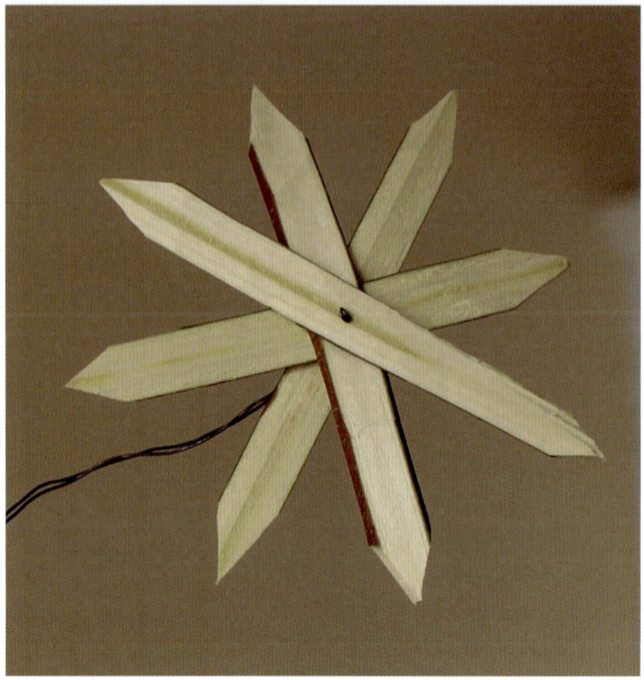

Tanne**

Hier stellen wir drei Varianten vor, wie man Tannen schnitzen kann:

1. mit Einkerbungen (siehe Foto rechts)
2. mit Einschnitten (linkes Foto auf S. 127)
3. mit der Spanschnitztechnik (rechtes Foto auf S. 127) – eine schwierige Aufgabe (***), die Erfahrung in der Spanschnitztechnik erfordert. Siehe auch die Schnitztechnik bei den «Strohblumen» auf S. 136 ff.

Material

- **Tanne mit Einkerbungen:** Astholz, Durchmesser 3 – 4 cm, oder trockenes Lindenholz 1 x 3 cm
- **Tanne mit Einschnitten oder per Spanschnitztechnik angefertigt:** Astholz, Durchmesser 2 – 4 cm
- evtl. Farbe

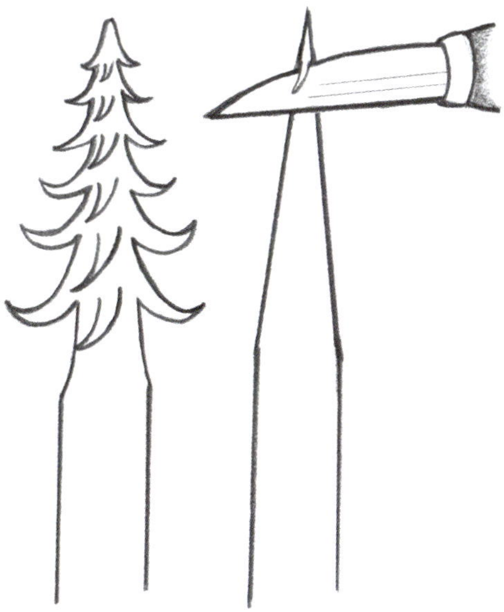

Tanne mit Einschnitten

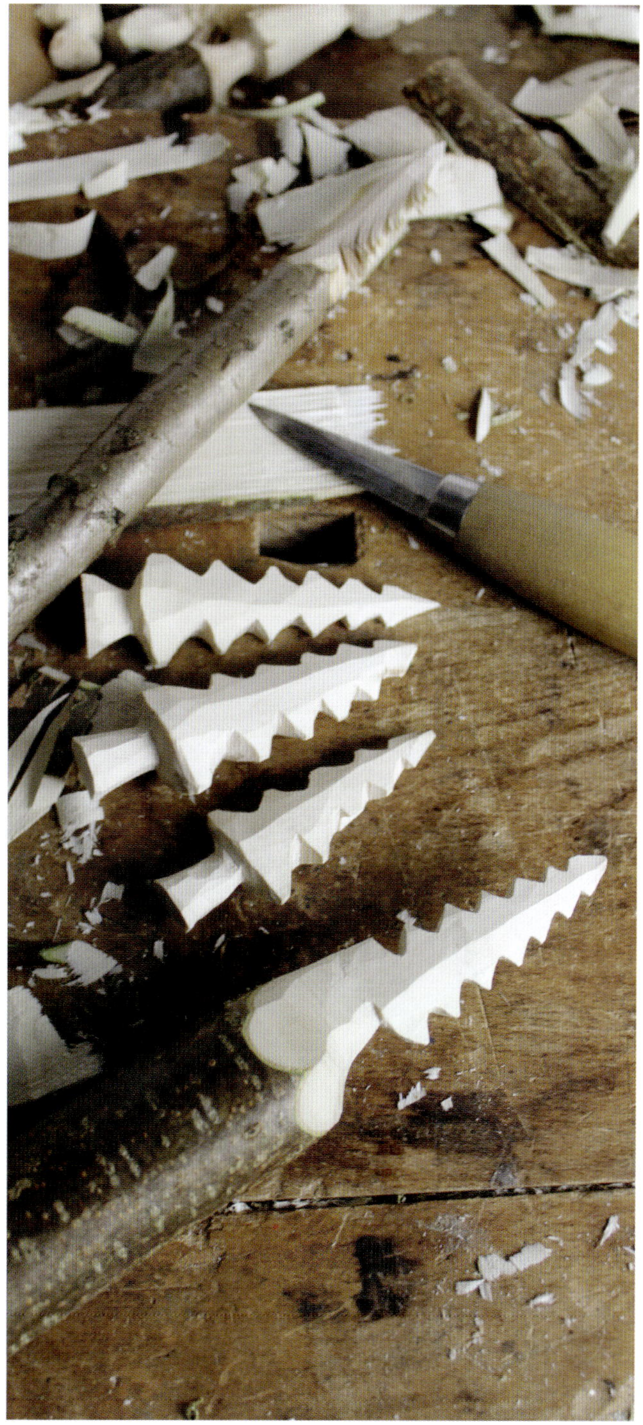

So wird's gemacht

Tanne mit Einkerbungen (nebenstehendes Foto und Foto S. 125): Astholz an einem Ende spitz und auf der einen Seite flacher schnitzen, sodass zwei Kanten entstehen, an denen die Einkerbungen geschnitzt werden. Die Form eventuell mit der Axt grob vorarbeiten. Die Einkerbungen schnitzen – aber vorsichtig, die Spitzen brechen leicht ab.

Der Baum kann auch als Dreieck angefertigt werden.

Eine kleine eingekerbte Tanne ist auch ein schöner Geschenkanhänger (siehe Foto S. 170).

Tanne mit Einschnitten (siehe Zeichnung S. 125 und Foto S. 127): Das Astholz spitz zuschnitzen. Das Werkstück rund, viereckig, fünfeckig oder sechseckig schnitzen. Die Einschnitte Runde für Runde und im ungefähr gleichen Abstand genau untereinandersetzen

Tanne mit Spänen (nebenstehendes Foto und Foto S. 127): Ein Astholz mit einem Durchmesser von ca. 2 cm ist genau richtig. Das Werkstück an einem Ende anspitzen, rund oder viereckig schnitzen.

Das Astholz trocknen lassen, bevor die Späne geschnitzt werden, dann kräuseln sie sich besser. Zuerst eine Runde Späne in das dünnere Ende unter der Spitze schnitzen, dann die nächste Runde darunter ansetzen usw., die Späne müssen genau untereinandersitzen.

Die Späne können Runde für Runde länger werden, unten am Baum sitzen dann die längsten.

Bei allen drei Tannen: Die Tanne vom Astholz absägen und, wenn gewünscht, bemalen oder in flüssige Farbe tauchen, dabei können sich die Späne aber eventuell wieder ausrollen.

Foto rechts: Man kann auch ein Werkstück mit einem größeren Durchmesser verwenden und flachschnitzen und Späne in die beiden Seiten schnitzen.

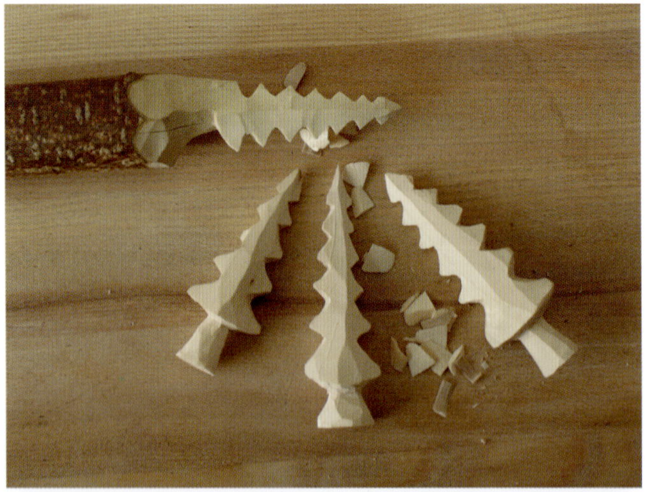

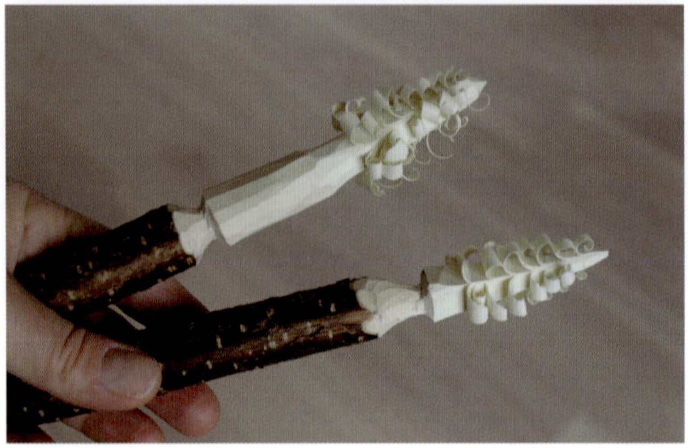

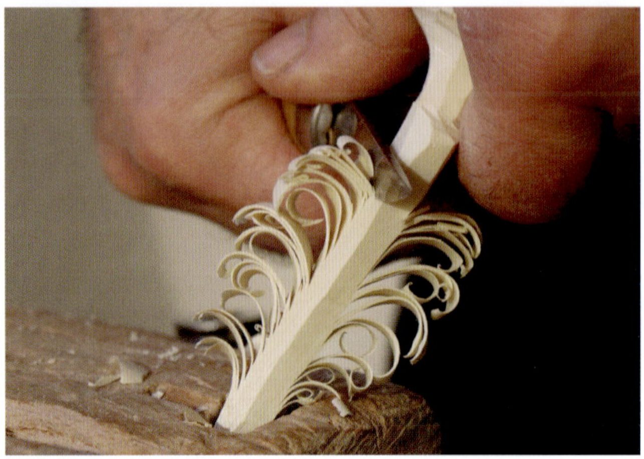

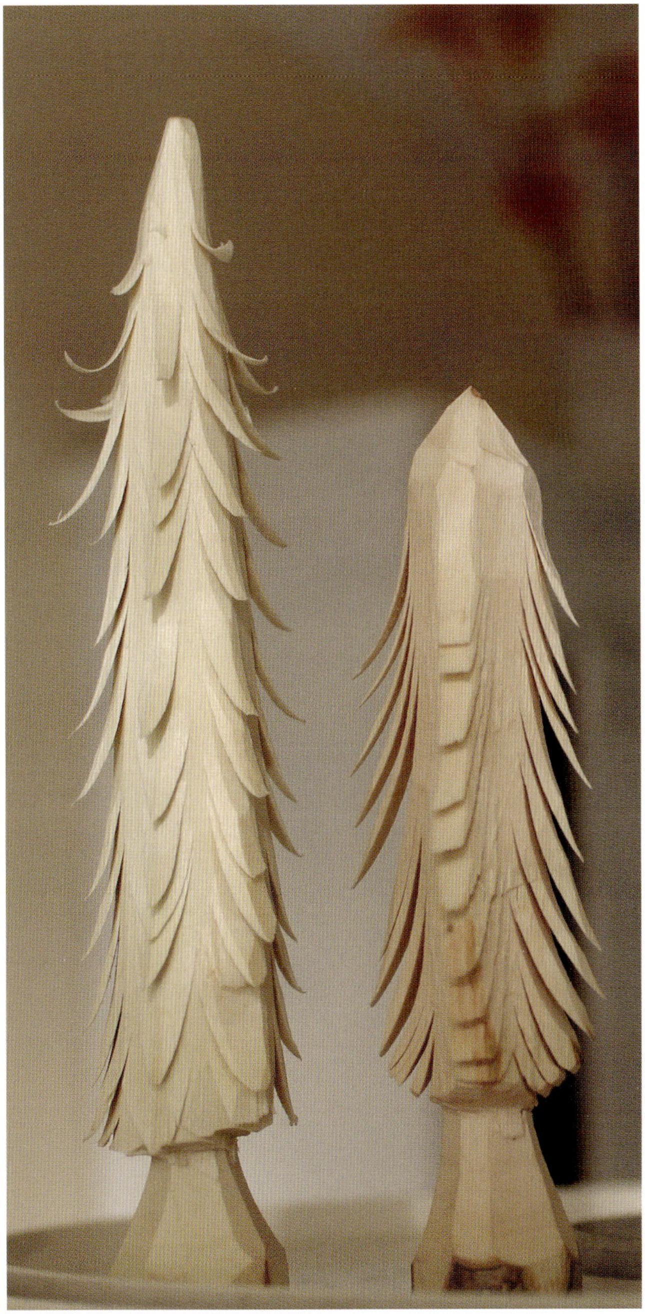

Tanne mit Einschnitten

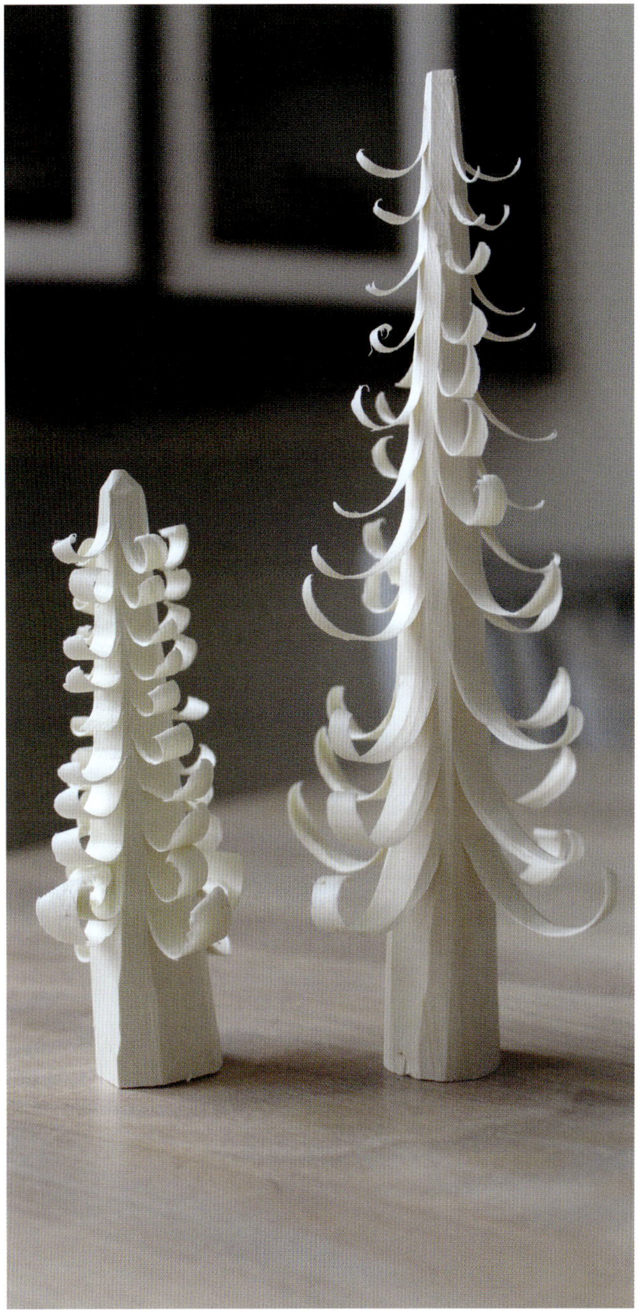

Tanne mit Spänen

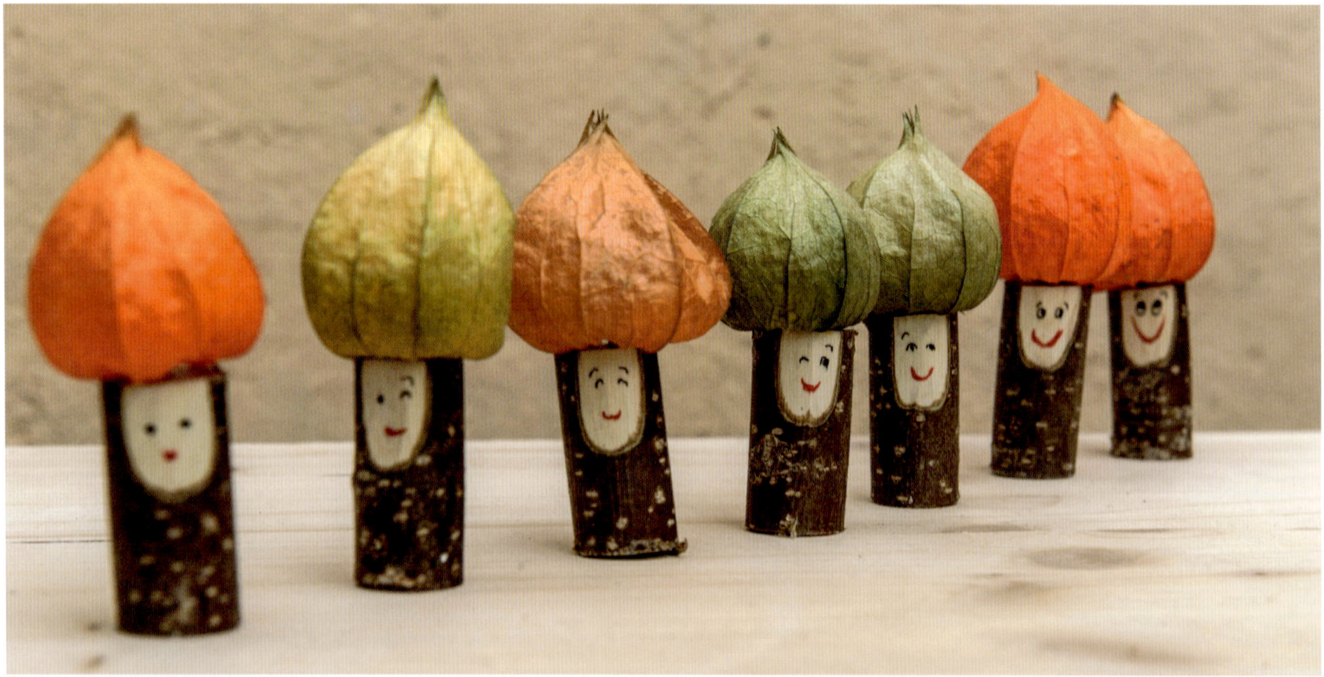

Freundliche Irrlichter*

Liebes kleines Lichtelein,
zeige mir den Weg nach Heim!

Die Lampionblume wächst als Unkraut im Garten, ist mit ihren flammenden Farben aber wunderschön, und öffnet man den Hut des kleinen Irrlichts, findet man sogar noch einen Schatz!

Material

- Asthölzer
- Tusche
- Leim
- Lampionblüten

So wird's gemacht

Mit dem Schnitzmesser einen oder mehrere Späne Rinde für das Gesicht von dem Astholz abnehmen. Mund und Augen zeichnen und das Astholz auf die gewünschte Länge sägen.

Den Hut mit einem Klecks Leim ankleben. Man muss ihn einige Augenblicke andrücken, damit er richtig hält. Aber Vorsicht, denn man kann den Hut dabei leicht plattdrücken!

Figur aus einer Tannenastgabel**

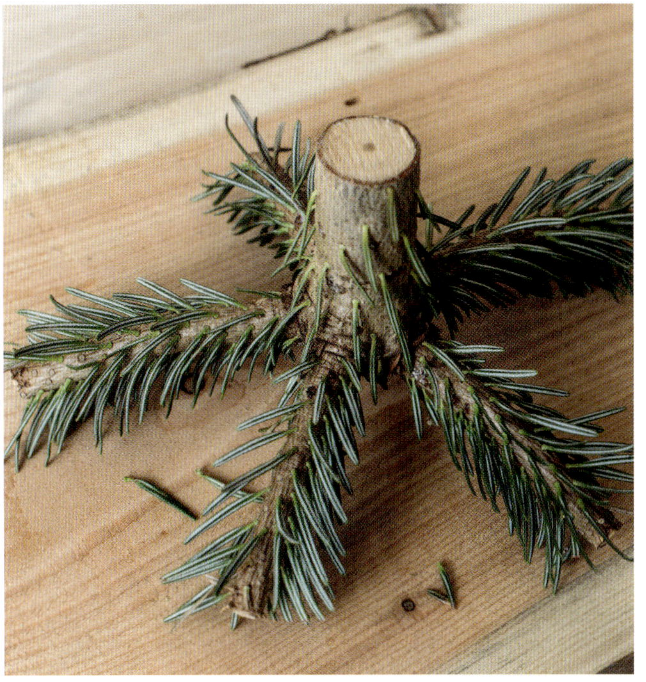

Aus einer Tannenastgabel lassen sich witzige Figuren schnitzen. Die Nebenzweige können zu Beinen und vielleicht zu einer kleinen Nase werden. Zwar werden dabei die Finger vom Harz meistens etwas klebrig, aber immerhin ist man dann um eine Erfahrung reicher. Am besten schnitzt man die Figuren kurz nach Weihnachten, wenn die Christbäume entsorgt werden.

Material

Tannenholz mit Zweigen, Edeltanne ist besser als Fichte (Astgabeln von anderen Bäumen können auch verwendet werden, wenn sich daraus mindestens drei Beine machen lassen). Die zweite Astgabel von oben ist in der Regel am besten geeignet, wobei man sich zunächst vorstellen muss, dass die Figur von der Spitze des Baumes aus gesehen auf dem Kopf stünde. Eine Nase kann angefertigt werden, wenn es etwas weiter unten einen zusätzlichen Zweig gibt.

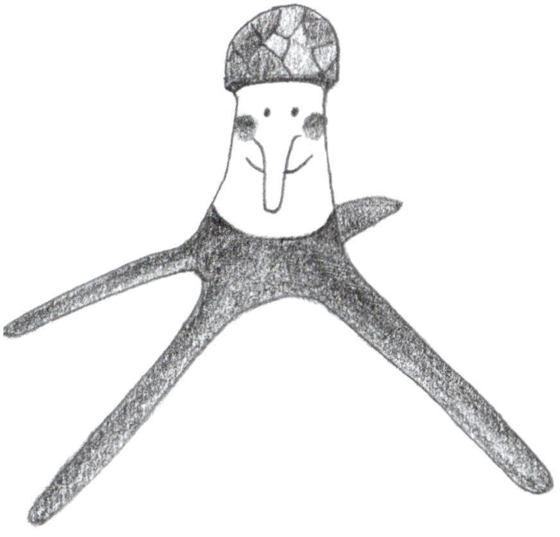

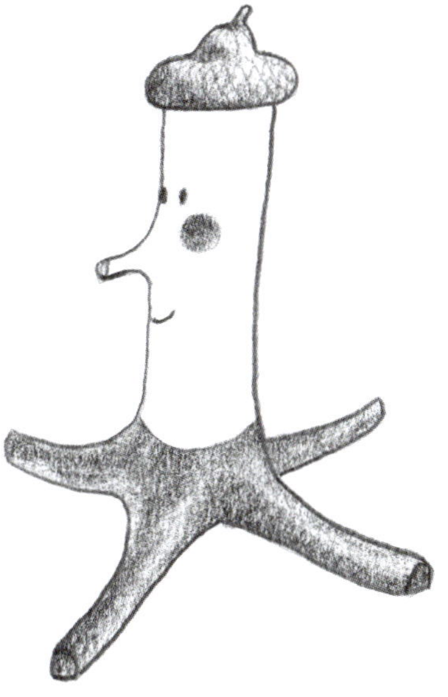

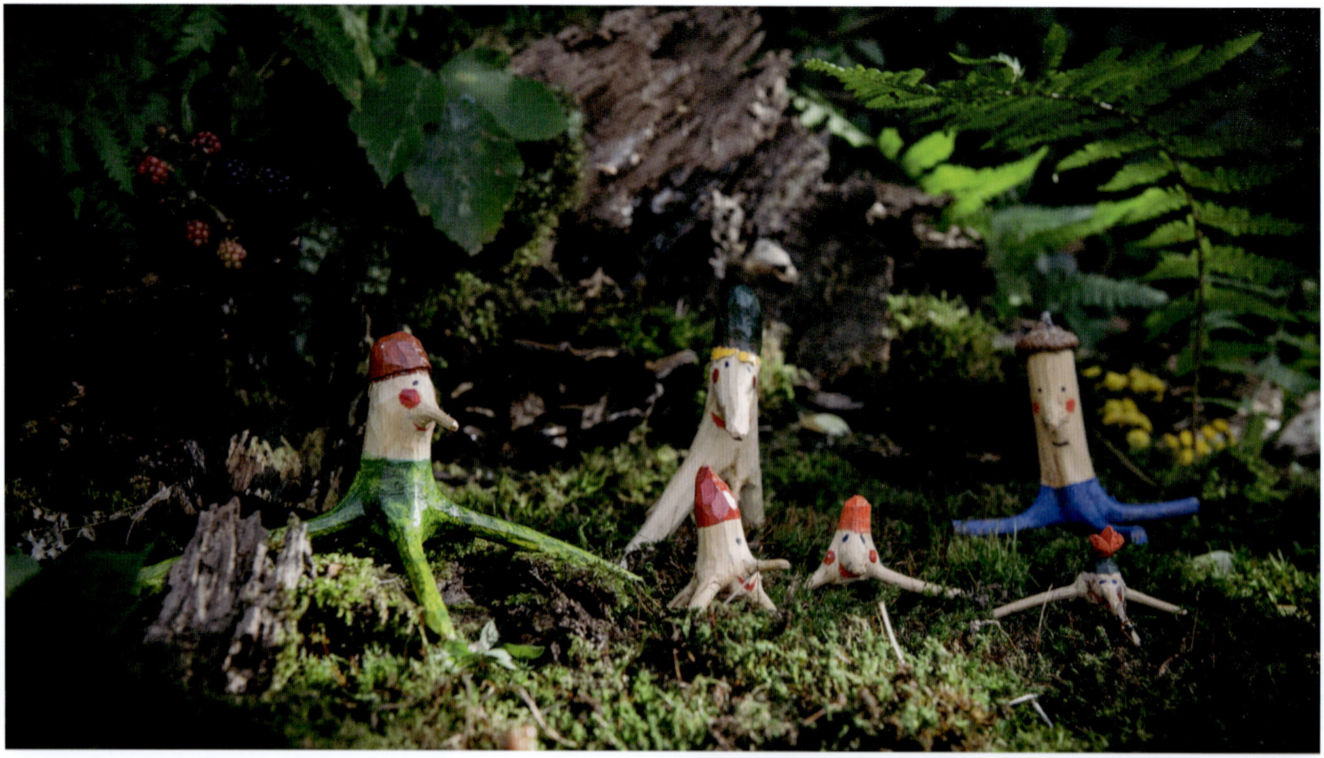

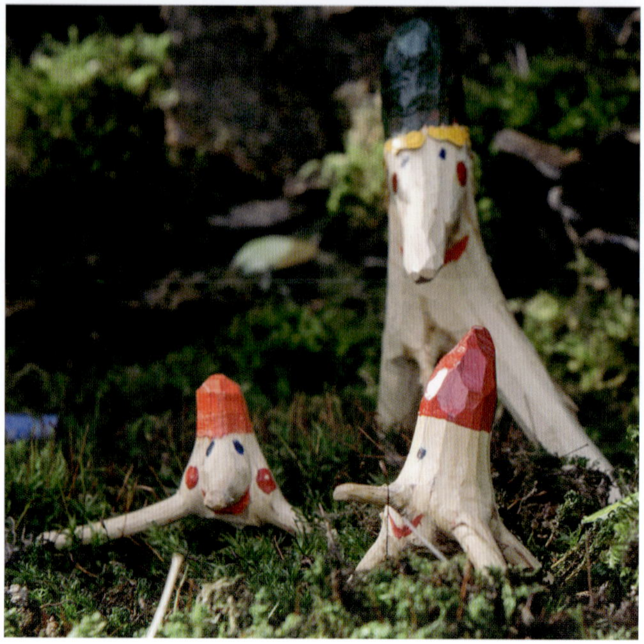

So wird's gemacht

Hauptstück so absägen, dass seine Höhe zur Form des Kopfes passt, dann das Hauptstück unterhalb der «Beine» absägen. Die «Beine» mit einer Astschere so abschneiden, dass sie Kontakt mit der Unterlage haben.

Die Rinde entfernen und den Kopf abrunden. An der Stelle, an der die Zweige auf das Hauptstück treffen, kann es schon mal ein wenig schwierig sein, die Rinde abzunehmen. Vorsichtig mit der Spitze des Schnitzmessers arbeiten. Die «Beine» nicht zu dünn schnitzen. Ausprobieren, ob man die Rinde abschaben oder abziehen kann.

Ist die Figur getrocknet, kann sie bemalt werden.

Wichtel mit langer Nase und Mütze**

Dieser Wichtel hier ist ein gemütlicher Kerl mit einer schönen warmen Mütze auf dem Kopf. Die lange Nase ist aus einem dünnen Nebenzweig geschnitzt.

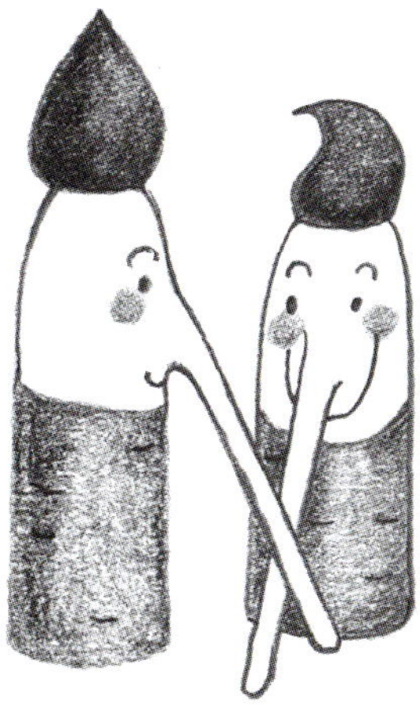

Material
Astholz mit einem dünnen Nebenzweig

So wird's gemacht
Zeichnung links: Das Astholz auf eine passende Länge sägen. Den Nebenzweig so abschneiden, dass die Nase zur Stütze wird.

Mit dem Schnitzmesser die Rinde an Hals und Kopf abnehmen. Das obere Ende als Mütze spitz zuschnitzen. Dazu rundherum eine Einkerbung schnitzen, sodass die Mütze auch deutlich hervortritt und der Kopf gleichzeitig schmaler wird.

Die Mütze bemalen, Augen und eventuell einen Mund zeichnen.

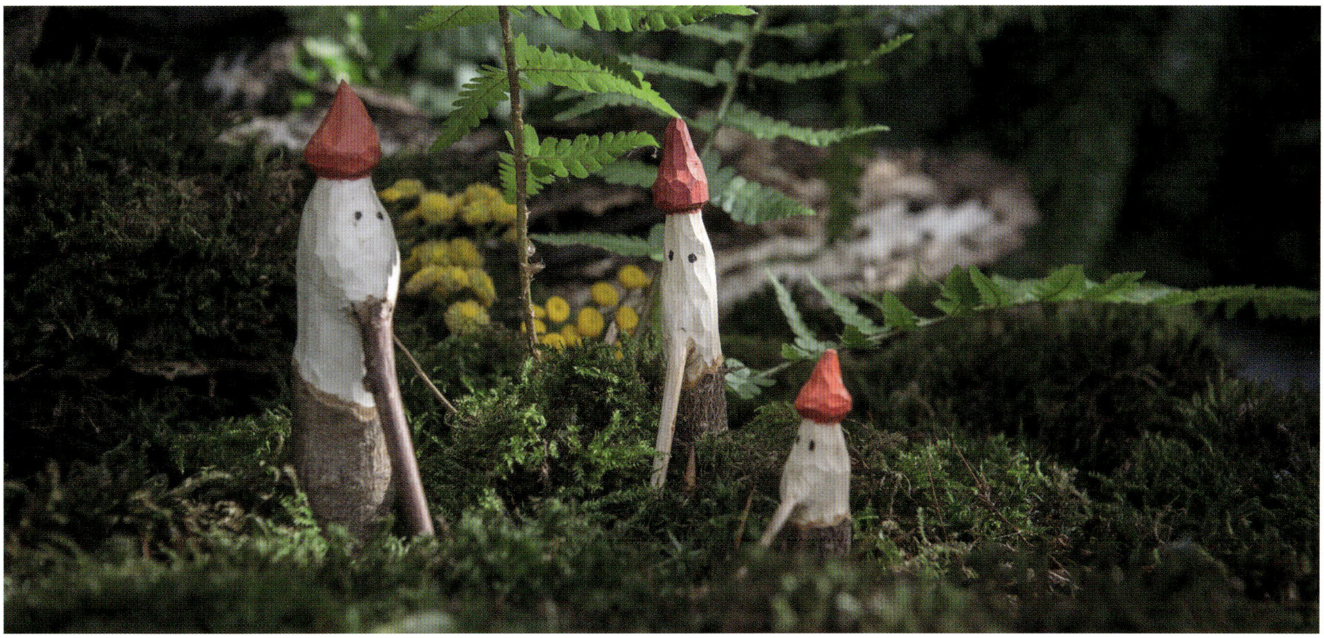

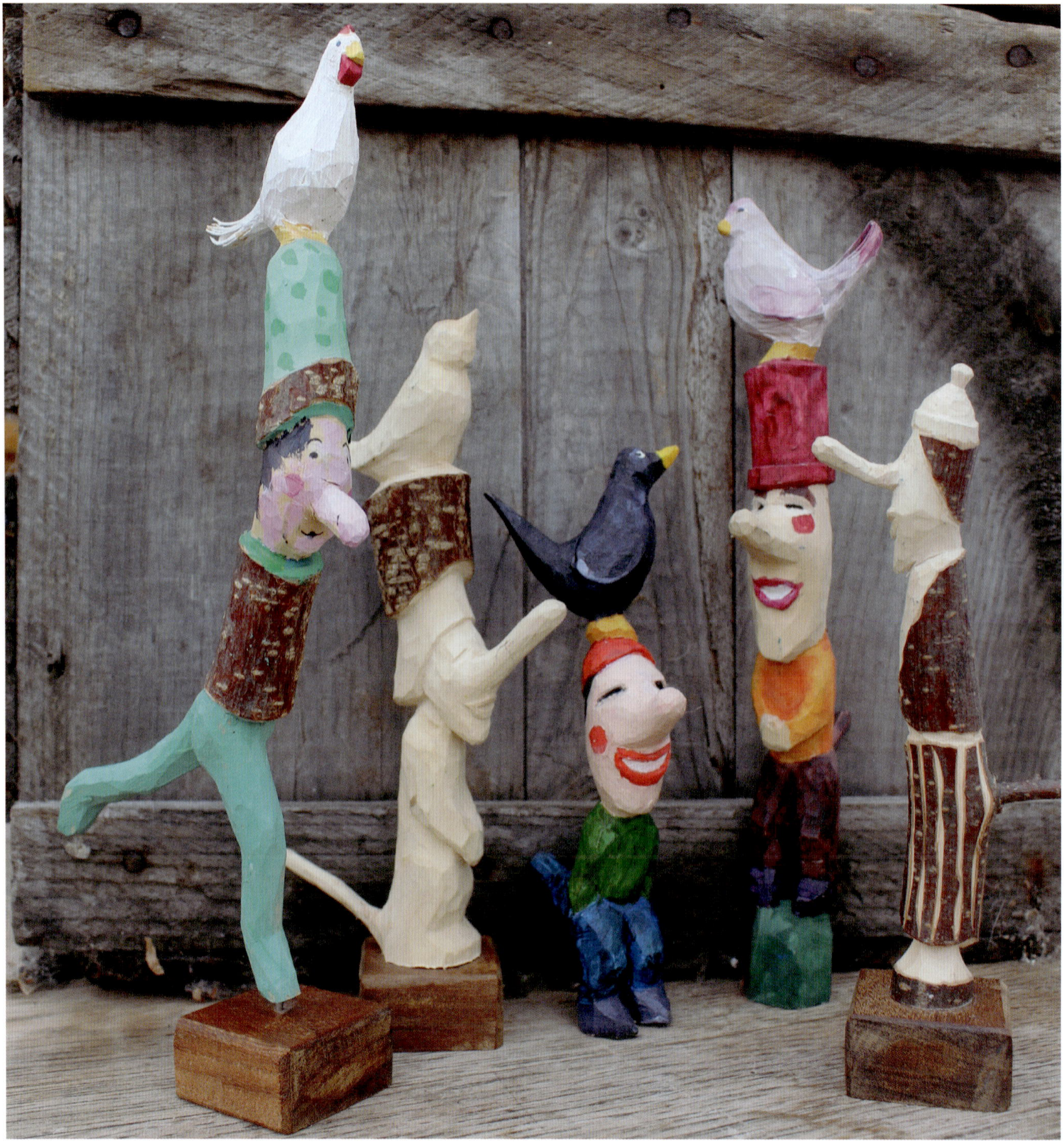

Lustige Figuren**

Aus einem einzelnen Astholz mit Nebenzweigen kann man die witzigsten Figuren herstellen. Lange Nasen, kurze Schwänzchen, Vögel oder sonst irgendetwas auf dem Kopf, wichtelige freche Kerlchen, Tänzerinnen (siehe auch das Foto auf dem Buchcover).

Material

- Astholz mit Nebenzweigen
- evtl. Holzklotz als Sockel
- Farbe oder Buntstifte
- evtl. Stoff für Kleidungsstücke

So wird's gemacht

Sich von der Form des Astholzes inspirieren lassen und überlegen, wo Nase, Hut usw. sitzen sollen. Auch während des Schnitzens offen sein für das, was das Holz «anbietet».

Ca. 3 cm Durchmesser und 15 – 25 cm Länge sind eine handliche Größe.

Man kann die Rinde am Holz belassen oder abnehmen und die Figur hinterher bemalen.

Der Sockel kann aus dem Werkstück oder aus einem zusätzlichen Holzklotz geschnitzt werden, der dann von unten an die Figur geschraubt oder mit einem Stück Metall mit ihr verbunden wird (siehe die Zeichnung für die Figur mit eingesetzten Armen auf S. 135).

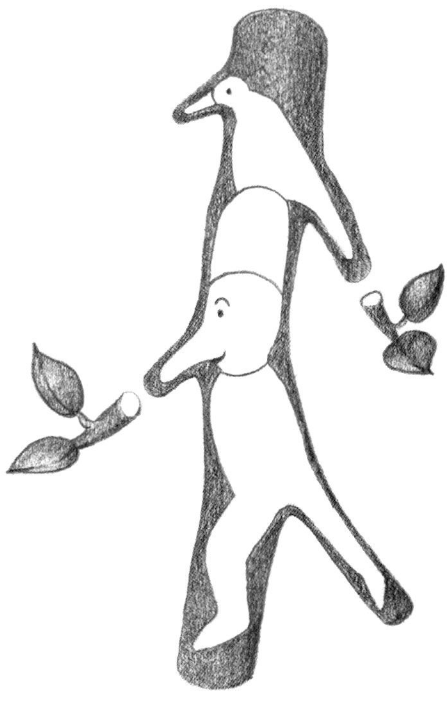

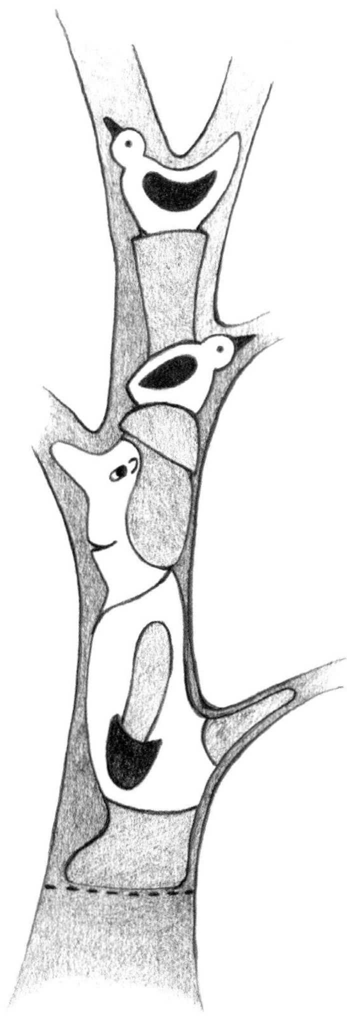

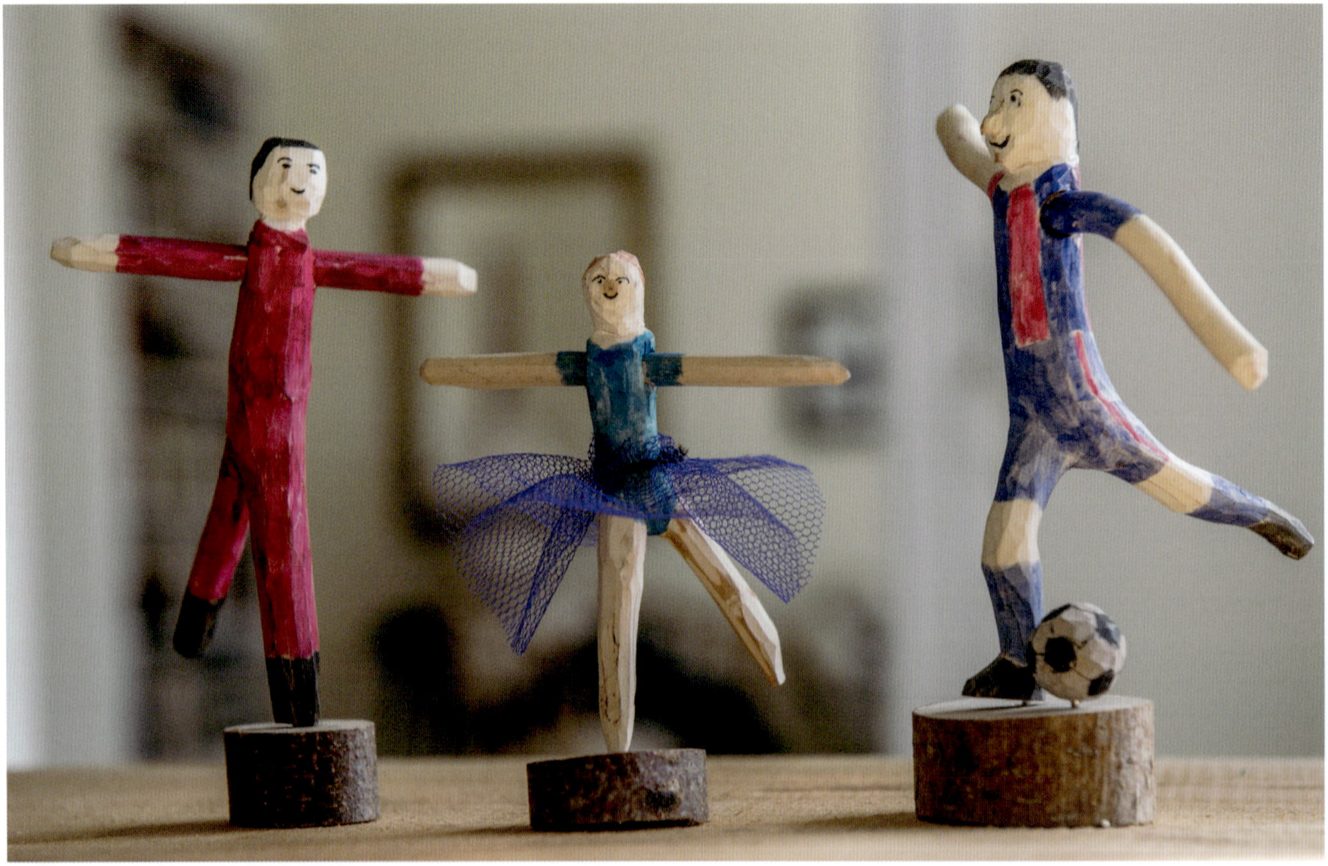

Figur mit eingesetzten Armen**

Hier sind ein paar Beispiele für Figuren, die auf einem Bein stehen: ein Fußballspieler, ein Schlittschuhläufer, eine Balletttänzerin, ein Schmetterlingsfänger (Foto S. 135) … Es gibt sicher noch mehr!

Material

- Astgabel
- 2 kleine Asthölzer mit einer gewachsenen Krümmung oder ein gerade gewachsenes Stück für die Arme (siehe Zeichnung S. 135)
- Bohrer, Durchmesser entsprechend dem der Arme
- 1 Stück Eisen oder Stahl, Durchmesser 2 – 3 mm, Nagel oder Fahrradspeiche
- Bohrer in entsprechendem Durchmesser
- Scheibe von einem Astholz als Fuß, Durchmesser so groß, dass die Figur nicht umfallen kann, z.B. 5 cm; ein Klotz kann ebenfalls verwendet werden
- Leim

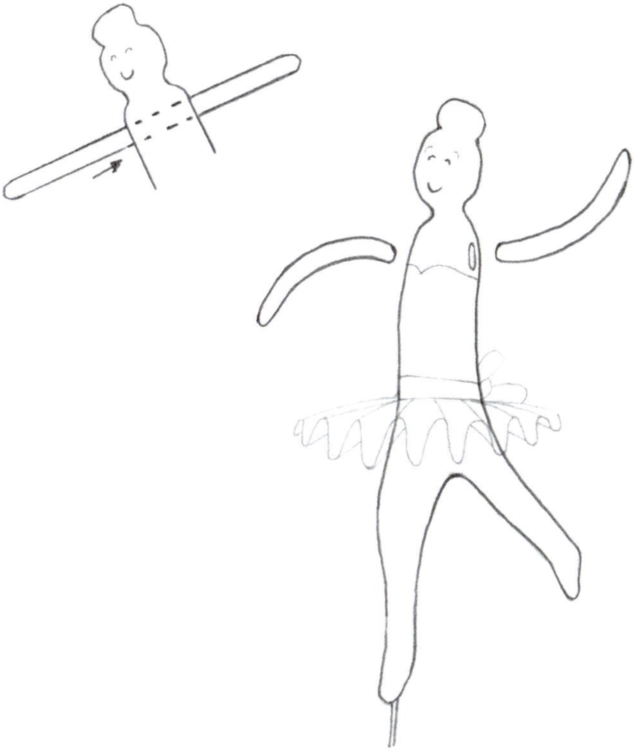

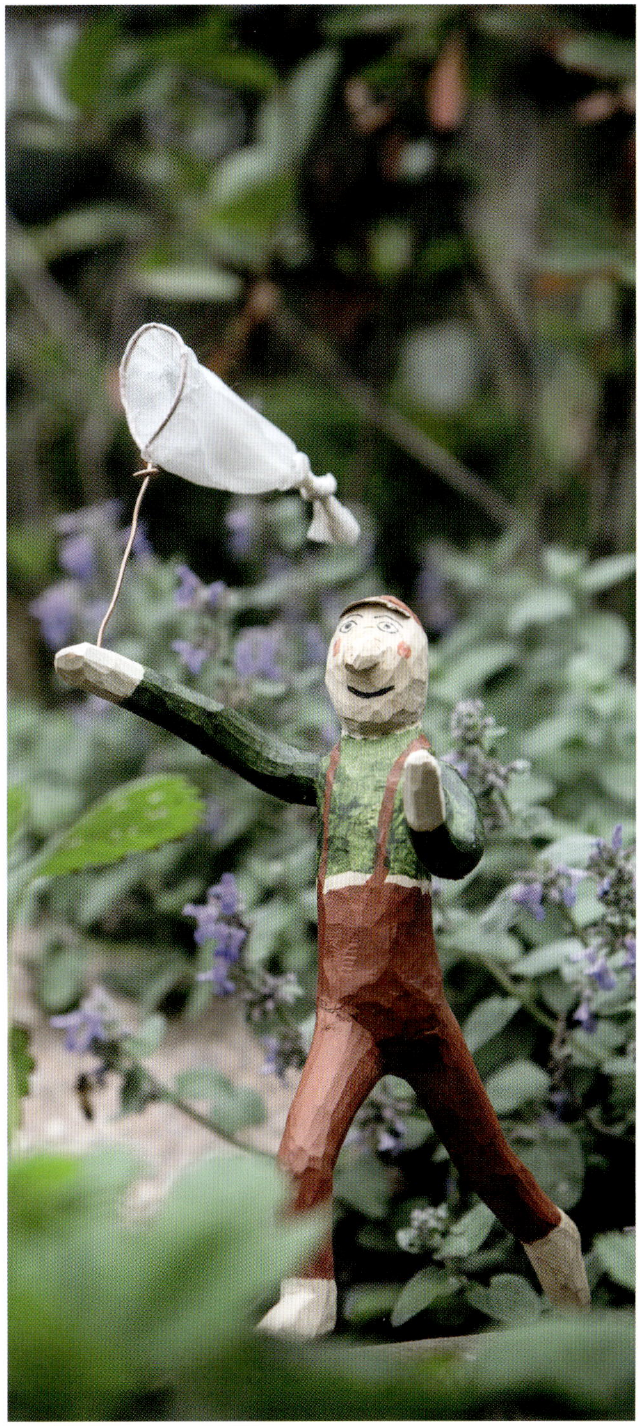

So wird's gemacht

Rinde abnehmen. Kopf rund und eine Rille als Hals schnitzen. Beispielsweise eine Taille, leicht angewinkelte Beine, Füße usw. schnitzen. Die Arme schnitzen und trocknen lassen.

Löcher für die Arme bohren und die Arme darin festkleben. Von unten ein Loch in das Standbein der Figur und eines in die Scheibe bohren. Die Teile mit einem Stück Metall verbinden.

Die Figur verzieren.

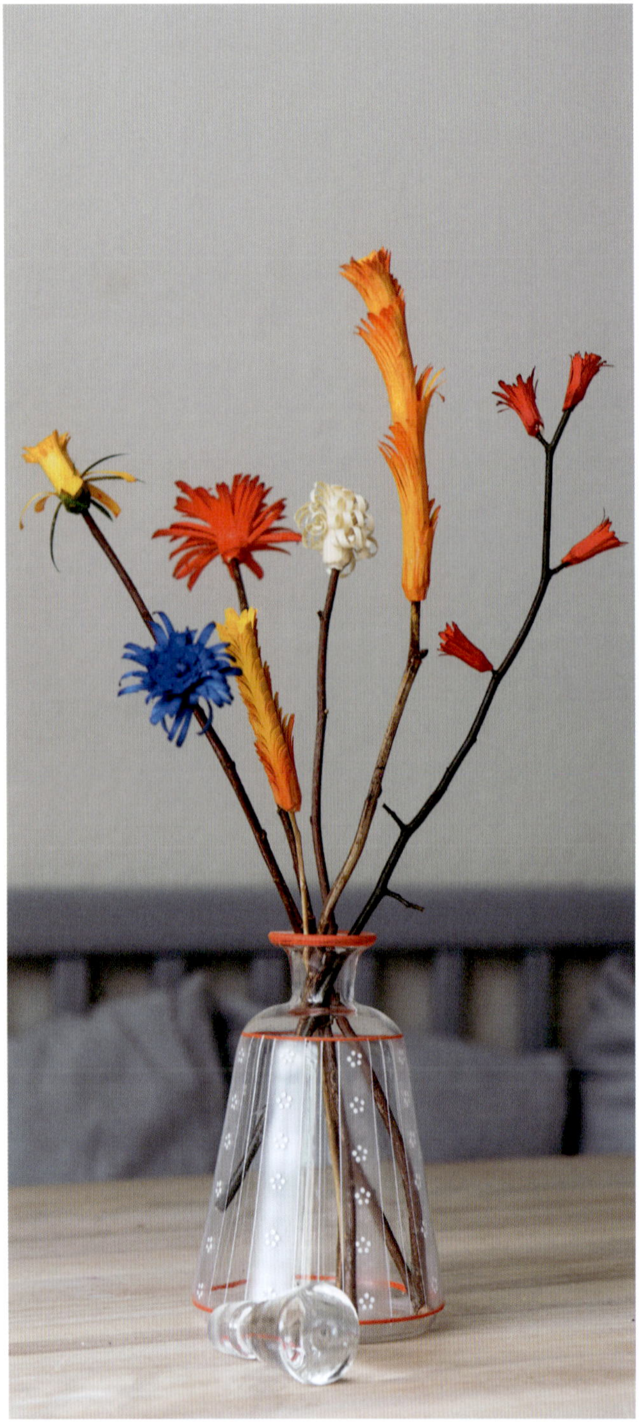

«Strohblumen»***

Ein farbenfroher Strauß aus geschnitzten Blumen in vielen verschiedenen Formen: wer würde sich nicht darüber freuen? Die Schwierigkeit besteht darin, dünne Späne zu schnitzen, ohne dass sie abbrechen.

Material

- Astholz, am besten Holunder, Durchmesser 1 – 2 cm, Länge 10 – 20 cm; junge Zweige, bei denen das Kernholz noch nicht fest ist, taugen nicht
- dünner Ast oder Zweig für den Stiel
- Wasserbeize oder Wasserfarbe

So wird's gemacht

Grundanleitung: Rinde auf einer Länge von 6 – 8 cm abschälen bzw. abschaben. Ein Ende abrunden. Einen langen, dünnen Span schnitzen, ca. 2,5 – 5 cm, ca. 1 cm vor dem Ende stoppen. Die Schnitztechnik 2 auf S. 18 anwenden (siehe Foto unten).

Den Span eventuell ein wenig nach unten biegen. Rundherum weitere Späne schnitzen. Weitere Runden mit Spänen unter der ersten Runde ansetzen. Die Blume bricht ab, wenn man zu tief ins Mark schneidet. Das kann auch bei zu vielen kleinen Einschnitten ins Mark passieren.

Den Stiel in das Mark stecken.

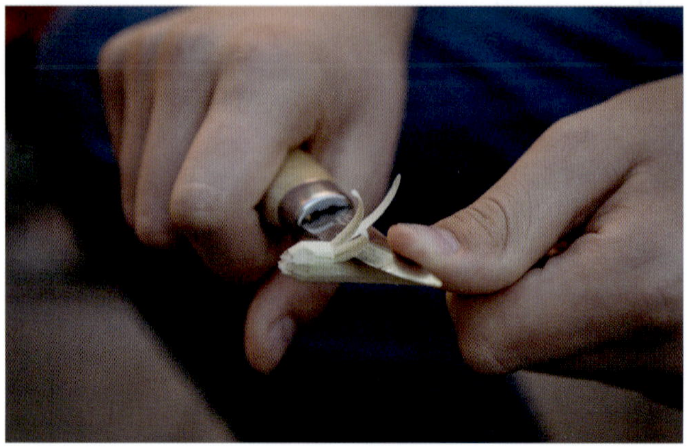

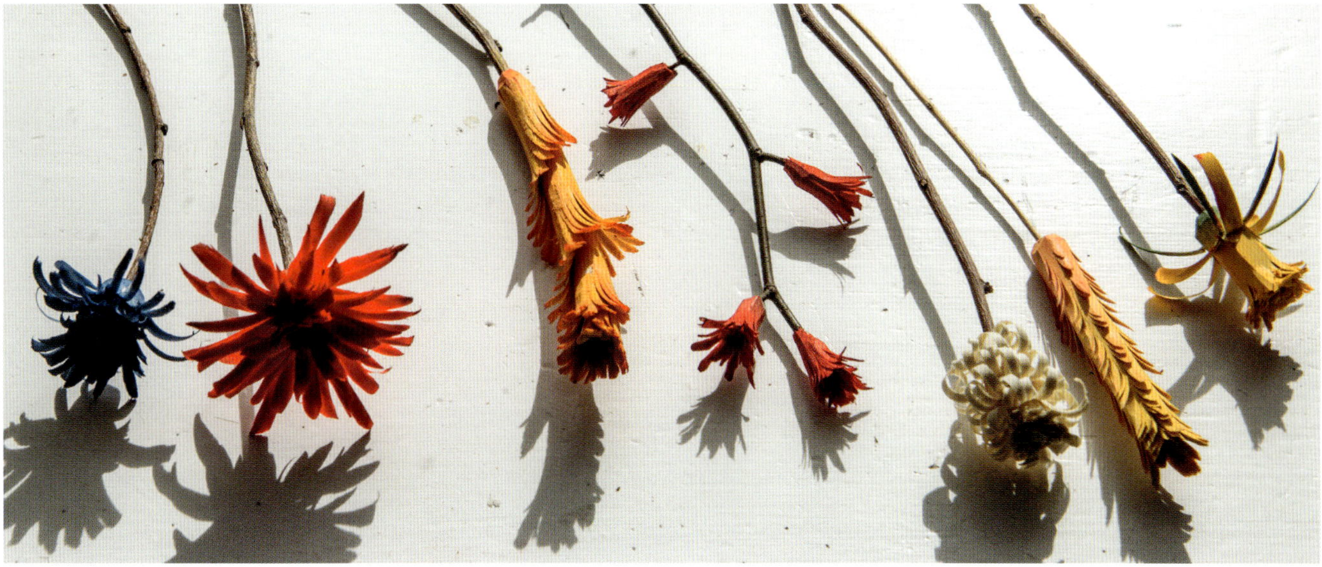

Der Blume Farbenpracht verleihen, indem man sie ganz in Farbe eintaucht. Die Blume mit weiteren Nuancen verschönern, z.B. in Gelb eintauchen und etwas Rot mit einem Pinsel auf die Spitzen auftragen.

Verschiedene Formen

Längliche Blume: Die Späne spiralförmig rundherum schnitzen (siehe die dritte Blume von links auf Foto links und Zeichnung 1).

Achse: Drei, vier oder gar fünf Kanten schnitzen und kleine Einschnitte in die Kanten setzen (siehe die zweite Blume von rechts auf dem Foto oben und Zeichnung 2).

«Lockige» Blumenblätter: Die Rinde vom Astholz entfernen und das Werkstück eine Zeit lang trocknen lassen. Die feinen Späne werden sich wie beim Hobeln zu kleinen Locken aufrollen (siehe die dritte Blume von rechts auf dem Foto oben und Zeichnung 3). Dieses Modell kann man nicht in Farbe tauchen oder mit dem Pinsel verschönern, denn die Blätter richten sich wieder aus, wenn sie feucht werden.

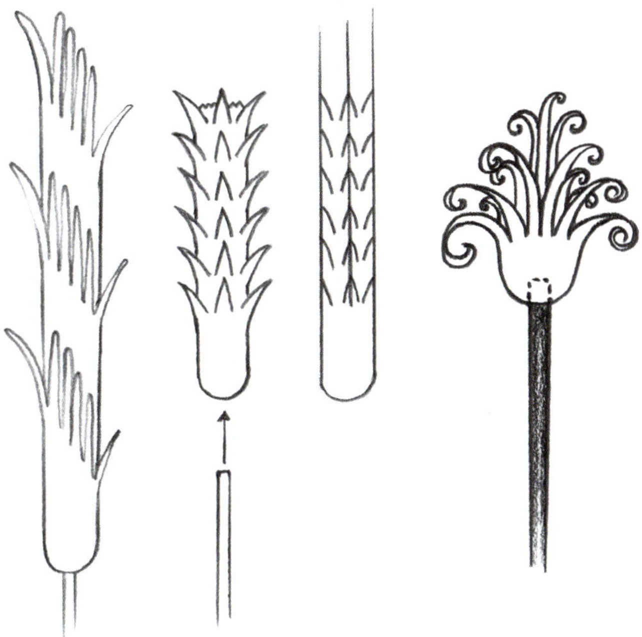

1 2 3

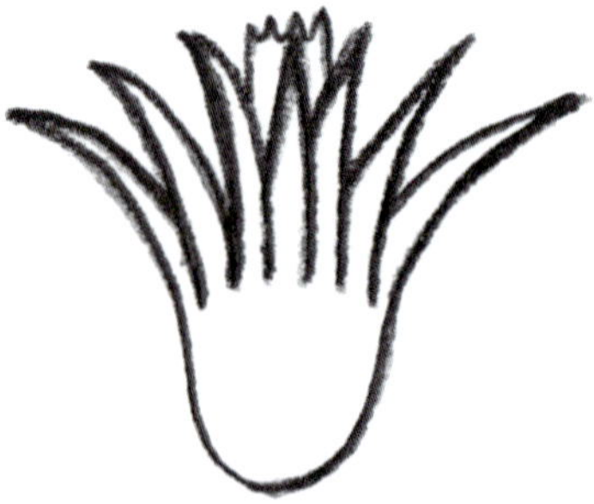

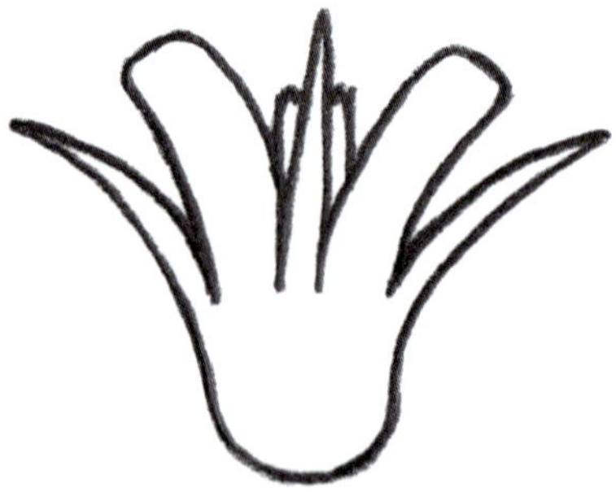

Blume mit Blütenkelch in der Mitte: Zunächst rundum einige Kronblätter schnitzen. Übrig bleibt in der Mitte der Blütenkelch, in den kleine Einkerbungen geschnitzt werden (siehe die Zeichnung oben und das Foto unten).

Blume mit schmalen und breiten Blättern: Fünf Kanten schnitzen. Dann zuerst schmale Blätter an den Kanten und danach breitere Blätter schnitzen, zum Schluss den Blütenkelch (siehe die Zeichnung oben). Die schmalen Blätter können mit einem Pinsel und grüner Farbe verschönert werden.

Kleine Blumen mit Stiel: Kleine geschnitzte Blumen werden auf einen Ast bzw. Stiel mit Nebenzweigen gesteckt (siehe das Foto unten und die erste Blume von rechts auf dem Foto S. 136).

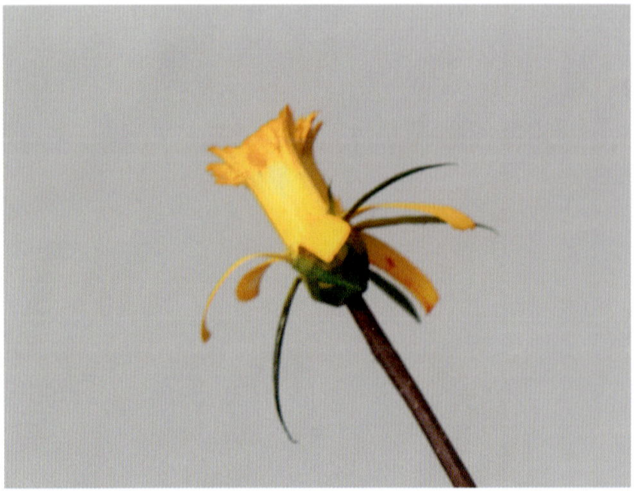

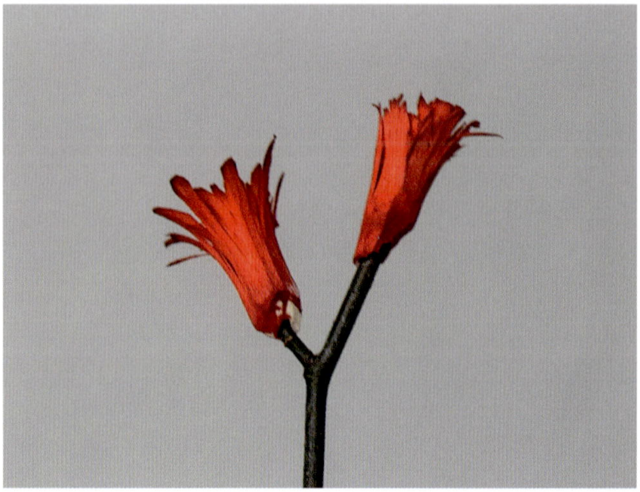

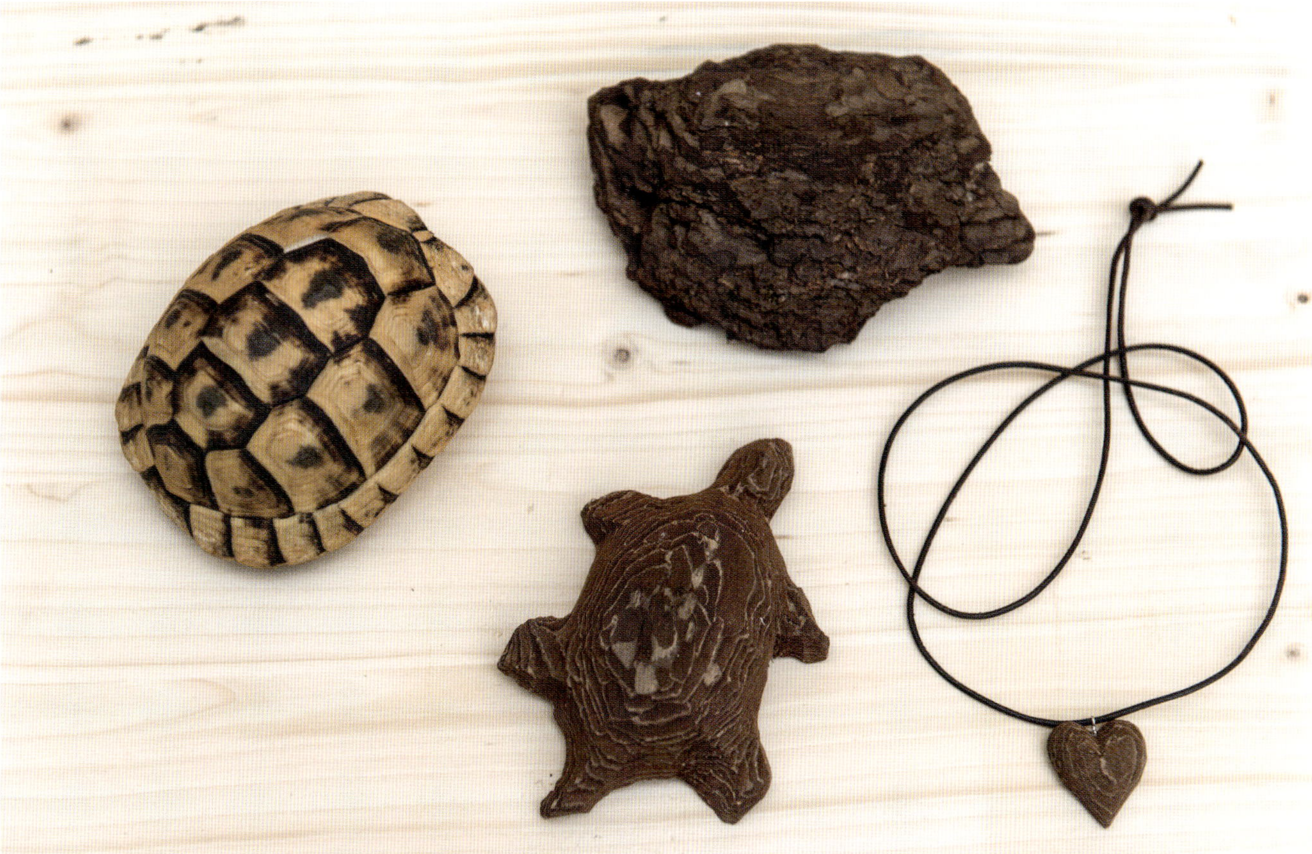

Schnitzereien aus Rindenholz*

Die Rinde mit ihren vielen schönen Farben und malerischen Strukturen ist einfach faszinierend. Sie ist weich und deshalb wunderbar fürs Schnitzen geeignet, unangenehm sind manchmal allerdings die einzelnen Schichten, aus denen sie besteht und die sich beim Schnitzen voneinander lösen können.

Man kann Schmuckstücke, Tiere, Boote, Häuser und vieles mehr schnitzen.

Material

Dickes Stück Rinde, z.B. von einer Fichte, die gefällt wurde, oder ein Stück Rindenmulch

Bilderrahmen**

Aus ein paar Asthölzern lässt sich ein einfacher, aber dekorativer Bilderrahmen machen. Ein Rahmen aus Asthölzern mit Krümmung stellt eine besondere Herausforderung dar, ebenso wie ein dreieckiger Rahmen (siehe das linke Foto auf S. 171).

Material

4 Asthölzer, Durchmesser ca. 2,5 cm, Länge z.B. 2 Stück à 20 cm und 2 Stück à 25 cm

So wird's gemacht

Mit dem Schnitzmesser ca. ein Fünftel von den Asthölzern abnehmen, sodass der Rahmen eine flache Rückseite bekommt.

Foto unten, Zusammenbau: Auf der Vorderseite eines Astholzes eine Nut herstellen, deren Länge dem Durchmesser des Astholzes (des Gegenstücks) entspricht, das später darin eingesetzt werden soll. Dazu mit dem entsprechenden Abstand zueinander an zwei Stellen etwa bis zur Hälfte in das Astholz einsägen und das Holz dazwischen mit dem Stemmeisen oder dem Schnitzmesser entfernen. Mit dem Gegenstück auf seiner Rückseite genauso verfahren. Auf diese Weise die vier Asthölzer für den Zusammenbau vorbereiten.

Eventuell Muster in die Rinde schnitzen und die Enden abrunden.

Sind die einzelnen Teile fertig vorbereitet, werden sie in den Einkerbungen zusammengelegt und mit Leim oder kleinen Nägeln bzw. Schrauben verbunden. Nägel bzw. Schrauben von hinten einschlagen bzw. ins Holz drehen. Das Bild an der Rückseite des Rahmens mit Tape oder Clips befestigen.

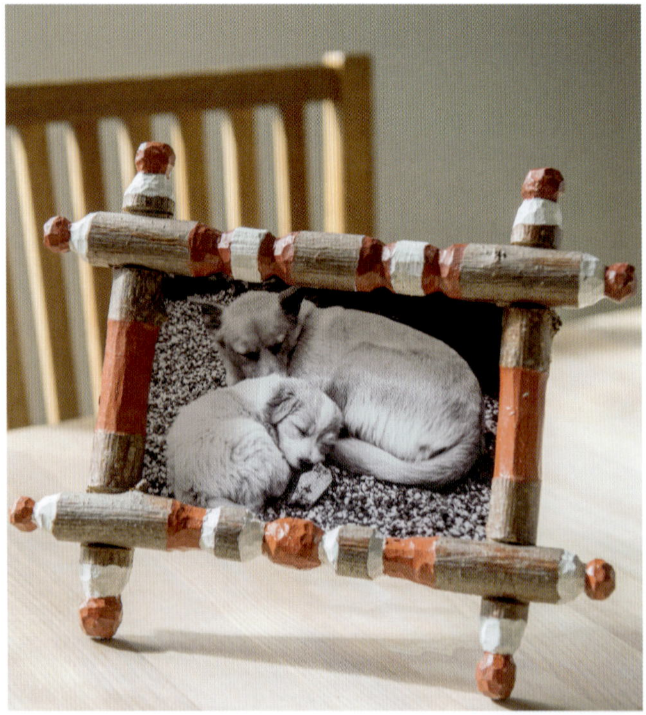

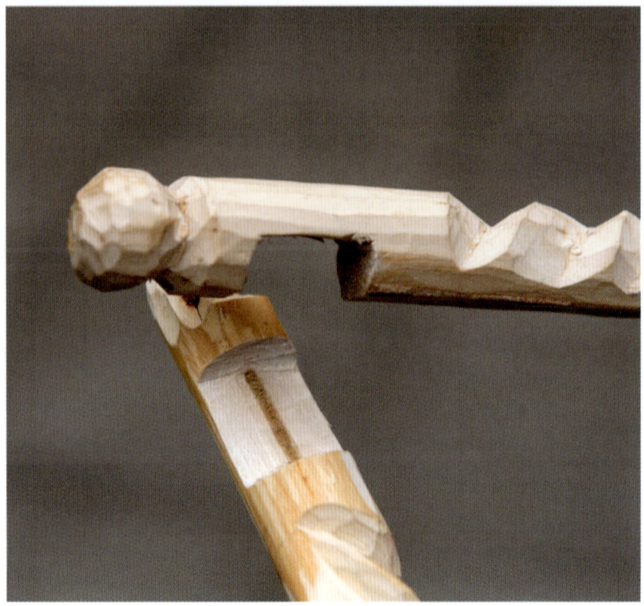

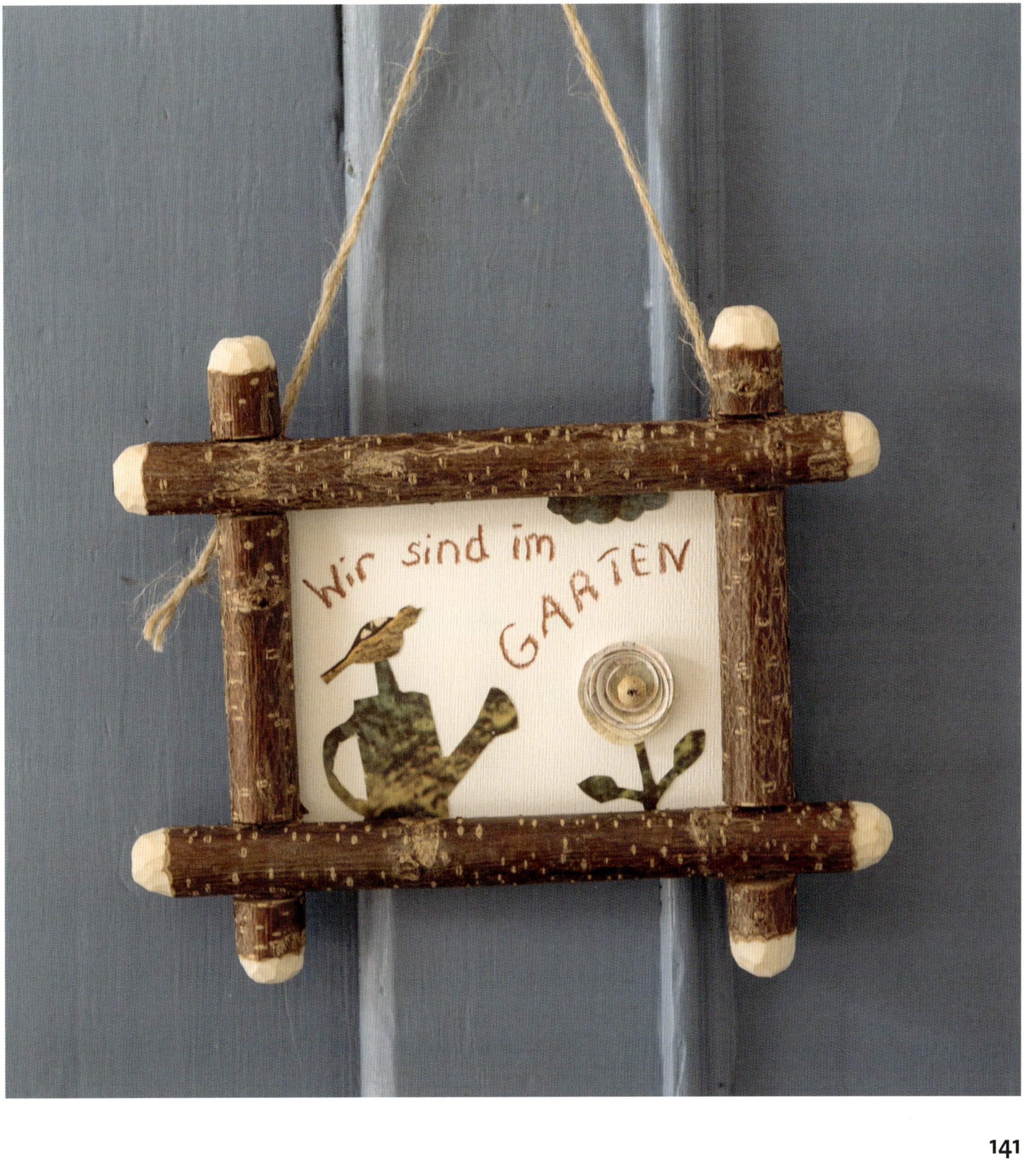
Wir sind im
GARTEN

Für den Garten

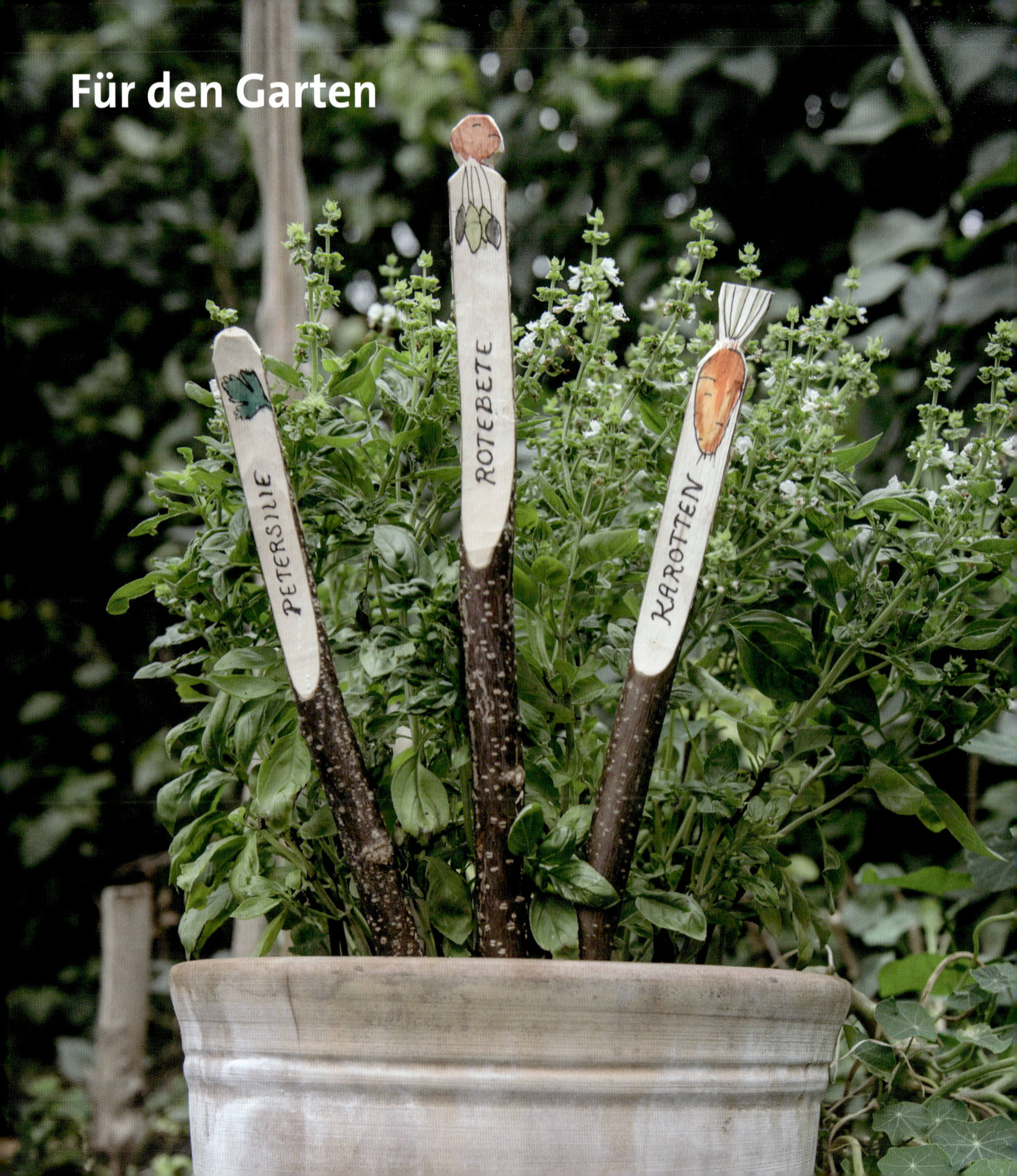

Pflanzenschildchen**

Pflanzenschildchen bereichern jedes Beet, man kann den Namen des Gemüses daraufschreiben oder auch ein Bildchen des Krauts daraufmalen.

Material

- Asthölzer, z.B. Hasel, in passender Länge
- wasserfeste Tusche und Farbe

So wird's gemacht

Eine gute und lange Spitze in das Ende schnitzen, das in die Erde gesteckt werden soll. Zeichnung 1 und 2: Das andere Ende flach zuschnitzen, sodass es beschriftet oder bemalt werden kann.

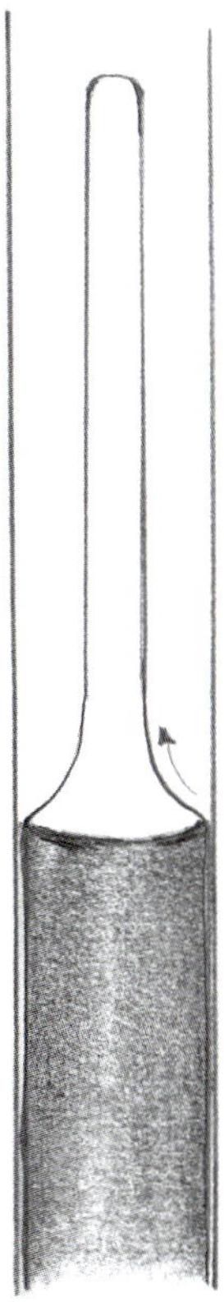

1

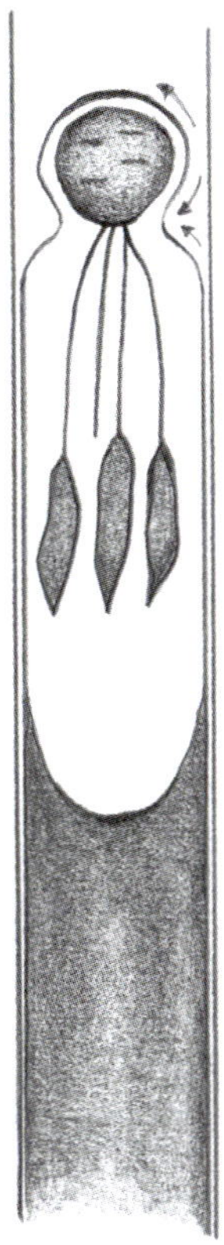

2

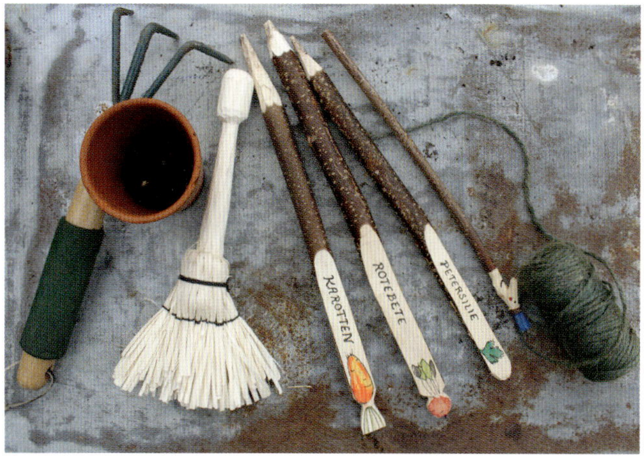

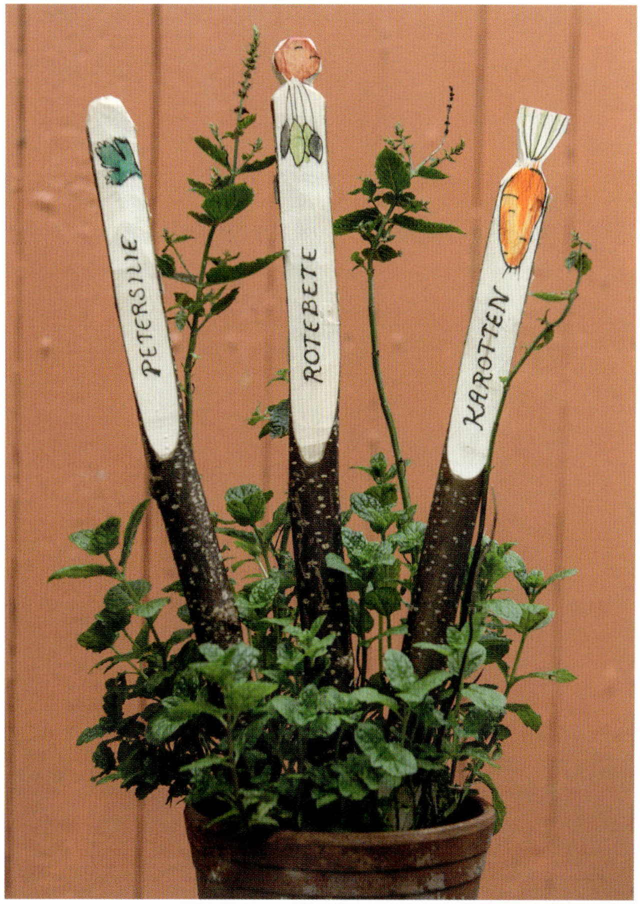

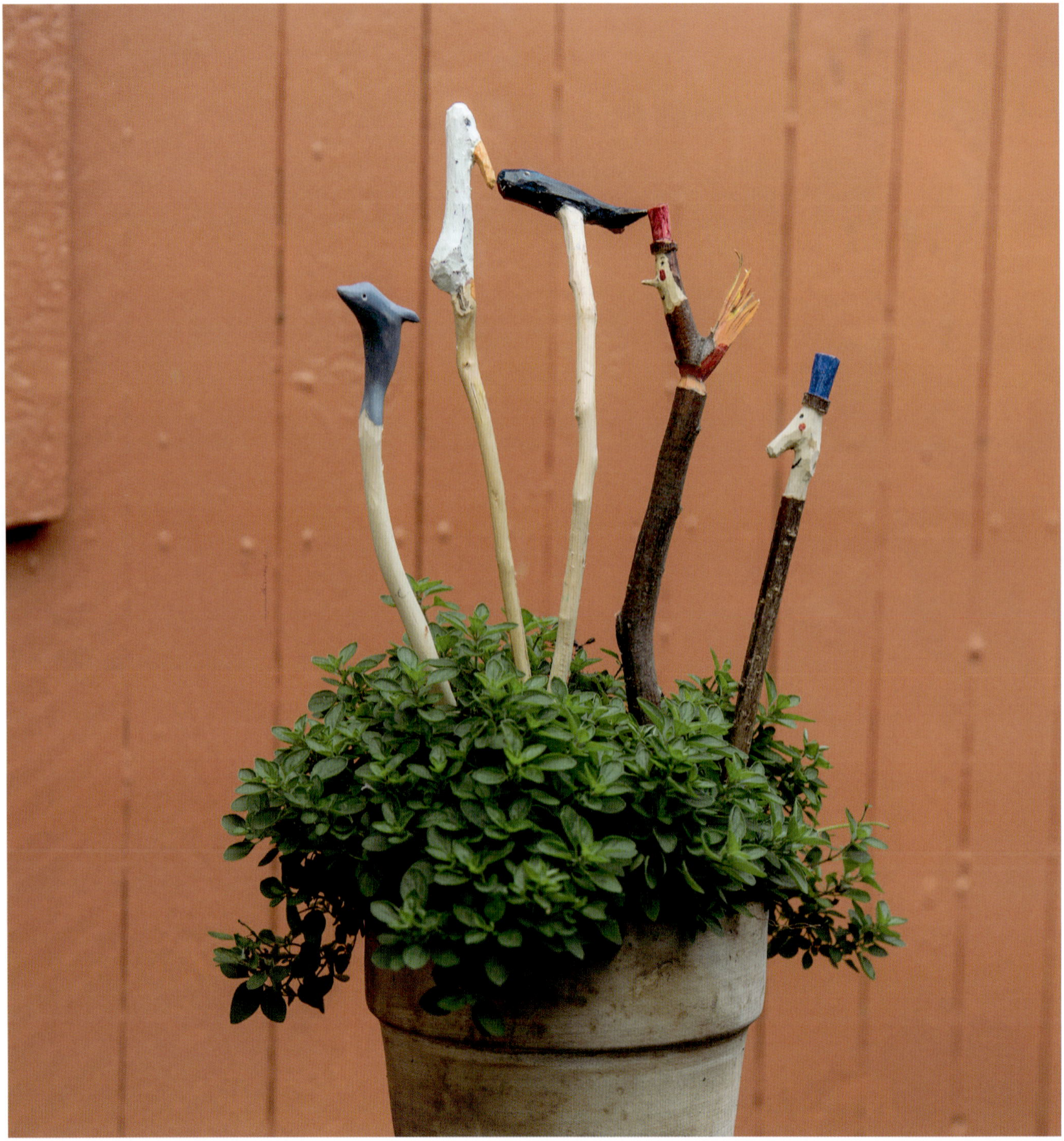

Blumenstäbchen**

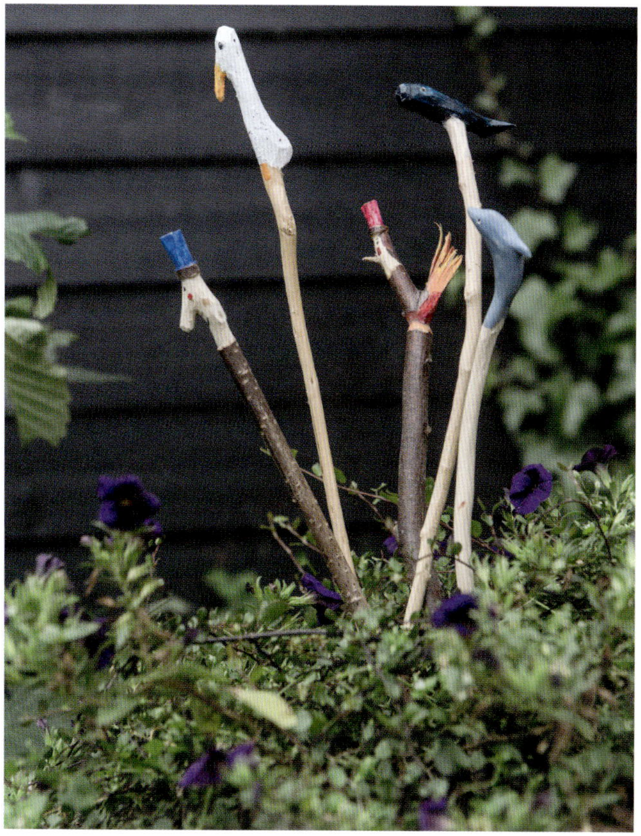

Aus einem Astholz mit Astgabel kann man ein Blumenstäbchen mit einer Figur schnitzen. Oder man schnitzt kugelförmige Knospen und setzt sie auf einen Stab (siehe Foto S. 146).

Material

Für das Stäbchen mit Figur:

- Astholz in passender Länge mit Astgabel
- wasserfeste Farbe

Für das Stäbchen mit Knospen:

- Astholz, Durchmesser 2 – 2,5 cm
- wasserfeste Farbe / Öl
- Bohrer
- Leim

So wird's gemacht

Am oberen Ende des Astholzes eine Figur schnitzen.

Für das Blumenstäbchen mit Knospen (Foto S. 146) eine oder mehrere Kugeln oder ähnliche Formen schnitzen und ein Loch hineinbohren. Etwas Leim in das Loch geben und die Knospe auf einen Rundstab setzen.

Bemalen oder mit Öl einstreichen.

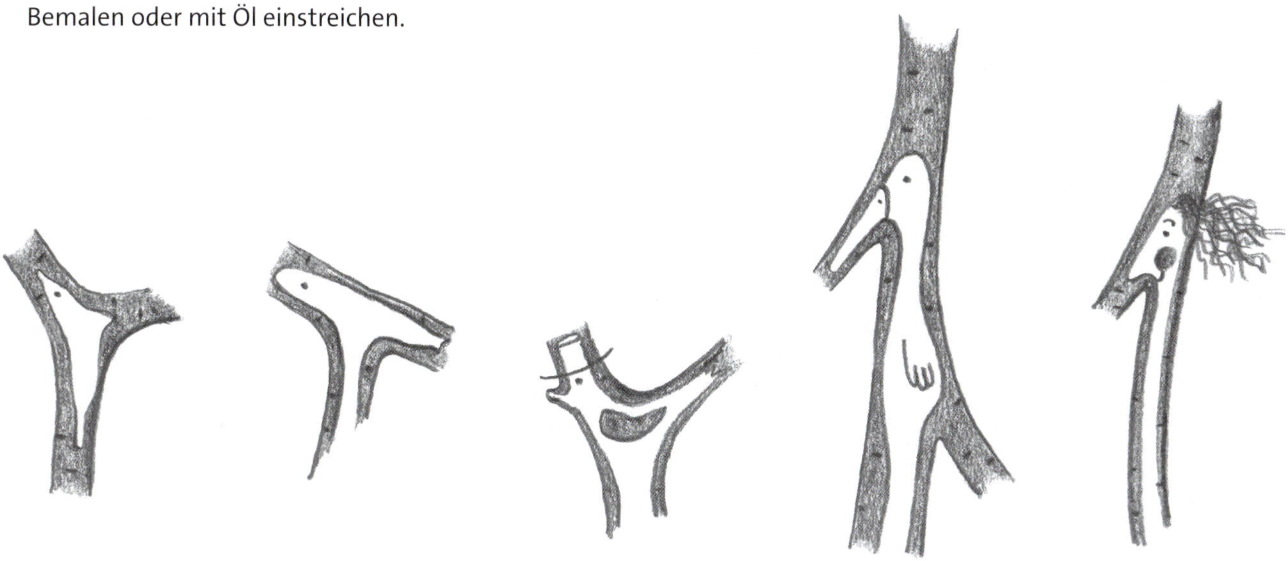

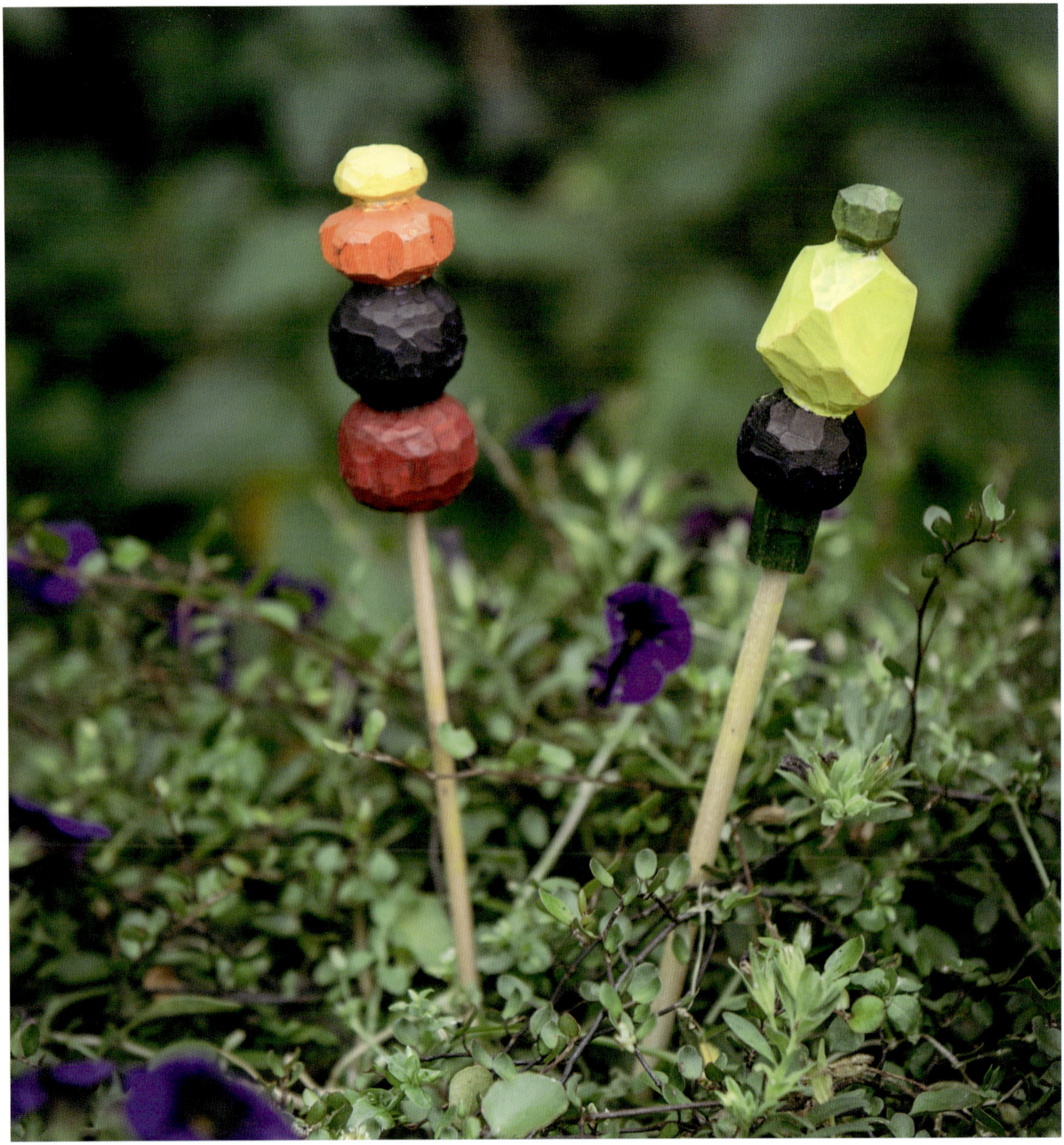

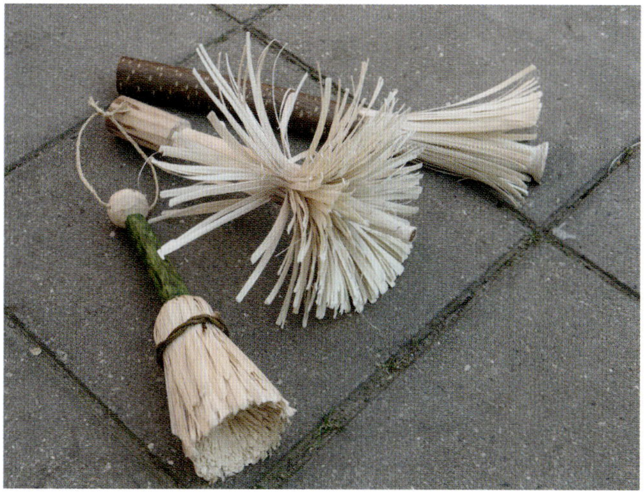

Indianischer Holzbesen**

Dieser dekorative Besen aus Wisconsin und Minnesota ist indianisch. Er wird aus einem einzigen Astholz gemacht. Dazu muss man die Schnitztechnik zum eigenen Körper hin beherrschen.

Material

Astholz ohne Nebenzweige, Äste und Knorren, Durchmesser 3 – 4 cm, Länge ca. 35 cm, am besten Hasel oder Birke

So wird's gemacht

Von der Hälfte des Astholzes die Rinde abnehmen. Dann Späne und Fasern abziehen, dazu oben am Holz im Winkel von ca. 45 Grad eine kleine Einkerbung in Richtung zum eigenen Körper schnitzen (siehe Schnitztechnik 6 auf S. 20).

Foto 1, S. 148: Mit Messer und Daumen vorsichtig einen Span abziehen, den Daumen eventuell mit einem ledernen Fingerhut schützen. Die ersten Späne sind kurz und werden abgerissen. Rundum Späne abziehen. Erst wenn sie 10 – 12 cm lang sind, können sie als Besen benutzt wer-

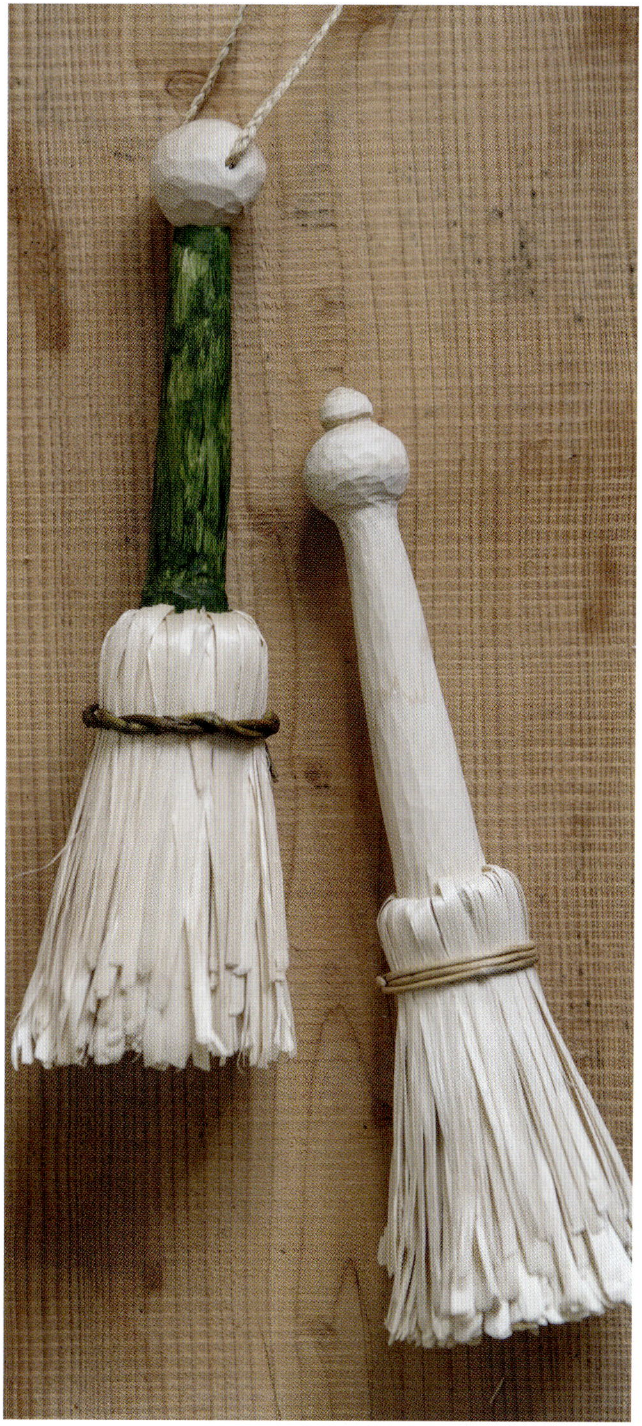

den. Die Haltehand als Stopper benutzen, damit die langen Späne nicht versehentlich abgerissen werden.

Foto 2: Hat man die Späne ein wenig abgezogen, kann man sie zwischen die Finger nehmen und weiter abziehen, das ist etwas einfacher. Weiter möglichst lange Späne abziehen.

Das Astholz umdrehen und die restliche Rinde abnehmen.

Foto 3: Auf dieselbe Art an der anderen Hälfte des Astholzes Späne abziehen, in der Mitte des Astholzes ca. 1 cm Zwischenraum zu den ersten Spänen lassen. So weit oben beginnen, dass diese Späne ca. 2 cm länger werden.

An diesem Ende nicht so viele Späne schnitzen, weil es auch als Haltestück dienen soll. Den Griff schnitzen, vielleicht mit einer Kugel am Ende.

Zeichnung 1: Das restliche Holz, das zwischen den Spänen sitzt, absägen oder mit dem Schnitzmesser entfernen und die oberen Späne umbiegen.

Zeichnung 2: Die Späne mit Bast, einem Weidenästchen, einer Lederschnur oder etwas Ähnlichem zusammenbinden.

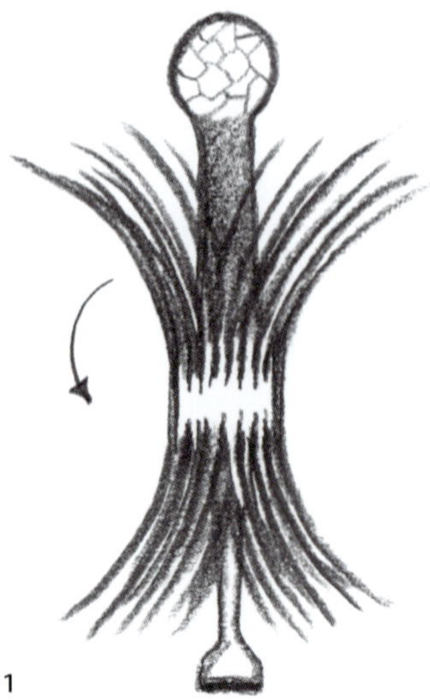

1

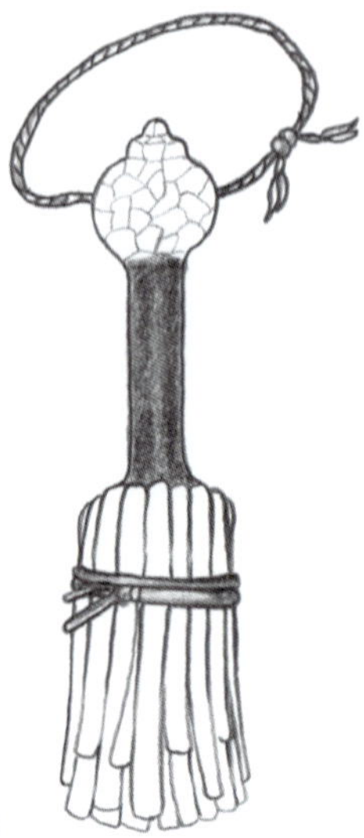

2

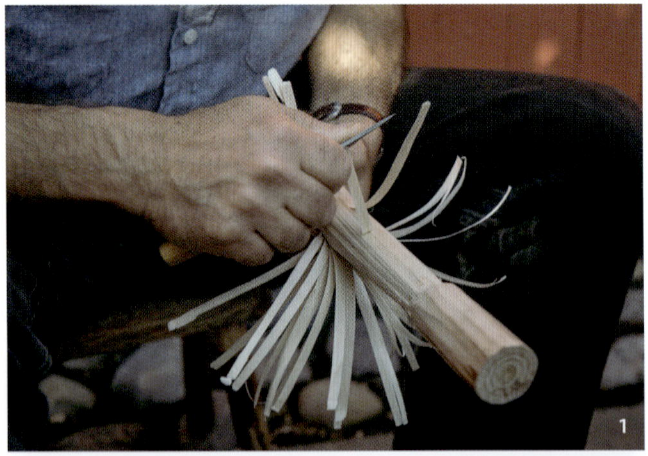

1

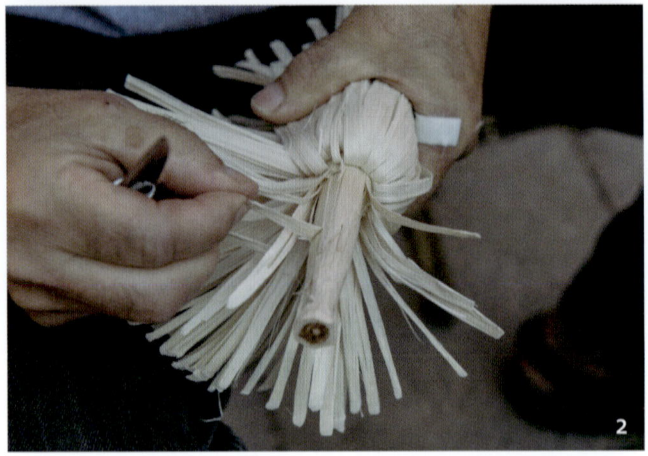

2

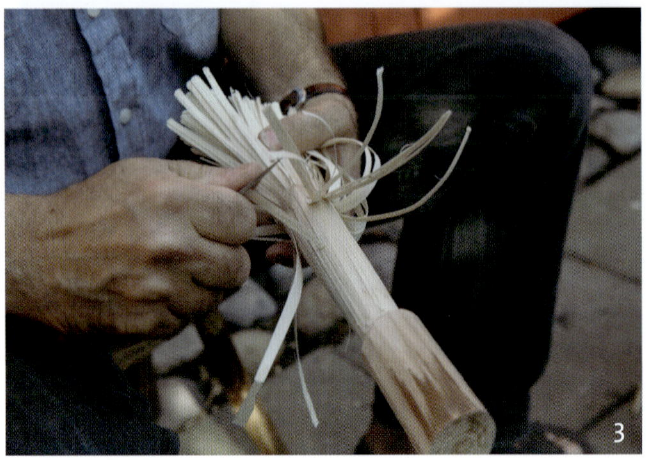

3

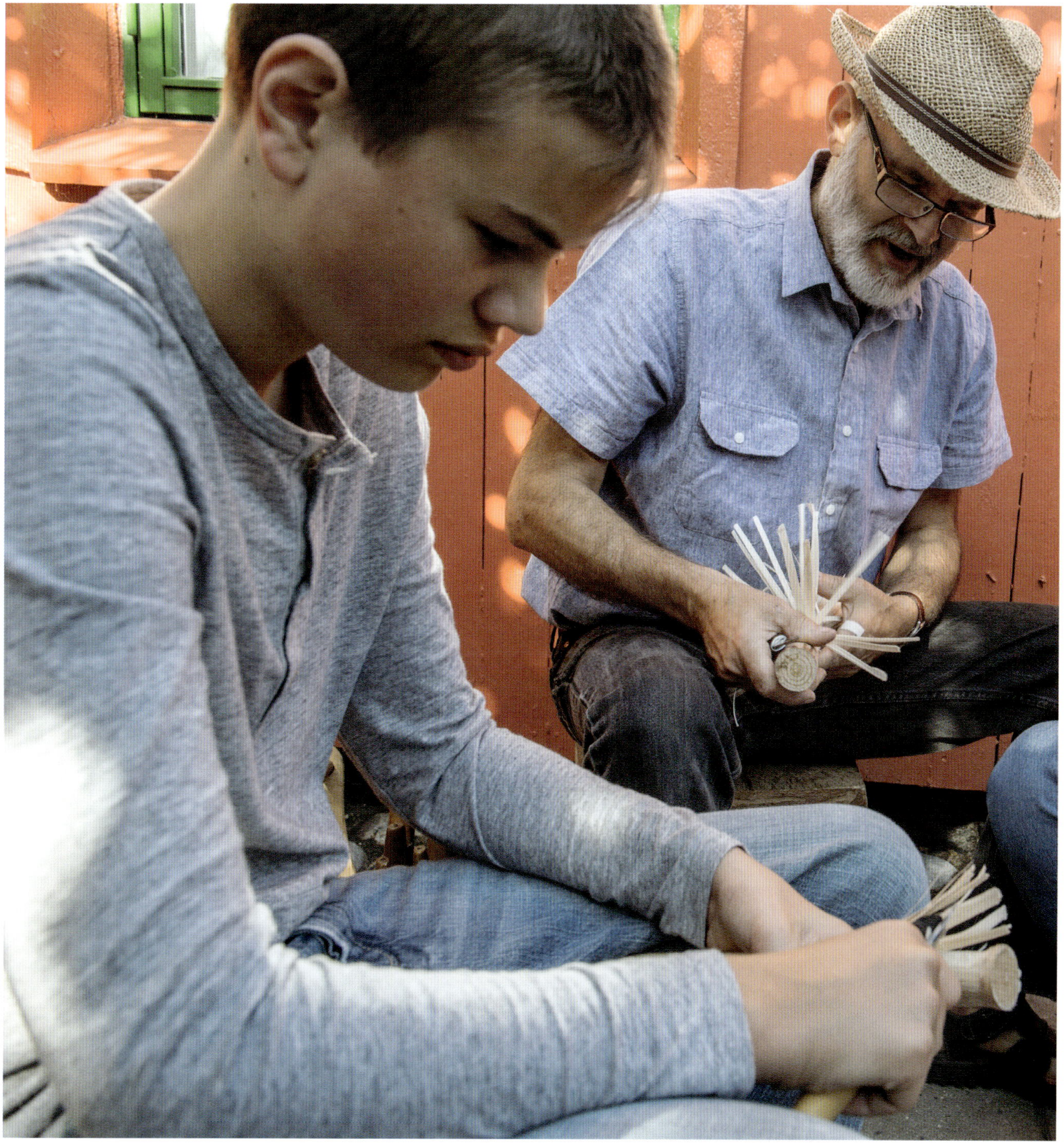

Küchenzubehör

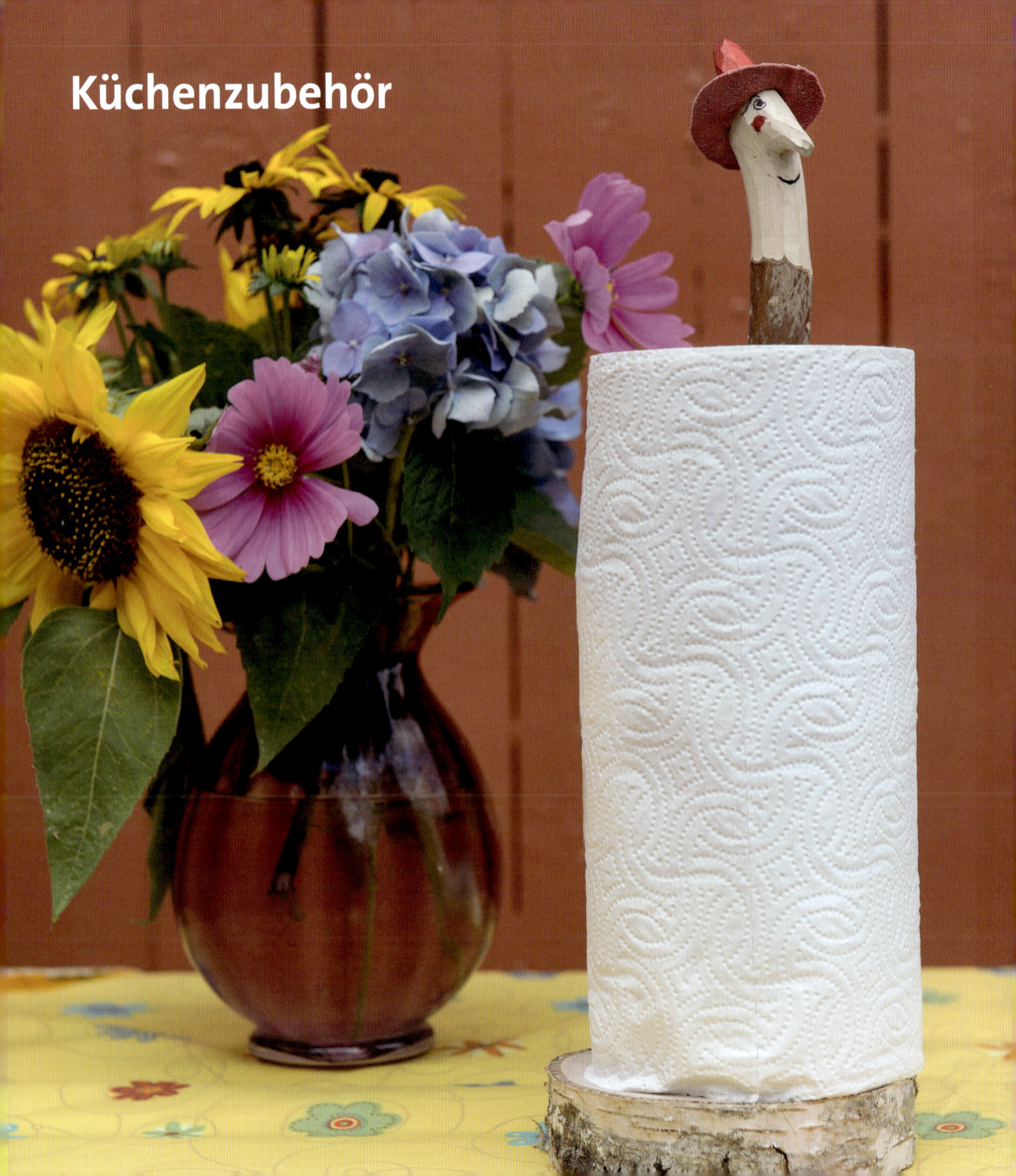

Küchenrollenständer*

Eine richtig schöne Geschenkidee, denn einen Küchenrollenständer kann sicher jeder gebrauchen, ganz besonders einen, den man sogar zum Picknick im Wald mitnehmen kann.

Material

- Astholz, Durchmesser ca. 2,5 cm
- Scheibe von einem Stamm, Durchmesser etwas größer als der des Astholzes und ca. 2 cm dick
- Schraube
- Farbe und Sonstiges zur Verzierung

So wird's gemacht

An einem Ende des Astholzes eine Figur oder etwas anderes schnitzen, z.B. einen ganz einfachen Wichtel, bei dem das Ende nur spitz zulaufen muss, oder einen Mann mit

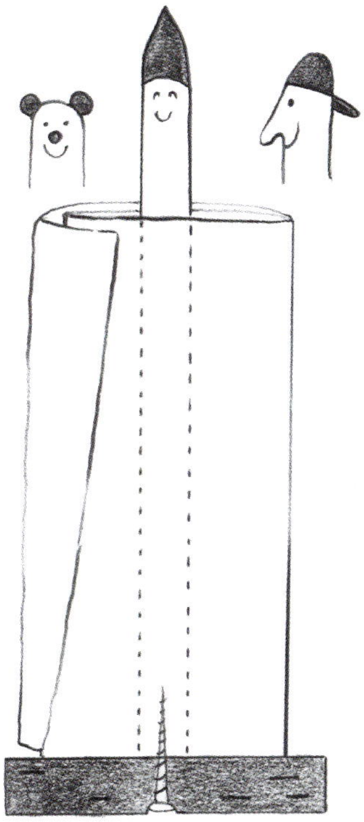

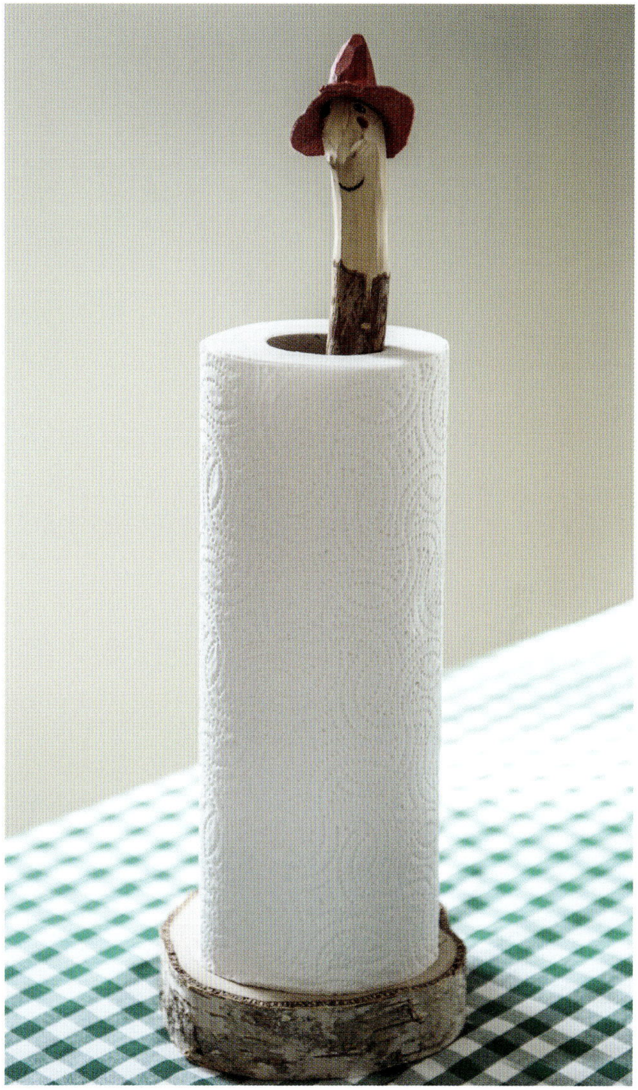

Hut und Hutkrempe aus einem Stück Stoff oder vielleicht eine fein gearbeitete Kugel oder einen kleinen Bären mit Schnauze und Ohren aus Stoffresten, die man in kleine vorgebohrte Löcher klebt, oder oder oder ...

Zeichnung links: Astholz und Scheibe mit einer Schraube verbinden. Den Schraubenkopf ganz versenken, damit er die Tischplatte nicht verkratzt.

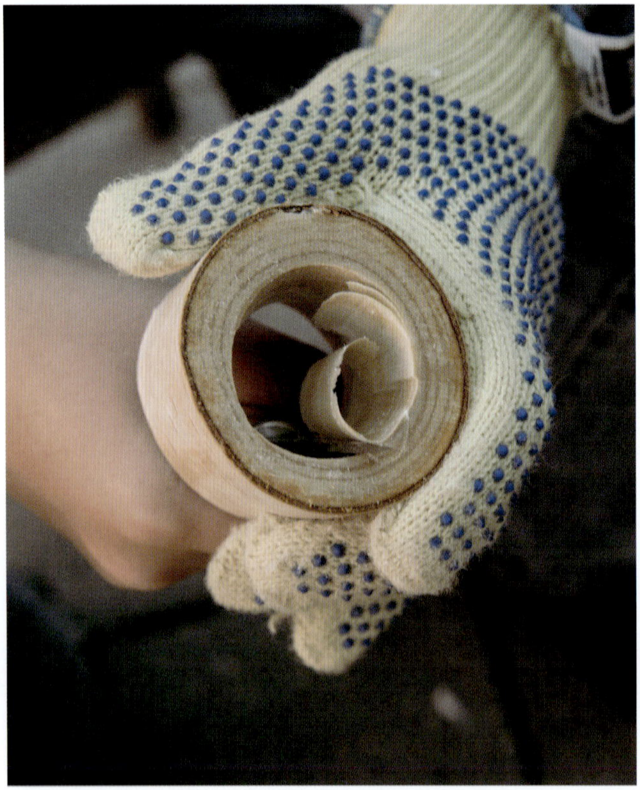

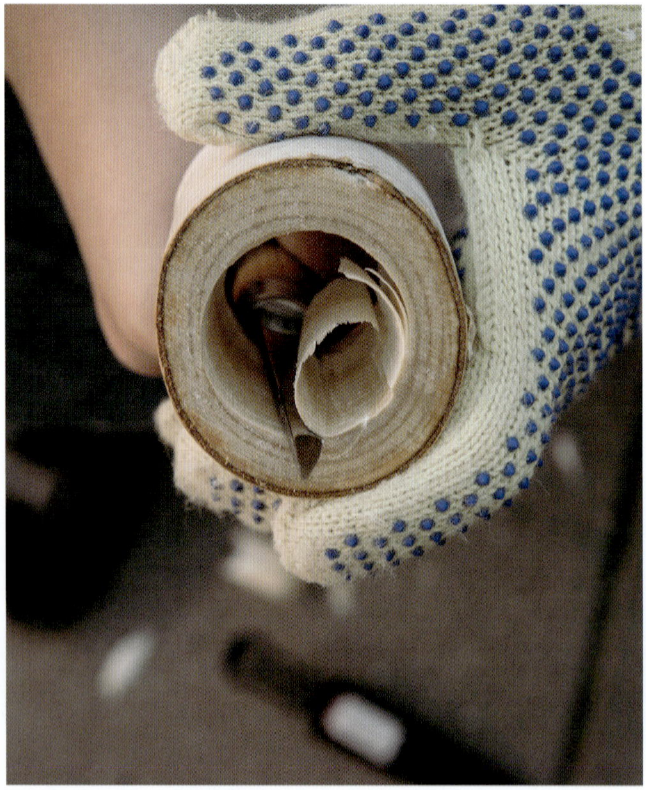

Ein Astholz aushöhlen**

Ein Astholz kann man auf einfache Weise aushöhlen und für alles Mögliche gebrauchen, z.B. als Eierbecher (siehe S. 153) oder als «Schrumpelschachtel» (siehe S. 178 ff.).

Material

- Astholz ohne Nebenzweige und Knorren, Durchmesser passend zur späteren Verwendung; das Werkstück muss etwas länger als eigentlich notwendig sein, damit es eingespannt werden kann, während gebohrt wird
- Bohrer, Handbohrer, Flachbohrer oder Forstnerbohrer, Durchmesser 15 – 30 mm
- Handschuh
- falls man eine Schrumpelschachtel herstellen will, bei der die Holzstücke länger sind, braucht man ein langes und scharfes Messer

So wird's gemacht

Das Astholz einspannen. Zentral auf die gewünschte Tiefe hineinbohren und das ausgebohrte Stück absägen.

Handschuh anziehen und mit dem Messer die Seiten auf die gewünschte Dicke «schälen», indem man das Astholz an der Klinge dreht oder mit dem Messer das Holz bearbeitet. Das Messer weit genug in das Loch schieben, damit es nicht abrutscht. Die Spitze kann gerne auf der anderen Seite aus dem Loch herausschauen.

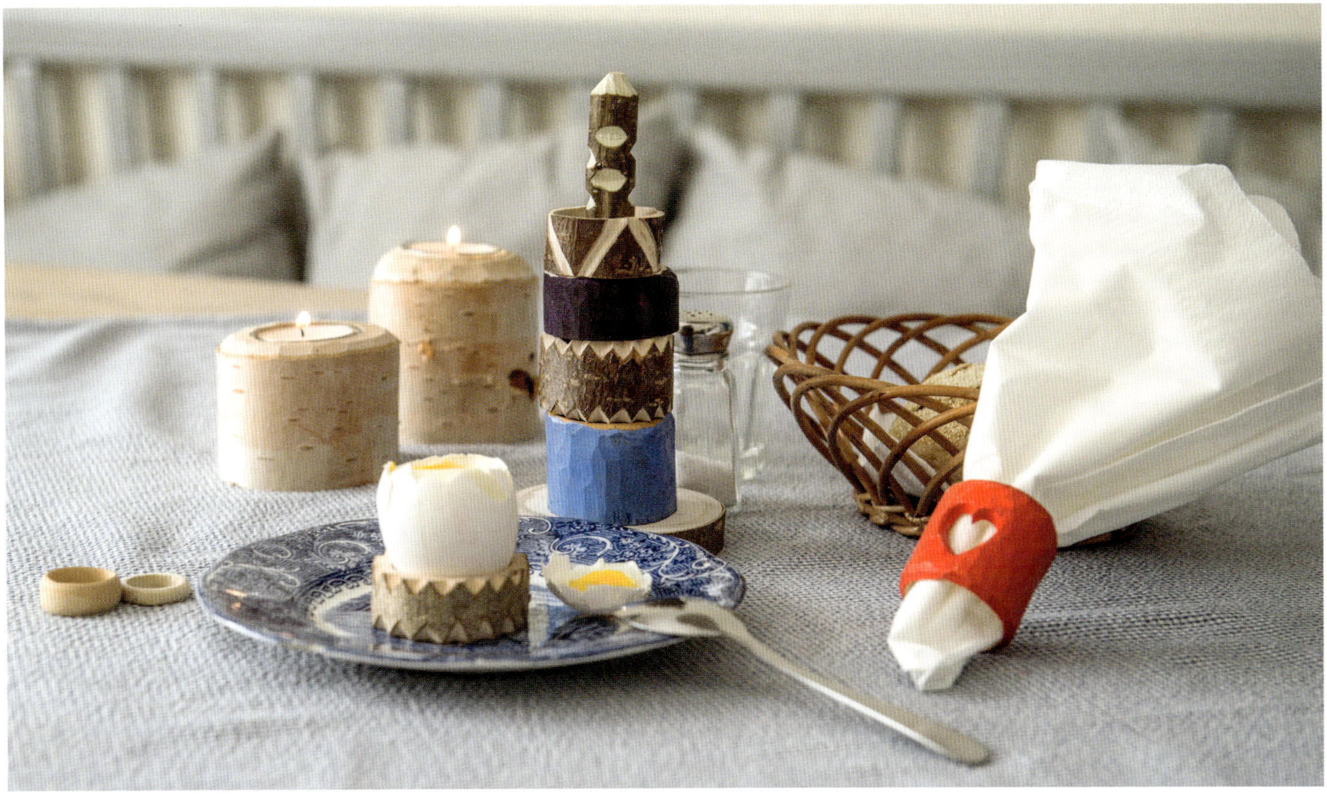

Eierbecher**

Ein ausgehöhltes Astholz eignet sich ausgezeichnet als Eierbecher, und er muss noch nicht einmal einen Boden haben.

Ein Halter, über den man mehrere Eierbecher stapeln kann (siehe Foto oben), wird als eine Miniausgabe des Küchenrollenständers angefertigt (siehe S. 151).

Material

- Astholz, Durchmesser ca. 5 cm, Länge 15 – 20 cm
- Bohrer, 20 – 25 mm

So wird's gemacht

Siehe links die Beschreibung «Ein Astholz aushöhlen». Ausbohren und einen Ring von 3 – 4 cm absägen. Das Loch rund schnitzen, sodass es zu einem Ei passt.

Der Eierbecher kann mit einem Muster in der Rinde verschönert oder auch ganz ohne Rinde angefertigt und geschmirgelt oder mit geschnitzter Oberfläche fertiggestellt werden.

Trocknen lassen und bemalen oder mit Öl einstreichen.

Serviettenring, Ring fürs Pfadfinderhalstuch und Fingerring**

Ein Serviettenring oder ein Ring fürs Pfadfinderhalstuch wird auf die gleiche Weise hergestellt wie der Eierbecher, nur mit einem kleineren Durchmesser.

Für das Herzchen im Serviettenring zwei Löcher bohren und dann die Herzform schnitzen.

Der Fingerring kann aus einem kleinen Stück Holunder gemacht werden, indem das Mark herausgedrückt und der Ring danach rund geschnitzt wird; dabei aber einen Fingerhut oder einen Handschuh überziehen. Während des Trocknens wird sich der Ring ein wenig oval verformen, deshalb genug Platz lassen, um ihn hinterher wieder rund schnitzen zu können. Achtung: Der Fingerring schrumpft, wenn er trocknet, und zwar ziemlich schnell. Deshalb erst am Finger lassen, wenn er ganz trocken ist!

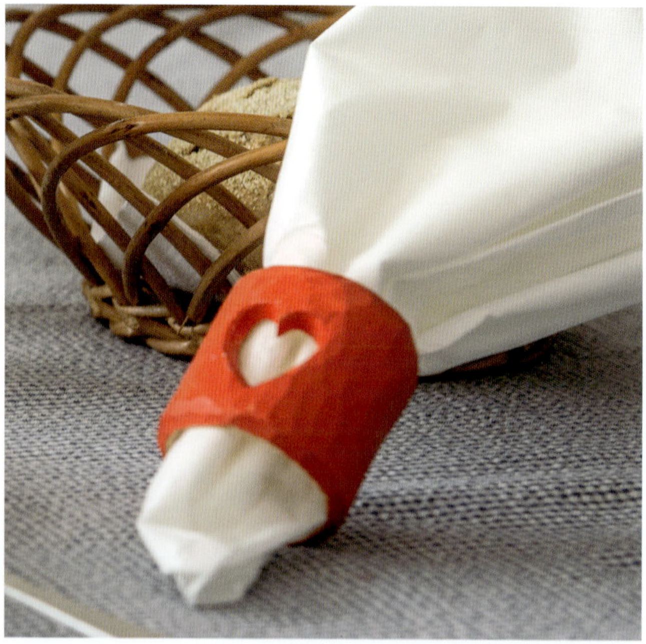

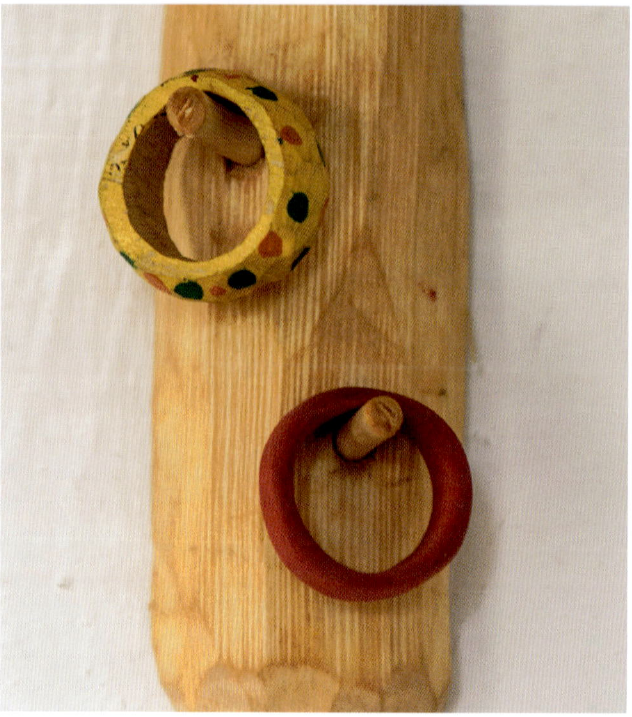

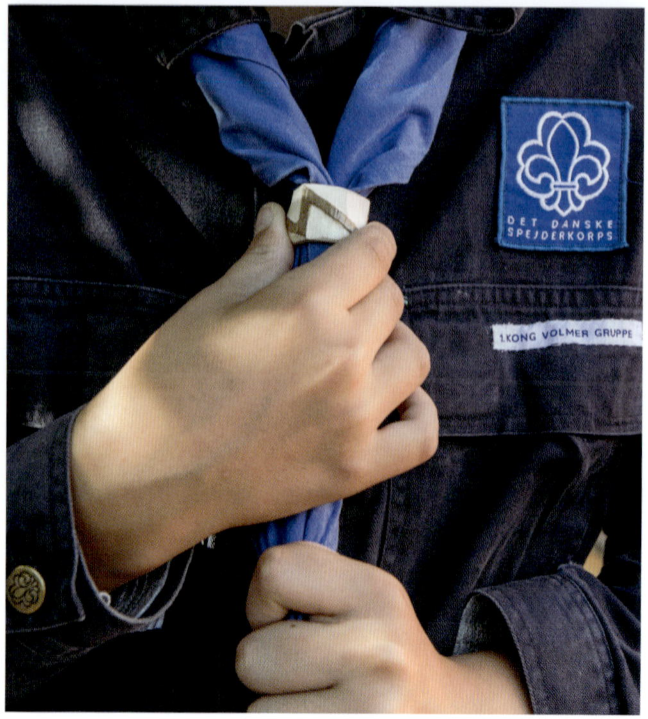

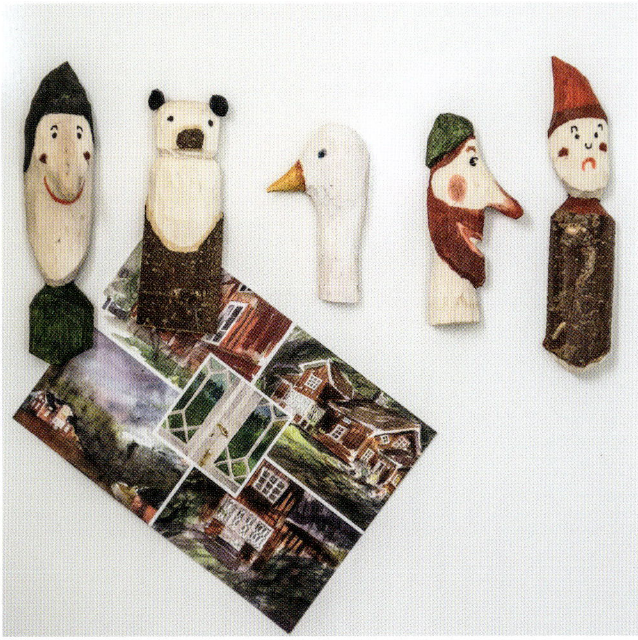

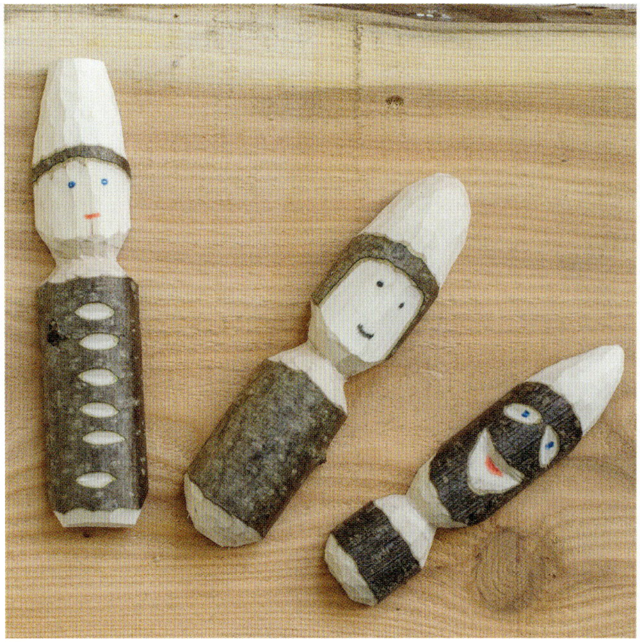

Magnetische Figuren für die Kühlschranktür*

Warum nicht seine eigenen Magnete für die Kühlschranktür machen? Die sind doch viel witziger als andere!

Material

- Astholz, Durchmesser ca. 4 cm, Länge ca. 7 – 10 cm, evtl. mit Nebenzweig für einen Schnabel oder eine Nase
- Magnet; es gibt verschiedene: feste Magneten, Magnetstücke, die auf die gewünschte Größe geschnitten werden können, oder magnetisches Tape mit klebender Rückseite; manche Magnete sind mehr, manche weniger magnetisch
- evtl. Leim

So wird's gemacht

Astholz der Länge nach durchsägen oder spalten (siehe S. 23). Nebenzweige können der Figur Profil verleihen oder als Nase oder Schnabel nach vorne zeigen. Die Figur schnitzen. Die Rückseite muss ganz eben sein.

Wenn das Holz getrocknet ist, den Magneten auf die Rückseite kleben.

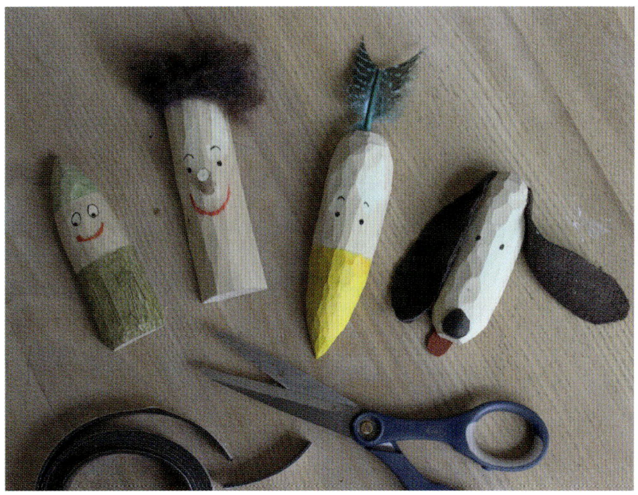

Praktisches für den Hausgebrauch

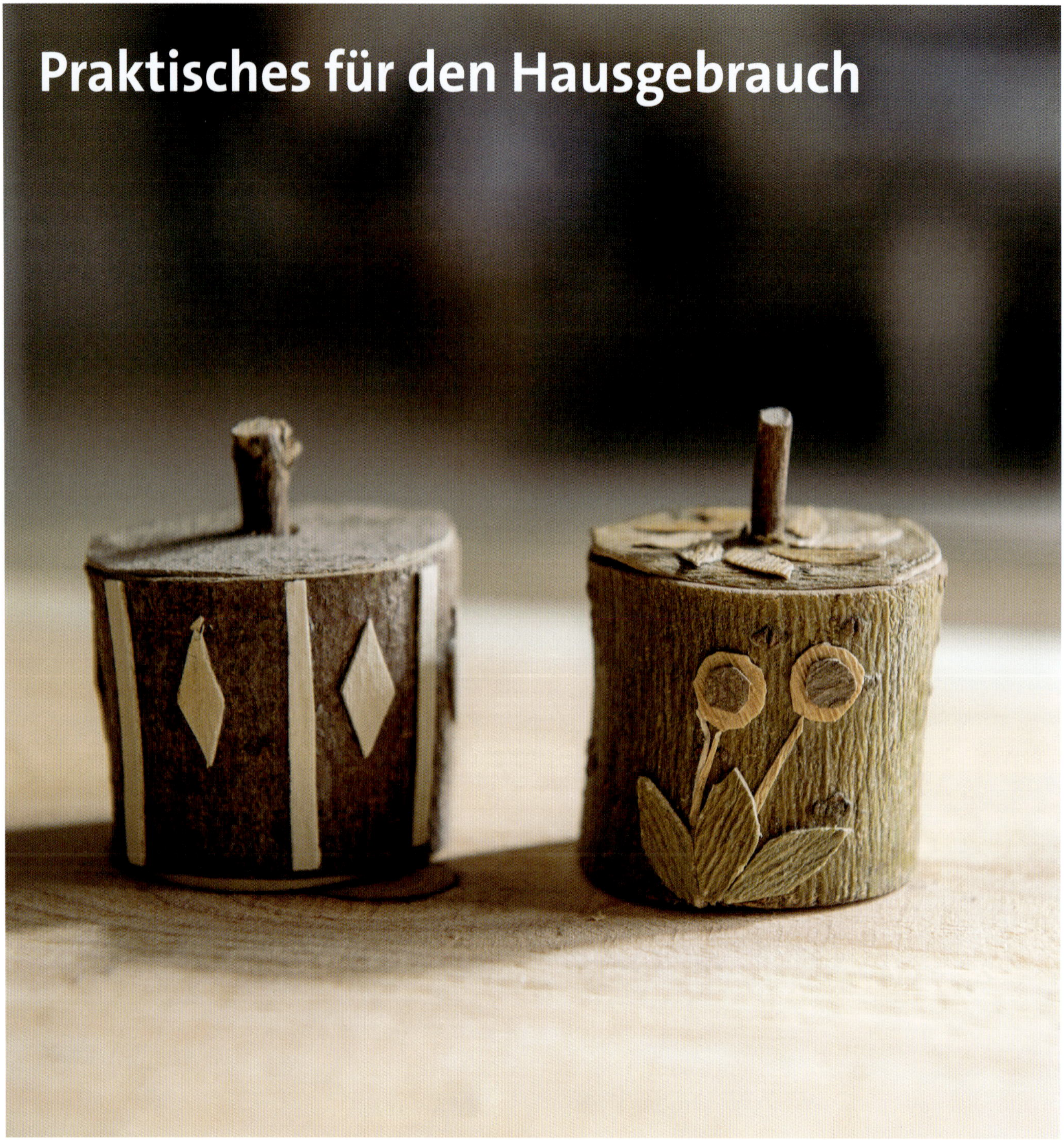

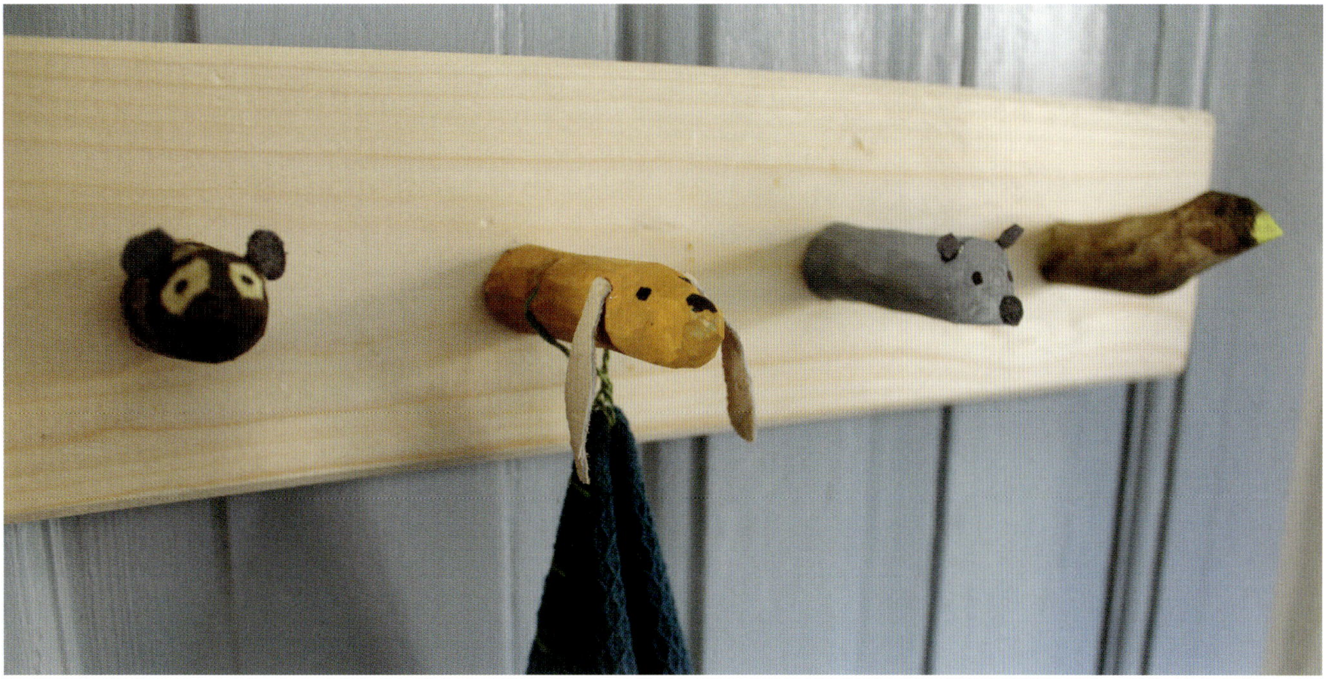

Handgriffe und Garderobenhaken*

Handgriffe für Schubladen, Schranktüren oder auch Garderobenhaken sind einfach zu machen.

Material

- Astholz, Durchmesser ca. 2,5 cm, Länge 12 – 15 cm
- Schraube
- evtl. Farbe, Öl oder Lack

So wird's gemacht

Zeichnung rechts: In der Mitte des Astholzes die gewünschte Form des Griffs bzw. des Hakens schnitzen. Bei dieser Methode muss man nicht zum eigenen Körper hin schnitzen und kann aus einem Astholz zwei Griffe oder Haken machen.

Die beiden Griffe oder Haken mit Säge oder Messer voneinander trennen und eventuell weiter abrunden. Den Griff bzw. den Haken auf die gewünschte Länge sägen.

Der Griff oder Haken kann auf unterschiedliche Weise festgeschraubt werden (siehe Zeichnung S. 158):

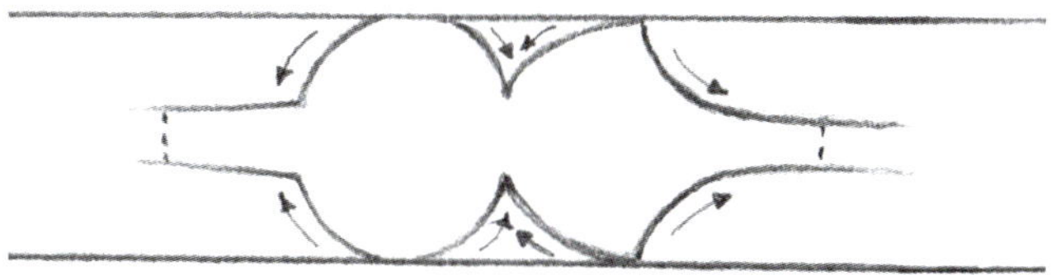

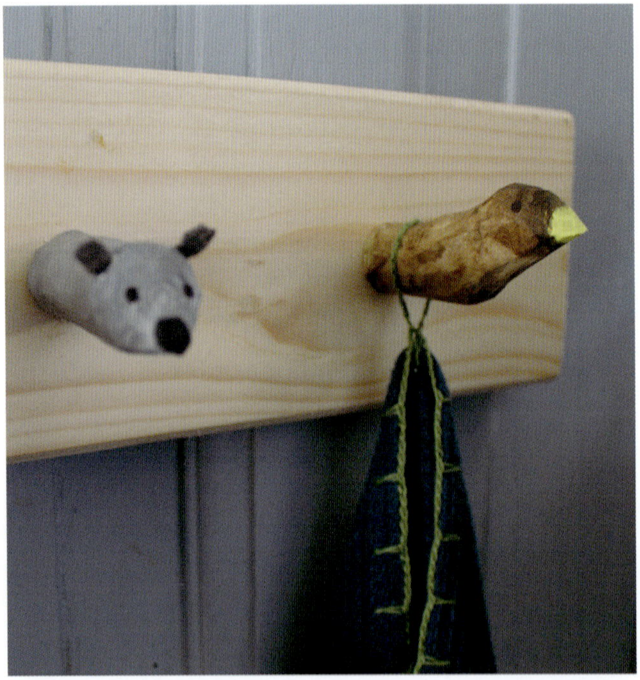

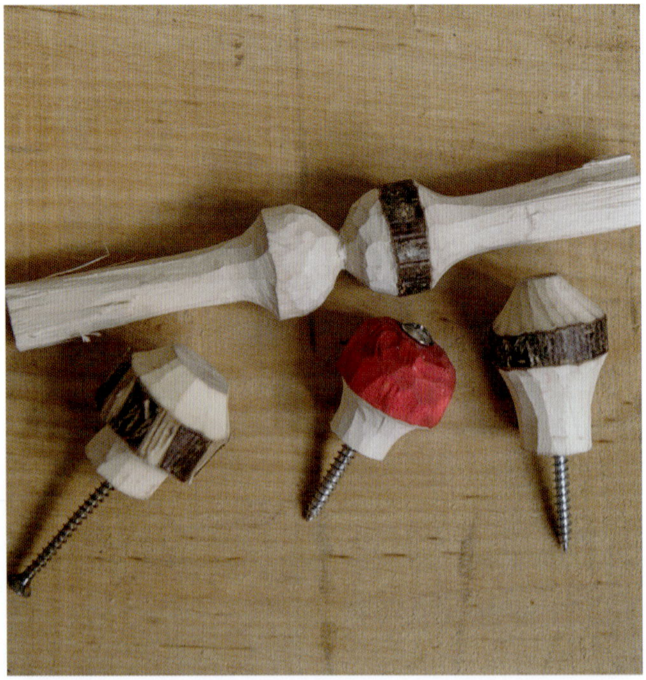

- durch ein Loch, das in den Griff / Haken gebohrt wird (siehe Zeichnung a)
- von der Innenseite der Schublade (Zeichnung b)
- mit einer Schraube, bei der der Schraubenkopf abgesägt wurde und die in ein vorgebohrtes Loch im Griff oder im Haken geklebt wird (Zeichnung c).

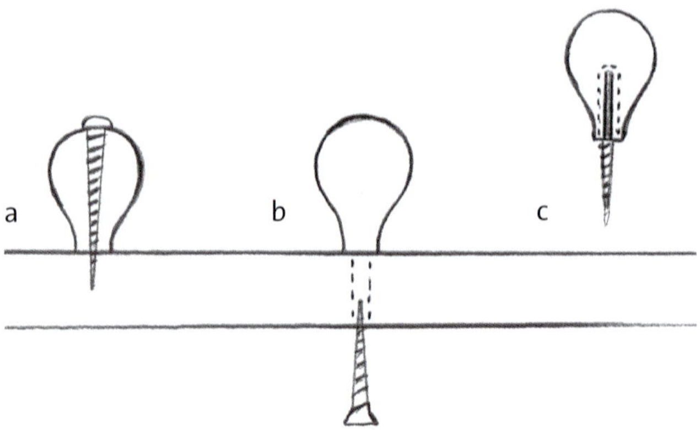

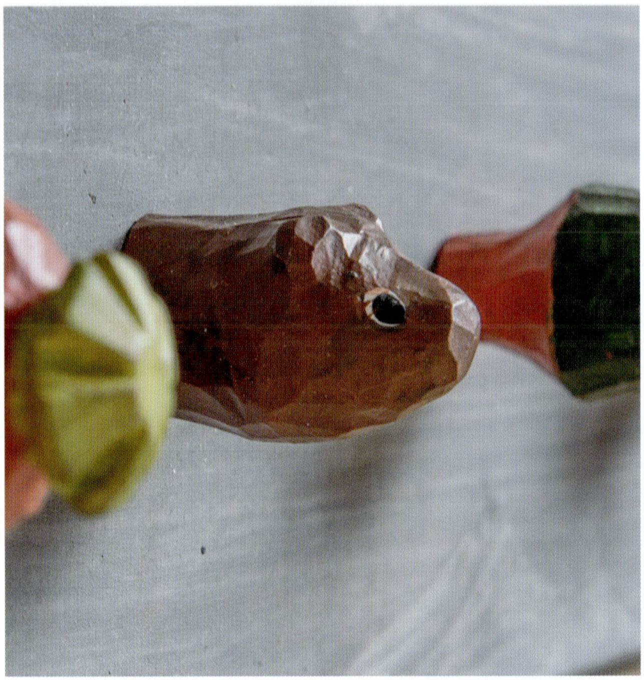

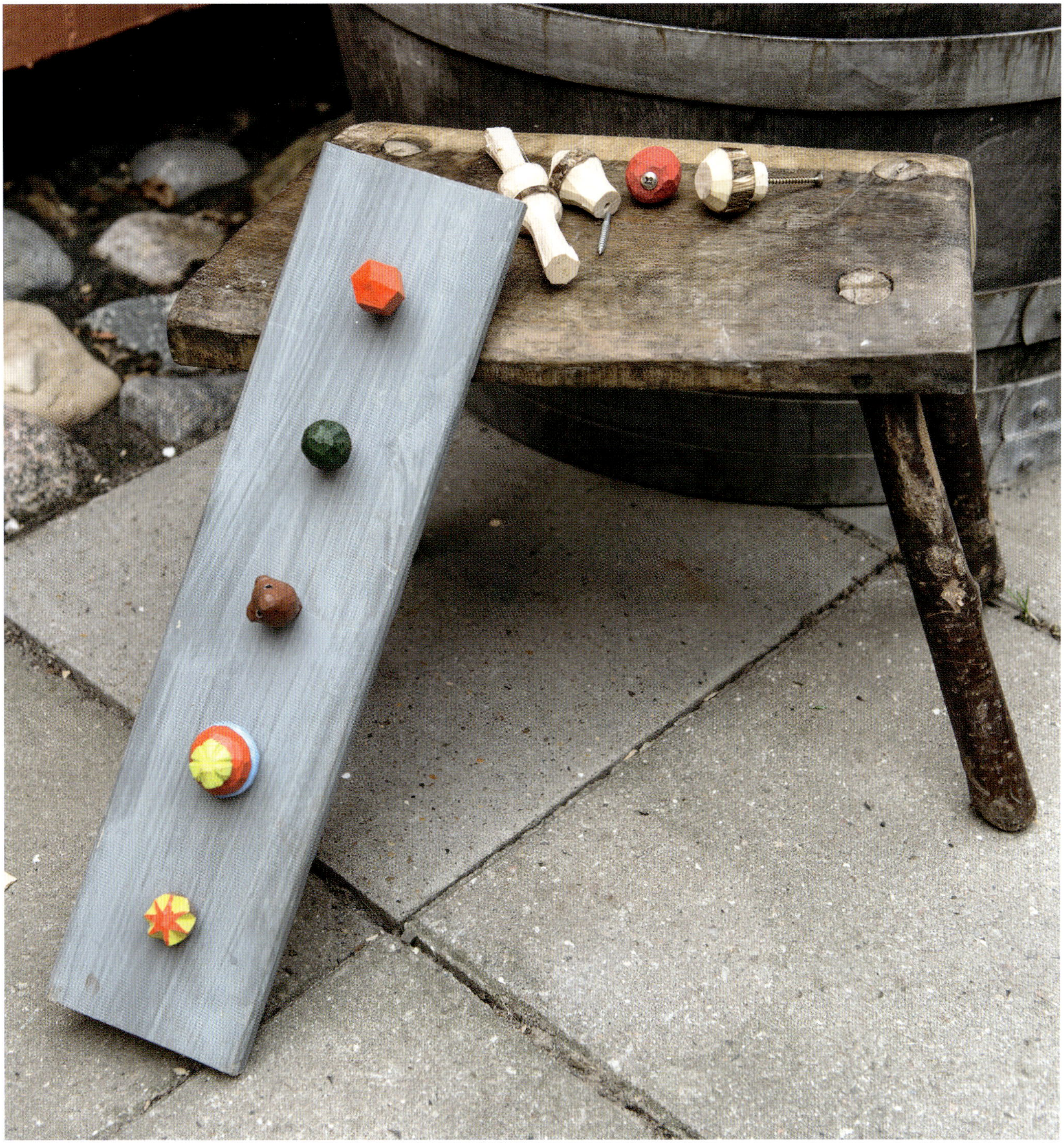

Wandhaken*

Man kann ein einfaches Hakenbrett schnitzen oder sich an feinere Formen wagen. Auch die eigentlichen Haken können, wie auf dem Foto zu sehen, ganz schlicht aus Rundstäben oder zurechtgeschnitzten Nebenzweigen gemacht werden. Oder man kann sich etwas mehr Mühe geben (siehe das Foto S. 161 rechts und die Handgriffe und Garderobenhaken auf S. 157 ff.).

Material

- Astholz, Durchmesser 4 – 5 cm
- Rundstäbe oder trockene Asthölzer, Durchmesser 5 – 10 mm
- Bohrer, Leim, Schrauben
- evtl. Krimskrams zur Verzierung, Farbe

So wird's gemacht

Astholz der Länge nach durchsägen oder spalten (siehe S. 23).

Falls notwendig, die Rückseite bzw. Wandseite eben schnitzen. Dem Astholz mit dem Schnitzmesser die gewünschte Form geben, eventuell die Enden schön abrunden; auch auf den Fotos sind ein paar Ideen zu sehen.

Für die eigentlichen Haken: Asthölzchen oder Rundstäbe an einem Ende abrunden, eventuell eine kleine Halb-

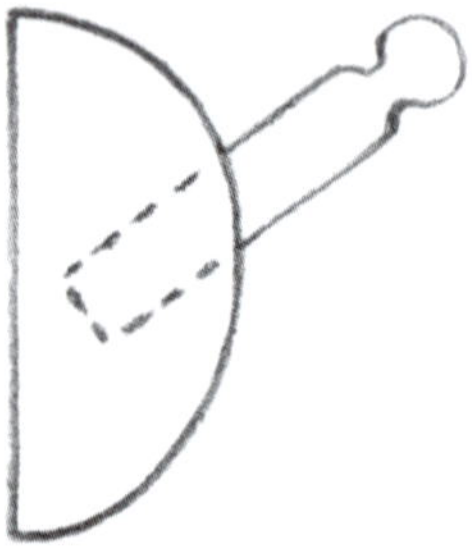

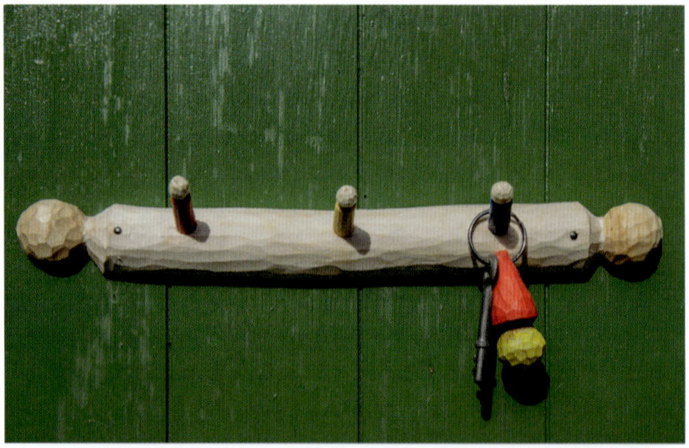

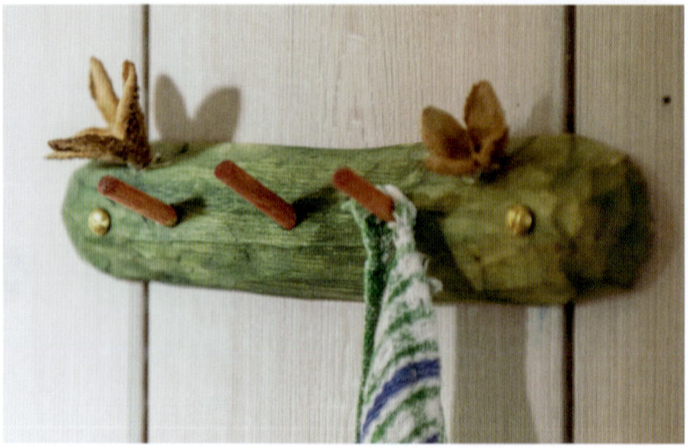

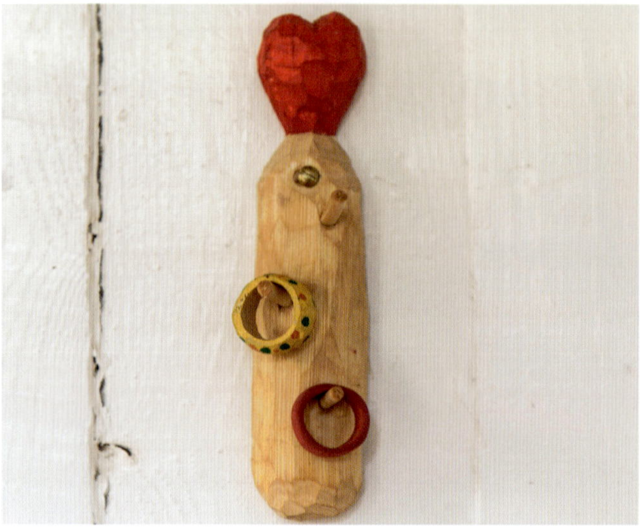

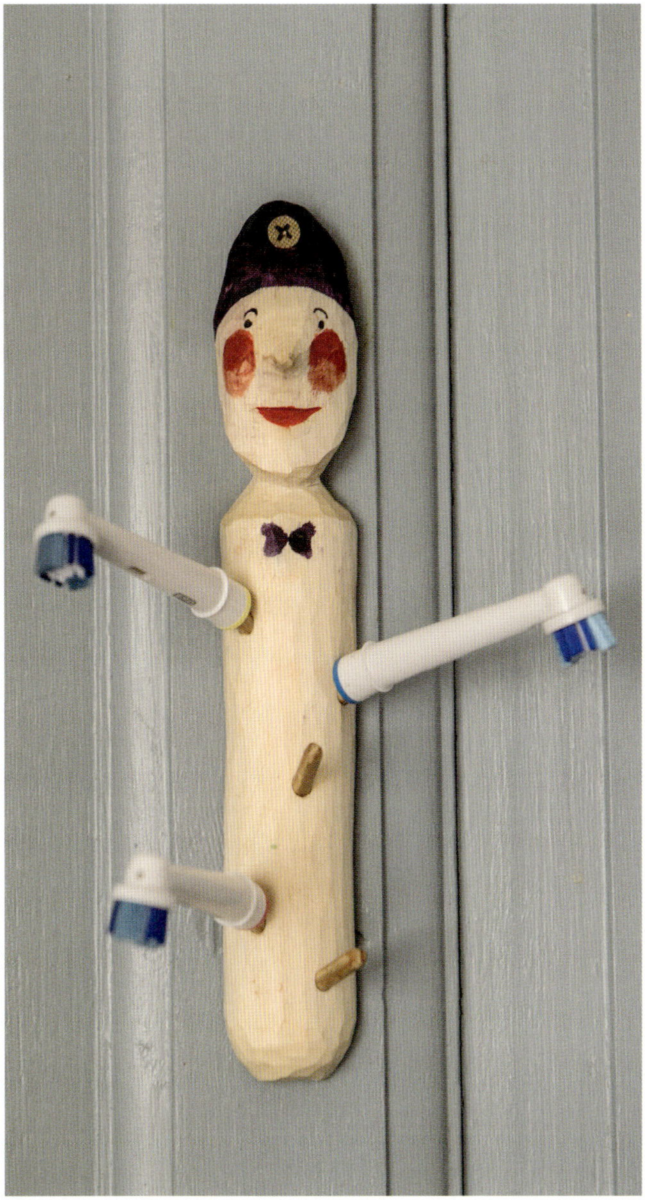

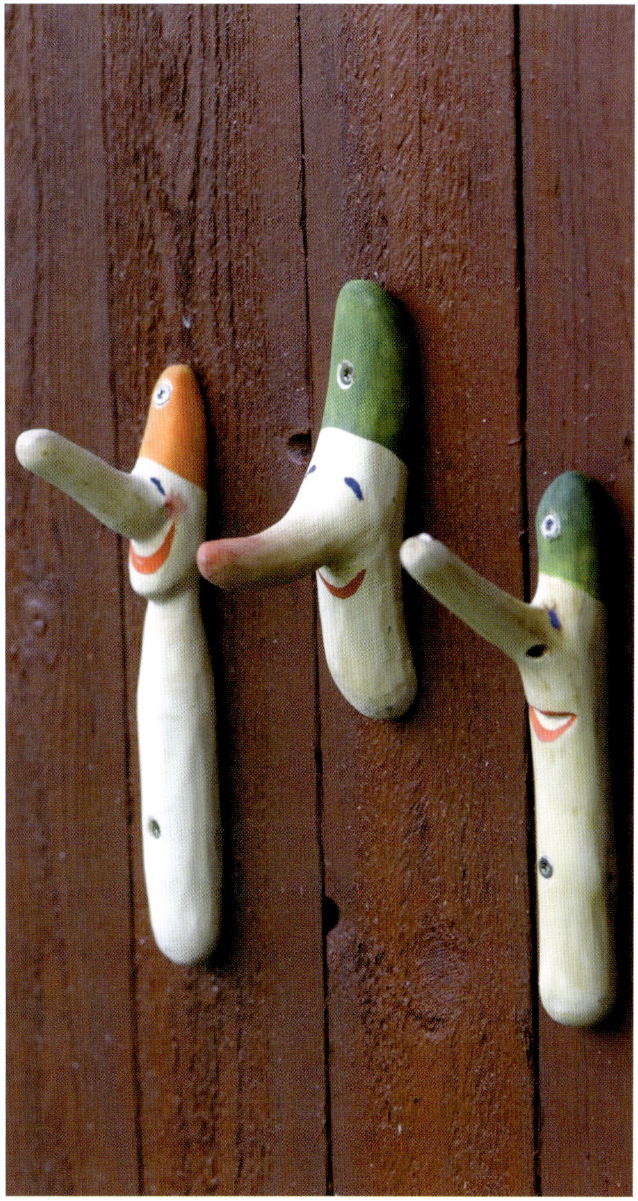

kugel schnitzen und auf die passende Länge sägen oder entsprechend abschneiden; dabei bedenken, dass ein kurzes Stück im Loch des Bretts verschwindet. So viele Haken wie gewünscht anfertigen. Zeichnung links: Die Löcher für die Haken schräg in das Brett bohren. Die Haken darin festkleben.

Kleine Löcher in die beiden Enden des Bretts bohren, sodass es an die Wand geschraubt werden kann.

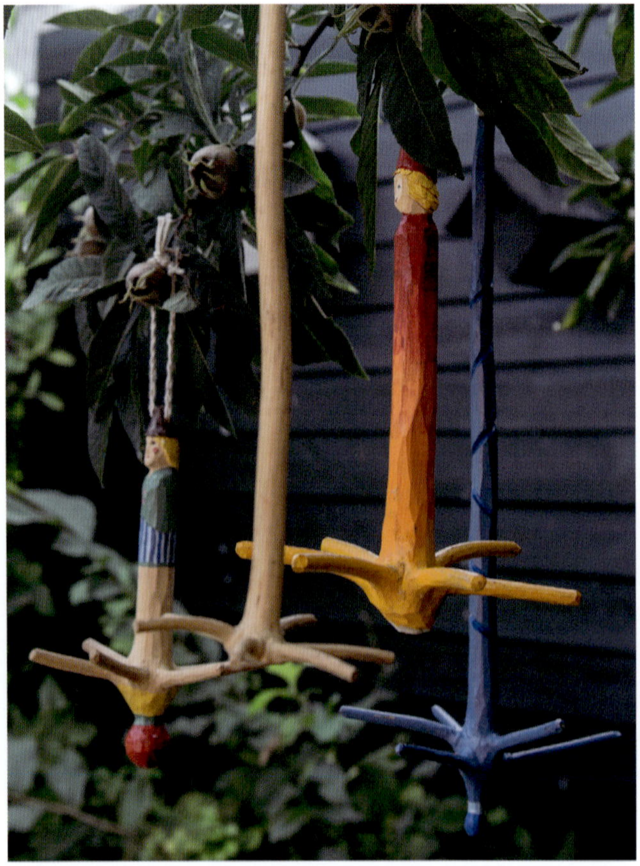

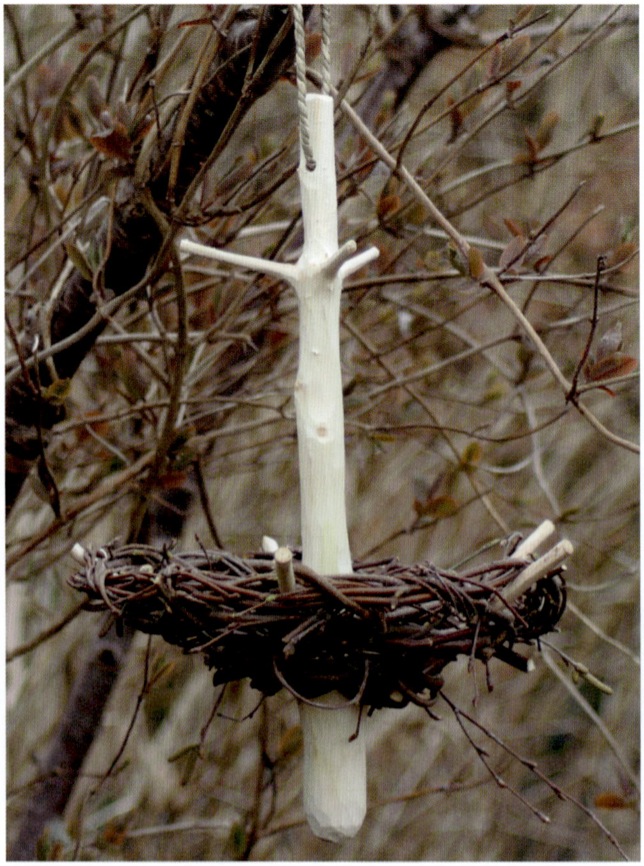

Hängehaken und Schmuckbaum**

Ausgediente Weihnachtsbäume können sehr nützlich sein. Daraus lassen sich z.B. dekorative Hängehaken oder ein hübscher Schmuckbaum machen. Sogar als Vogelnest kann ein Hängehaken dienen.

Material

- Spitze eines Tannenbaums mit Astgabel, am besten Edeltanne; die zweitoberste Astgabel hat normalerweise die passende Größe
- Bohrer
- evtl. Farbe, Öl oder Lack

Hängehaken:

- Astgabel mit Stammstück oberhalb der Gabel
- Schnur

Schmuckbaum:

- Astgabel mit Stammstück unterhalb der Gabel
- Scheibe vom Stammholz als Unterlage, Durchmesser 5 – 8 cm
- Schraube

So wird's gemacht
Die Rinde abnehmen. Vorsichtig und sorgfältig vorgehen, besonders am Übergang vom Stammstück zu den Nebenzweigen. Man bekommt unweigerlich Harz an die Hände, deshalb vielleicht Handschuhe überziehen.

Hängehaken: Die Enden der Hängehaken abrunden und eventuell alles glattschmirgeln. In das Stammstück kann man natürlich noch Figuren o. Ä. schnitzen, um die Haken dekorativ zu gestalten.

Ein Loch ins obere Ende des Stammstücks bohren (siehe Zeichnung) und die Schnur festknoten.

Schmuckbaum (Foto rechts): Das obere Ende abrunden. Von unten ein Loch in den Schmuckbaum bohren und mit der Scheibe verbinden. Dazu von unten eine versenkbare Schraube durch die Scheibe in den Schmuckbaum drehen.

Bemalen, mit Öl einstreichen oder lackieren.

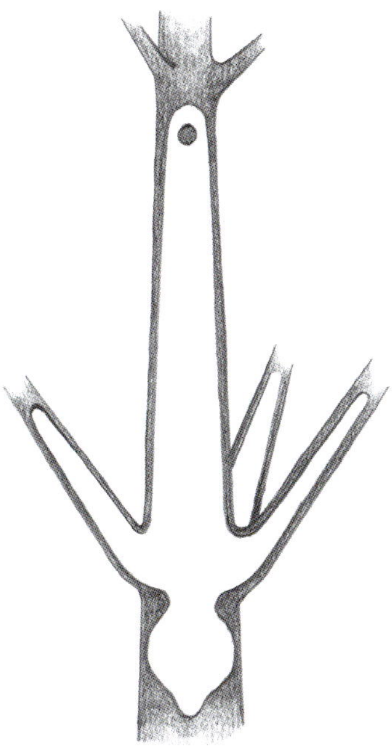

Hängehaken

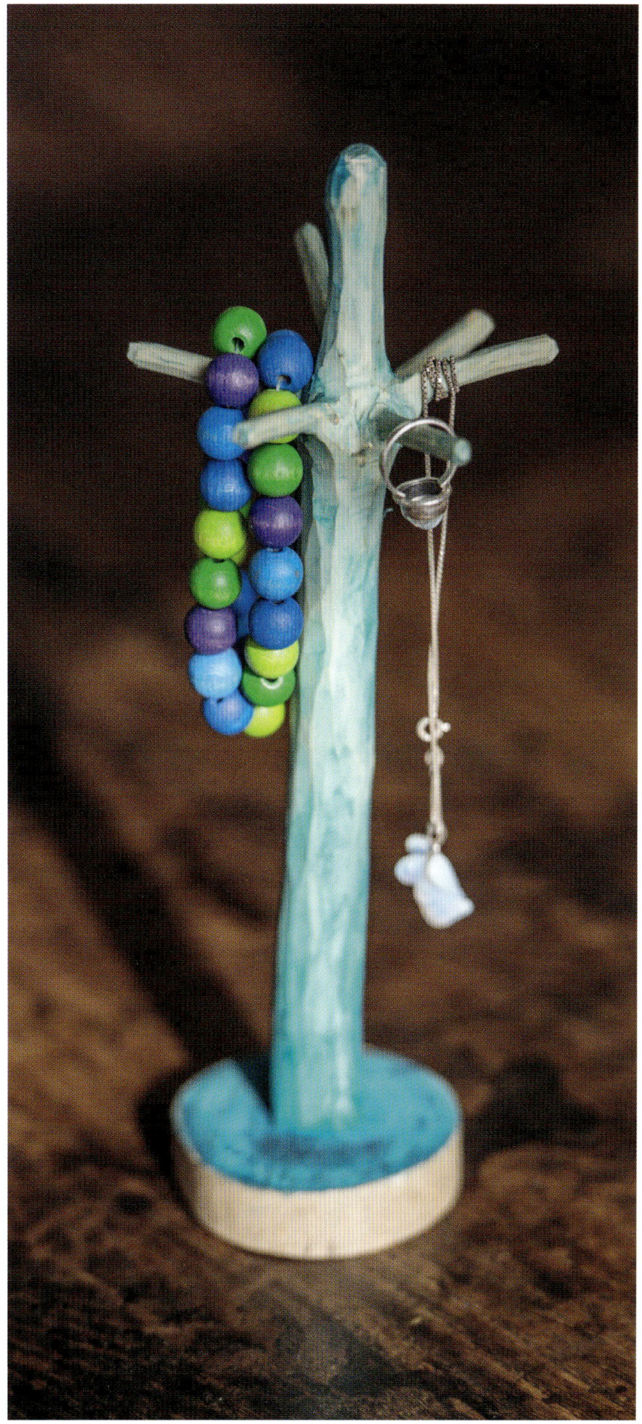

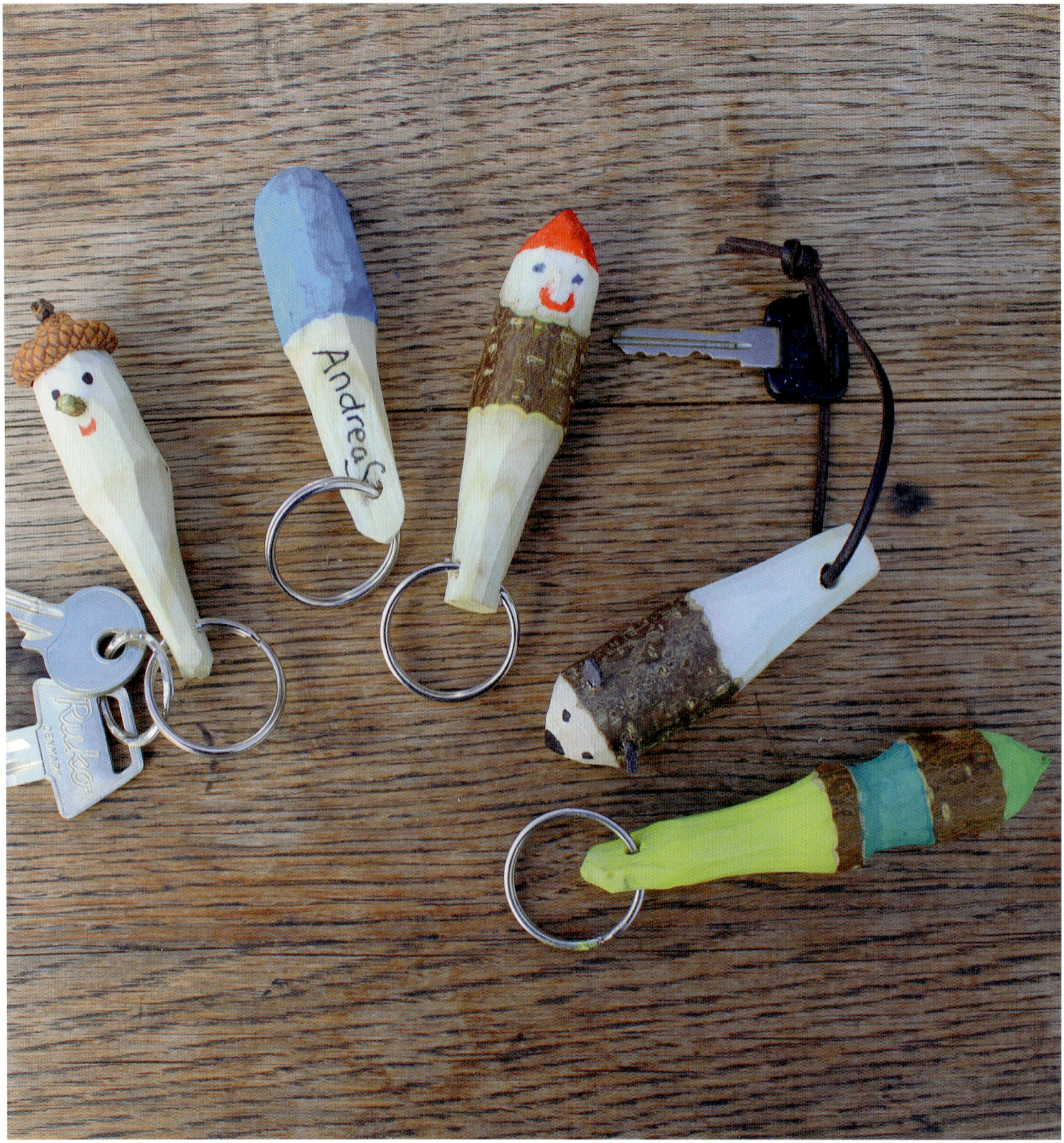
Andreas

Schlüsselanhänger*

Hier sind ein paar Ideen für witzige und leicht wiedererkennbare Schlüsselanhänger.

Material

- Astholz
- Bohrer, Durchmesser ca. 5 mm
- Schlüsselring aus Metall, Durchmesser ca. 3 cm

So wird's gemacht

Astholz in die gewünschte Form schnitzen – an dem Ende, in das der Ring eingesetzt werden soll, nicht zu dick. Loch bohren und Schlüsselring einsetzen. Als Schnitztechnik kann man die gleiche Methode anwenden wie bei den Handgriffen, denn auch hier wird das Schnitzmesser in der Mitte des Astholzes angesetzt (siehe S. 157 f.).

Bemalen, mit Öl einstreichen.

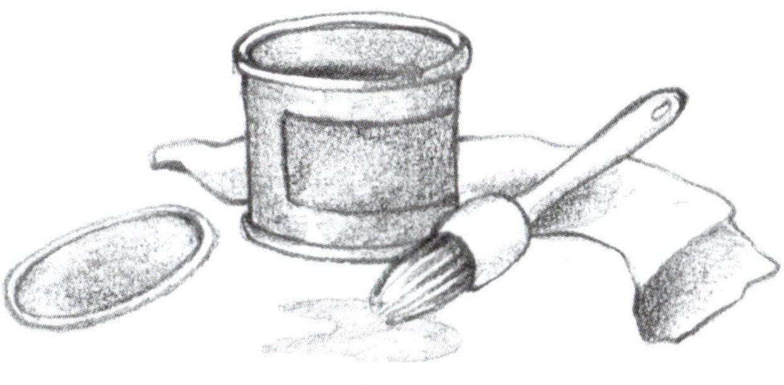

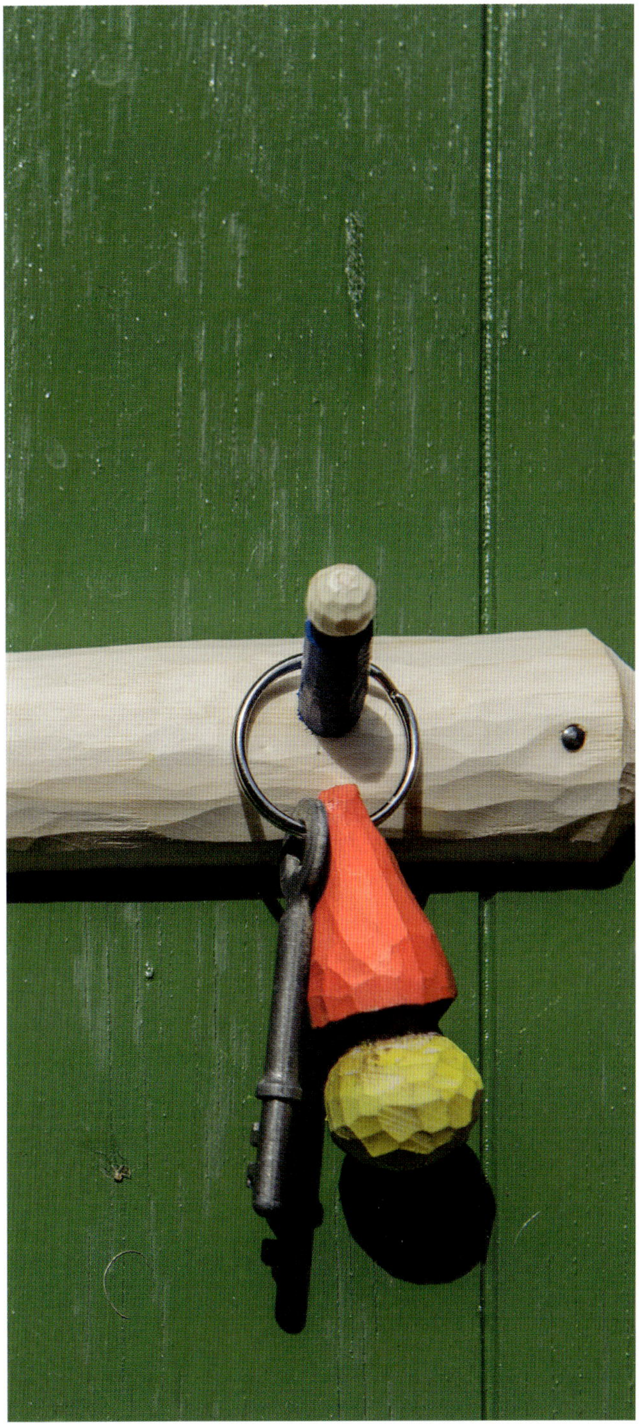

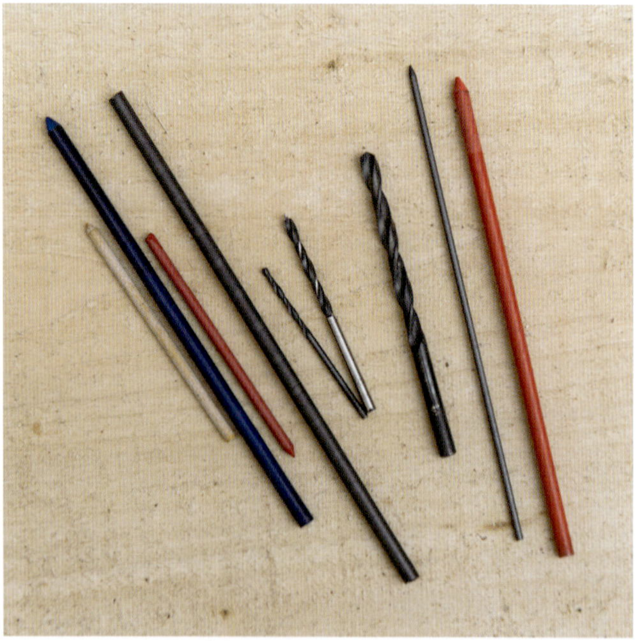

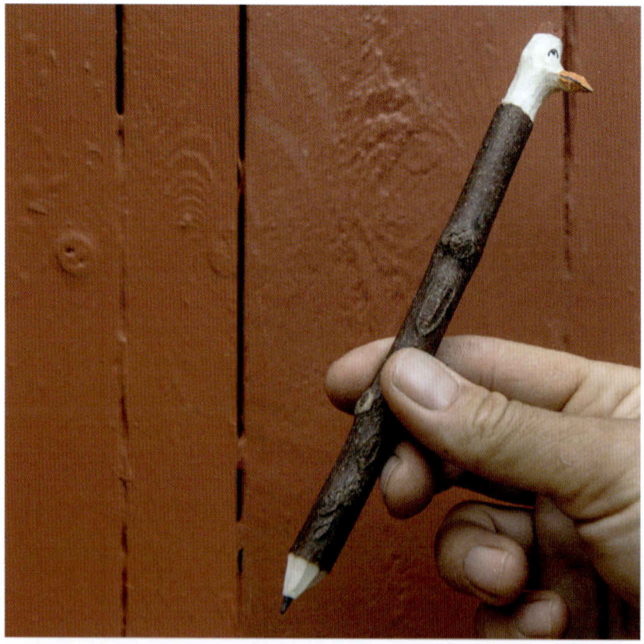

Bunt- und Bleistifte*

So kann man seinen eigenen Bunt- oder Bleistift machen und mit Mustern oder Figuren verschönern, es gibt viele Möglichkeiten. Auf jeden Fall ist der Stift ein Unikat!

Material

- Astholz in der Länge des Bleistifts, Durchmesser 1 – 1,5 cm
- Bleistift, Durchmesser mindestens 2 mm, aber besser 3 – 5 mm, dann ist das Risiko nicht so hoch, dass er bricht
- Bleistift- und Buntstiftminen können bei den meisten Papierwaren- oder Buchhändlern oder in Bastel- und Künstlerläden gekauft werden (siehe Liste auf S. 197)
- Holzbohrer im Durchmesser der Stifte, evtl. 0,1 mm größer

So wird's gemacht

Astholz einspannen und Loch für den Stift so tief hineinbohren, wie der Bohrer kommt. Das Loch eventuell ein wenig vergrößern, indem man den Bohrer während des Bohrens ein wenig hin und her bewegt. Den Stift vorsichtig in das Loch schieben.

Benutzt man ein junges Astholz, sitzt der Stift besser fest, wenn das Holz getrocknet ist.

Figuren oder Muster schnitzen, solange das Astholz noch frisch ist.

Wenn der Stift richtig fest sitzt, die Spitze schnitzen. Dabei vorsichtig vorgehen, damit der Stift nicht ganz weggeschnitzt wird.

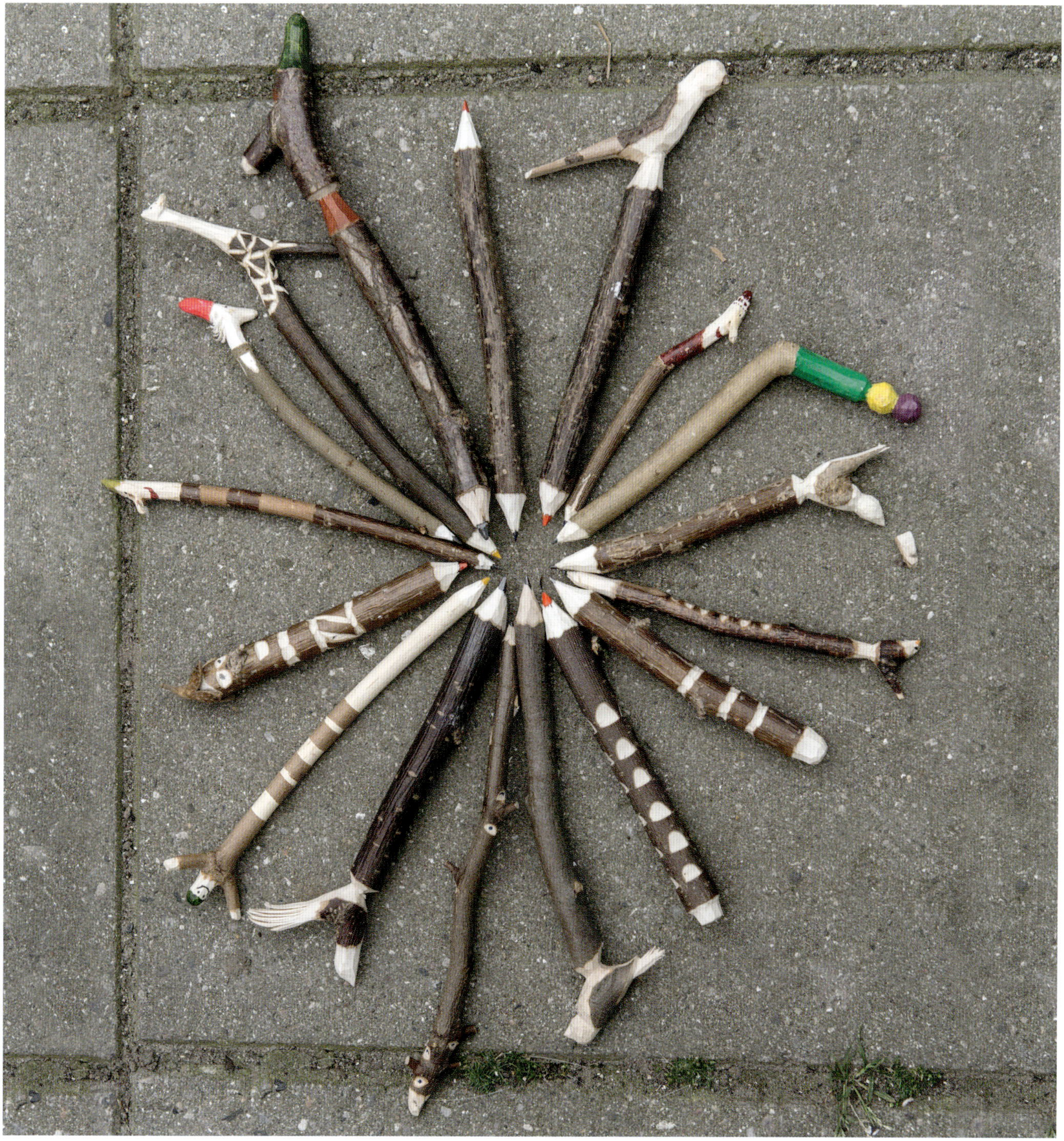

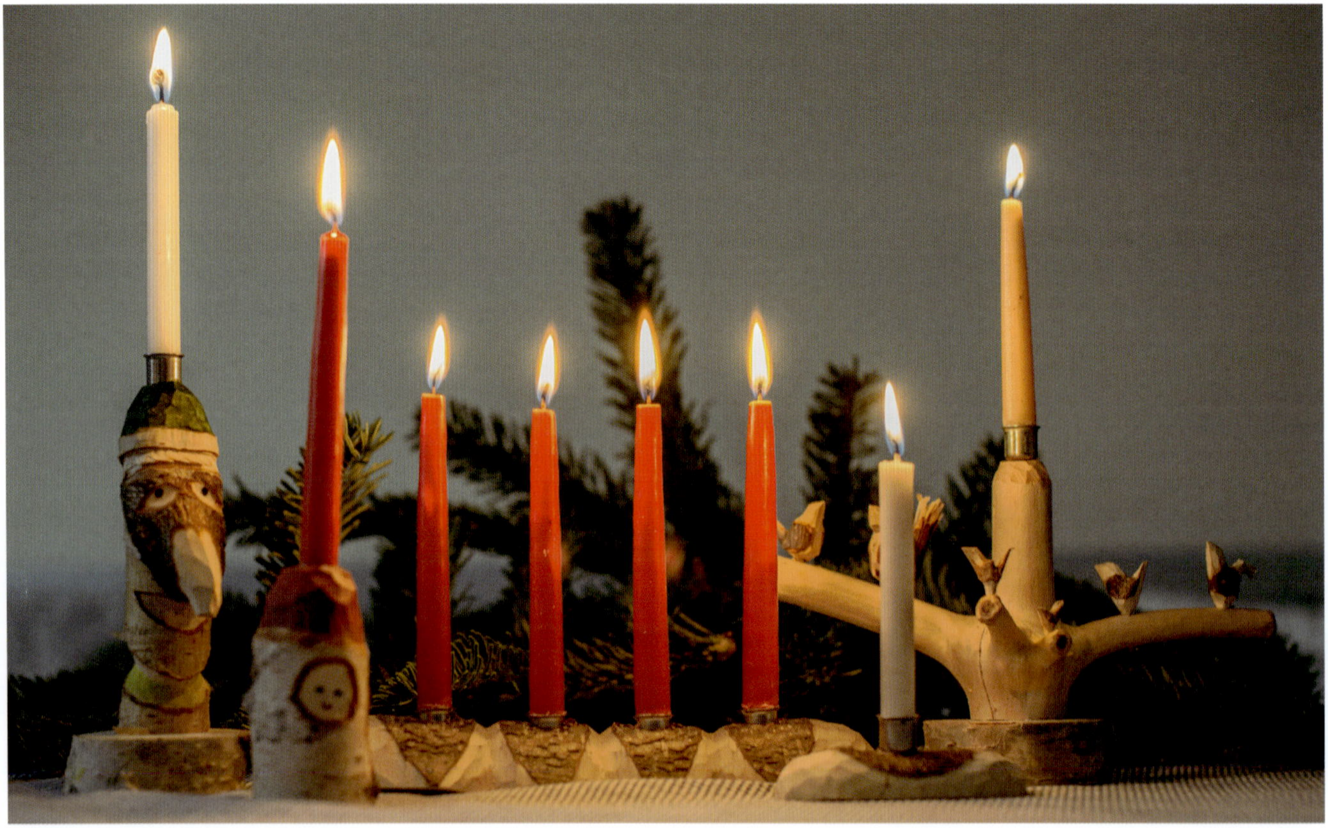

Kerzenständer*

Kerzenständer können als aufrecht stehende Leuchter oder als flache Kerzenhalter angefertigt werden. Auf dem Foto rechts ist ein Leuchter zu sehen, der aus der Astgabel einer Tanne gemacht ist; auf den Nebenzweigen sitzen kleine Vögel. Anleitung: siehe Hängehaken auf S. 162 f. und Vogel mit einem Schwanz aus Spänen auf S. 33.

Material
Astholz, Durchmesser 4 – 5 cm

Kerzenleuchter: Die Höhe muss dem Gewicht und der Standfestigkeit des Fußes entsprechen, damit der Leuchter nicht umfällt; eventuell eine größere Scheibe von einem Ast- oder Stammholz als Fuß verwenden und mit einer versenkbaren Schraube von unten am Leuchter befestigen.

Kerzenhalter: Gespaltenes oder der Länge nach durchgesägtes Astholz (zum Spalten siehe S. 23).

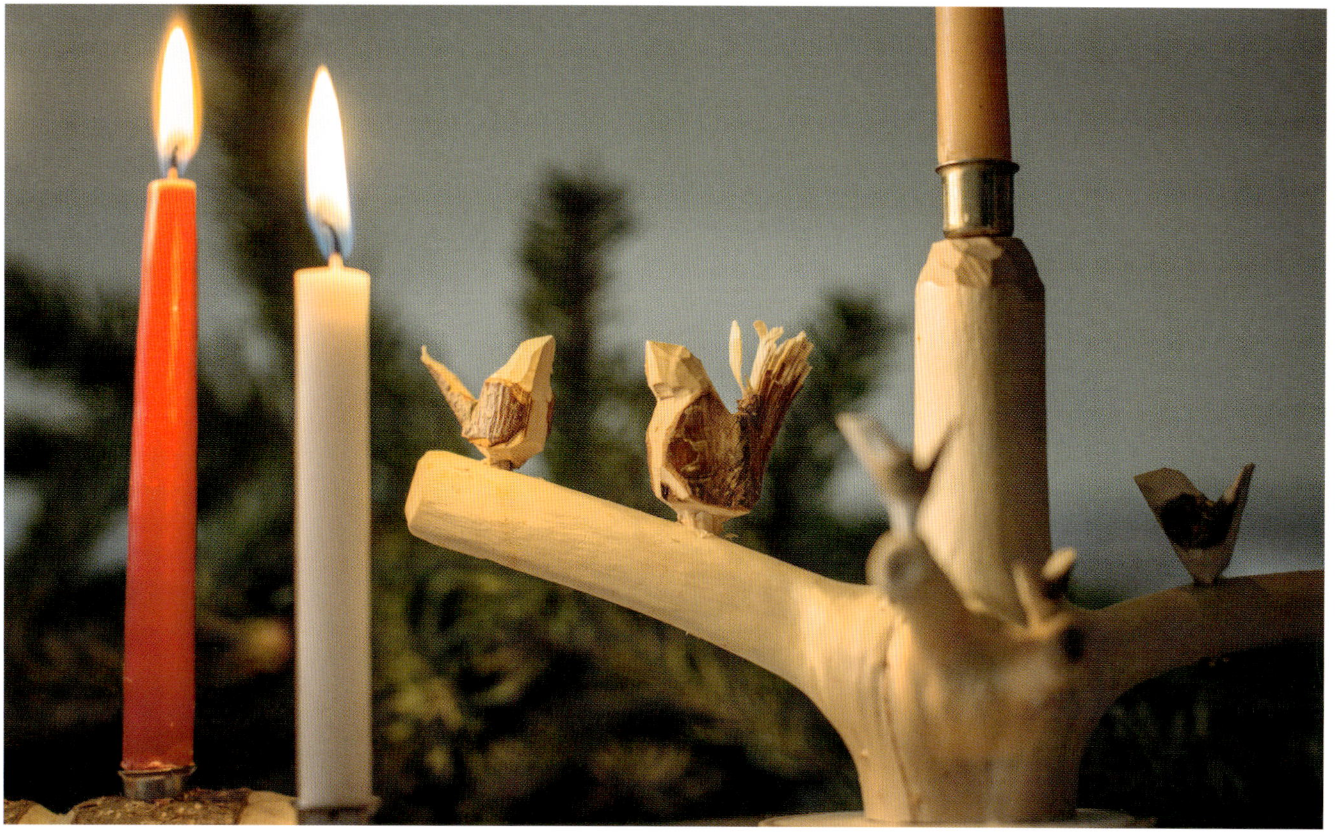

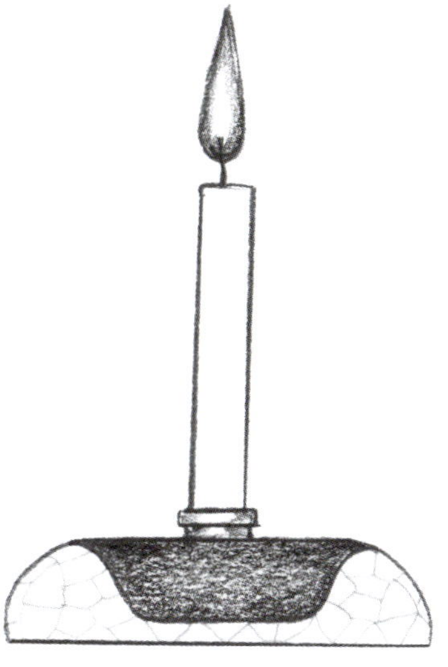

Für beide:

- Kerzenhalter 12 – 14 mm (siehe die Liste der Anbieter auf S. 197)
- kleine Schraube
- Kerze mit einem Durchmesser passend zum Loch, z.B. Weihnachtsbaumkerzen

So wird's gemacht

Form des Kerzenständers schnitzen. Den Halter auf dem Leuchter bzw. dem flachen Kerzenhalter festschrauben oder ein Loch bohren, in das er eingesetzt wird.

Kleine Schilder*

Für die hier beschriebenen Schildchen gibt es viele Verwendungsmöglichkeiten. Man kann sie an die Tür schrauben, an eine Schublade kleben oder als Geschenkanhänger, Anhänger für den USB-Stick oder den Schlüsselring gebrauchen.

Material
Astholz, Durchmesser 2 – 4 cm, Länge ausreichend für ein passendes Haltestück

So wird's gemacht
Zeichnung unten: Astholz spalten. Eine der beiden Hälften noch einmal spalten. Beide Seiten des zweimal gespaltenes Stücks eben schnitzen, abrunden oder eventuell mit dekorativen Einkerbungen versehen. Trocknen lassen und dann nach Wunsch beschriften bzw. bemalen.

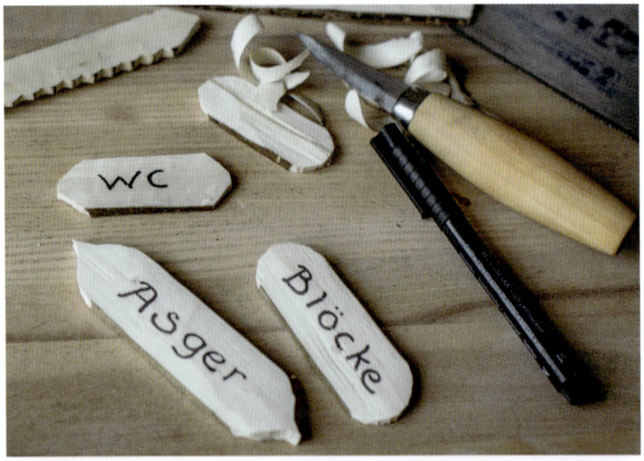

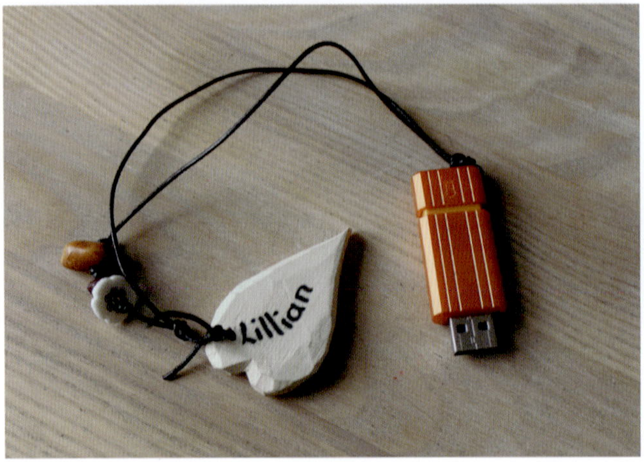

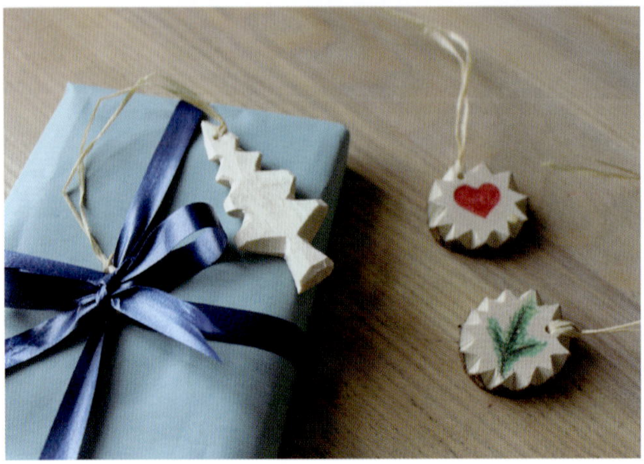

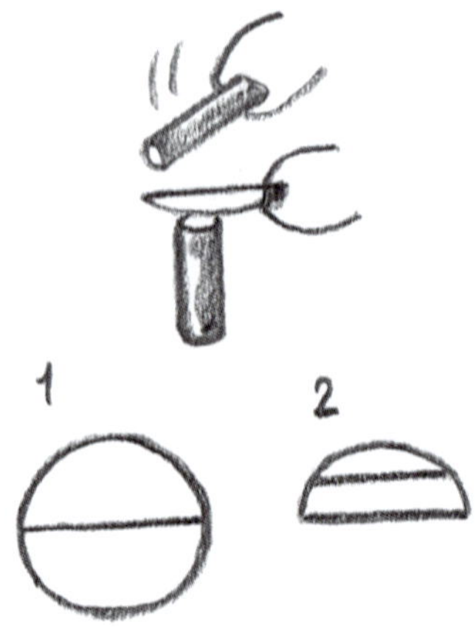

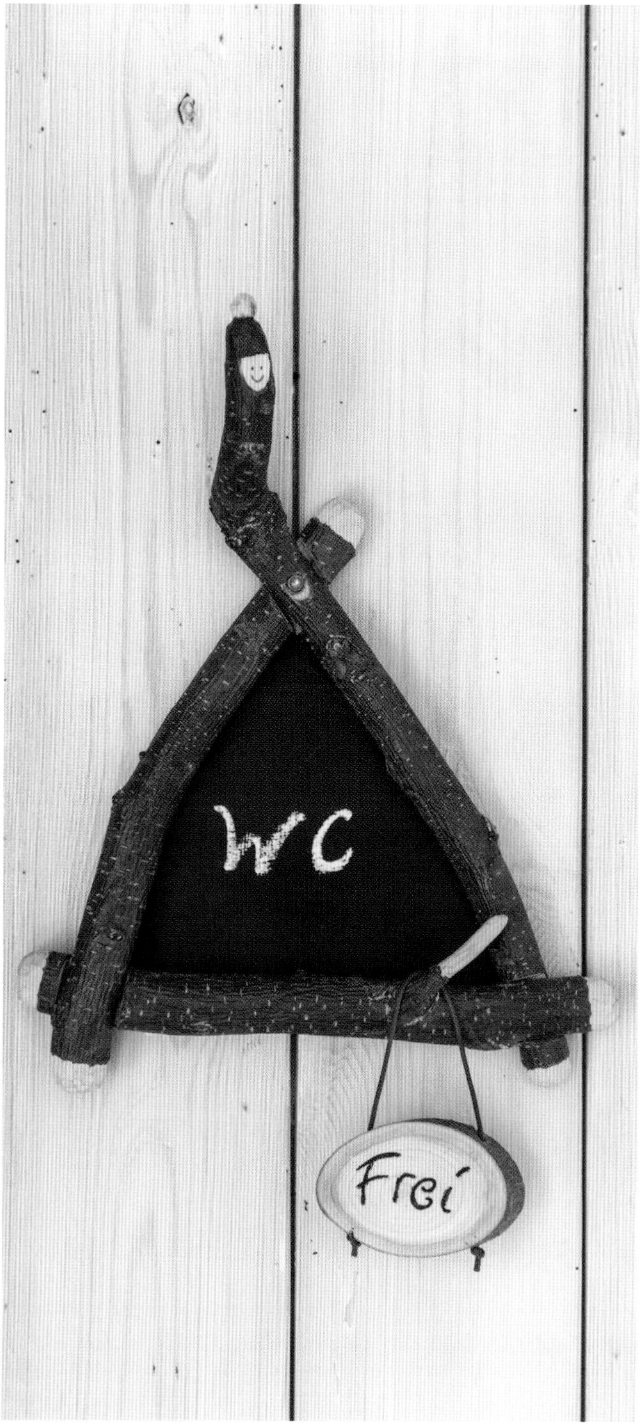
WC
Frei

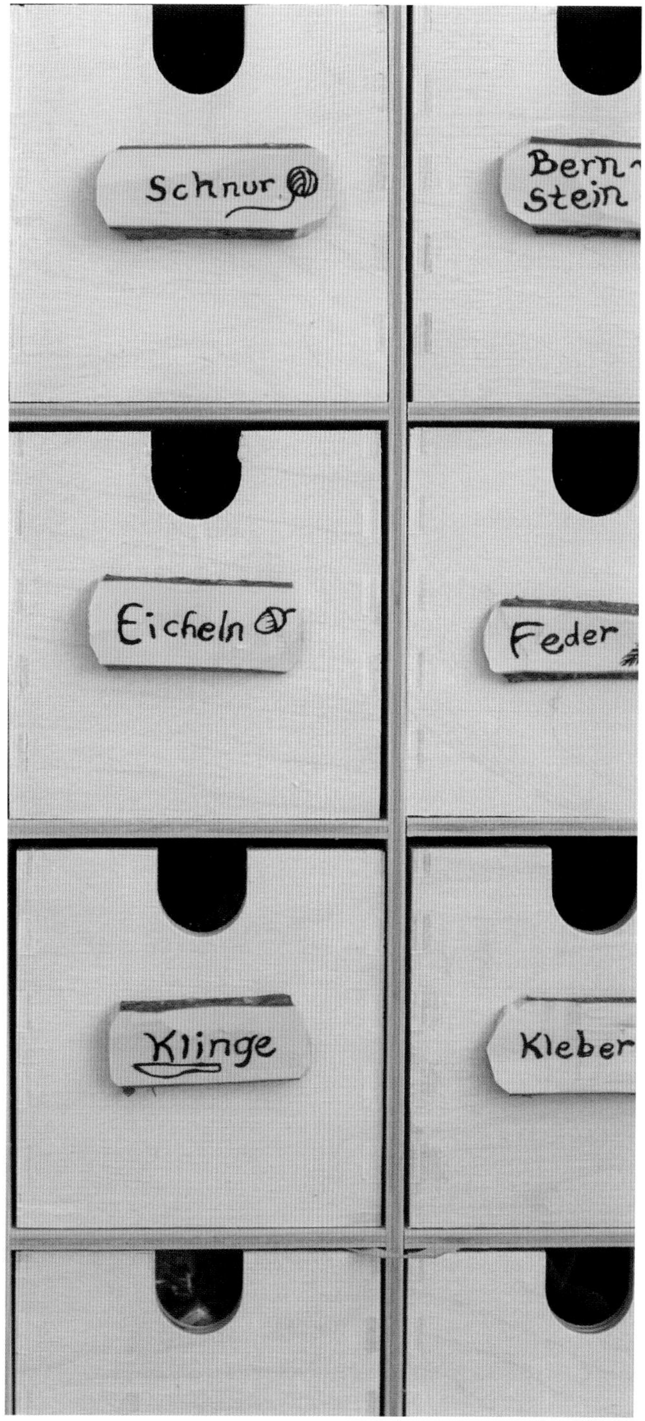
Schnur
Bern-
stein
Eicheln
Feder
Klinge
Kleber

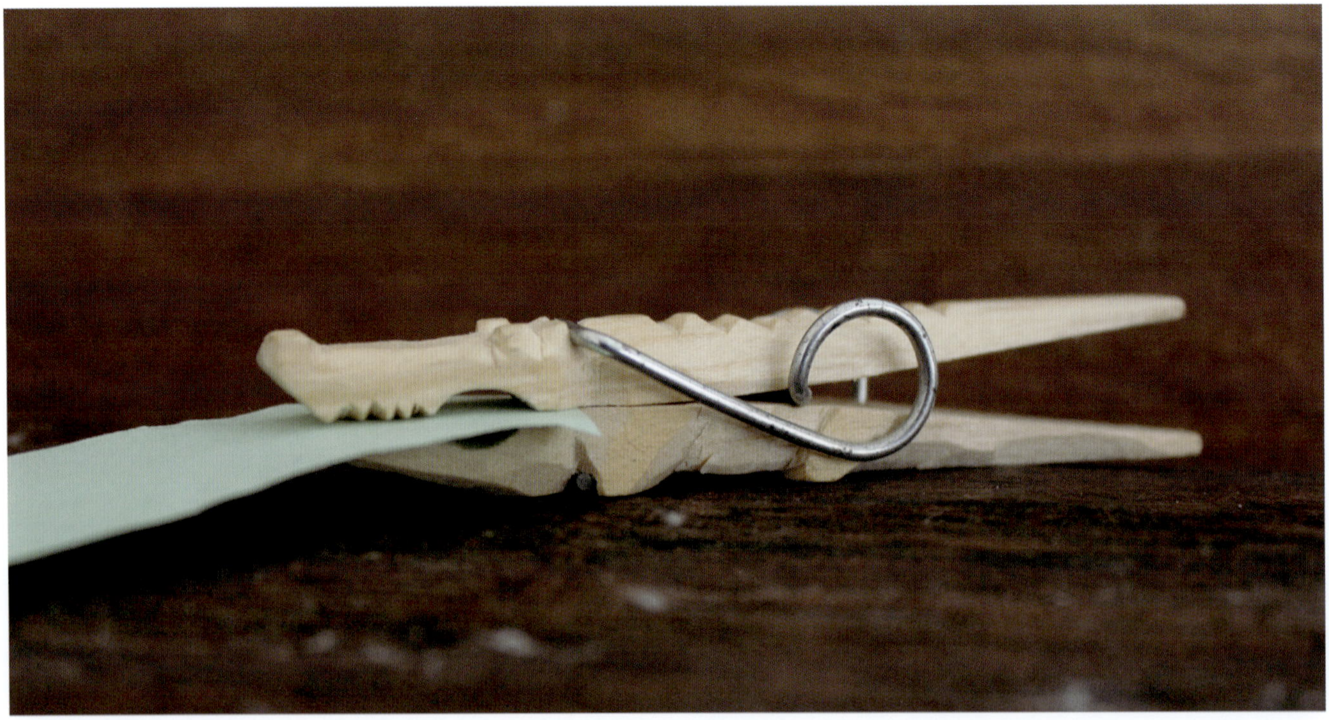

Krokodilklammer**

Das Krokodil ist eine schwierige Aufgabe, denn es muss sehr klein und fein geschnitzt werden. Der Vorschlag kommt aus dem Internet. Wie praktisch, dass das Krokodil das Maul öffnen kann – eine Funktion, mit der man es auch als Magnet für die Kühlschrank verwenden kann, wenn man einen Magneten auf die Rückseite klebt.

Material

- Wäscheklammer aus Holz
- evtl. Farbe

So wird's gemacht

Die beiden Holzteile voneinander trennen. Den Kopf etwas schmaler ausschnitzen und kleine Einkerbungen als Zähne schnitzen. Am oberen Teil der Klammer Augen und Nasenlöcher herausarbeiten. Den Schwanz zuspitzen und unter Umständen einen kleinen seitlichen Bogen einarbeiten. Kleine Einkerbungen auf dem Rücken und ebenso eventuell als Beine schnitzen.

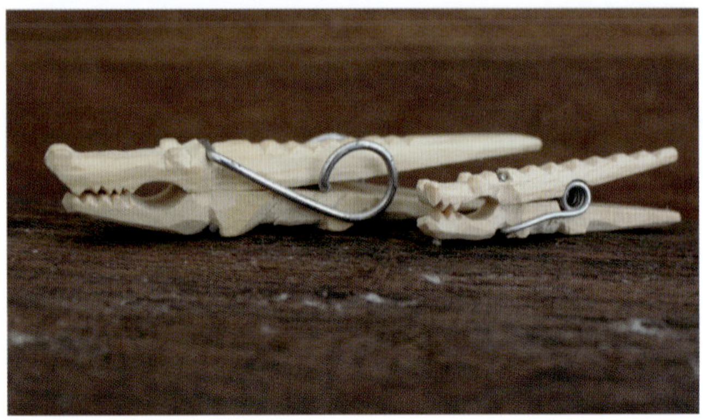

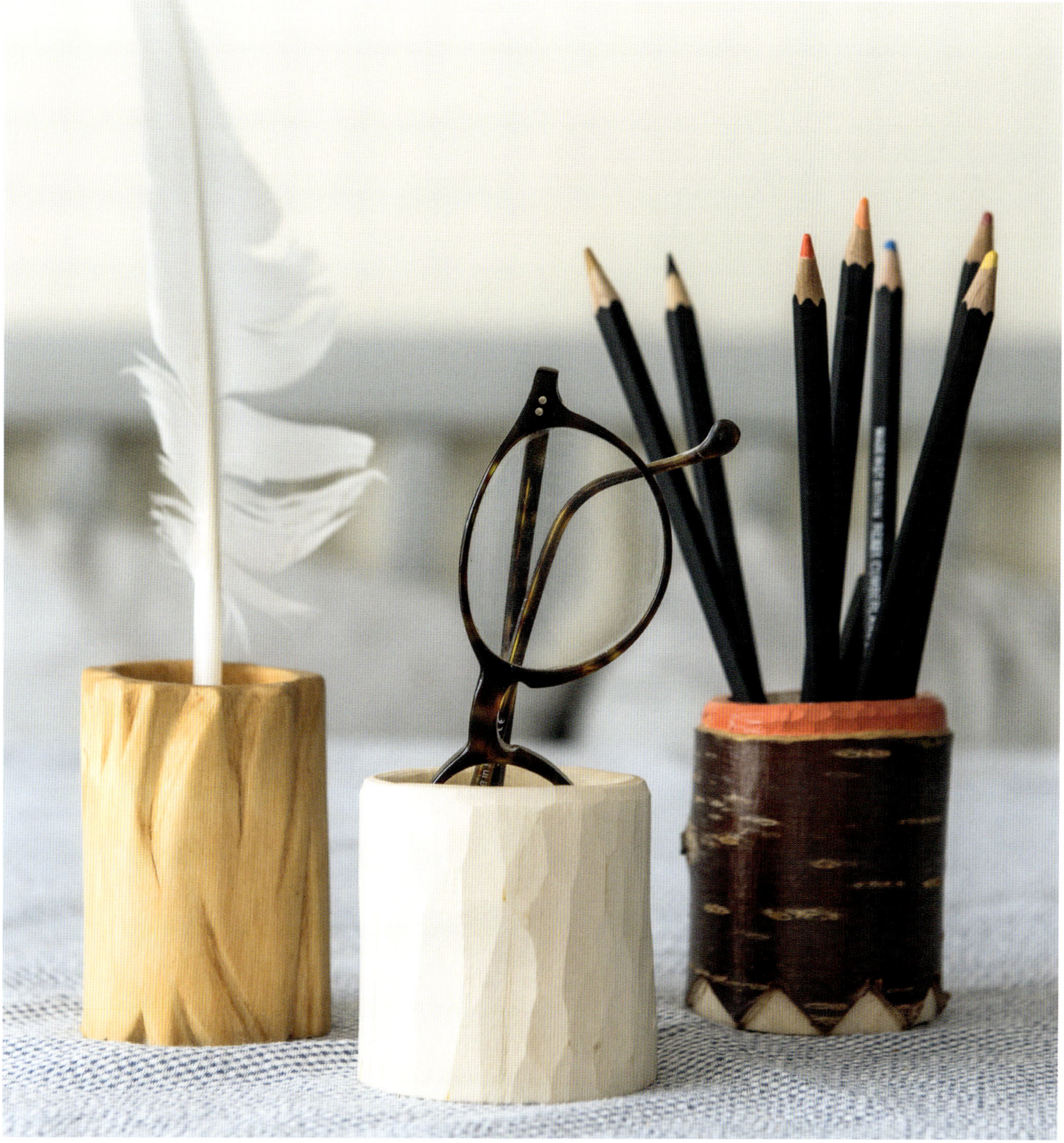

Döschen aus Rindenholz**

Diese kleinen, dekorativen Döschen sollte man im Frühjahr anfertigen, wenn die Bäume gut im Saft stehen. Die Rinden der verschiedenen Hölzer haben ihre Eigenarten, manche sitzen sehr fest, manche nur lose am Holz. Die Döschen auf dem Foto sind aus Ahorn und Weide.

Material

- Astholz, Durchmesser 3 – 5 cm, Länge 10 – 15 cm, ohne Knorren und Nebenzweige an dem Stück, das später als Döschen benutzt werden soll
- 2 Scheiben vom Astholz als Boden und Deckel
- evtl. Rindenstücke zur Dekoration
- ein kleiner Ast als Griff

So wird's gemacht

Zeichnung unten: In das eine Ende des Astholzes rundherum eine Rille schnitzen. Vorsichtig sein! Eventuell Handschuhe überziehen. Rinde abziehen bzw. schälen, eventuell leicht darauf klopfen, um sie zu lösen; man bekommt ein «Rohr aus Rinde».

Zwei Scheiben absägen (siehe die gestrichelten Linien), eine für den Boden und eine für den Deckel. Etwas Leim auf die Seite des Bodenstücks geben und den Boden vorsichtig in das «Rindenrohr» drücken.

Während die Rinde trocknet, zieht bzw. rollt sie sich zusammen. Um die Form beizubehalten, das von der Rinde befreite Astholz während des Trocknens in das «Rindenrohr» stecken.

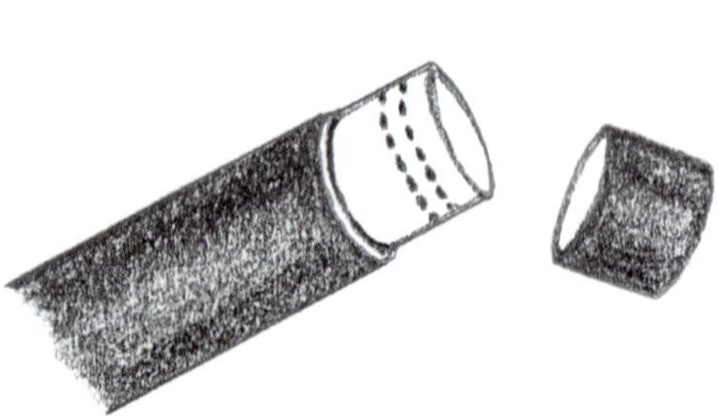

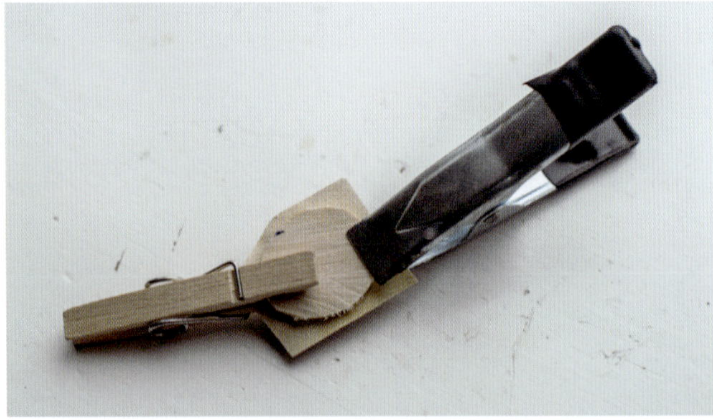

Foto oben: Ein Stückchen Rinde von einem Astholz schälen und auf den Deckel kleben. Dazu beide Stücke mit Klammern zusammenpressen (die Scheibe für den Deckel und das Astholz, das als Spanner in das «Rindenrohr» gesteckt wird, sollten einen etwas kleineren Durchmesser als das Rohr haben, damit sich die Rinde noch ein wenig zusammenziehen kann).

Wenn es trocken ist, die Rindenkante des Deckels so schnitzen, dass er das Döschen schließt.

Ein Loch in die Mitte des Deckels bohren und ein Ästchen als Griff hineinkleben.

Eventuell Stücke getrockneter Rinde in anderen Farben als Dekoration aufkleben. Dazu Rinde von kleineren Ästen verwenden, denn sie darf nicht zu dick sein. Die Rindenstückchen während des Trocknens beschweren, damit sie sich nicht zusammenrollen.

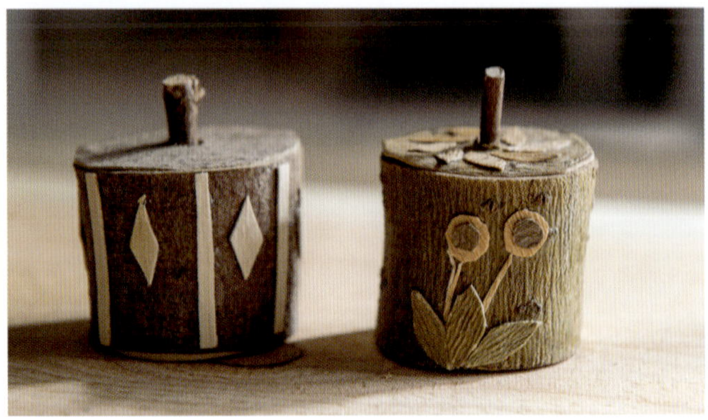

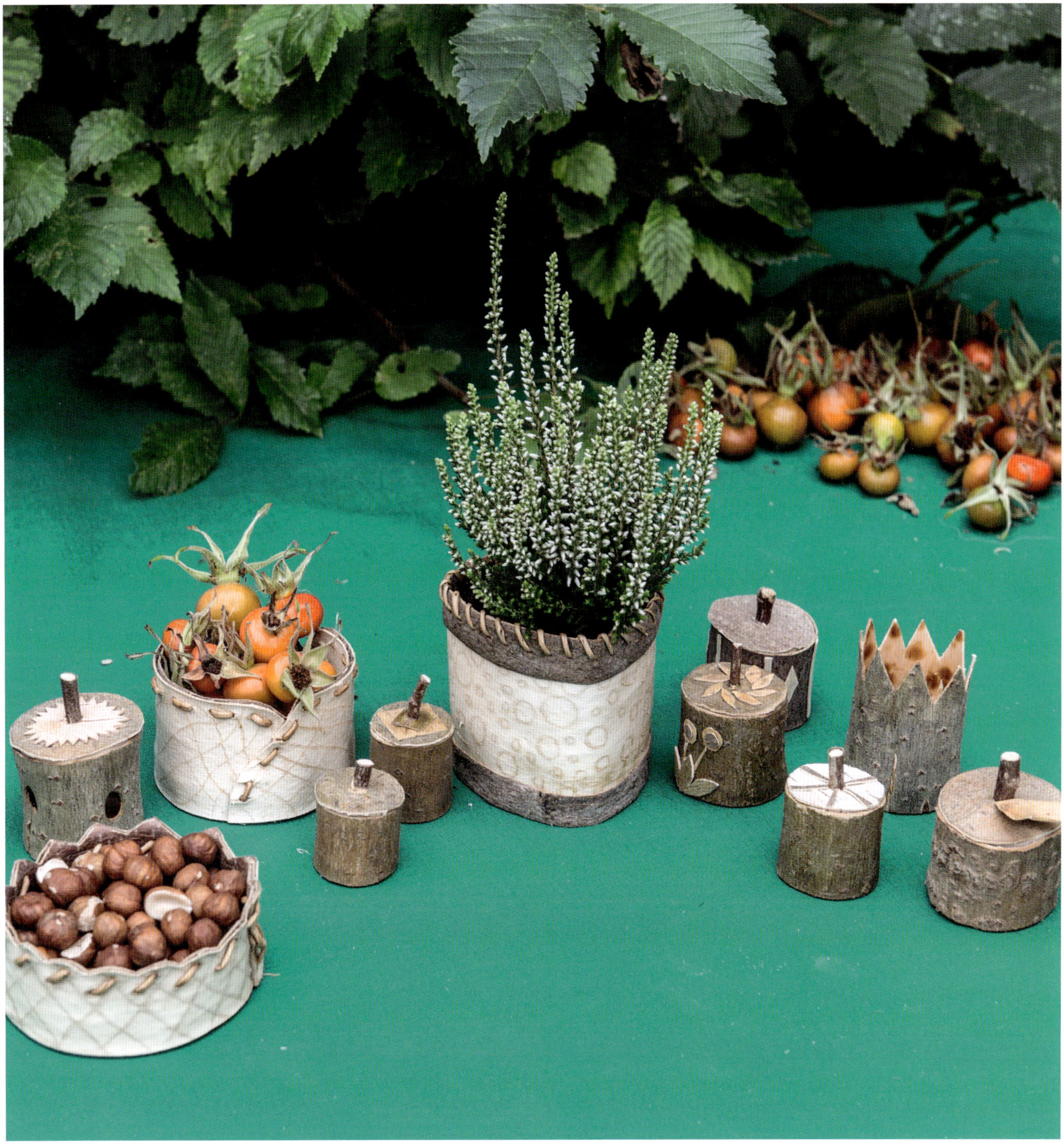

Blumenkorb und Nussschale**

Körbe und Schalen sind sehr nützlich und können in allen erdenklichen Formen gemacht werden. Und außerdem sind sie eine richtig gute Geschenkidee! Am besten werden sie im Frühling angefertigt, wenn die Rinde lose sitzt (z.B. aus Rindenabfällen, wenn Ahornrinde für einen Hocker oder Stuhl abgezogen wird).

Material

- trockene Scheibe von einem Ast- oder Stammholz, Durchmesser z.B. 7 cm
- frisch geschälte Rinde (Länge so wählen, dass sie um die Scheibe gewickelt werden kann, plus etwas Überstand)
- Schere
- Leim
- Lochzange
- Fasern / Streifen aus Birkenrinde, Schnur oder Lederschnur

So wird's gemacht

Am besten zwei Schichten Rinde verwenden, dann wird die Kante stabiler. Die Nussschale ist aus zwei Schichten Rinde gemacht, der Blumenkorb nur aus einer. Dafür ist er an den Kanten und am Boden mit einer Verstärkung ausgestattet. Zur Dekoration ist die Rinde an der Kante umgeknickt, sodass die Seite mit der Außenrinde auch nach außen zeigt.

Die Rinde auf einer Länge abschneiden, die dem Durchmesser der Scheibe entspricht, plus 1 – 2 cm Überstand, die Innenseite der Rinde bildet dabei die Außenseite des Blumenkorbs bzw. der Nussschale. Bevor die Rinde an der Scheibe angebracht wird, kann sie verziert werden. Dazu mit einem spitzen Holzstück oder einem Nagel Muster auf die Innenseite der Rinde «zeichnen» (siehe evtl. Geheimschrift auf S. 120).

Leim auf die Seite der Scheibe geben und die Rinde rundum festkleben. Während der Leim trocknet, kann die

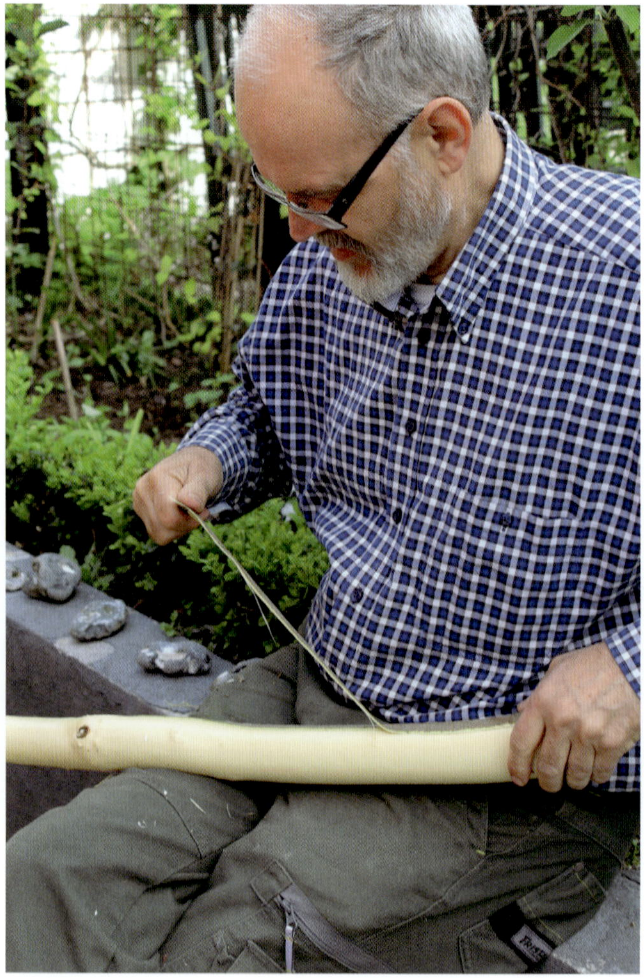

Rinde mit einem kleinen Nagel und einem Gummiband oder einer Schnur fixiert werden. Die obere Kante der Überlappung und deren Mitte werden mit Klammern fixiert.

Mit der Lochzange Löcher in die Kante schneiden, Schnur hindurchführen und die Enden vernähen.

Zur Verzierung eventuell Zacken oder andere Formen in die Kante schneiden oder schnitzen und wie bei «Döschen aus Rindenholz» kleine Rindenstücke aufkleben (siehe S. 174).

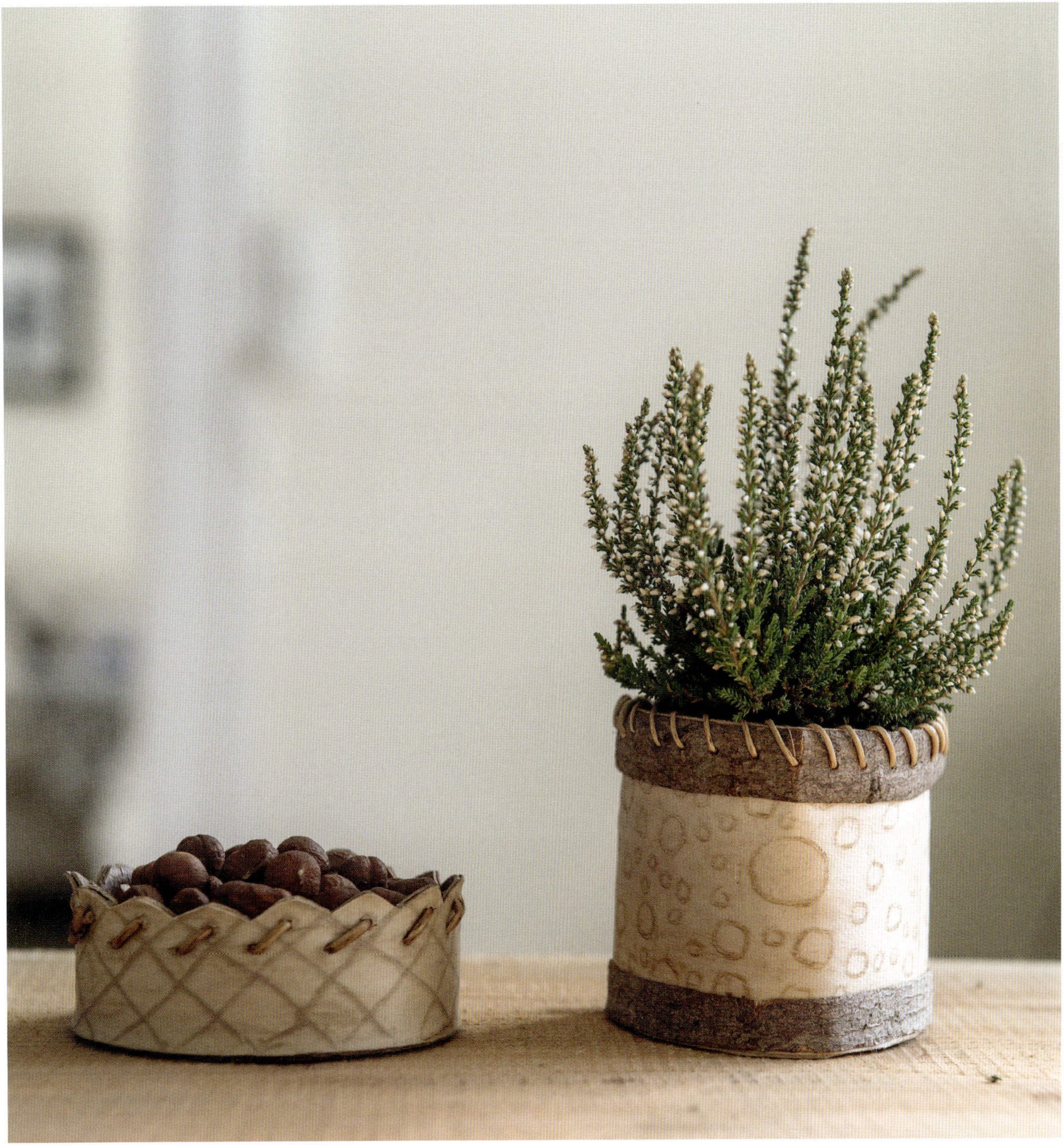

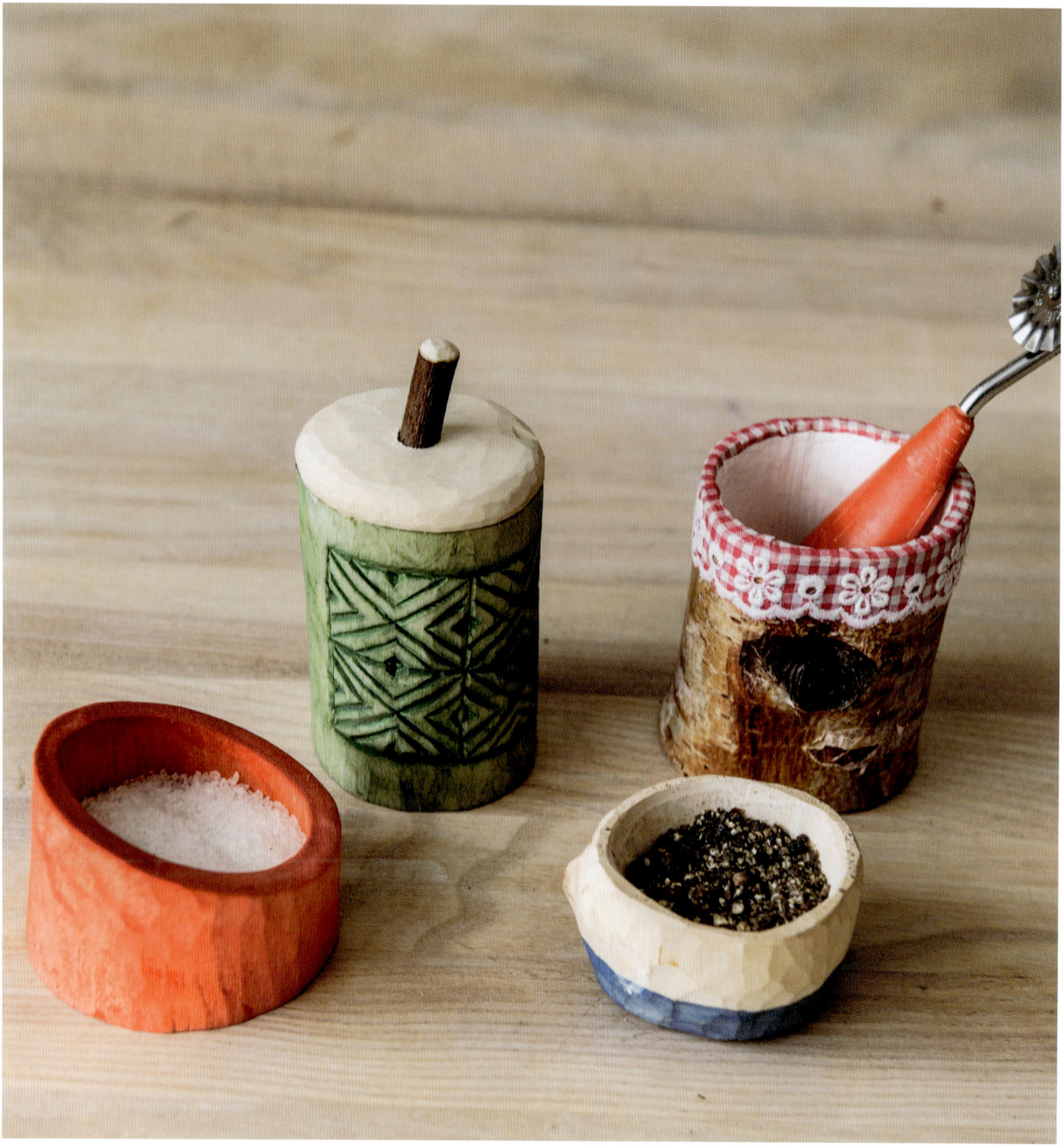

Schrumpelschachtel***

Das Geheimnis der Schrumpelschachtel besteht darin, dass sich Holz während des Trocknens zusammenzieht bzw. schrumpft. Macht man sich das zunutze, kann man eine Schachtel herstellen, bei der sich der Boden quasi von selbst befestigt.

Die Schrumpelschachtel wird aus einem Astholz mit oder ohne Rinde angefertigt, Form und Verzierung kann man nach eigenen Vorstellungen gestalten. Natürlich kann man auch einen Deckel dazu schnitzen.

Material

- Astholz, Durchmesser z.B. 5 – 8 cm, Länge 6 – 8 cm
- trockenes Holz für den Boden, am besten Linde, 4 – 8 mm dick
- Bohrer, 18 – 24 mm
- Messer, am besten mit einer schmalen und etwas längeren Klinge als gewöhnlich, 7 – 12 cm
- evtl. selbstgemachtes Streichmaß (Anleitung S. 181)

So wird's gemacht

Ein Loch in das Astholz bohren und es bis auf eine Dicke des Holzes von ca. 1 cm aushöhlen (siehe «Ein Astholz aushöhlen», S. 152). Es ist wichtig, dass das Holz nicht trocknet und damit schrumpft, bevor der Boden eingesetzt ist, deshalb das Werkstück eventuell in einer Plastiktüte im Kühlschrank aufbewahren.

Zeichnung 2: An einem Ende innen rundum eine 2 – 3 mm tiefe Einkerbung schnitzen; das ist eine schwierige Aufgabe, deshalb vorsichtig arbeiten.

Dazu werden zuerst zwei Rillen in die Innenseite des Astholzes geritzt, eine ca. 1 cm vom Ende des Astholzes entfernt, die andere 2 – 3 mm zur Mitte des Astholzes hin versetzt. Man hat zwei Möglichkeiten:

1. Die beiden Rillen auf die Innenseite des Astholzes zeichnen und mit der Spitze des Schnitzmessers in das Holz ritzen. Dann das dazwischen befindliche Holz entfernen.

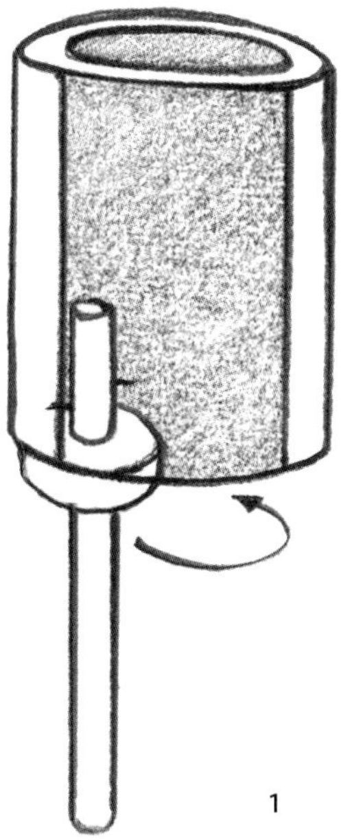

1

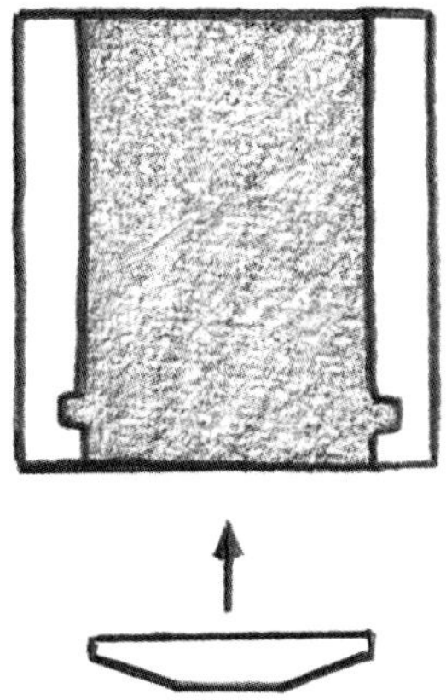

2

2. Mit dem Streichmaß (S. 181) die zwei Rillen ritzen (siehe Zeichnung 1). Dazu das Werkstück drehen. Das dazwischen verbliebene Holz mit der Messerspitze entfernen oder mit einem kleinen Schraubenzieher oder der Spitze des Streichmaßes abschaben.

Zeichnung 3, S. 180: Das Bodenstück unterlegen und den Boden mit einem spitzen Bleistift aufzeichnen. Mit Strichen am Bodenstück und auf der Innenseite des Astholzes markieren, wie sie im Verhältnis zueinander sitzen sollen und welche Seite des Bodenstücks nach oben bzw. unten zeigt. Dann den Boden an der aufgezeichneten Linie aussägen oder schnitzen. Ausprobieren, ob der Boden passt. Er darf nur gerade so in das Astholz hineingehen.

Zeichnung 2: Den Boden schräg schnitzen, am Rand muss er etwas dünner sein als die Einkerbung auf der Innenseite des Astholzes.

Den Boden einsetzen. Jetzt kommt die spannende Wartezeit. Wird das Astholz ausreichend zusammenschrumpfen, sodass der Boden festsitzt? Schrumpft das Astholz

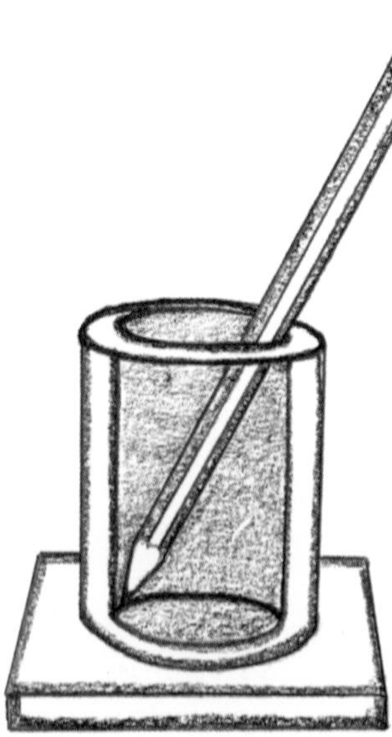

3

auch nicht zu stark zusammen, sodass es reißt? (Das ist bei mir noch nie vorgekommen!) Die Schrumpelschachtel darf nicht an einem zu warmen Platz aufbewahrt werden, während sie trocknet. Der Vorgang kann auch schon mal ein paar Tage in Anspruch nehmen, deshalb immer wieder nachsehen, ob das Bodenstück vielleicht etwas justiert werden muss. Wenn man unsicher ist, ob sich das Astholz genug zusammenzieht, damit der Boden auch wirklich festsitzt, kann man versuchen, das Bodenstück leicht zu drehen. Womöglich findet man eine bessere Position.

Vielleicht ist das Herstellen der Schrumpelschachtel ja eine Arbeit, die so richtig Spaß macht. Wenn man seine Schachtel gerne noch mit schönen Mustern verzieren will, lohnt sich ein Blick auf meine Internetseite (www.snitte-siden.dk). Hier finden sich ein paar Vorschläge, die eventuell inspirieren. Ein tüchtiger Kollege aus Schweden hat ebenfalls einige gute Ideen (www.gubben.info).

Deckel

Wenn die Schachtel vollständig getrocknet ist, kann man aus trockenem Holz einen Deckel anfertigen. Die Form wird gezeichnet, indem man ein Stück Papier über die Öffnung der Schachtel legt und es entlang der Innenkante der Öffnung mit einem Nagel leicht einritzt. Die Markierung eventuell mit einem Bleistift nachzeichnen und die Deckelschablone ausschneiden.

Zeichnung 4: Bei der etwas einfacheren Variante wird ein Stück, das in die Öffnung passen soll, auf ein anderes Stück Holz geklebt.

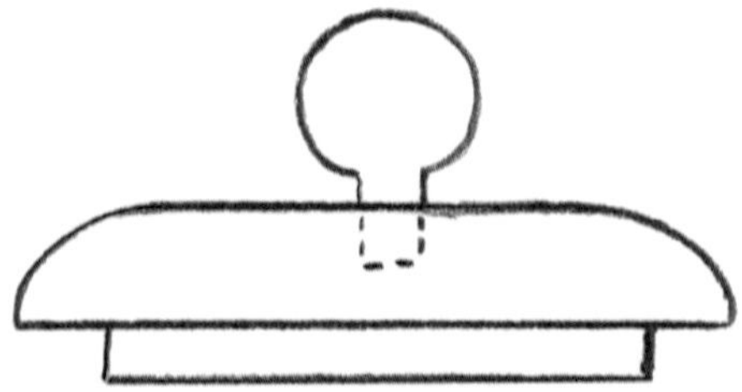

4

Zeichnung 5: Bei der schwierigen Variante wird der Deckel aus einem Stück gemacht.

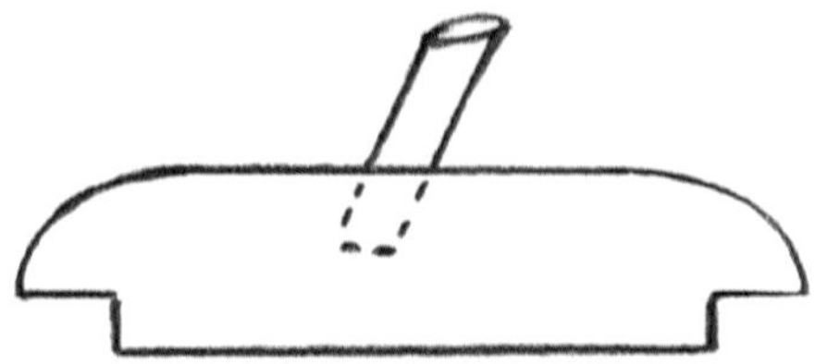

5

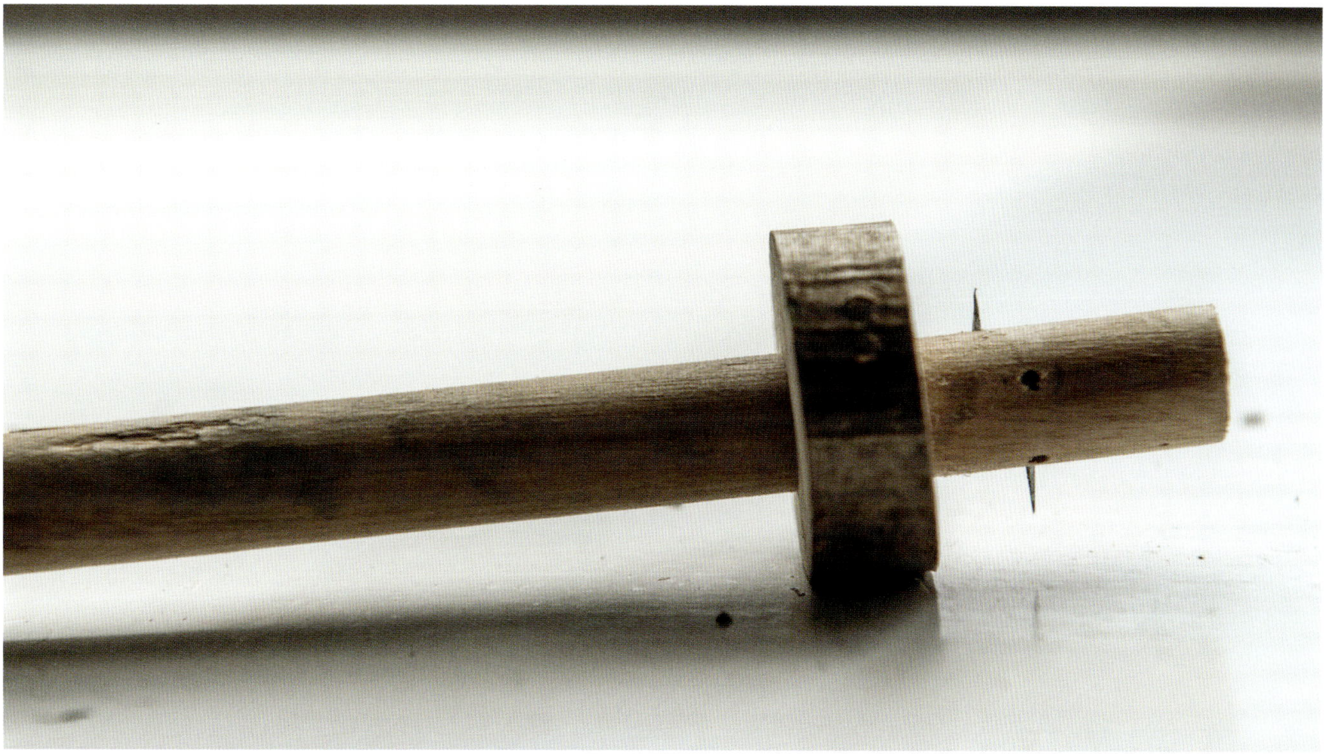

Streichmaß

Material

- Rundstab, Durchmesser 10 mm, Länge 12 – 15 cm
- Holzstück / Holzring mit einem 10-mm-Loch
- 2 Nägel, Durchmesser 1,5 – 2 mm
- Bohrer, Durchmesser entsprechend dem der Nägel
- Leim

So wird's gemacht

Den Holzring ca. 2 – 3 cm von einem Ende entfernt auf den Rundstab kleben. Die Spitzen der Nägel nach einer Seite hin scharf feilen, ähnlich einer winzigen Messerklinge. Zwei Löcher für die Nägel in den Rundstab vorbohren, das eine ca. 1 cm unterhalb des Holzrings, das andere auf der gegenüberliegenden Seite des Rundstabs und wiederum 2 – 3 mm zum Ende des Rundstabs hin versetzt (siehe Zeichnung 1, S. 179). Die Spitzen der Nägel abschneiden und in die Löcher einschlagen bzw. kleben. Die Nagelspitzen müssen etwa 3 mm aus dem Rundstab herausragen, die scharf gefeilte Klinge muss in Schnittrichtung zeigen.

Sitzmöbel

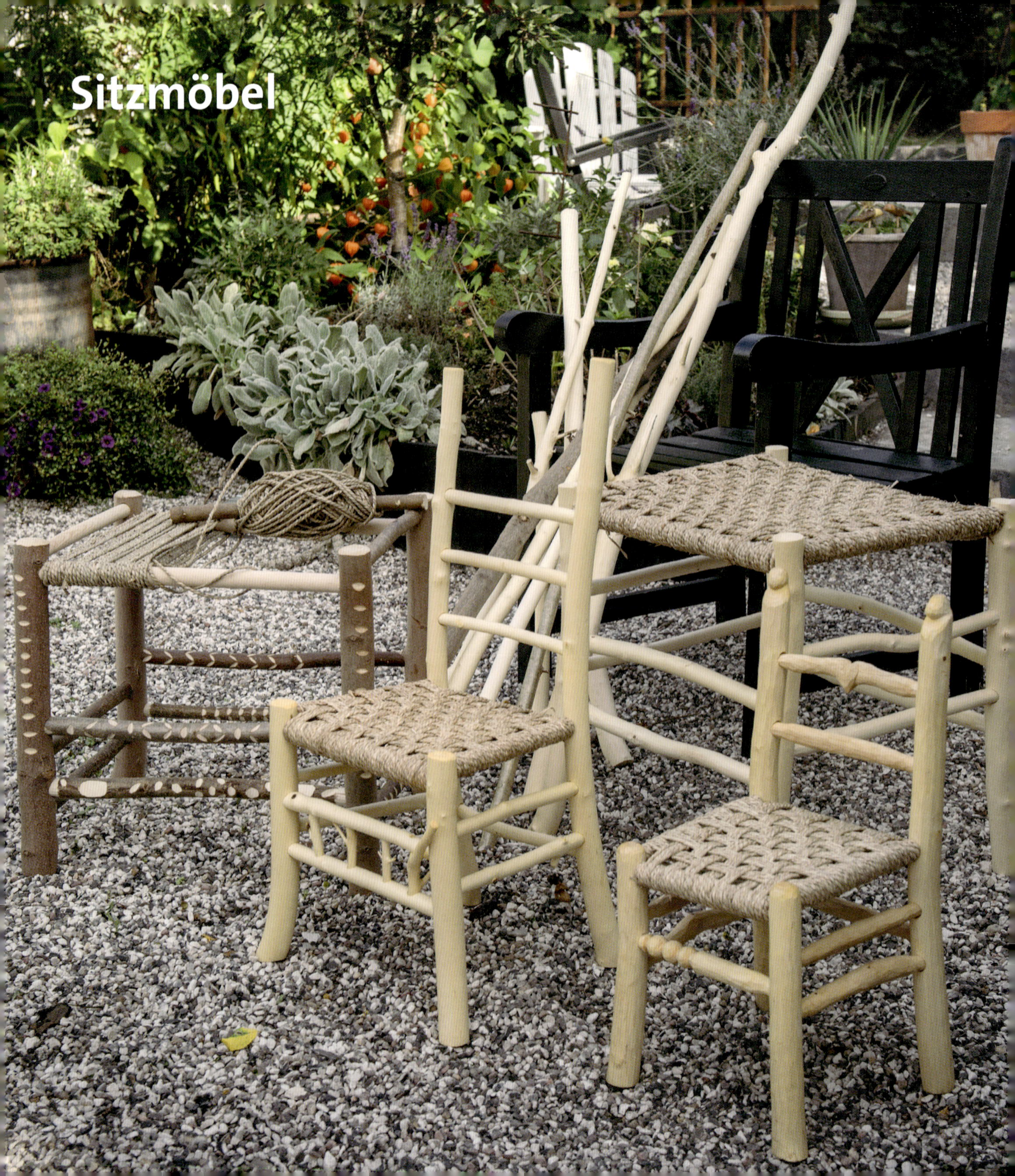

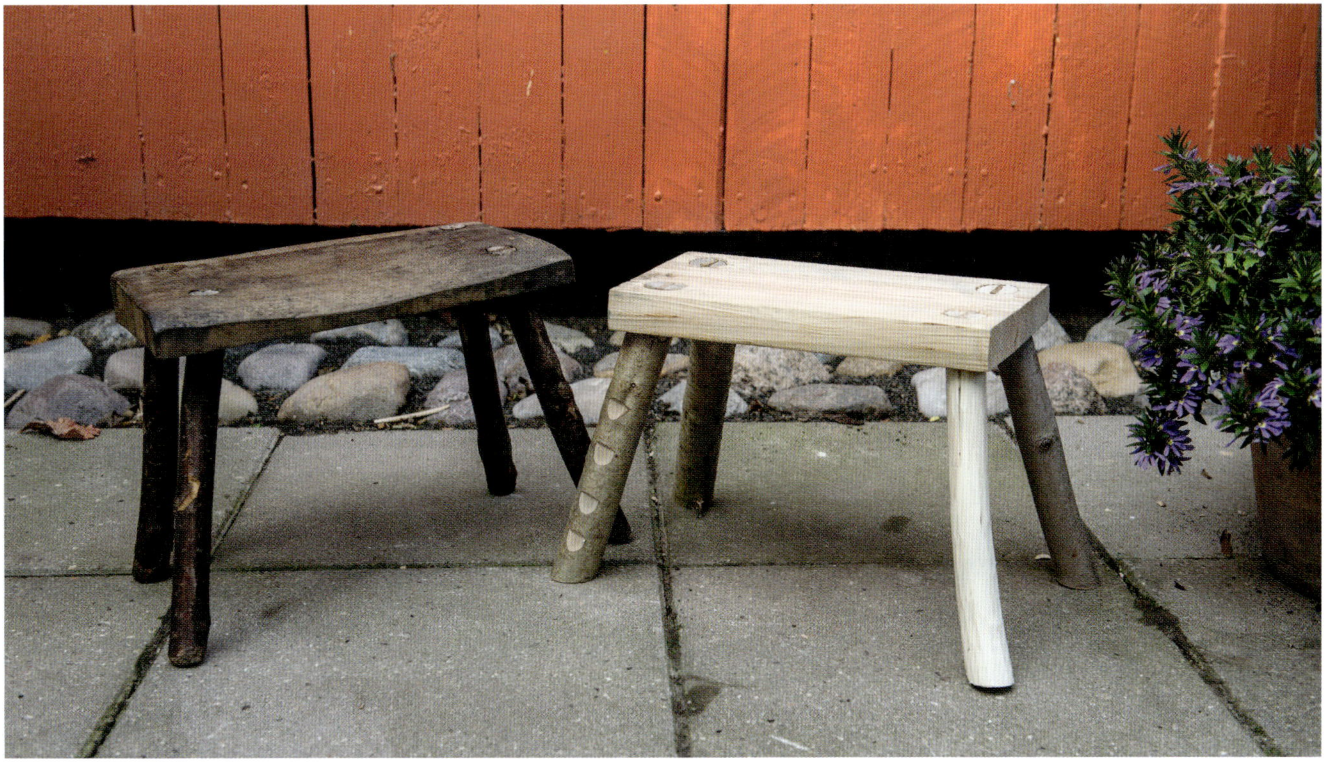

Schemel**

Die geringe Sitzhöhe verleiht dem Schemel eine gute Stabilität und Standsicherheit.

Material

- 4 trockene Asthölzer für die Beine, Länge 30 – 35 cm, Durchmesser ca. 30 mm
- Holz für die Sitzfläche, z.B. gespaltenes Stammholz oder Brett, z.B. 3,5 x 20 x 33 cm
- Bohrer, Durchmesser ca. 25 mm
- 4 Holzkeile

So wird's gemacht

Rinde von den Asthölzern schnitzen. Soll die Rinde am Holz belassen werden, kann man Muster hineinschnitzen.

Vier Löcher so in die Sitzfläche bohren, dass die Beine leicht schräg nach außen abgewinkelt sind. Die Beine an dem Ende, das in die Löcher gesteckt werden soll, etwas dünner schnitzen, der Durchmesser muss zu dem der Löcher passen (siehe Zeichnung unten).

Zeichnung unten: 3 – 5 cm in die Beine einsägen und die Keilstücke herausnehmen.

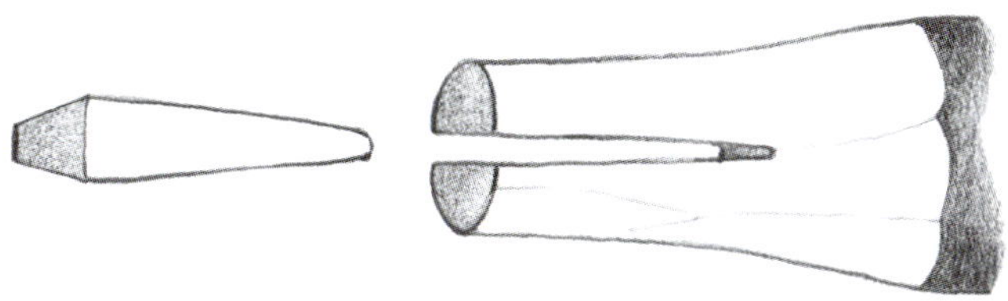

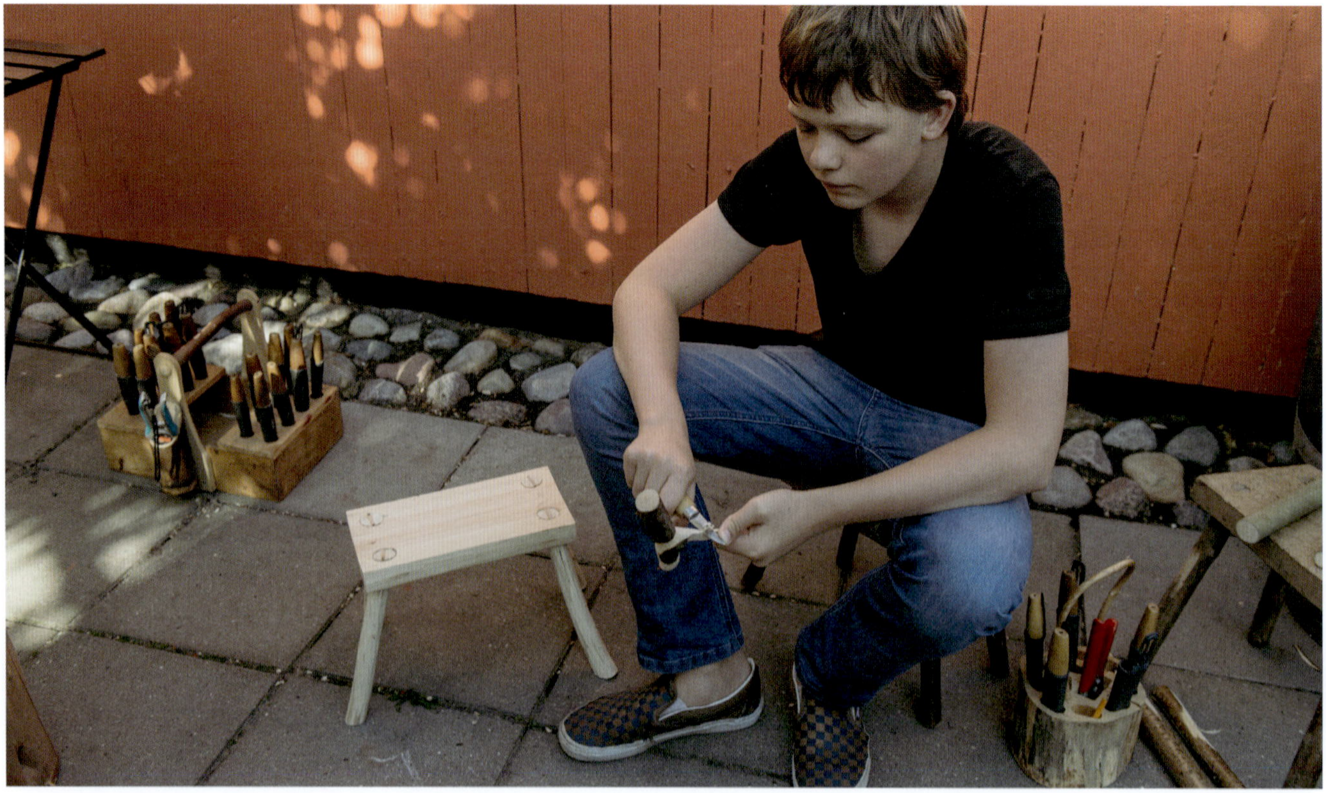

Zeichnung rechts: Die Beine in die Löcher der Sitzfläche einschlagen, die Sägerillen müssen dabei quer zur Maserung der Sitzfläche verlaufen, sonst besteht das Risiko, dass die Sitzfläche reißt, wenn dann die Keile eingeschlagen werden.

Die Holzkeile einschlagen und das überstehende Stück absägen. Dabei die Beine so absägen, dass der Schemel geradesteht.

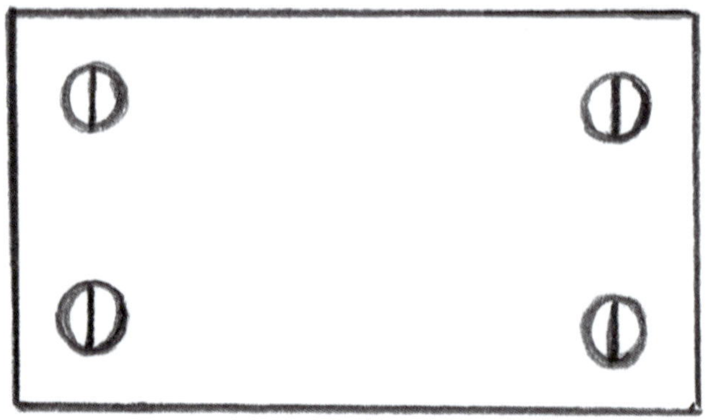

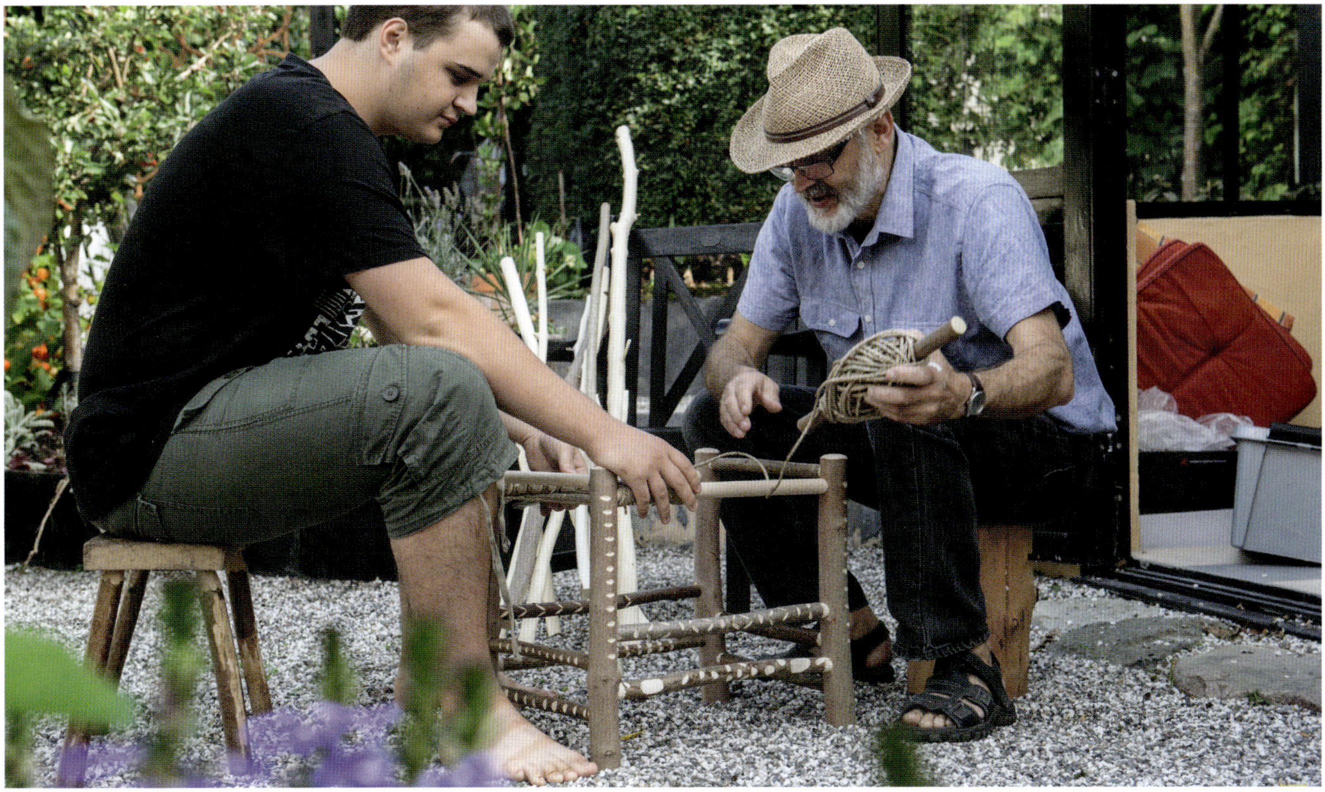

Hocker oder Stuhl mit geflochtenem Sitz***

Eine ziemlich komplexe Aufgabe und eine echte Herausforderung ist es, seinen eigenen Stuhl oder Hocker herzustellen. Vor allem das Flechten und der Zusammenbau gehen leichter von der Hand, wenn man zu zweit ist.

In der Anleitung werden die Beine aus ganzen Ast- oder Stammhölzern hergestellt, man kann aber auch ein dickeres Stammholz zu vier etwa gleichen Stücken spalten und diese mit dem Schnitzmesser in die gewünschte Form bringen.

Die Beine werden aus jungen Hölzern, die noch nicht getrocknet sind, die Sprossen hingegen aus trockenem Holz angefertigt. Ist der Stuhl bzw. der Hocker zusammengebaut, wird sich das Holz der Beine während des Trocknens zusammenziehen. Dann sitzen die Sprossen richtig fest, und das Ganze ist stabil.

Man kann auch mit bereits getrocknetem Holz für die Beine arbeiten und beim Zusammenbau Leim verwenden.

Besonders im Frühjahr stehen die Bäume gut im Saft, dann ist es etwas einfacher, von Ästen und kleinen Stämmen die Rinde abzunehmen (siehe Foto S. 176). Auf diese Weise kommt die Struktur des Holzes zum Vorschein und verleiht den Beinen ein dekoratives Aussehen.

Für die Höhe und die Größe des Sitzes kann man sich an anderen Stühlen oder Hockern orientieren. Ein rechteckiger Sitz wirkt nicht ganz so klobig wie ein quadratischer, bietet aber ebenfalls eine ausreichend große Sitzfläche.

Für die Sitzflächen werden zwei Flechtmuster beschrieben: das Schachbrett- und das Fischgrätenmuster.

Material

Beine:

- 4 junge Stammhölzer, Durchmesser 40 – 50 cm (für einen Kinderstuhl kleiner), Länge entsprechend der gewünschten Höhe (Zeichnung 1); die Hölzer für die Hinterbeine können gerne so gewachsen sein, dass sie eine leichte Krümmung nach hinten aufweisen
- Holzarten verwenden, die nicht so leicht reißen; ich bevorzuge Ahorn, aber Hasel und einige andere sind auch gut geeignet.

Sprossen:

Asthölzer, Durchmesser 16 – 25 mm (für einen Kinderstuhl kleiner)

Für einen quadratischen Sitz: Länge z.B. 40 cm; für einen rechteckigen Sitz z.B. 4 Stück mit einer Länge von 40 cm und 6 Stück mit einer Länge von 36 cm für die Seiten; die Anzahl ist von der Höhe des Stuhls bzw. des Hockers abhängig, 10 – 12 Stück für einen Stuhl oder Hocker mit einer Sitzfläche in gewöhnlicher Höhe, für einen höheren Stuhl oder Hocker werden 2 – 4 Sprossen mehr gebraucht, um ihm Stabilität zu geben.

Wird die Rückenlehne aus gekrümmten Sprossen gemacht, sitzt man bequem.

Fotos unten: Die Äste müssen einigermaßen gleichmäßig oder so geformt sein, dass die beiden Zapfen in der Waagerechten einander gegenüber sitzen. Auf S. 193 f. werden noch einige Varianten für die Sprossen beschrieben.

Die vier obersten Sprossen, an denen der Sitz geflochten wird, müssen frei von störenden Ästen und Knorren sein (man kann auch Rundstäbe verwenden). Für einen Stuhl für Erwachsene müssen sie einen Durchmesser von mindestens 19 mm haben.

Binsenschnur aus Seegras:

- ca. 1 kg für einen Sitz für Erwachsene, 4 – 5 mm dick bzw. 3 mm für einen Kindersitz; 3 mm dicke Binsenschnur kann schwer zu bekommen sein (siehe Liste der Anbieter auf S. 197)
- Bohrer passend zum Durchmesser der Zapfen, 15 – 22 mm; Forstnerbohrer sind gut geeignet, weil sie keine lange Spitze in der Mitte haben, sodass man weit in das Holz bohren kann, ohne durchzubohren
- Statt wie in der Anleitung beschrieben die Zapfen an den Sprossen zu schnitzen, kann man auch einen Zapfenbohrer verwenden, doch sind diese sehr teuer.

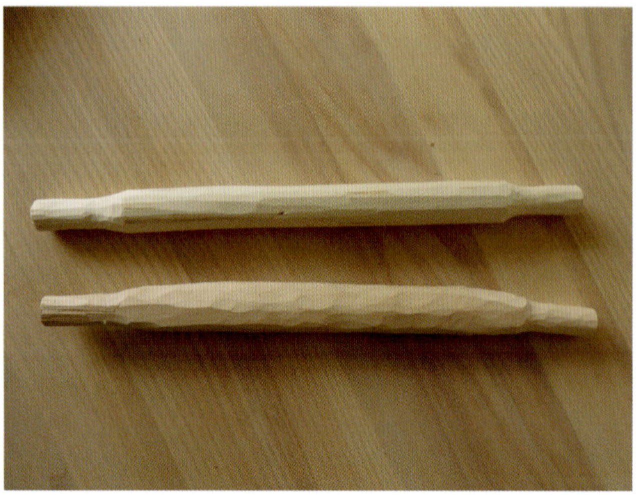

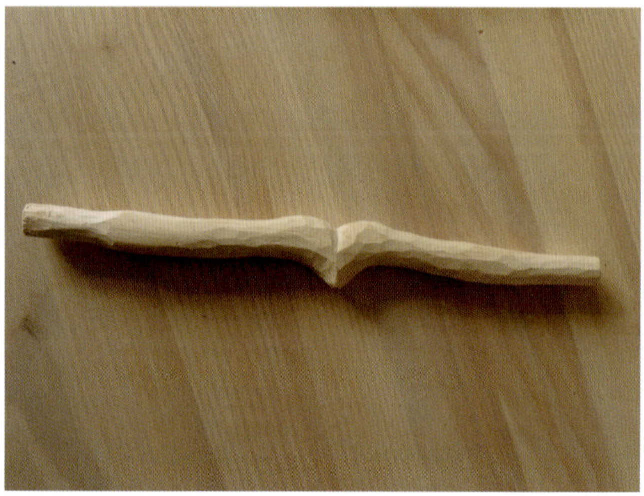

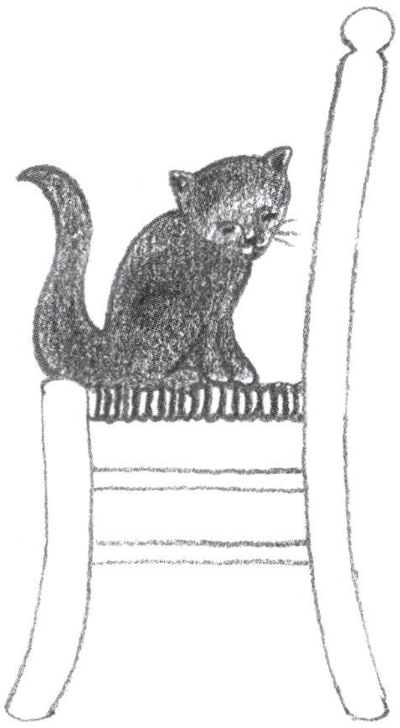

1

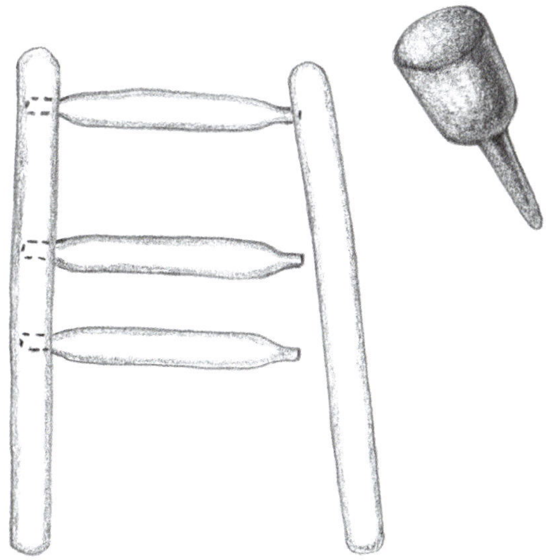

2

So wird's gemacht

Sprossen: Asthölzer für die Sprossen auf die gewünschte Länge sägen. Die Länge darf beim Zusammenbau nicht mehr angepasst werden. Die Asthölzer für die Sprossen vor dem Zusammenbau mindestens drei bis vier Wochen trocknen lassen, gerne auch länger.

Beine: Die Beine am oberen Ende abrunden und bis zum Zusammenbau kühl aufbewahren.

Zusammenbau: Zuerst die eine Seite, dann die gegenüberliegende Seite zusammenbauen. Danach werden die beiden Seiten mit den übrigen Sprossen zu einem Hocker verbunden. Bei einem Stuhl werden wegen der vielen Äste, aus denen die Rückenlehne besteht, zuerst die Rückenlehne und der vordere Teil zusammengebaut.

Zwei Beine und die dazugehörigen Seitensprossen auf den Boden legen. Messen und anzeichnen, wo die Sprossen sitzen sollen. Die oberste Sprosse muss mindestens 2 cm unterhalb des oberen Endes des Stuhlbeins sitzen (siehe Zeichnung 2). Sind die Beine etwas schief bzw. gekrümmt gewachsen, muss die Länge der Sprossen eventuell justiert werden.

An den Enden der Sprossen Zapfen schnitzen, Durchmesser z.B. 19 mm, Länge 3,5 – 4 cm für einen Hocker für Erwachsene, für einen kleinen Stuhl etwas kürzer.

Foto S. 186: Darauf achten, dass die Zapfen gleichmäßig dick sind und nicht etwa zum Ende hin spitz zulaufen. Foto unten: Ein Messbrett mit Bohrlöchern kann helfen festzustellen, ob sie passen.

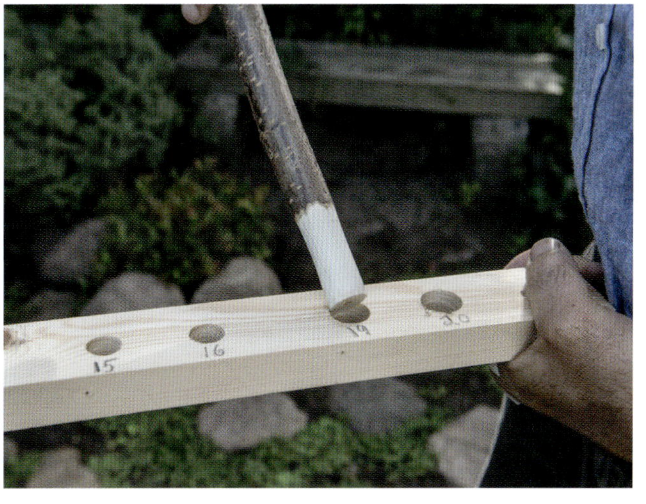

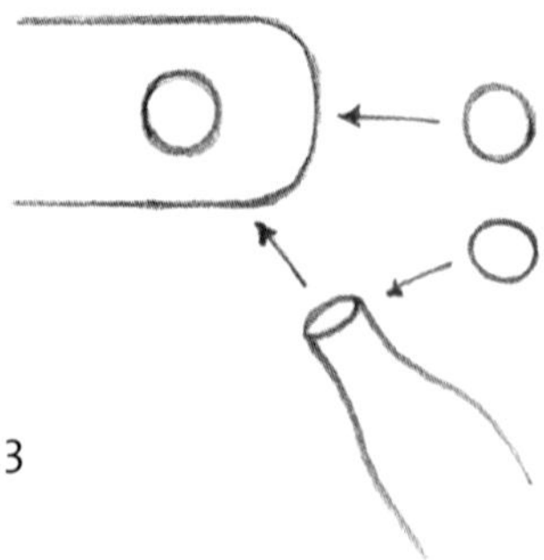

3

Zeichnung 3: Die Zapfen der obersten Sprossen können gerne etwas oval geformt sein, dann ist das Risiko geringer, dass das Bein am oberen Ende reißt.

Bis auf eine Tiefe von drei Viertel jedes Beins Löcher für die Zapfen in die Beine bohren.

Foto S. 191: Vor dem endgültigen Zusammenbau ausprobieren, ob alles zusammenpasst. Dann etwas Leim in die Löcher geben und die ersten drei Sprossen in das eine Bein einschlagen.

Zeichnung 4: Danach das zweite Bein auf die anderen Enden der Sprossen aufsetzen und einschlagen. Dabei muss genau gearbeitet werden. Vorsichtig an einem Zapfen beginnen und die beiden anderen Löcher zu den passenden Zapfen justieren, erst dann einschlagen.

Das andere Seitenteil auf die gleiche Weise und mit dem gleichen Abstand zwischen den Sprossen zusammenbauen.

Zeichnung 2, S. 187: Die beiden Seitenteile werden zusammengesetzt, die beiden obersten Sprossen müssen ca. 1,5 cm niedriger als die Sprossen an den Seiten sitzen. Markieren, wo die Sprossen sitzen sollen. Eventuell die Länge der Sprossen anpassen, Zapfen schnitzen und alle Löcher bohren. Etwas Leim in die Löcher geben.

Mithilfe einer zweiten Person die beiden Seitenteile mittels der Sprossen verbinden; einer sorgt dafür, dass sich die Sprossen in der richtigen Position befinden, der andere schlägt ein. Zuerst nur eine Sprosse ein wenig einschlagen, dann die anderen Sprossen in das eine Seitenteil einschlagen; anschließend die erste Sprosse leicht in das zweite Seitenteil einschlagen, dann die anderen Sprossen justieren und schließlich gut einschlagen, um dem Hocker Stabilität zu geben. Sorgfältig und genau arbeiten!

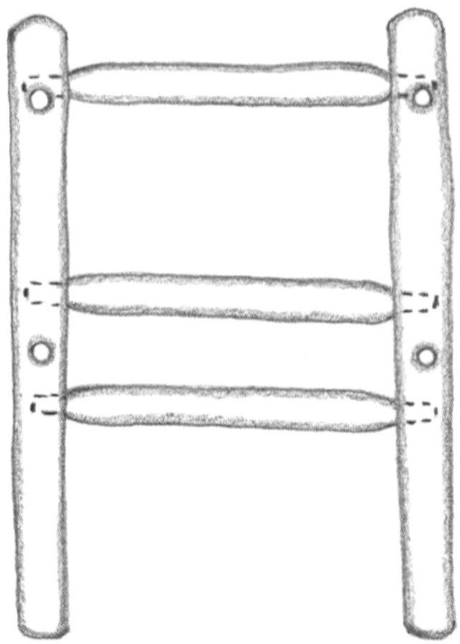

4

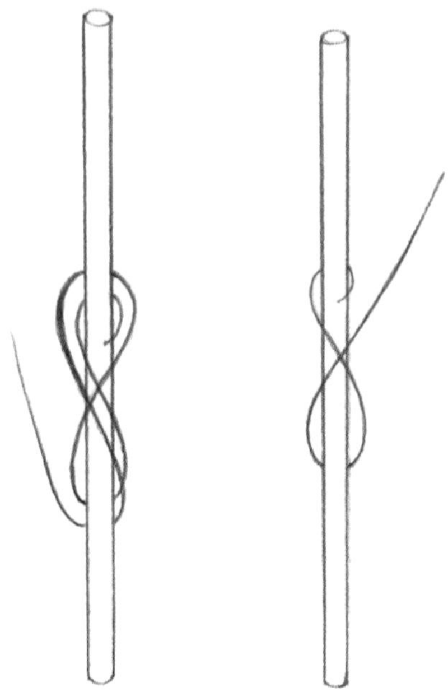

5

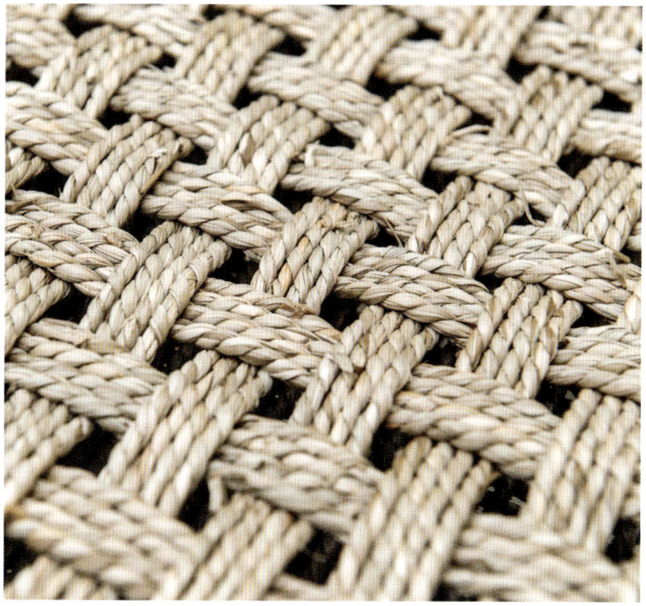

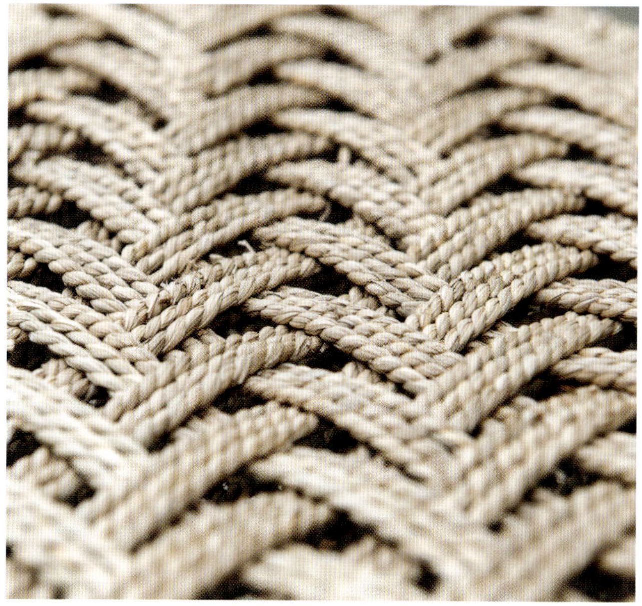

Flechten

Das Schachbrettmuster (Zeichnung 6, S. 190, Foto oben links und S. 194 links) und das Fischgrätenmuster (Zeichnung 7, S. 190, Foto oben rechts und S. 190) sind zwei beliebte Flechttechniken. Ist man noch nicht so geübt, sollte man eine zweite Person dazuholen, dann kann einer flechten und der andere dafür sorgen, dass alles immer schön stramm sitzt.

Auf meiner Internetseite kann man sich ansehen, wie die Sitzfläche eines Hockers geflochten wird.

Zeichnung 5 und Foto S. 185: Das Seegras bzw. die Binsenschnur wird in Form einer Acht auf einen Stab aufgewickelt, wechselweise vor und hinter dem Stab (Seegras kann man meistens als Bündel kaufen und wie Garn auf einen Stock wickeln). Das Ende der Seegrasschnur von unten an einer der obersten Sprossen festnageln, am besten in einer der Ecken, und zweimal um die Sprosse wickeln. Dann zur gegenüberliegenden Sprosse führen und auch dort zum Stuhlbein hin zweimal rund um die Sprosse wickeln. Auf diese Weise die ganze Seite fertigstellen.

Schachbrettmuster (Zeichnung 6): Zweimal um die Sprosse wickeln und dann immer abwechselnd um die einander gegenüberliegenden Sprossen wickeln. Man kann selbst entscheiden, wie oft man die Schnur um die Sprossen wickelt, es sollten aber drei bis fünf «Wicklungen» sein.

Fischgrätenmuster (Zeichnung 7): Zweimal um die Sprosse wickeln und nur dreimal um den Sitz. Darauf achten, dass die Schnur immer straff gespannt bleibt und die einzelnen «Fäden» dicht nebeneinandersitzen.

Sollte die Schnur reißen oder eine Verlängerung erforderlich sein, die Schnurenden unter dem Sitz mit einem Kreuzknoten zusammenbinden oder spleißen, sodass man den Knoten von oben nicht sehen kann.

Bei den zweiten einander gegenüberliegenden Sprossen so flechten wie auf den Zeichnungen und dem Foto gezeigt und mit der Schnur weitermachen, mit der man Teil 1 fertiggestellt hat. Teil 2 ist schwieriger, weil man dabei kein auf einen Stock aufgewickeltes Knäuel Schnur verwenden kann, sondern die Schnur von Hand wechselweise über und unter dem Geflecht von Teil 1 hindurchführen muss. Am besten geht es, wenn man mit nicht mehr als fünf bis sechs Fäden auf einmal arbeitet. Nimmt man kurze Stücke, muss man häufiger verknoten. Man muss nur auf der Oberseite flechten und dann die Schnur ganz hinüberführen, wie man es bei Teil 1 gemacht hat, man kann aber auch an der Unterseite flechten. Die Verknotungen immer unter der Sitzfläche machen!

Schachbrettmuster: zweimal um die Sprosse, viermal wechselweise darüber und darunter, beim nächsten Mal versetzt zum vorigen Durchgang darüber und darunter

Fischgrätenmuster: zweimal um die Sprosse; beim dargestellten Muster wird abwechselnd und versetzt zueinander zweimal darüber, zweimal darunter und dann einmal darunter, zweimal darüber, einmal darunter bzw. umgekehrt geflochten.

Gegen Ende ist es von Vorteil, eine große Häkelnadel zu verwenden, um die Schnur durch das bisherige Geflecht zu ziehen. Das Ende der Schnur von unten festnageln.

Hat man die Rinde abgenommen, das Holz mit Leinöl einstreichen.

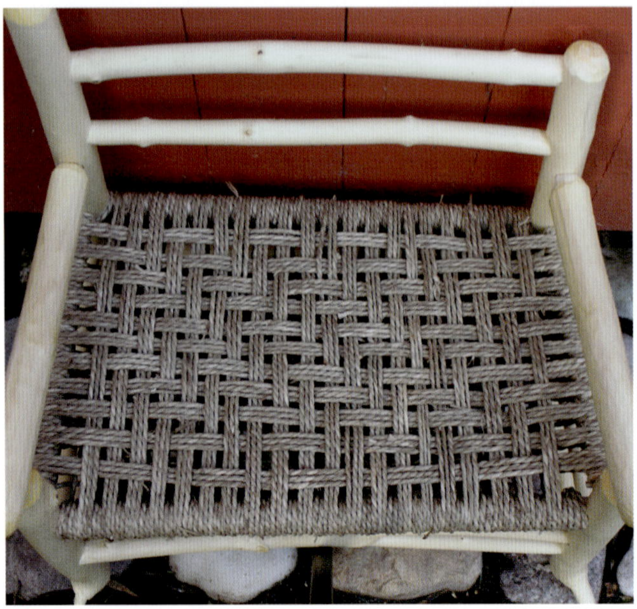

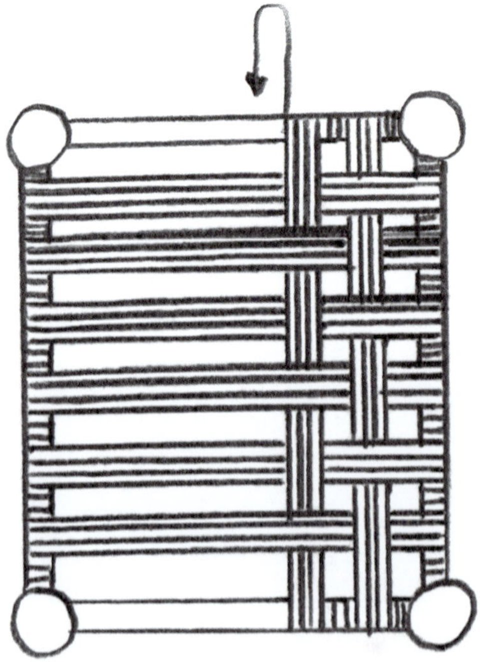

6

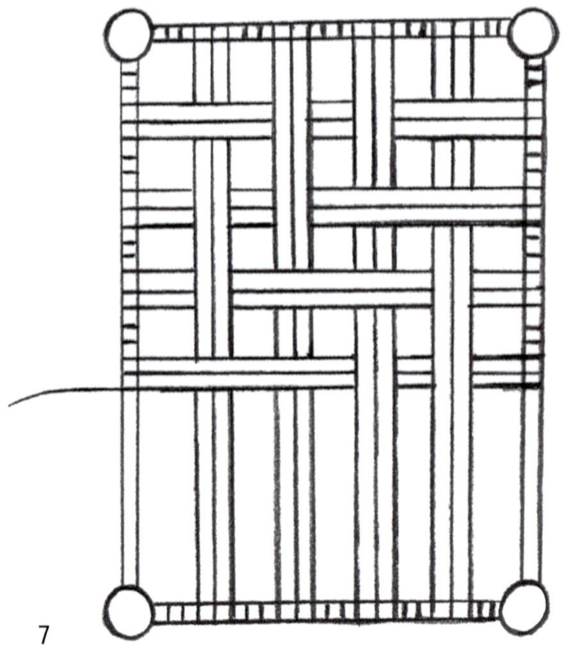

7

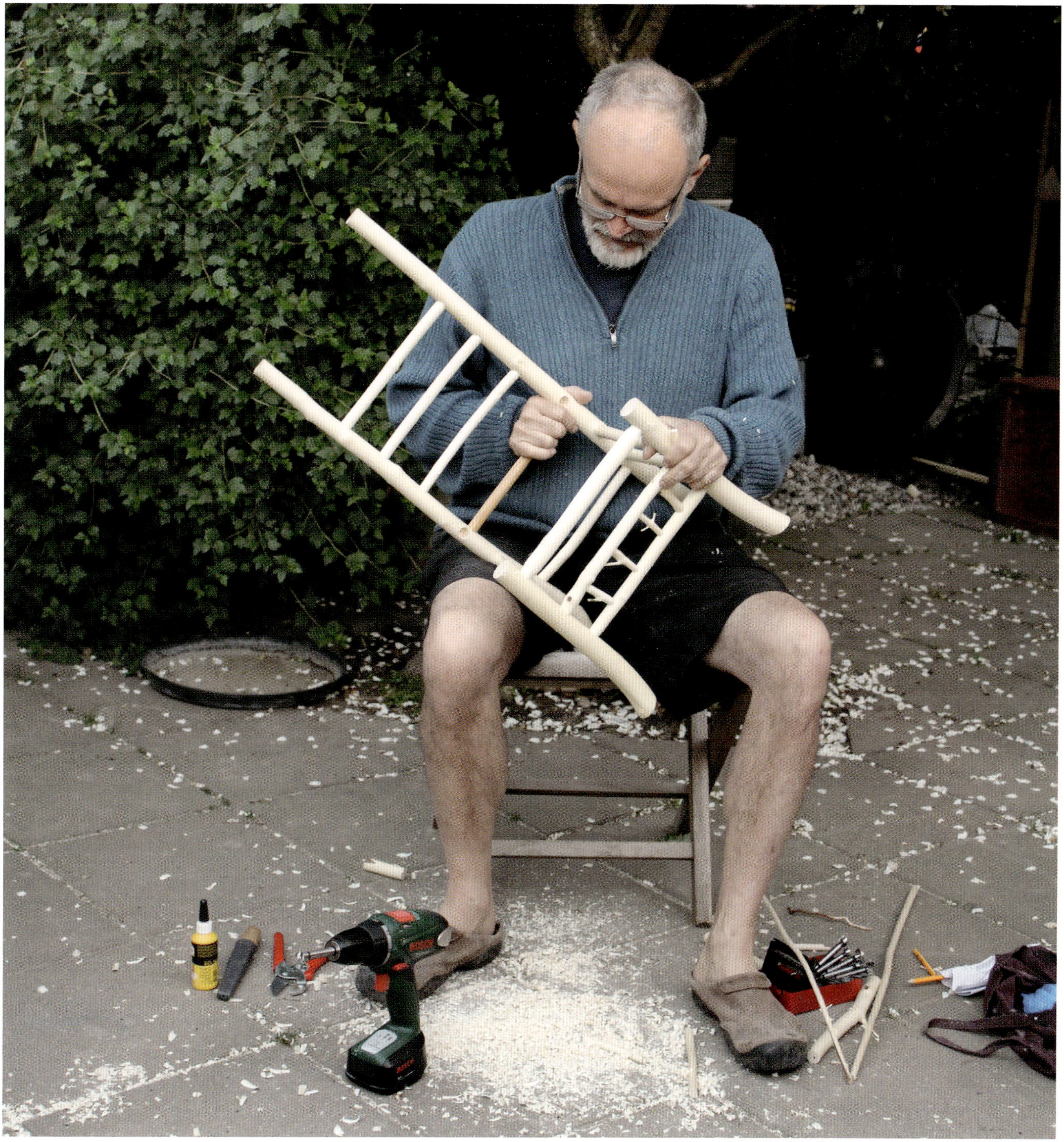
BOSCH

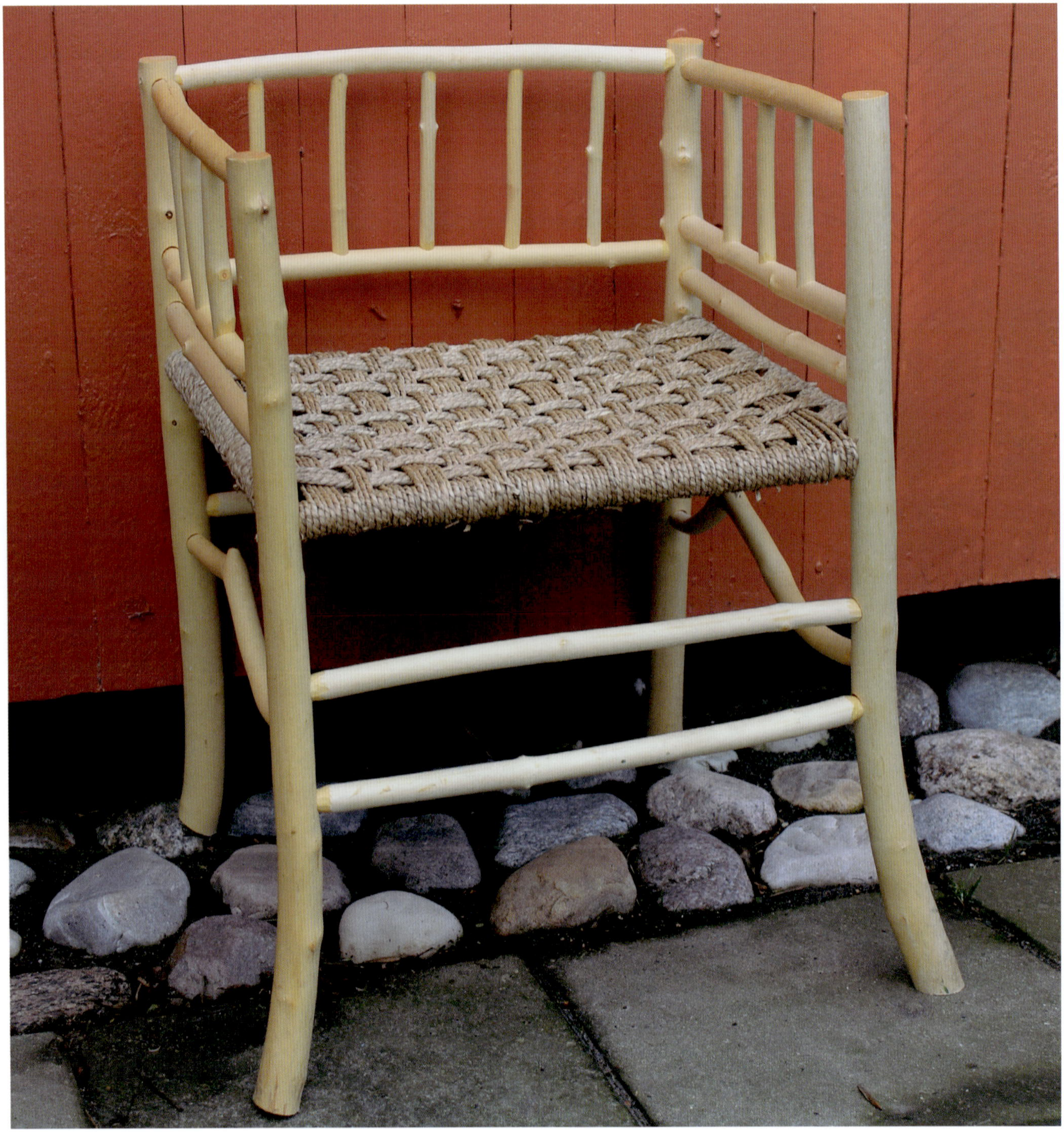

Ein paar Tipps

Wenn beim Zusammenbau die einzelnen Teile eingeschlagen werden, kann es passieren, dass sich die Rinde an diesen Stellen löst, deshalb einen Handschuh oder ein Stück Leder auflegen.

Zeichnung 8: Ist der Durchmesser des Zapfens etwas kleiner geraten als der des entsprechenden Lochs, kann man ein wenig in den Zapfen einsägen und einen kleinen Keil in die Sägerille setzen, der das Holz weitet, wenn der Zapfen eingeschlagen wird. Man kann aber auch einen dünnen Span an den Zapfen kleben, um ihn etwas zu vergrößern.

Es ist auch möglich, die Löcher in den Beinen ganz durchzubohren und von der anderen Seite einen Keil in eine Sägerille einzuschlagen, der den Zapfen erweitert.

Foto S. 195: Man kann die Sprossen auch aus Hölzern mit Astgabeln anfertigen. Dieser Stuhl hier ist mit Armlehnen ausgestattet und etwas breiter als normalerweise und vorne noch einmal verbreitert.

Foto links: Stuhl mit niedriger Rückenlehne und Armstütze. Die beiden Seitensprossen wurden aus krumm gewachsenen Asthölzern angefertigt, aber der Zapfen, der in das Bein kommt, muss gerade eingesetzt werden.

Foto S. 191: Bei diesem Stuhl werden an der Vorderseite und an den Seiten und der Rückenlehne des Stuhls kleine Asthölzer zwischen den Sprossen eingesetzt. Diese Teile zusammenbauen, bevor der Stuhl bzw. der Hocker zusammengebaut wird.

Foto rechts oben: Vor dem Zusammenbau können Ringe auf die Sprossen gezogen werden.

Foto S. 194 links: Am oberen Ende der Hinterbeine kann eine Kugel geschnitzt werden. Im Frühjahr ist es machbar, nur einen Teil der Rinde abzunehmen und den Rest mit Mustern zu verzieren, so wie hier bei den Seitensprossen.

Foto S. 195 und Zeichnung 9: An der Rückenlehne können auch Figuren angebracht werden, die aus einem anderen Holz geschnitzt wurden.

Foto S. 194 links: Der Sitz kann nach vorne hin etwas

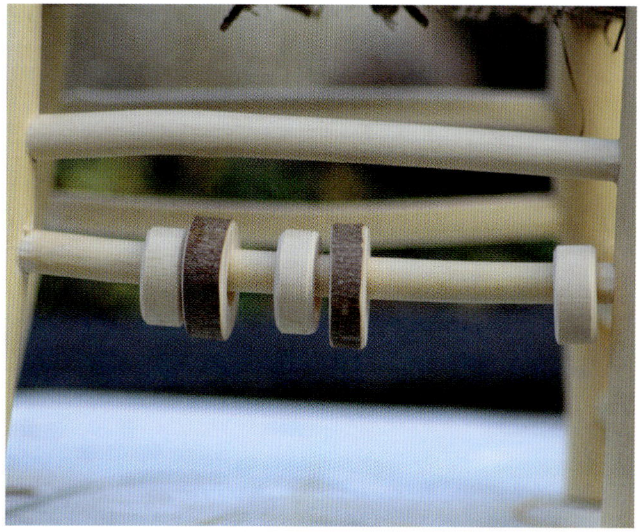

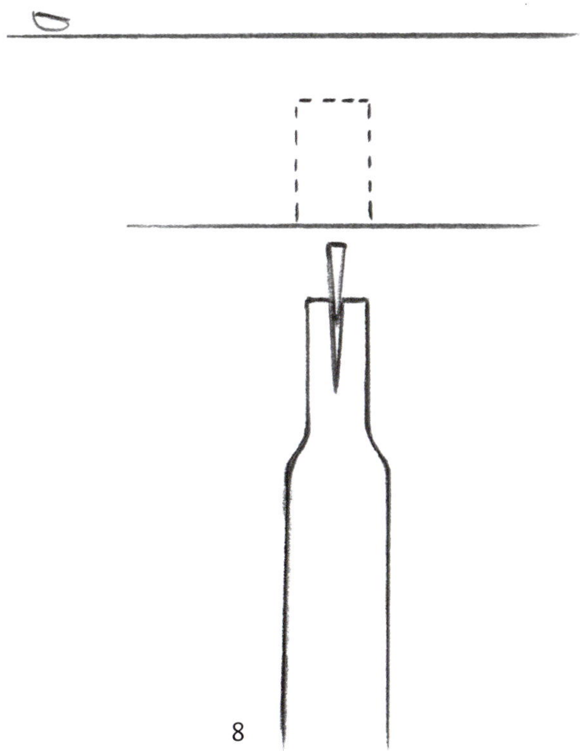

8

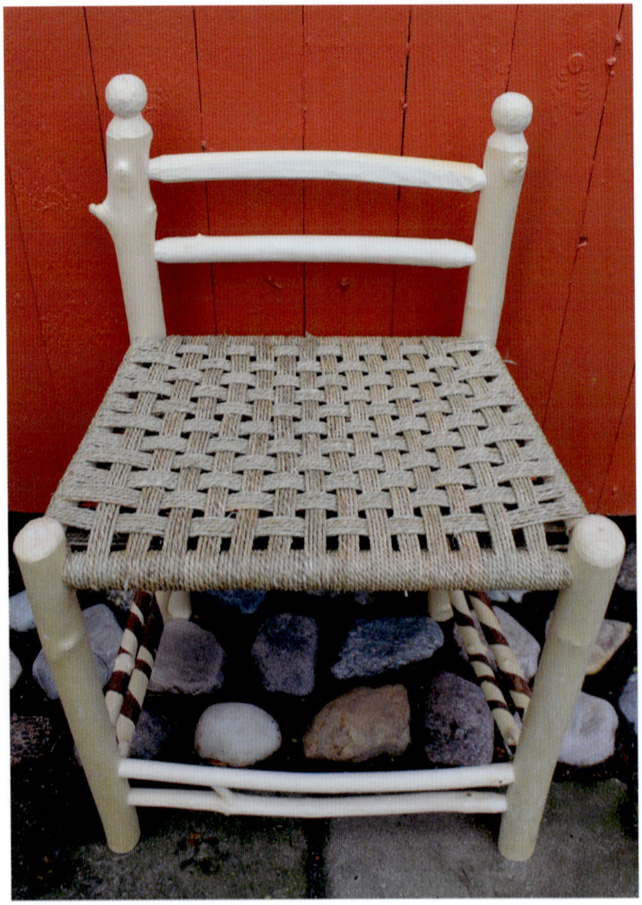

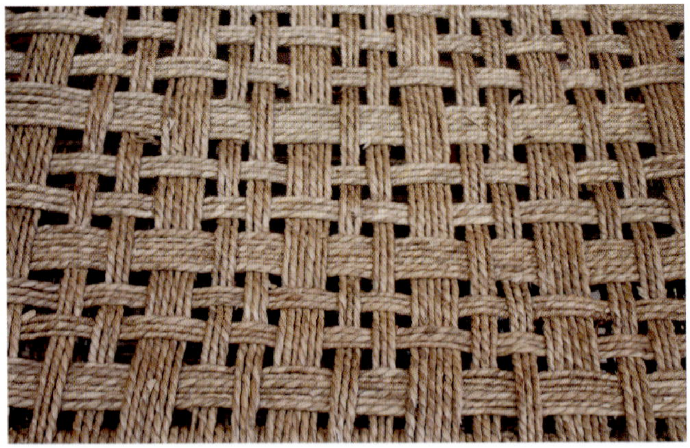

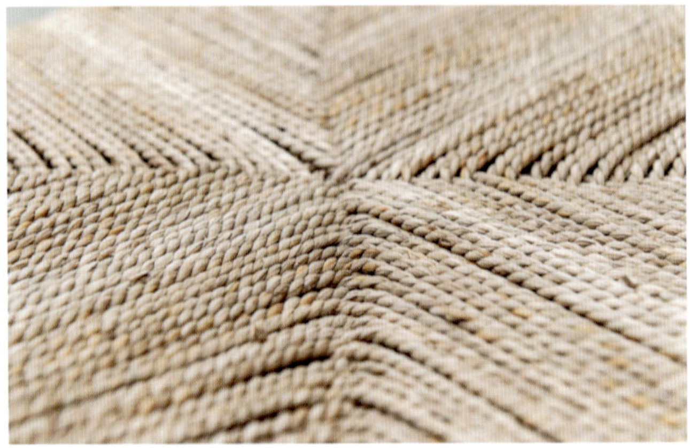

verbreitert werden. Dann ist der Zusammenbau schwieriger, denn es muss leicht schräg gebohrt werden. Beim Flechten müssen in den Zwischenräumen vorne zusätzliche «Wicklungen» vorgenommen werden, um die größere Breite gegenüber der Rückseite auszugleichen.

Foto oben rechts: Eine Variation des Schachbrettmusters im 5-3-3-Rhythmus.

Foto darunter: Noch ein gängiges Flechtmuster ist das Seegrasgeflecht, das aber für Anfänger schwieriger sein kann. Wenn die Übergänge an den Ecken nicht richtig straff sitzen, kann sich das Geflecht lösen (siehe das Video «Kuvertfletning» auf www.snittesiden.dk).

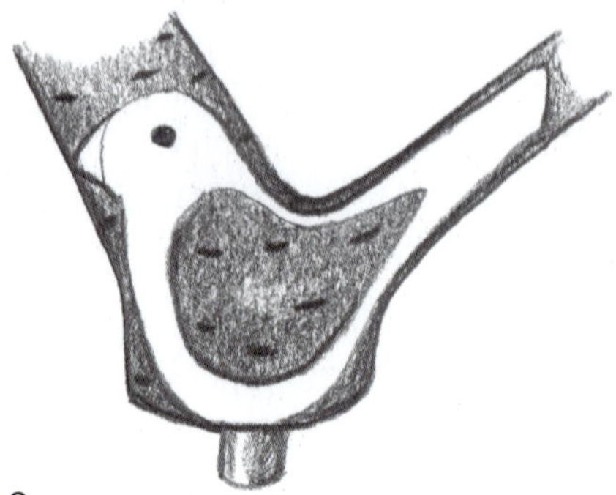

9

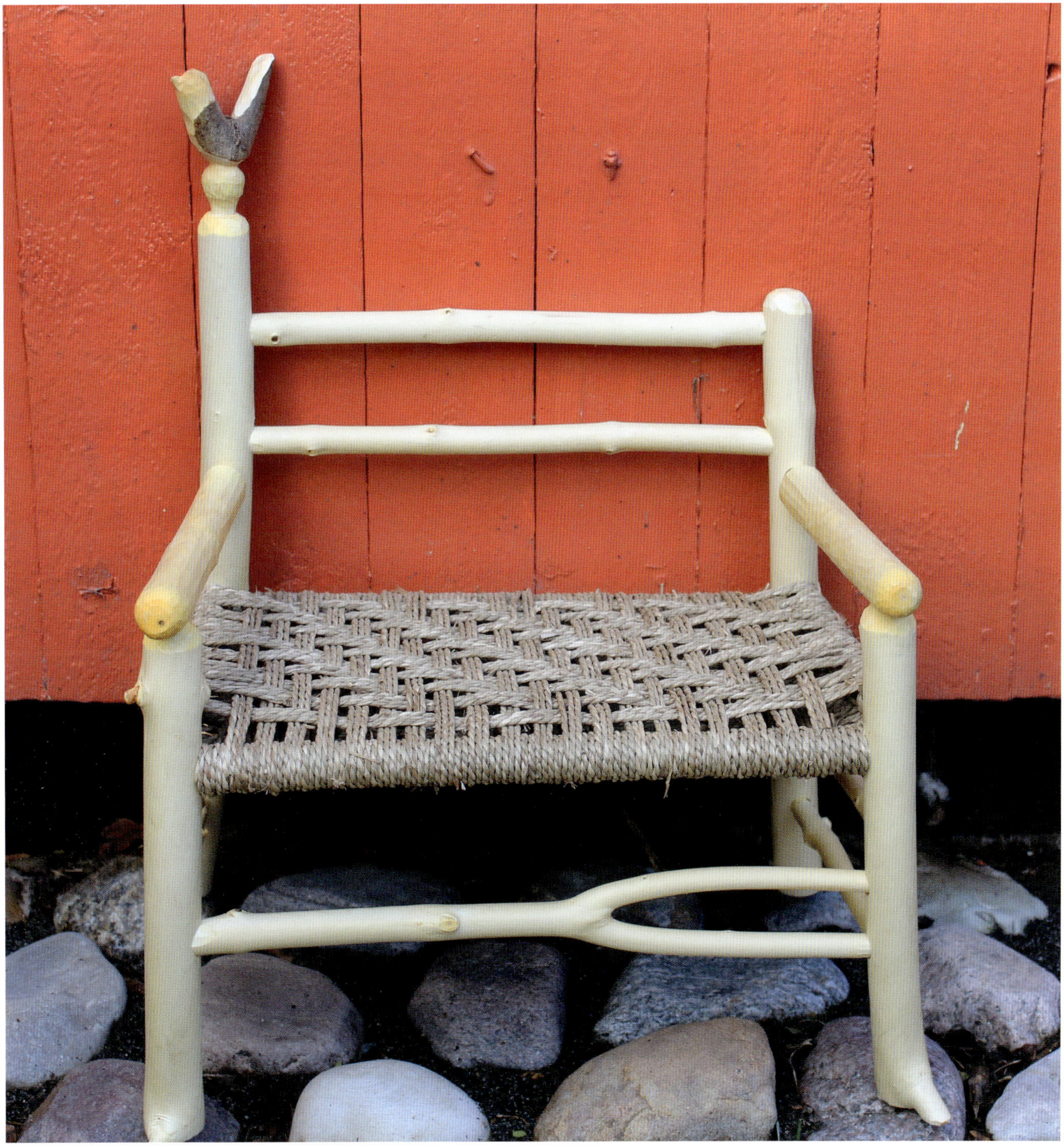

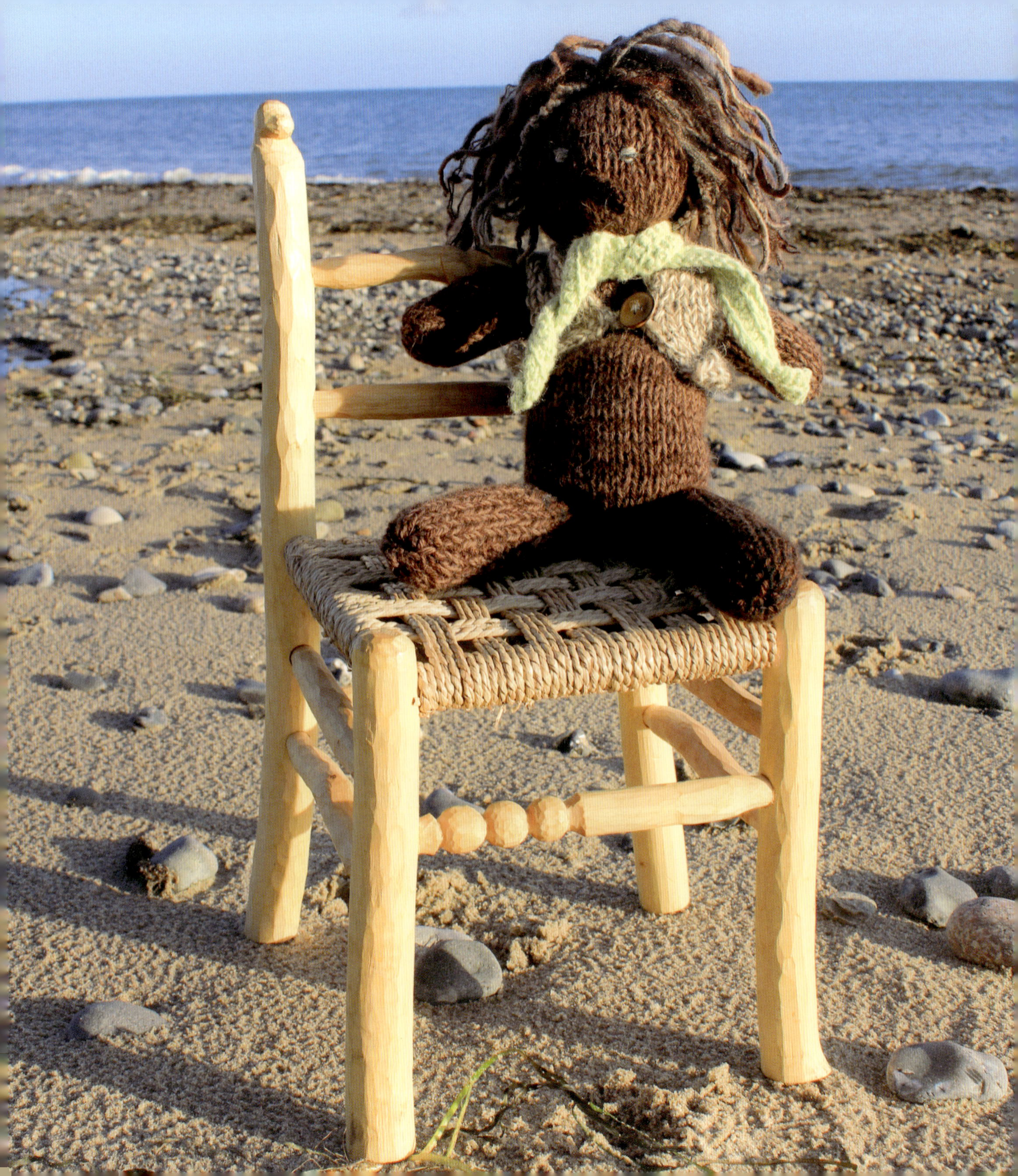

Anbieter

Im Folgenden finden sich einige Anbieter für Zubehör und alles Mögliche, was man beim Schnitzen braucht. Die Auswahl ist natürlich nicht vollständig; über Google oder andere Suchfunktionen kann man weitere Anbieter finden.

www.snittesiden.dk
Meine Internetseite: Messer, Lindenholz, Schnitzsets u.v.m.

Messer

Es sind viele verschiedene Schnitzmesser für Erwachsene und Kinder auf dem Markt. Lassen Sie sich beim Anbieter Ihres Vertrauens beraten oder machen Sie sich im Netz auf die Suche nach dem passenden Messer.
Zum Beispiel:
http://www.hkgt.de/shop/messer/mora-of-sweden/erik-frosts-schnitzmesser-aus-laminiertem-stahl.html

http://www.mein-taschenmesser.de/schnitzmesser/mora/mora-kindermesser-klein/a-4/

http://www.moraofsweden.se/products/craft

Bleistifte und Bleistiftminen

Ein Durchmesser von 3 – 5 mm ist gut geeignet.
http://www.ebay.de/itm/Fedra-Bleiminen-7-Stueck-3x100mm-im-Glasroehrchen-Bleistift-Minen-pencil-refills-/221267187312

http://www.ebay.de/itm/6-Fallminen-Bleiminen-Bleistiftminen-Druckbleistift-Minen-120-5-6-mm-KOH-I-NOOR-/180891696717

Sicherheitshandschuhe / Schnitzhandschuhe

http://www.mein-taschenmesser.de/taschenmesser-fuer-kinder/schnitz-zubehoer/schnitthemmende-arbeits-handschuhe-gr-6/a-822073/

www.woodcarvers.com/gloves

Kerzenhalter

http://www.erzgebirgsstube.com/zubehoer/lichtertuellen/1128/kerzentuellen-versch.-groessen

http://www.drechseltechnik.de/hp/produkte/detail.php?art=1719&r=12&hg_id=43&g=122

Seegras / Binsenschnur

http://www.korbwerkstatt-krines.de/Flechtmaterial/Fertig-gedrehte-Binsenschnur-naturgruen::330.html

http://www.rattanshop24.de/index.php?cat=GEFLECHTE&product=SCH-BINSE&sidSHOP1234=7e6e93b79a2f7af-7fe0ea8502bd5ae14

3 mm:
http://peddigrohr-rattan-korb-naturmaterialien.at/binsenschnur-nr-2-natur-3-mm

Dank

Ein großes Dankeschön geht an die Kinder der Rudolf Steiner-Schule in Vordingborg für viele Jahre voller inspirierender Stunden, in denen wir gemeinsam geschnitzt haben.

Ein riesengroßes Dankeschön geht an meine Frau Lillian Egholm für ihre Hilfe bei den Texten, den Fotos, der Dekoration, den schönen Illustrationen und besonders für die Inspiration, die zu mancher Idee fürs Schnitzen führte.

Schließlich geht ein Dank an die fantasiebegabten und ideenreichen Schnitzkünstler Hussain Skotte und Balder Egholm, meinen Sohn.

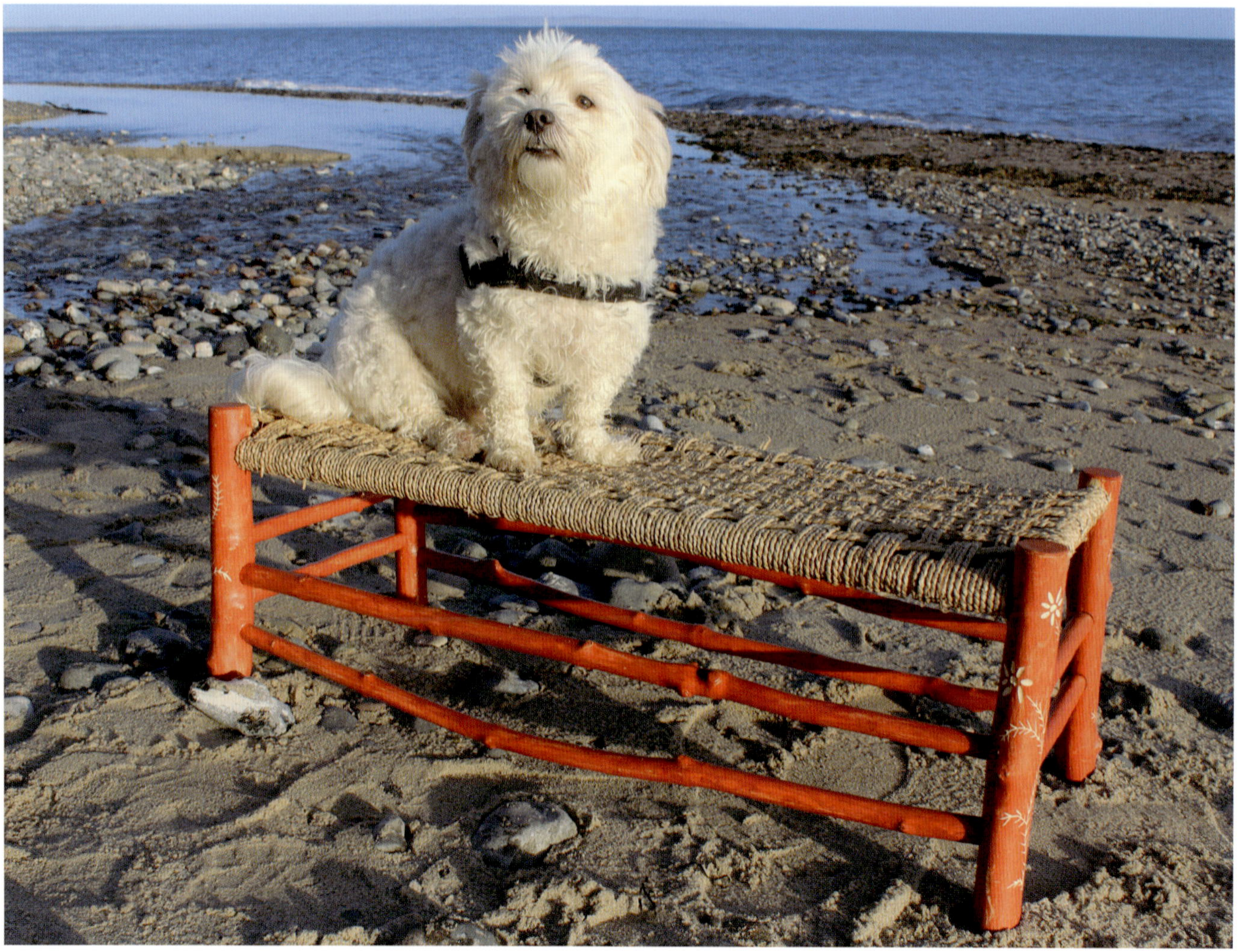